# 序

刘国忠博士的这本《走近清华简》，是第一部向学术界和社会公众系统介绍清华简及其整理工作现状的专书。

"清华简"是清华大学所藏战国竹简的省称，这个词近期由于在媒体多次出现，大家已经耳熟能详了。这批特别珍贵的战国竹简，惊闻在2006年冬已流落到香港，淹没在当时充斥的假简之间，屡经曲折，其真实价值很晚才得到确认。经清华校友捐献，2008年7月溽暑难当的一天，这批简终能入藏到学校，简的保护和整理工作也就自那时开始。

刘国忠博士一直参加清华简的各方面工作，从清理保护到考释研究，所有环节他都有重要的贡献，有丰富的亲身体验。必须说，这批简的整理工作是非常复杂困难的，其中种种艰辛，殊难为外人道。刘国忠博士投身于这项工作，所做的牺牲之大，是我们同人都深知和称赞的。

从事简帛研究的人们都了解，刘国忠博士对这一学科有多年积累的深厚基础，发表过一系列论作。不少读者会看过他在文物出版社出版的《中国帛书》，知道他怎样擅长以通畅的文笔叙述艰深的学问，真正作到深入浅出。这部《走近清华简》可以说是又一个例子。

清华简之所以备受关注，是由这批简的性质和内容决定的。这批简全部是秦火以前的写本书籍，并且系以传统所说的经、史之类为主，从而对中国古代历史文化的研究具有非常重要的意义。学者认为这批简的出现，堪与前汉的孔壁、西晋的汲冢比美，也未为过誉。但也正因为如此，整理考释不免是难上加难。我们的一些主观条件，由于历史原因，不能与考古未起的孔安国或荀勗、束皙相比，而所遇到的难题却是相似甚或相同的。孔壁所出，主要是古文《尚书》，清华简有《尚书》及类似《尚书》的文献二十来篇；汲冢所出，主要是《竹书纪年》，清华简也有体例近似的史书《系年》。对这样的竹简典籍试作整理，无疑是非常沉重的学术任务。

　　读者容易从《走近清华简》，尤其是这本书附录的一些文章看到，我们对竹简内容的认识经历了艰辛的过程。在开始通过媒体介绍这批竹简时，若干提法不够成熟，甚至是错误的。例如当时看到一支简，文句与《尚书·康诰》最末相同，以为发现了《康诰》，后来证明是不对的。最先发表的《保训》释文，也仅仅属于初步，至今修正的已有许多。刘国忠博士在书中，已经向大家展示了这样的经过。今是而昨非，是我们在工作进程中经常的感想，不过所谓"今是"是否真是，还需要大家来判断。

　　清华简的内涵太丰富了。简的保护、整理以至发表，是我们的责任；这批简的深入研究，则属于学术界大家。希望读者通过刘国忠博士这本书了解我们已做的工作，给我们指点和批评，使我们能够做得更好一些。

李学勤

2010年9月14日

于清华大学出土文献研究与保护中心

清华简《金縢》篇正面图版（缩小图）

清华简《保训》篇 正面图版（缩小图）

清华简《系年》篇部分章节 正面图版（缩小图）

第四章

第五章

清华简《算表》篇正面图版（缩小图）

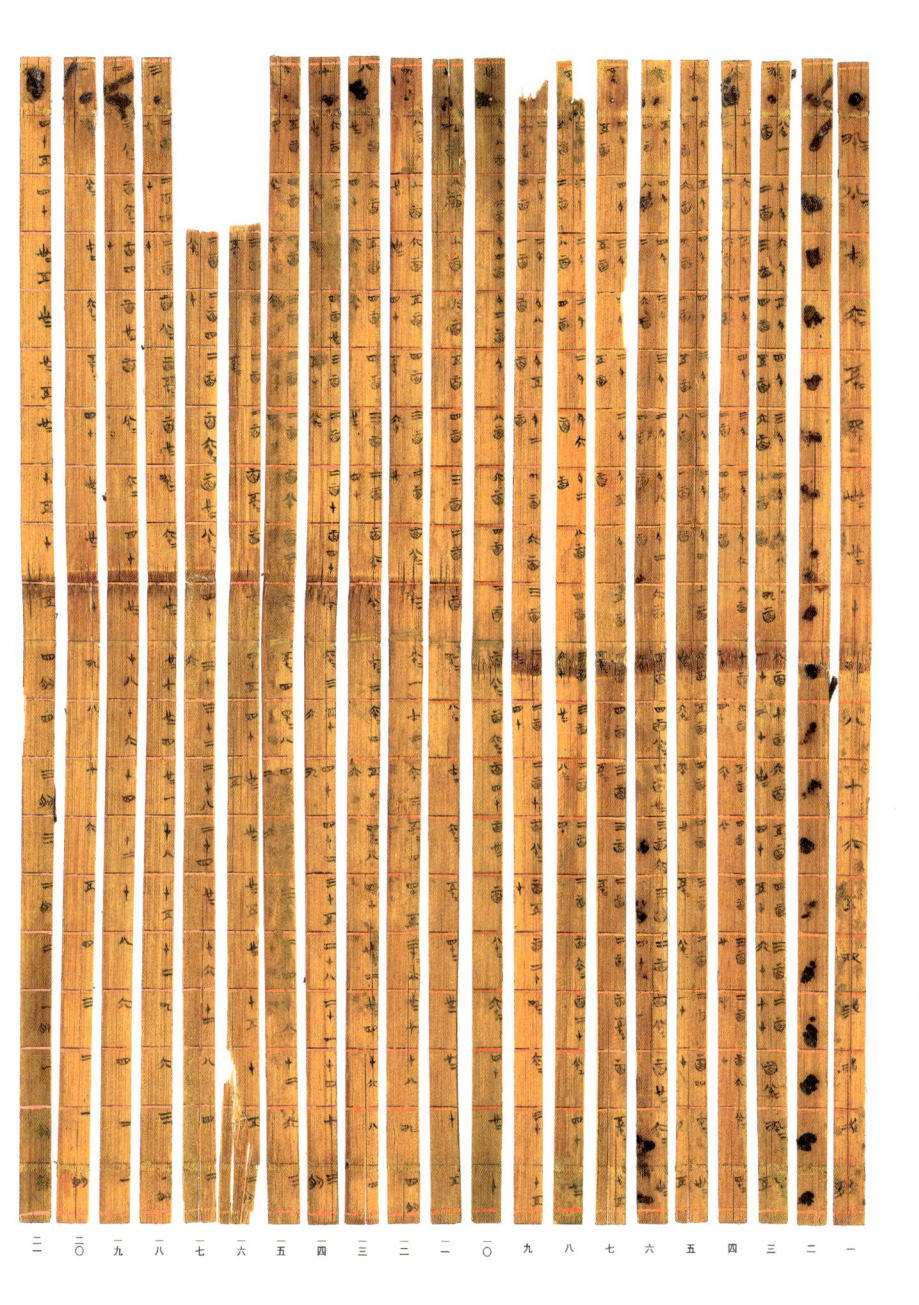

初期研究团队整理清华简

对清华简进行专业拍摄

清洗整理后的清华简

# 走近清华简

(增补版)

刘国忠 著

清华大学出版社
北京

## 内容简介

2008年7月，一批战国竹简几经波折，入藏清华大学。这批竹简，全部是秦火以前的写本书籍，对中国古代历史文化研究具有非常重要的意义，世人称之为清华简。

本书作者刘国忠博士，现任教于清华大学出土文献研究与保护中心，全程参与了清华简的保护、整理、研究工作，他擅长以行云流水般的流畅文笔，将诸多艰深学术问题一一拆解，向读者娓娓道来。

体味清华简之大美，从《走近清华简》（增补版）开始。

版权所有，侵权必究。举报：010-62782989，beiqinquan@tup.tsinghua.edu.cn。

图书在版编目（CIP）数据

走近清华简：增补版 / 刘国忠著. — 北京：清华大学出版社，2020.4（2025.11重印）
ISBN 978-7-302-54618-4

Ⅰ.①走… Ⅱ.①刘… Ⅲ.①简（考古）—研究—中国—战国时代 Ⅳ.①K877.54

中国版本图书馆CIP数据核字（2020）第002504号

责任编辑：高翔飞
封面设计：常雪影
版式设计：红点印象
责任校对：赵丽敏
责任印制：杨　艳

出版发行：清华大学出版社
网　　址：https://www.tup.com.cn, https://www.wqxuetang.com
地　　址：北京清华大学学研大厦A座　　邮　编：100084
社 总 机：010-83470000　　邮　购：010-62786544
投稿与读者服务：010-62776969，c-service@tup.tsinghua.edu.cn
质量反馈：010-62772015，zhiliang@tup.tsinghua.edu.cn
印 装 者：小森印刷（北京）有限公司
经　　销：全国新华书店
开　　本：165mm×260mm　印　张：24.75　插　页：4　字　数：336千字
版　　次：2020年6月第1版　印　次：2025年11月第4次印刷
定　　价：99.00元

产品编号：085290-01

本书是国家社科基金重大项目"清华简与儒家经典的形成发展研究"(项目号:[16ZDA114])以及清华大学自主科研项目"清华简《尚书》、《逸周书》类文献专题研究"的阶段性成果。

# 序

刘国忠博士的这本《走近清华简》，是第一部向学术界和社会公众系统介绍清华简及其整理工作现状的专书。

"清华简"是清华大学所藏战国竹简的省称，这个词近期由于在媒体多次出现，大家已经耳熟能详了。这批特别珍贵的战国竹简，传闻在2006年冬已流落到香港，淹没在当时充斥的假简之间，屡经曲折，其真实价值很晚才得到确认。经清华校友捐献，2008年7月溽暑难当的一天，这批简终能入藏到学校，简的保护和整理工作也就自那时开始。

刘国忠博士一直参加清华简的各方面工作，从清理保护到考释研究，所有环节他都有重要的贡献，有丰富的亲身体验。必须说，这批简的整理工作是非常复杂困难的，其中种种艰辛，殊难为外人道。刘国忠博士投身于这项工作，所做的牺牲之大，是我们同人都深知和称赞的。

熟悉简帛研究的人们都了解，刘国忠博士对这一学科有多年积累的深厚基础，发表过一系列论作，不少读者会看过他在文物出版社出版的《古代帛书》，知道他怎样擅长以通畅的文笔叙述艰深的学问，真正做到深入浅出。这部《走近清华简》可以说是又一个例子。

清华简之所以备受关注，是由这批简的性质和内容决定的。这批简全部是秦火以前的写本书籍，并且系以传统所说的经、史之类为主，从而对中国古代历史文化的研究具有非常重要的意义。学者认为这批竹简的出现，堪与前汉的孔壁、西晋的汲冢比美，也未为过誉。但也正因为如此，整理考释不免是难上加难。我们的一些主观条件，由于历史原因，不能与去古未远的孔安国或荀勖、束晳相比，而所遇到的难题却是相似甚或相同的。孔壁所出，主要是古文《尚书》，清华简有《尚书》及类似《尚书》的文献二十来篇；汲冢所出，主要是《竹书纪年》，清华简也有体例近似的史书《系年》。对这样的竹简典籍试作整理，无疑是非常沉重的学术任务。

读者容易从《走近清华简》，尤其是这本书附录的一些文章看到，我们对竹简内容的认识经历了艰辛的过程。在开始通过媒体介绍这批竹简时，若干提法不够成熟，甚至是错误的。例如当时看到一支简，文句与《尚书·康诰》最末相同，以为发现了《康诰》，后来证明是不对的。最先发表的《保训》释文，也仅仅属于初步，至今修正的已有许多。刘国忠博士在书中，已经向大家展示了这样的经过。今是而昨非，是我们在工作进程中经常的感想，不过所谓"今是"是否真是，还需要大家来判断。

清华简的内涵太丰富了。简的保护、整理以至发表，是我们的责任；这批简的深入研究，则属于学术界大家。希望读者通过刘国忠博士这本书了解我们已做的工作，给我们指点和批评，使我们能够做得更好一些。

李学勤

2010 年 9 月 14 日

于清华大学出土文献研究与保护中心

# 引言

## 一个特殊的会议

2008年10月14日,这是一个金秋送爽、令人心旷神怡的日子。下午,在风光旖旎的清华大学,一个特殊的会议正在主楼327会议室召开,来自北京大学、复旦大学、吉林大学、武汉大学、中山大学、香港中文大学和国家文物局、中国文化遗产研究院、上海博物馆、荆州博物馆的11位专家学者,正在展开热烈的讨论。令人奇怪的是,会场里却看不到作为会议主办方的清华大学校领导和相关老师的身影,恰恰相反,这时学校领导和许多老师全都在会议室外面的通道里,静静地等候着。这一情况不禁让人疑窦丛生:这是一个什么样的会议,这些专家又在讨论些什么问题呢?

原来,这11位专家是应清华大学之邀,来清华园参加"清华大学所藏竹简鉴定会"的。在3个月前的7月15日,清华大学入藏了一批竹简等文物,这些专家是特地赶来对这批竹简的时代、内容及学术价值加以鉴定的。他们当中,有北京大学著名考古学家李伯谦教授、复旦大学著名古文字学家裘锡圭教授等人,是目前国内考古学、历史学、古文字学、古文献学等学科领域最具声望的一批学者,有着很强的代表性。他们现在正在争议的话题,是用什么样的措辞来准确、客观地表述他们对清华大学所藏竹简的鉴定结果。

经过充分交流,最后专家们向清华大学提交了一份《清华大学所藏竹简鉴定会鉴定意见》(以下简称《鉴定意见》)。

这是一个注定会载入史册的重要文件,《鉴定意见》对于清华大学所入藏的竹简予以了极高的评价,其中写道:

> 从竹简形制和文字看,鉴定组认为这批竹简应是楚地出土的战国时代简册。
>
> 这批竹简内涵丰富,初步观察以书籍为主,其中有对探索中国历史和传统文化极为重要的"经、史"类书,大多在已经发现的先秦竹简中是从未见过的,具有极高的学术价值;在简牍形制与古文字研究等方面也具有重要价值。
>
> 鉴定组一致认为,这批战国竹简是十分珍贵的历史文物,涉及中国传统文化的核心内容,是前所罕见的重大发现,必将受到国内外学者重视,对历史学、考古学、古文字学、文献学等许多学科将会产生广泛深远的影响。

当专家们宣读完《鉴定意见》后,整个会场欢声雷动,大家都沉浸在喜悦之中。

清华大学所入藏的这批竹简究竟是一些怎样的文物,使这些学富五车的学者为之动容,做出如此高的评价?这批文物的背后又有什么样的故事?它们对中国历史文化的研究到底会产生什么样的影响?在这本小书中,我们将和读者们一道,对于竹简这一特殊的文物及其研究历程做一番回顾和反思,对于清华简的入藏、保护、研究及其学术价值做一些初步的介绍,不当之处,敬祈读者批评指正。

# 目录

【第一章　书于竹帛】　001

　　第一节　中国古代简帛兴废史　003
　　第二节　国外的简牍　008

【第二章　孔壁与汲冢——中国古代竹简书籍的发现】　011

　　第一节　中国古代竹简书籍发现概述　013
　　第二节　孔壁与汲冢的惊人发现　015

【第三章　世纪简帛】　025

　　第一节　20世纪上半叶的简帛发现　027
　　第二节　20世纪下半叶以来的简帛发现　029
　　第三节　简帛研究的迅速发展　042

【第四章　清华简的抢救性保护】　045

　　第一节　清华简的入藏　047
　　第二节　清华简的抢救性保护　049
　　第三节　清华简内容初识　055

【第五章　清华简的鉴定与拍照】　061

　　第一节　清华简的鉴定　063
　　第二节　调研工作的开展　064
　　第三节　清华简的拍照工作　068

## 第六章　清华简的释读整理工作　　073

第一节　清华简的通读　　075

第二节　清华简内容的初步公布　　076

第三节　清华简的编排整理　　079

第四节　清华简第一册整理报告的编写　　081

## 第七章　《尚书》之谜　　087

第一节　《尚书》的编辑　　089

第二节　《尚书》的流传与古文《尚书》的真伪问题　　091

第三节　对早期《尚书》写本的寻求　　096

第四节　清华简《尚书》的意义　　098

## 第八章　周文王遗言　　105

第一节　清华简《保训》的内容　　107

第二节　《保训》与周文王称王之谜　　108

第三节　《保训》与周文王事商　　112

第四节　《保训》所见"中"的思想　　120

## 第九章　清华简《金縢》与周公居东的真相　　125

第一节　《金縢》的疑问　　127

第二节　《金縢》"周公居东"内容的争论　　130

第三节　清华简《金縢》与"周公居东"的真相　　140

【第十章　大梦先觉——周文王受命与清华简《程寤》】　145

　　第一节　梦占为大　147

　　第二节　《程寤》与文王受命的问题　150

　　第三节　《程寤》与《酒诰》　154

【第十一章　《系年》新知（上）】　161

　　第一节　秦人起源　164

　　第二节　周平王东迁的相关史实　173

　　第三节　息妫事迹　183

【第十二章　《系年》新知（下）】　189

　　第一节　夏姬身份之谜　191

　　第二节　晋伐中山　197

　　第三节　齐长城的修建　204

【第十三章　清华简中的几位政治人物另论】　211

　　第一节　清华简《傅说之命》梦境试析　213

　　第二节　清华简《赤鹄之集汤之屋》与伊尹间夏　217

　　第三节　清华简《厚父》的撰作时代和性质　225

【第十四章　清华简中的科技与思想】　235

　　第一节　神奇的《算表》　237

　　第二节　清华简《命训》与中国古代的命论　242

第三节　清华简《管仲》与阴阳五行思想　　263

　　第四节　清华简《治邦之道》与治国理政　　269

【第十五章　仅仅是开始】　　277

　　第一节　清华简的学术价值　　279

　　第二节　清华简：未来的显学　　281

【附录】　　283

　　李学勤先生与清华简的入藏　　283

　　记在美国举行的清华简《保训》研讨会　　288

　　流散简帛资料的整理及其学术价值　　291

　　清华简研究所见论著目录　　300

　　清华简保护、整理、研究工作大事记　　365

【初版后记】　　377

【增补版后记】　　381

# 第一章 书于竹帛

清华简的文字书写于竹简之上,它所揭示的是中国古代造纸术发明之前的一段书籍历史,即将文字书写于竹简或木简上的历史。竹简和木简是中国最早的文字载体,也是中国最早的书籍形式。简和另一种书写材料帛还常常被合称为"简帛"。

## 第一节　中国古代简帛兴废史

我们知道，文字的发明是人类的一个伟大创造，也是人类进步的划时代标志。有了文字，人们可以把他们的经历、经验、发明和思想记载下来，一代一代地传递下去，后代的人可以通过阅读他们祖先留下来的文字资料，获得先辈所积累的宝贵经验和教训，继承先辈的智慧与成就，从而在一个更高的起点上发展自己。另外，人们还可以利用文字来进行文学创作，写下一部部不朽的作品。通过阅读文字，我们可以与数千年前的祖先沟通，触摸他们的心灵，感受他们的悲欢离合。如果没有文字，每一代的人都只能毫无凭借地从头做起，人类就不可能有进步和发展。因此，文字的发明和使用，通常被认为是人类进入文明时代的重要标志。

有了文字，当然还需要有记录文字的材料。然而，作为文字的载体，人类各个早期文明却各不相同，呈现出绚丽多姿的形态。

古代埃及人充分利用了盛产于尼罗河三角洲的一种植物——纸草（papyrus），纸草是一种类似芦苇的植物，草叶呈三角形。纸草的草茎可达3米多，粗细与人的手腕相当，富含纤维。古代埃及人把纸草的茎秆外皮剥去，用锋利的小刀顺纤维方向切割成狭窄的长条薄片，并竖直交叉放置，然后用木槌击打，使汁液渗出。经过干燥处理后，这些长条就永久地黏在一起，可以用作书写材料，这种纸草书籍在埃及已经发现很多。古希腊人和罗马人也曾以纸草纸来书写，英语中的纸（paper）这一单词，即是从纸草（papyrus）发展而来。

古代西亚的巴比伦等文明古国则是把文字刻写在泥版上，由于笔画呈楔状，颇像钉头或箭头，因而人们称之为楔形文字。[①] 书写这种文字的泥版经过烘干或晒干后，变得非常坚硬，印刻在上面的文字和图案可以长久保存，人们称之为泥版文书。目前在西亚发现的这种泥版文书数量众多，

---

[①] 这种文字约在公元前3000年由两河流域苏美尔人创造，后来阿卡德人、巴比伦人、亚述人、波斯人等都曾使用这种文字书写自己的语言。

从而为我们打开了古代西亚文明的大门。不过，这种泥版书籍虽然造价低廉，坚固耐用，但是也有一个致命的弱点，就是十分厚重。打个比方，如果我们要把一本仅有50页、32开本的小册子刻写在泥版上的话，我们最终会得到一本重约50公斤的泥版书籍。如此厚重的书籍，在存放和阅读方面都有很大的不便。

与古代埃及和巴比伦不同，中国的先民用竹或木制成的简和牍[①]以及丝质的帛作为书写文字的载体，这可以说是中国古代的一项重大发明。

竹简的制作过程大致是：先把竹子按节锯成短筒，再劈成一片片的篾片，然后按要求截成所需要的尺寸，削薄并经过打磨使其光滑，在篾片的竹黄一侧用墨书写文字，这就成了一根根的竹简。劈开竹子做竹简时要经过火烤，目的是要去掉水分和把隐藏在竹子内部的虫卵杀灭。在这种经过处理的竹篾片上书写的文字就能较长久地保存了。为了便于翻阅，竹简要编连成册。为了固定编绳，往往会在竹黄一侧右边的相关位置刻有小契口，以便使编绳不易滑脱。编绳往往使用丝线[②]，有的竹简还残留着丝线编绳以及编绳的痕迹。

在没有竹子的地方则使用木简，加工过程与竹简的情况大致相似。

所有简上的文字，都是用毛笔蘸黑色的墨书写而成。毛笔在中国使用很早[③]，在新石器时代的仰韶文化的一些陶器上，我们已经可以见到使用毛笔一类的工具绘画和书写的痕迹；山西襄汾陶寺遗址灰坑 H3403 出土一扁壶，上有毛笔书写的"文"字，距今已约 4000 年，时代至迟在夏代前期；殷墟有以毛笔书写而未契刻的甲骨，等等。至于后来在竹简上写字的毛笔，

---

[①] 一般来说，中国南方地区盛产竹子，故多用竹简；中国北方由于缺少竹子，故多用木简。而大片的竹、木简则称为牍。这里需要注意的是，中国古代的气候曾经一度比现在温暖，因此从古书记载来看，黄河流域的河南、陕西、山东一带也曾有竹子生长，后来由于气候变迁，才使得这些地区的竹子变得罕见。

[②] 后来也有使用麻线的。据说孔子晚年读《易》，曾经"韦编三绝"，所谓的"韦"，相传是皮绳，不过在考古中还从未发现过这样的实物。

[③] 过去有一种传说，认为毛笔是由秦代的蒙恬发明，现在从考古发现来看，显然是不正确的，中国古人早在此之前的几千年前即已使用毛笔。

笔毫大多较硬，因而能够写很细小的字。有的人可能会有一种错觉，认为竹简上的文字是用刀刻上去的，这是不正确的，刀的作用是用来加工竹简，它的另外一个功用是把在竹简上写错的字刮掉，其作用类似于今天使用的橡皮擦。明白了它的功用，自然不会再误认为是用刀来刻写文字了。

现在的人们都对商、周时期的甲骨文耳熟能详，商代已经有了刻写在甲骨上的甲骨文和铸于铜器上的金文，一些人也因此产生了一种误解，认为甲骨和青铜器是中国最早的文字载体，这种观点也是不准确的。甲骨文和金文都是因为特殊需要而书写的文字，甲骨文是商王和一些贵族占卜的记录；而金文则是为了纪念一些特定的事情而刻写的，它们都不是当时真正流行的书籍，商代通行的书籍应当是以竹、木制成的简牍。

《尚书》的《多士》篇是西周初年周公训诫商朝遗民的一篇文献，在文中周公说道：

惟殷先人，有册有典。[1]

在甲骨文中我们可以看到"册"字，写作 ⫴、⫴ 等字形[2]，这是一个象形字，参差不齐的竖笔，代表一根根的简，中间的横笔，则代表用以编缀的丝绳。因此所谓的册，就是以简写成的书籍，而"典"在金文中写作 ⫴（召伯簋）、⫴（格伯簋）[3] 等字形，该字形上面的部分是"册"，下面的"兀"则是一个书架，整个字的意思是摆放在书架上的经典书籍，以示贵重。周公说商代有册和典这些用简书写的典籍，可以证明简在商代已经普遍用作书写材料。

从甲骨文中我们还知道，商代还把以用简写字为专职的史官称为"作册"，这也从另一个侧面告诉我们当时通行的书写材料是简。

汉字的写法也与书写于竹木简的特点有关。汉字中的许多象形字都出

---

[1] （汉）孔安国传，（唐）孔颖达正义：《尚书正义》卷十六，见（清）阮元校刻：《十三经注疏》（上册），北京：中华书局，1980年，第220页。
[2] 中国社会科学院考古研究所：《甲骨文编》，北京：中华书局，1989年，第87～88页。
[3] 容庚编著，张振林、马国权摹补：《金文编》，北京：中华书局，1985年，第308页。

现了竖起的形变，绝大部分的动物字汇，比如马字、豕字，本来应当四脚着地的，却"竖"起来了，这很不符合这些动物一般自然状态下的形象，这种情况的造成实际上与以竹木简为主要书写材料密切相关。竹木简是窄条形的书写材料，特别适宜于书写瘦长的纵向动物字汇形体，结果是横放的动物字汇遭到淘汰，竖写的原则一直维持至今[1]，而汉字的这种"竖写"的特点在商代已经表现得十分明显，这也可以证明当时简的使用已经非常普遍。

汉字行款的排列习惯，也与使用竹简密切相关。学者们曾指出，过去中国文字的行款采用自上而下、自右而左的原因，是与用竹木简书写分不开的："因为书写时是左手拿简，右手写字，一般是一根简一行字，并且为着左手拿简方便起见，空白的简是放在左边的。等到把一根简写完，写过的简为着和空白的简不相混，也就左手一根一根的向右边推去，并且排好。在这种情形下排出的行款，总是写好的第一根在最右，依次从右排到左，更由左手拿着的简是直立的，而一般人手执细长之物是与手指垂直的，于是中国字的行款，成为自上而下、自右而左了。"[2] 汉字行款的这种排列习惯，在商周时期也已经基本定型，这也证明当时的主要书写材料是竹木简。

从以上这些情况看，至晚从商代开始，竹木简已成为我国先民最基本的书写材料，它们当之无愧地成为造纸术发明之前中国最主要的文字载体。

简的使用对于中国的书籍文化也影响深远，中国书籍制度中的许多术语都与简的使用相关，如"牒"本指竹简，"札"本指短小而轻薄的木简，"篇"或"册"或"卷"指联简成编，等等，甚至以前信笺纸每页直书八行的所谓"八行书"的格式，也是根源于简牍制度。[3]

除了用简作为书写材料外，中国古代还用帛来书写文字，"简"和"帛"常合称为"简帛"。帛是什么时候用作书写材料，目前还不易考定，但是

---

[1] 游顺钊：《古汉字书写纵向成因》，《中国语文》1992 年第 5 期，第 371～375 页。
[2] 劳榦先生为钱存训先生《书于竹帛》一书所作的《后序》，见钱存训：《书于竹帛》，上海：上海书店出版社，2004 年，第 167 页。
[3] 钱存训：《书于竹帛》，上海：上海书店出版社，2004 年，第 71 页。

大概也不会太晚。从文献记载来看，春秋时期已经出现了帛书，成语"书于竹帛"①即反映了简和帛作为中国古代文字载体的真实面貌。

古代的简帛，数量是非常多的，不过由于其材质容易损毁，埋在地下更难保存，迄今为止，我们尚没有发现商代简的实物，目前所能见到的最早的简帛书籍，只能追溯到战国。就出土地区而言，主要集中在江淮一带，这一区域江河湖泊纵横，地下水位很高，墓室往往都渗满了水，如果墓室上面的封土密封条件较好的话，就可以有效隔绝空气，墓室中原有的一些氧气被微生物耗尽之后，形成了一种无氧的状态，导致原有的微生物纷纷死亡，墓室中的尸体以及简帛、衣物、漆木器等随葬品往往都得以保存下来，从而使我们能够看到战国时期简帛的原貌。正是因为这一地区独特的地理条件，所以特别有利于简帛等文物的保存②，希望将来在考古工作中能够发现更多更早的简帛实物。

从前面所说可以知道，自商周时期开始，简的使用一直绵延不绝，直到造纸术发明之后，才逐渐改变了这一状况。从考古发现来看，纸的使用比我们过去的认识要早一些，秦和西汉时期已经出现了纸，但尚不普遍；到了东汉时，蔡伦改进了造纸术，此后在很长的时间里简和纸一直在社会上共同流通使用，后来随着纸的逐渐普及，竹木简渐渐退出了历史舞台，不过这已经到了魏晋南北朝时期了。

东晋后期，晋安帝元兴二年（公元403年），权臣桓玄（桓温之子）曾经废晋安帝，自立为帝，篡夺权位。桓玄篡位期间，曾颁布一道诏令，称古代是由于没有纸张，才使用简来书写，他下令，以后都要用纸来代替简。③虽然简的使用并非由于桓玄的一纸诏令而废除，不过可以从中看到，

---

① 见于《墨子·明鬼》等篇的叙述。
② 我国其他容易保存简帛的区域是甘肃、新疆、内蒙古等西北地区。这些地区炎热干燥，降雨稀少，木简和尸体等都严重脱水，形成干简、干尸，也能保存下来。不过西北地区发现的简都以秦汉以后的简为主，多为汉晋西陲戍边地区的文书，涉及范围主要是经济、军事以及社会状况。这一地区尚未发现先秦时期的简牍。
③ 《初学记》卷廿一引《桓玄伪事》云："古无纸，故用简，非主于敬也。今诸用简者，皆以黄纸代之。"（唐）徐坚：《初学记》卷二十一，北京：中华书局，2004年，第516页。

到了东晋，以简来书写文字已经逐渐走向衰落。如果我们把桓玄主张废简的这次命令作为一个标志的话，从殷商迄于魏晋，竹木简作为通用的书写材料行世已经至少有两千年，研究中国文化史，不能不重视简帛典籍的作用。

需要说明的是，在中原王朝逐渐废除了竹木简的使用之后，我国其他地区的一些政权仍在使用简。如新疆、甘肃等地除了出土汉文木简外，还出土了不少佉卢文[①]等文字的木简，时代相当于汉、晋时期；而吐蕃、西夏等政权也都曾使用过简，其时间则更在唐以后了。

## 第二节　国外的简牍

除了中国以外，古代东亚的朝鲜半岛和日本也使用简，有意思的是在中国逐渐废除了简的使用之后，这两个地方的简开始盛行。

朝鲜半岛与中国不仅在地理上紧密相连，而且在文化上也有十分密切的关系。1931年，在朝鲜半岛的平安南道出土了东汉的木牍；1975年以后，在庆尚北道庆州市雁鸭池出土了100多枚木简，其中有字简有60多枚，记载了朝鲜新罗王国的史事；此后在朝鲜半岛仍不时有木简出土，内容属于朝鲜三国时代的百济与统一朝鲜半岛的新罗时期，总数已经超过300枚。[②]朝鲜半岛木简的形制、书体与中国出土木简十分相似，从现已出土木简的制作等方面看，秦汉时期中国制作的木简，直接影响了6—8世纪的朝鲜半岛木简的制作；而朝鲜半岛的木简则很有可能对日本的木简制作产生了很大的影响。

日本木简有传世品，由正仓院珍藏，约有50件。1915年，日本秋田县仙北郡藤木村（现大曲市下深井）怒遗址（拂田栅遗址西侧）出土2枚

---

① 佉卢文是一种印度字母，公元2世纪中叶至4世纪后半叶流行于于阗、鄯善一带。
② 参见《韩国古代木简》（国立昌原文化财研究所，2006年）、刘金华《韩国出土木简概略》（《东疆学刊》第2期，2004年，第14～17页）等的论述。据统计，韩国木简中，有字的木简为252枚。

木简，从而首次确认日本列岛地下埋藏有木简。1928年，在三重县桑名郡柚井遗址的耕地平整工程中发现3枚木简；1930年，秋田县仙北郡的拂田栅遗址出土两枚木简。此后，日本各地陆续发现了大量木简，至今已发现的木简数量已经超过35万枚，其中出土简数最多的是奈良平城宫遗址。日本的木简主要有两类，一类是文书，如官府间往来的文件及计簿之类；另一类是签牌（日本学者称之为"付け札"），有的是挂附在地方进纳的调庸等物品上的，记有进纳者的国郡乡里、户主姓名、税目、品名、数量、年月日等；有的则为整理保管物品时所用，记有物品和数量。日本出土木简的时代，根据部分纪年简和考古地层学、年代学等综合因素判定，从飞鸟时代、奈良时代、平安时代以至近代都有出土，但以8世纪奈良时代木简居多。[①]

1974年，坪井清足先生在史学会大会上提出木简学这一名称。此后，日本一些学者成立了木简学会，出版了刊物《木简研究》。日本学者所说的木简学，常将中国简也包括在内。

除了东亚的中、日、韩等国外，实际上在古代的欧洲也同样有木简的使用。据介绍，1973年以来，在英国哈德良长城[②]附近的文德兰达（Vindolanda）城堡也出土有木简，木简系用桦木或赤杨制成，一般长16～20厘米，宽6～9厘米，厚0.1～0.2厘米[③]，通过考古工作者的努力工作，出土的文德兰达木简总数已经超过1200枚。文德兰达木简就年代来说，多数属于公元1世纪后期至公元2世纪前期，相当于中国的东汉

---

① 关于日本木简的情况，参考王元林《日本古代木简的发现与研究》（《出土文献研究》第9辑，北京：中华书局，2010年，第252～266页）、李学勤《失落的文明》（上海：上海文艺出版社，1997年，第199～201页）以及李均明先生给笔者提供的信息。
② 哈德良长城是罗马帝国时代为了防守边境而修筑的，可以说是外国的"长城"。它的修造时间为公元122—125年间，相当于中国东汉安帝的延光年间。哈德良长城东西长118公里，这个长城的规模如果和中国秦汉时期的长城相比，只能算是一段短短的边墙，墙外有深挖的地堑。文德兰达是一个古城堡，正好位于哈德良长城中段南侧，离长城约1.5公里，城堡的初建时间比哈德良长城稍早一点。仅在1973—1975年，考古学者就已在文德兰达城堡发现了202件木简。
③ 这种形制的木简如果套用中国的术语，可能称为木牍更为准确。

时期；文德兰达出土的木简半数以上都有字，是古罗马帝国通用的拉丁文，内容有书信、文书、账簿三种。文德兰达木简的性质和内容，与中国西北地区如敦煌、居延等地的简很相似，即都是在古代的边防线上出土，都以文书、账簿、书信为主，反映了屯戍的制度与生活。从文德兰达木简中，学者们获得了许多关于古罗马帝国的边境社会、军队以及边防的新认识。文德兰达和中国的居延、敦煌分别处于西半球和东半球，又都是罗马帝国和汉帝国的西北要塞，很难想象在地球上遥远的地方，曾在差不多同样的时代，曾有类似的一群人，先后依靠类似的书写材料，留下他们生活的最真实记录。[1]

在文德兰达木简发现之后，英国又有几个地点有木简零星发现。另外，在意大利南部和瑞士的罗马时代遗址中，据闻也有木简出土。

---

[1] 关于英国木简的情况，参见邢义田《罗马帝国的居延与敦煌》(《简帛研究译丛》第1辑，长沙：湖南出版社，1996年，第306～328页)、李学勤《失落的文明》(上海：上海文艺出版社，1997年，第202～204页)等文。

# 第二章
## 孔壁与汲冢——中国古代竹简书籍的发现

清华简是从战国时期楚国的墓葬出土的。实际上，在墓葬里或者是通过其他途径发现前代人留存下来的竹简书籍，在古代就已经多有记载，而且其中还有许多重要的发现，清华简的价值可与之相提并论。

## 第一节　中国古代竹简书籍发现概述

中国古代有厚葬的习俗，往往会把死者生前用过的各种物品用于陪葬，其中就包括了死者生前阅读过的书籍，其目的自然是希望让死者在阴间能够继续使用这些物品。这种"事死如事生"的做法虽然在当时不免有浪费资源之嫌，不过一些能够保存至今的墓葬由于随葬品丰富，也因此给后人留下了丰富的资料。

政局的动荡也往往会导致一些人把珍贵的东西埋藏起来。在秦代曾发生过一件特别重大的事件，秦始皇统一中国后，采用了李斯的建议，在全国范围内推行文化高压政策，颁布《挟书律》[①]，下令把原来东方六国的历史文化典籍、诸子百家的著作全部烧毁，这就是秦代焚书事件。秦代的焚书使中国的文化典籍遭到一次空前的浩劫，许多著作从此失传。当时也有一部分知识分子不忍心看到自己珍爱的书籍被毁，偷偷把它们埋藏起来。西汉建立之初，朝廷延续秦代法律，这一禁止民间藏书的政策尚未更改。一直到汉惠帝四年（公元前191年）废除了《挟书律》，才最终改变了这一局面，为文化的复兴创造了条件。一些隐藏不彰的书籍纷纷复出，由于其中的许多书籍系用战国时期六国的文字所写，与秦、汉时代的小篆及隶书大不相同，还需要学者们重新加以整理。因此，简帛的发现并不是直到20世纪才有，从西汉时期开始，就已经有不少关于发现简帛的历史记载，而且已经出现了一些整理出土简帛的工作。

《孝经》是讨论"孝"的意义的一部典籍，据说是孔子与曾子所作。在秦代焚书时，河间人颜芝曾偷偷藏了一部。到了西汉初期，颜芝的儿子颜贞把它献给了朝廷，使《孝经》得以在世间流传。

《左传》是记载春秋时期历史的一部重要著作，相传是左丘明所作。《左传》的重新流传与汉初政治家张苍密切相关。张苍是《左传》之学的传人，

---

[①] "挟"意为收藏。这一法律禁止民间私自藏书。

受学于荀子，后来他追随汉高祖刘邦夺取天下，被封为北平侯，汉文帝时还出任丞相一职。张苍喜好读书，知识渊博，他把自己珍藏的《左传》一书献给了朝廷。张苍献《左传》一事，载于许慎《说文解字》的《叙》中。《左传》之学，经张苍传于贾谊，在西汉得以传流不绝。

《尚书》的流传则与伏生有关。伏生是济南人，秦时曾任博士一职，秦始皇焚书时，伏生也把自己的《尚书》一书偷偷藏了起来。在秦末的社会动乱中，伏生被迫到处逃亡，一直到西汉初年局势比较稳定时才返回了家乡。然而时过境迁，他当年隐藏的《尚书》一书已经大半不存，经过细心整理，最后伏生总算还复原了28篇《尚书》，由于新整理出来的这些《尚书》是用汉代通行的隶书来写定，所以后来人们称之为"今文《尚书》"，以与用战国文字书写的古文《尚书》相区别。伏生就根据这本今文《尚书》在齐、鲁一带讲学。汉文帝时，朝廷在全国征集能够研究《尚书》的专家，结果发现只有伏生一人，官府想把他征召到首都长安，但这时伏生已经九十多岁，行动困难，无法远行，于是朝廷又专门选派大臣晁错去向伏生学习。据说伏生当时连说话都已经十分困难，主要靠他的女儿来转述。晁错是颍川人，听济南方言颇为吃力，不少地方只能是懂得个大概而已。

河间献王刘德是汉景帝的儿子，他喜好儒学，并热衷于搜集古书。凡是从民间征集来的书籍，他除了给献书者重金赏赐之外，还专门请人精心抄写一套副本送给献书者，而把原本留存下来。由于他的措施得力，许多人都千里迢迢地赶来，把书籍献给了他，因此河间献王汇集了大量的古书，其藏书量几乎可以与西汉朝廷的藏书并驾齐驱。尤其是他所获得的《周礼》一书，后来成为儒家的经典，在历史上产生了深远的影响，王莽改制、北周时期的苏绰改革等，都采用了《周礼》中的许多主张。

淮南王刘安也喜欢搜集图书，藏书量也很丰富，不过东汉的史学家班固嘲讽说刘安的藏书"率多浮辩"[①]，可能是他的藏书不切实用，再加上刘

---

[①] （汉）班固:《汉书》卷五十三，北京：中华书局，1962年，第2410页。

安后来涉嫌谋反，受到朝廷的严厉惩处，因此，刘安的藏书没能在历史上产生多少影响。

汉宣帝时，河内郡一女子在拆修自己的老宅时，获得了逸失的《易》《礼》《尚书》各一篇，她把这些书籍献给了朝廷。

到东汉时，著名学者杜林曾在西州获得漆书①古文《尚书》一卷。杜林十分珍惜他所获得的这卷古文《尚书》，经常随身携带，唯恐丢失。

南齐时，襄阳一带有一墓冢遭盗掘，这一墓冢相传是楚王之墓，里面出土了许多宝物，如玉屐、玉屏风，以及用丝线编连的竹简书籍。竹简长二尺，竹皮和竹节如同新的一样。盗墓贼曾在墓中点燃竹简照明，以便搜寻宝物。后来有人获得了其中的十多枚简，拿去向当时著名的学者王僧虔请教。王僧虔认为是"科斗书"的《考工记》，系《周礼》一书所缺失的部分。不过现代学者不太认同王僧虔的判断，倾向于认为当时所出土的竹简可能是记载随葬品内容的遣册。

北齐时，徐州一带有人盗掘了一个墓葬，据说是项羽妾的墓，在墓中发现了《老子》一书。这部《老子》究竟是书写于竹简上，抑或是帛上，古书中未见明确交代，但有学者曾经利用这个本子校正传世本的问题，相关的校勘成果在《道藏》中保存了下来。

## 第二节 孔壁与汲冢的惊人发现

除了上述这些发现之外，古代最具轰动性的简帛书籍发现当数西汉时期的"孔壁中经"，以及西晋时期的"汲冢竹书"。

孔壁指的是孔子故宅的墙壁，位于曲阜。汉景帝把他的儿子刘余分封

---

① 所谓"漆书"实际上仍是用墨书写，因为漆很黏，如果用漆书写，很难在竹简上自如运笔，故很难用漆来写字。所谓的"漆书"只是由于用墨所写出来的字油黑光亮，与漆相似，因而有了"漆书"之名。目前所见简帛上的文字，绝大多数都是用毛笔书写的，蘸的是黑色的墨。

到曲阜为王，后人称之为鲁恭王[1]。这位鲁恭王为人口吃，不善言辞，但却沉迷于声色犬马，他的另外一个喜好就是热衷营造宫室，不断扩大王府的规模。由于孔子的故宅正好在鲁恭王的王府旁边，这位鲁恭王竟然下令要拆毁孔子故宅，结果人们在拆孔子故宅的墙壁时，意外发现了许多竹简书籍，它们很可能是孔子后人为逃避秦始皇的焚书而匿藏的。鲁恭王听说孔壁发现了书籍一事后，也赶到了现场。他在走进孔子故宅的时候，隐隐约约中似乎听到墙壁里传来弹奏音乐的声音，以为是孔子显灵，这下子把他吓坏了，于是赶紧下令停止施工，孔子故宅得以保存了下来，而孔子故宅墙壁中所藏的书籍也因此得以面世。

这次从孔宅墙壁中发现的书籍内容很多，有《尚书》《礼记》《论语》《孝经》等，总共有数十篇，它们出土后，就都归还了孔家，这就是著名的"孔壁中经"。"孔壁中经"因为是用秦以前的文字所抄写，人们称之为"古文"[2]，孔壁中发现的《尚书》后来就被称为"古文《尚书》"。孔子的后人中，有一个名叫孔安国的，很有学问，汉武帝时曾任博士一职，他对此次发现的古文《尚书》进行研究，结果发现其中除了有伏生所传的28篇之外，另外还有16篇是伏生所传的今文《尚书》中所没有的。孔安国花了很多时间对古文《尚书》等古本进行了整理，他的工作特点是将孔壁发现的古本与当时的通行本进行对比研究，并用隶书加以写定。现在古文字整理中经常使用的"隶定"[3]一词，据说就是由此得来。孔安国整理孔壁中经的这一

---

[1] 《史记·五宗世家》写作"鲁共王"。参见（汉）司马迁：《史记》卷五十九，北京：中华书局，1982年，第2095页
[2] 汉人所说的"古文"，原意是指古代也就是秦以前的文字，但在具体应用时，此词涵义有时较狭。因为在汉代，人们所能接触的秦以前的文字是很有限的，虽然当时也有一些青铜器出土，但是其中的铭文很少流传，学者们所能见到的"古文"，主要就是一些竹木简书籍。这些书籍本为秦代遭禁的东方六国的写本，用的是六国字体，因此汉代"古文"基本上是指战国时期东方六国的这类字体而言，但当时的人却误以为这种字体便是仓颉造字以来的文字面貌。
[3] "隶定"或作"隶古定""隶古"等，现通作"隶定"，其意是指用现在的字形和笔法来书写古文字的字形。

工作可以说是整理出土佚籍的最早范例，孔安国对这批材料所进行的隶定释读也成了中国学术史上的重大事件，古文之学，从此开始兴起。孔安国去世后，他的家人把孔壁中发现的经典献给了朝廷，可是正赶上当时朝廷内部发生政治动乱，政府无暇顾及这些书籍，因此它们没有得到应有的重视，很长时间里无人问津。直到西汉末年，学者们在整理皇家图书馆所藏图书时，又重新发现了这些被封存多年的书籍，由于这些用秦以前文字书写的"古文"与当时用通行的隶书即所谓的"今文"抄写的文本之间存在很大的差异，导致了今古文之争，这一论争一直到今天还有很深刻的影响。

非常可惜的是，到了魏晋时期，孔安国整理的古文《尚书》等珍贵材料毁于战火，从而给历史留下了许多不解之谜。

古代另一次竹简书籍的重大发现发生于西晋时期，这就是著名的"汲冢竹书"。

西晋咸宁五年（公元279年）[①]，汲郡一个名叫不准[②]的人盗掘了一座战国时期魏国的墓葬，发现了十多万字的竹简书籍。据记载，竹简长二尺四寸，用丝线编联，字体与"孔壁中经"十分相似。不准在进入墓室时，对这些竹简并没太在意，还点燃一些竹简搜寻宝物，因此竹简被毁坏了一部分，剩余的竹简也往往散乱。当地官府得知此事后，派人将剩余的竹简及其他物品搜集运回，不过在搜集竹简的过程中由于工作不够细致，又有一些竹简遭到毁坏。

这一墓冢中与竹简同出的器物，现在能考知的还有玉律、钟磬和铜剑等，这些都是大墓常见的随葬品。考虑到竹简数量很多，可以推知墓的规模是比较大的。因此，当时人都以为这是战国时魏王的墓葬，有的学者认

---

① 关于汲冢墓的发现时间有三种说法，即咸宁五年（公元279年）、太康元年（公元280年）、太康二年（公元281年），根据学者们的研究，竹简可能是在咸宁五年（公元279年）发现，这一年正值西晋大举伐吴，第二年（太康元年）三月吴国灭亡，竹简也得以运抵都城洛阳；到太康二年晋武帝下令组织学者加以整理。由于古书中对于这一事件记载的角度不同，从而导致有关发现时间的记载说法歧异。
② 此人姓"不"名"准"，"不"姓极为罕见，有学者认为是春秋时丕氏的后裔。

为是魏襄王墓，有的说是魏安釐王的墓，至今我们还无法证实。

大约在太康元年（公元280年），这些竹简被运抵首都洛阳，晋武帝命中书监荀勖、中书令和峤等人负责整理，先后参加这一工作的学者有荀勖、和峤、束皙、卫恒等人。

荀勖，字公曾，是荀爽（东汉时任司空一职）的曾孙。荀勖十多岁时即擅长写文章，他曾替司马昭写信给吴国的孙皓，迫使孙皓答应和亲，司马昭称赞说，荀勖的一封信，胜过十万之师。荀勖还精通音乐，又曾负责整理西晋的皇家藏书。汲冢竹书出土后，晋武帝命荀勖等人参加整理工作。荀勖对于整理汲冢出土的《穆天子传》一书，做出了很大贡献。太康十年（公元289年），荀勖去世。

和峤，字长舆，出身名门，他从小就很有风度品格，在当时享有盛名。汲冢竹书出土后，他参加了整理工作，对于其中《纪年》（后人常称之为《竹书纪年》）一书的整理，他做了很多的工作。

束皙，字广微，博学多闻，深受人们的称赞，被誉为当时最好学的学者。据说曾经有人在嵩山脚下获得一枚竹简，上有两行"科斗文"的字体，大家都不认识，有人向束皙请教，束皙立即指出，这枚竹简是出自汉明帝的显节陵，经核验，情况确实如此，大家都对束皙的博学多识十分钦佩。对于汲冢竹书的整理，束皙付出了大量的心血，贡献也最为巨大。很可惜的是他在40岁的时候就去世了。

卫恒，字巨山，是卫瓘的儿子，精通书法，对于古文字也很有研究，还著有《四体书势》一卷。很可惜的是公元291年，西晋发生政治动乱，卫恒与其父亲都不幸遇难。

当时参加汲冢竹书整理工作的人还有不少，由于史籍记载过于简略，很多人的事迹我们已经无法详知。这支整理队伍应该说是汇集了当时最好的一批学者，整理工作也是很有成绩的。当时对汲冢竹书的整理，一方面是要将散乱断残的竹简重新编排联缀起来，这需要费很大的功夫；另一方面还需要辨识简上的战国文字，并用今文写出释文；此外还需要了解简文，把握其中蕴含的思想内容，对于一些疑难之处还要加以阐明。总体来看，当时对竹简所做的整理工作已经与我们今天的整理研究很相近了。

经过整理，汲冢出土的竹简内容分为 16 项，总共有 75 篇左右，《晋书·束皙传》曾详细列举了各篇的篇名：

一、《纪年》十二篇[①]，本书也被称为《竹书纪年》，记载了夏朝以来至战国初年的历史；

二、《易经》二篇，与《周易》上下经相同；

三、《易繇阴阳卦》二篇，与《周易》大致相同，繇辞则有许多相异之处；

四、《卦下易经》一篇，类似于《说卦》，但又不同；

五、《公孙段》二篇，记载公孙段与邵陟对于《周易》的讨论；

六、《国语》三篇，内容涉及楚、晋的历史；

七、《名》三篇，跟《礼记》相似，又有些像《尔雅》和《论语》；

八、《师春》一篇，"师春"可能是写书人的姓名，内容涉及的是《左传》中的卜筮之辞；

九、《琐语》十一篇，内容涉及各国的占卜、占梦、妖占、相术等，是一部有关数术的典籍；

十、《梁丘藏》一篇，涉及魏国的史事等内容；

十一、《缴书》二篇，讲弋射之方法；

十二、《生封》一篇，讲帝王所封之地；

十三、《大历》二篇，类似于邹衍所讨论的阴阳五行学说；

十四、《穆天子传》五篇，记载周穆王巡游之事；

十五、《图诗》一篇，属于画赞一类的内容；

十六、杂书十九篇。其中有《周食田法》《周书》《论楚事》《周穆王美人盛姬死事》等，另外还有七篇竹简残缺严重，看不出篇题[②]。

不过很可惜的是，整理工作还没有全部完成时，西晋政局就发生了重

---

[①] 原作十三篇，许多学者认为应该是十二篇。
[②] 这七篇竹简有人认为是在 75 篇之内，属于杂书 19 篇的组成部分；有人认为是 75 篇之外，不在 19 篇杂书之内。

大变化。晋武帝死后，他的儿子晋惠帝即位，晋惠帝是个白痴，而皇后贾氏却野心勃勃，西晋宗室的各同姓王也试图争权夺利，最终爆发了"八王之乱"。"八王之乱"持续了16年（公元291—306年），首都洛阳成为主要战场，变成了一片废墟，汲冢竹书的整理工作不仅无法继续，许多整理出来的成果也毁于战火，甚至连竹简本身最终也在战乱中荡然无存，历尽艰辛出土并经学者们精心整理的汲冢竹书，最终又化为灰烬，再度从世间失传。回想起汲冢竹书的坎坷经历，令人痛心疾首。

汲冢竹书的75篇典籍中，经过学者们整理并一直流传至今的只有《穆天子传》以及附见的《周穆王美人盛姬死事》，另外《竹书纪年》因为对研究先秦历史至关重要，也得到了较好的整理，并在此后很长的时间里引起学者们的热烈讨论，但是后来《竹书纪年》也在历次的社会动荡中逐渐失传，仅在古书中保存有一些佚文。至于其他近60篇的汲冢竹书，很多当时可能还根本没有来得及整理就又重新失传，我们基本上只知其名，其内容已经无从详考了。[1]

汲冢竹书的再度失传，教训是十分深刻的。竹简出土以后，西晋政府曾经投入大量人力物力加以整理，然而这一整理工作旷日持久，最终却未能有一个很好的整理成果留存于世，使重见天日的竹简内容最终又难逃失传的厄运，令后人为之唏嘘不已。这一结果当然有多方面的原因，西晋的政治动乱直接导致了汲冢竹书整理工作的中断，作为整理者之一的卫恒就死于动乱之中，学者们的整理成果及竹简本身也毁于战火，这是最根本的原因；另外，由于竹简文字难识，内容古奥，整理工作极为困难，也是导

---

[1] 就汲冢本《周书》与今本《逸周书》之间的关系，长期以来学者们展开了热烈的讨论。由于能证明二者之间关系的证据实在太少，目前对这一问题只能存疑。李学勤先生指出："《周书》既列于杂书十九篇之中，则其篇数不可能多是可以肯定的。《隋志》把《周书》十卷统指为'汲冢书'，实系误解。有学者提出今本《逸周书》内无注诸篇来自汲冢，也缺乏根据。"（见李学勤先生为黄怀信《逸周书汇校集注》（修订本）所作的《序言》，上海古籍出版社，2007年，第2页。）所论较为公允客观。

致整理工作拖延的原因[1]；还有一点可能也很关键，整理队伍不够稳定，人员更换较为频繁，缺少有效的组织领导者，而且整理团队总体上对整理工作重视不够（未能将所有精力投入整理工作，仅对《竹书纪年》等少数竹简有兴趣，对其他大部分书籍缺少足够的重视），致使整理工作旷日持久，最终由于社会动荡归于湮灭。

由于西晋学者对汲冢竹书的形制叙述非常简略，具体情形我们已经无法了解，不过，根据清华简及其他近年出土的战国竹简的情况，我们可以对汲冢竹书的形制情况做出一些推测：

首先，我们现在所能见到的战国竹简基本上都是泡在水里才得以保存下来的，属于"湿简"，但汲冢竹书情况不同，属于干简，甚至被盗墓的不准用来照明，可见简本身是很干的，这是它与我们今天所见战国竹简一个很大的不同点，这应该与各自不同的地下环境有关。

其次，从当今已经出土的战国竹简来看，用来书写的竹片往往非常纤细，汲冢竹书应该与之类似。汲冢竹书总数为75篇左右，估计总共有几千支竹简，字数据《晋书·武帝纪》所载，约为十多万字[2]，其数量和体积均不会太大，因此，所谓汲冢竹书有数十车之说，显系讹传，不可凭信；或者是当时车中还载有同墓出土的众多文物，才显得规模如此浩大。不论如何，仅仅是70多篇竹简是用不着装数十车的。

再次，近年出土的战国竹简中，同一墓葬的各篇书籍往往由不同的人抄写，因此字体也往往很不相同。汲冢竹书可能也是这种情况，墓中的竹简不一定是由一人抄写，而有可能出自众多的抄手。可以作为证据的是，卫恒曾称赞说汲冢竹书中的《论楚事》一篇字体尤其精妙，可见此篇的抄写者书法水平很高，这也在提示我们，这批竹简可能并非出自一人之手，不过具体情况我们已经不得而知。

---

[1] 今天我们在整理清华简等战国竹简时，面对繁难的字形、深奥的内容，更可以深深体会到孔安国、束皙等人所做整理工作的不易。
[2] 参见（唐）房玄龄等撰：《晋书》卷三，北京：中华书局，1974年，第70页。

最后，这批竹简的长度可能也未必都是完全统一的。从目前了解的战国竹简情况来看，当时的竹简形制并不固定，各种长度的竹简都有。汲冢竹书这么多的竹简，其长度不一定会完全一致。至于荀勖曾经说抄写《穆天子传》的竹简长二尺四寸，每简四十字的情况，主要是针对《穆天子传》一书而言的，其他各篇竹简的长度以及每简所抄字数不一定都符合《穆天子传》的这种情况。

总的来说，汲冢竹书的发现和整理，也同样产生了深远的影响。汲冢竹书中的一些整理原则，比如对于竹简中残缺不识的字用"□"来表示，这种做法一直沿用至今；又比如汲冢竹书中的《纪年》（后人称为《竹书纪年》）一书，一经整理就受到学者们高度重视，当时曾给《左传》一书作注的杜预，在看到《竹书纪年》后，就曾在所作《春秋经传集解》的《后序》中加以引用；西晋史学家司马彪则据《竹书纪年》的论述，纠正了三国学者谯周《古史考》一书中122条错误；到唐代，著名学者刘知幾作《史通》，更就《纪年》所述古史与经籍的异同作了理论的推阐。直至晚清以后，还有不少学者依据《纪年》，对古史做出非常有益的研究。可以毫不夸张地说，《竹书纪年》一书虽然已经佚失，但对于古史特别是战国史的研究，还有着很大的推动作用。

对于《穆天子传》的探索也同样富有成就，比如近年李学勤教授曾指出，《穆天子传》中有"春山之虱"的记载，这句话是什么意思，长期以来人们不得其解。实际上"虱"这个字应该是"阴（陰）"字，该句应该读为"春山之阴"，这样就文从字顺了。"阴（陰）"字在古文字中有时不写"阜"字旁，上边一个"今"字，底下的"云"经常写得与"虫"非常相似，很容易误认。这个"虱"字应该就是"阴（陰）"字的讹写。西晋的学者认不出这个字，就把它准确地摹写下来。① 现在学者们根据出土的古文字材料，终于把它认了出来。由此可见，直到今天，对于汲冢竹书的

---

① 李学勤：《谈最近的出土文献研究》，见《清路集》，北京：团结出版社，2004年，第274页。

研究还可以有进一步深入的地方，其影响之深足以想见。汲冢竹书也因此与孔壁中经并列，成为中国古代最有影响的重大发现，至今仍是学者们讨论的重要内容。

孔壁中经已经发现了两千多年，汲冢竹书也已有一千七百多年，但学者们至今对它们的研究都没有停止，而是在不断走向深入。这也在提示我们，像孔壁中经和汲冢竹书这样的重大发现，相关的研究工作绝对不是一两代人就能完成的，而是需要有长时间的酝酿和投入，需要几十代学者的努力钻研。它们的影响也要在相当长的时间以后，才能充分体现出来。至于被整理出来的竹简书籍，则将作为一批新的经典，为我们的后人所永久研读和讨论。

# 第三章 世纪简帛

古代所发现的竹简材料,实物都没有能够保存下来。进入近代,简帛材料时有发现,其中的许多简帛材料也具有非常重要的价值。它们与清华简一样,为我们了解中国古代的历史与文化增添了丰富的材料。在此,我们也需要对20世纪以来其他的众多简帛发现有一个大致的了解。

总体来看，20世纪以来，简帛的发现与研究进入了一个崭新的阶段，新的发现层出不穷，令人目不暇接。[①]据统计，从20世纪至今，国内各地有关简帛的发现有一百多次，出土的地点多达18个省区，出土简帛已达30多万枚，内容极其丰富；与此同时，对简帛的研究也是方兴未艾。种种迹象表明，我们已经进入了一个简帛大发现的时代，而对于简帛的研究已经形成了一门新的学问——简帛学。

## 第一节　20世纪上半叶的简帛发现

近代简帛的发现，最早是由外国探险家进行的。19世纪末20世纪初，灾难深重的中国不断遭到列强的侵扰和掠夺，危机四伏，灾难不断。在这一背景下，一些外国探险家以探险为名，到中国新疆、甘肃等地从事所谓的探险活动，大肆盗掘当地的墓葬和遗址，进行文物掠夺活动。近代中国简牍帛书的出土，正是以这样一幕而被揭开的。

瑞典人斯文·赫定（Sven Hedin）自1894年来我国西北边陲探险，主要在新疆、西藏、甘肃西部一带活动。1899年，斯文·赫定沿塔里木河顺流而下，到达罗布泊北，发现了古楼兰遗址。1901年斯文·赫定在楼兰遗址发现汉、晋简牍121枚，以及大批佉卢文木简和36张汉文纸质文书。

1900年，匈牙利人斯坦因(Aurel Stein)受英国政府派遣，开始到中亚一带探险，活动范围遍及我国新疆、甘肃及印度、巴基斯坦、阿富汗、伊朗等地。斯坦因的中亚探险曾进行三次，在第一次探险活动中，他于1901年1月到达天山南路和阗（今和田）尼雅河下流的尼雅城遗址，获得魏晋时期的汉文木牍40余枚和佉卢文木牍524枚，其中汉文木牍的

---

[①]　详细情况可参见骈宇骞、段书安《二十世纪出土简帛综述》（北京：文物出版社，2006年）、李均明《古代简牍》（北京：文物出版社，2003年）、刘国忠《古代帛书》（北京：文物出版社，2004年）等书的论述。

内容有字书、方技书、《论语》、文书等。1906—1908 年，他第二次到中亚探险，到达尼雅和楼兰遗址，发现了许多汉书文书及佉卢文文书。1907 年 2 月斯坦因前往敦煌，在敦煌以北的疏勒河流域汉代长城遗址中发现了 708 枚[①] 汉文木简，此外还掘得一些粟特文、佉卢文、婆罗谜文书。后来他在罗布泊以北的北海头故城又获得魏至北宋木牍 104 枚。1908 年他在敦煌还发现了两件东汉时期的帛书信件，并在敦煌莫高窟骗走了王道士手中的大批古文书。斯坦因所获得的简帛等材料刊布后，立即引起国内外学者的关注，王国维和罗振玉撰有《流沙坠简》一书及一系列论文，在研究相关汉文简牍中做出了重要贡献。

1913—1916 年，斯坦因进行第三次中亚探险，1914 年在安西、玉门等地发现了汉简 166 枚，在楼兰遗址中发现晋代简牍 49 枚。斯坦因原计划在中国境内进行第四次考察，但在进入新疆哈密后遭到我国政府拒绝，未能成行，1943 年 10 月死于阿富汗。

此外，俄国、美国、法国、日本的探险队也纷纷到西北一带活动，攫取了大批文物，其中也有一些简牍，这里不一一叙述。

1926 年，中国和瑞典联合组成西北科学考察团，赴甘肃、新疆、宁夏等地考察，团长分别由中国的徐炳昶和瑞典的斯文·赫定担任。1927 年 5 月至 1933 年间，考察工作断断续续进行。其中在 1930 年 2 月，中方队员黄文弼在罗布泊的默得沙尔发现汉代木简 71 枚；4 月，瑞典队员贝格曼（Folke Bergman）在额济纳河流域发现一枚木简；此后考察团又在古居延旧地掘得 11 000 多枚汉代简牍，震惊中外。据推测，这批简牍的出土地点可能属于汉代张掖郡居延县，因此这批简牍就以"居延汉简"这一名称而闻名中外。

1942 年 9 月，在湖南省长沙市东南郊的子弹库一带，有一座古墓遭到盗掘，墓中除了出土众多文物外，还有一个竹篾编成的书箧，里面装有

---

① 另一种说法为 704 枚。

若干件帛书的残片，其中有一件帛书较为完整，这就是举世闻名的楚帛书。楚帛书写在一幅宽度略大于高度（47厘米×38.7厘米）的方形丝织物上。整个幅面分为内外两层，内层是书写方向互相颠倒的两大段文字，一段13行，一段8行；外层绘有12个神像，上下左右，每边各3个，为一至十二月之神，每个神像皆有题记，作左旋排列，依次转圈读；四方交角还有用青、赤、白、黑四色画成的树木。全书既无书题也无篇题，其内容是有关天象灾异、古史传说以及十二月宜忌等的讨论，是一篇极其重要的数术文献。很可惜的是，这篇楚帛书后来被美国人柯强（John Hadley Cox）偷偷带到了美国，现藏于美国纽约的赛克勒美术馆。出土帛书的墓葬在20世纪70年代得到清理，考古工作者在墓中又发现了一幅"人物御龙帛画"，另外还有鼎、敦、壶等陶器，以及竹木漆器、玉璧、丝麻织物等文物。根据出土文物的情况，考古工作者认为此墓的年代约相当于战国中晚期之交，楚帛书的抄写时代也因此得以确定。

## 第二节　20世纪下半叶以来的简帛发现

1949年，中华人民共和国成立，历史翻开了新的一页。由于国家对文物考古工作的重视，以及大规模经济建设导致的大量考古新发现，文物考古工作进展十分迅速，而其中简帛的发现也是喜讯频传，令人振奋。

20世纪50年代，考古工作者在长沙五里牌、仰天湖、杨家湾一带发掘了一些战国时代的楚墓，出土了100多枚竹简，内容为记载随葬品清单的遣册。

1956年，河南信阳长台关的农民在打井时发现一座战国时代的古墓。第二年，考古工作者对这一墓葬进行了清理，出土了鼎、铜壶及竹简等文物。竹简出土时多已残断，经过清理，共计竹简148枚，其内容可分为两组：第一组共有竹简119枚，已经全部残损，为一篇墨家的文献；第二组共有竹简 30 枚，保存比较完整，系为记载随葬品清单的遣册。

1959 年，甘肃文物考古工作者先后发掘了武威磨咀子 6 号汉墓和 18 号汉墓。在 6 号汉墓共出土竹木简 600 余枚，其中完整的有 385 枚，残简约有 225 枚。除少量为竹简外，多数为木简。木简有长短两种，均系松木质料。短木简有 9 枚，长 20～22 厘米，宽约 1.5 厘米，是记述宜忌之类的数术书籍。长简大都保存完好，长 54～58 厘米，宽 0.8～1.0 厘米。简上墨书隶体，每枚简文上写有 60～80 字不等，但以 60 字者为多。木简有 4 道编绳，两端两道，中间两道。简的正面或背面编有顺序号码，其内容为《仪礼》的部分篇章，总存字数为 27,400 余字。这批木简的出土在文献学研究上有着重大意义，它不仅使我们看到了汉代写本《仪礼》，还使人们看到了汉代所诵习经书的式样，为研究汉代的简册制度，提供了极其珍贵的资料。磨咀子 18 号汉墓则出土了木简 10 枚。简长 23～24 厘米，宽 1 厘米。墨书隶体，字迹清晰。出土时木简由三道编绳编联，先编后写，10 枚简为一完整的册书。据整理研究，其内容为西汉宣帝、成帝时关于"年始七十者授之以王杖"的两份诏书和受杖老人受辱之后裁决犯罪者的案例，以及墓主人受王杖的行文等，这就是后来大家习称的著名的"王杖十简"。"王杖十简"的出土对我们研究汉代"尊老""养老"的制度及其具体措施具有重大的史料价值，并可与《后汉书·礼仪志》的相关记载相对照。

1965—1966 年，湖北省考古工作者在江陵望山发掘了四座战国时代的中小型楚国贵族墓葬。除出土诸如越王勾践剑、彩绘木雕禽兽漆座屏、大型错金铁带钩、嵌错龙凤纹铜尊等一大批珍贵文物外，在 1 号和 2 号墓内还各出土了一批竹简，这是在湖北首次发现的楚简。1 号墓竹简由于残断过甚，已无法复原，经拼接缀合后，竹简总数共 207 枚，最长的 52.1 厘米，一般长度在 15 厘米左右，内容主要是墓主卜筮祭祷的记录，它不仅为研究该墓的墓主身份和入葬时间提供了重要的文字资料，而且对于研究当时的楚国习俗也有一定的参考价值。2 号墓竹简经拼接缀合后，竹简总数共 66 枚，最长的竹简有 64.1 厘米，最短的残简不足 1 厘米，一般多在 4～10 厘米。这组竹简的内容为记载随葬物品的遣册。

1972 年，山东省考古工作者在临沂银雀山发掘了 1 号和 2 号两座西汉墓葬。两座墓葬中都有汉简出土，1 号墓所出汉简大多残断，有不少残简上仅存一两个字，所出竹简共编 7500 多号。竹简原分长短两种，长简全长 27.5 厘米左右，宽度多数为 0.5～0.7 厘米。短简长度估计为 18 厘米左右，宽度约为 0.5 厘米。竹简原来用绳分编成册，因编绳年久朽断，出土时竹简的顺序已经散乱。长简大部分有三道编绳，少部分有两道编绳。此外，1 号墓中还出土了一些木牍和木牍残片，经缀合，这些残片原物当分属五块木牍。1 号汉墓出土的竹简内容主要是古书，以军事著作为主，包括《孙子兵法》《孙膑兵法》《尉缭子》《晏子》《六韬》等，另外还有许多阴阳占候之书。2 号墓出土了汉武帝《元光元年历谱》，一共有竹简 32 枚，简长 69 厘米左右，保存比较完整。

1972 年，在甘肃省武威市旱滩坡一座东汉墓出土木简 78 枚，木牍 14 枚。木简原裹成一束，置于棺内死者顶部，出土时已经散乱，现存简长 23～23.4 厘米，先编后写，有三道编绳，出土时编绳痕迹尚清晰可辨。简文单行墨书隶体。简的宽度为 0.5～1 厘米不等，大致可分为宽、窄两种。宽简在右侧编绳处刻有契口，窄简未刻；两种简的编联间距也有差别，可以看出原来当是各自编联成册的。在宽简中有 2 枚空白无字，当是"赘简"（简册的"扉页"）。窄简中有一枚写有"右治百病方"，当为简文的尾题，内容为医方类。木牍长 22.7～23.9 厘米，宽 1.1～4 厘米。两面皆书写有文字，除一版书写单行以外，其余皆写两行以上，最多的书写六行。每行书写 33～40 字，亦为墨书隶体。这批简牍的内容全属医方类，每一条目列方名、病名、症状、药物名、用药剂量、服药方法、针灸穴位、禁忌等。全书体例多是一病一方，共存医方十多个，涉及内科、外科、妇科、五官科、针灸科。方剂中所列药物有一百多种，其中有 69 种见于《神农本草经》，

11 种见于《名医别录》，还有 20 多种为上述两医书中所未收。这些药物在简牍中大都是作为复方成分出现的，一个方剂用药可多达十五味。这批简牍对于研究中国古代临床医学、药物学、针灸学等提供了珍贵的实物资料。该墓葬还出土了鸠杖，可以推测该墓墓主可能是一个具有一定社会地位并从事医药事业的老中医。

1972—1973 年湖南省考古工作者发掘了位于长沙市东郊马王堆的 3 座西汉墓葬。其中 1 号汉墓出土了保存完好的女尸，以及大批精美的随葬物品，另外还出土竹简共 312 枚，木楬 49 枚。竹简长 27.6 厘米，宽 0.7 厘米左右，系书写后再用细麻绳分上、下两道交错编联成册。出土时编绳已朽断，其内容为记载随葬器物的遣册。49 枚木楬大部分出土于该墓的西边箱，少部分出于南边箱和东边箱，其中有 17 枚出土时仍系在各个竹笥顶侧。木楬大小不一，长 7.1～12 厘米，宽 3.7～5.7 厘米，顶端均呈半圆形，用墨涂黑，穿有两个系绳的小孔，木楬所书文字是对竹笥所盛物品的说明。3 号汉墓共出土竹木简 600 多枚，除 220 枚为古代医书外，其余皆为记录随葬器物的清单。除上述竹木简外，3 号墓还出土了一大批极为珍贵的帛书，无论从数量上还是从内容上说都是前所未有的。帛书出土于 3 号墓东边箱的一个漆盒内，总共有十多万字，经专家们整理后发现，大部分是已经失传了两千多年的古佚书。有的虽然还有传世本子，但是文字也有较大的出入。据统计，这批帛书总共有 44 篇，其中包括《周易》《老子》《战国纵横家书》《五星占》《足臂十一脉灸经》等，内容涉及我国古代的思想、历史、军事、天文、历法、地理、医学等众多学科。这批帛书的出土，为研究我国古代历史和哲学思想以及研究秦汉时期的军事、天文、地理、医学等方面都提供了丰富的新资料。

1973 年，河北省文管处和定县博物馆在河北定县八角廊 40 号汉墓发掘出大批简牍，该墓早年被盗，竹简炭化成块，残损严重，字体为汉隶。经整理，这批竹简的内容有《论语》《儒家者言》《哀公问五义》《保傅传》

《太公》《文子》《六韬》《六安王朝五凤二年正月起居记》《日书·占卜》等。该墓的墓主为西汉中山怀王刘修,史载其卒年为五凤三年(公元前55年),因此,墓中写本的年代当在此之前。

1972—1974年,甘肃省考古工作者对额济纳河流域的居延汉代遗址进行了初步发掘,共出土汉代简牍19 400枚,人们通常称其为"居延新简"。这次新出土的居延简就其数量和内容而言,都超过了20世纪30年代出土的居延汉简。简牍绝大多数是木制的,只有极少数是竹简,通常完整的简牍每枚长23厘米左右,最长者达88.2厘米,其中纪年简的上限始于西汉昭帝始元时期,下限至西晋武帝太康四年,汉昭帝至王莽时期的年号简基本上是连续的,属于宣帝时期的最多。居延新简不仅又为研究汉代社会历史提供了重要的一手资料,而且也势必将居延汉简的研究推向一个新的阶段。

1975年12月,湖北省考古工作者在云梦睡虎地发掘了12座战国末至秦代的墓葬,其中在11号秦墓中出土了大量的秦代竹简,这是我国首次发现秦简,引起学者们的广泛重视。根据墓中竹简的记载可以知道,该墓为秦始皇三十年左右的墓葬,墓主是一个名叫喜的人。竹简原藏棺内,保存较好,字迹清晰,出土时只有少数残断。竹简的文字是毛笔墨书秦隶,书法别具一格。这批竹简经科学保护、细心整理并拼复后,总计有1155枚(另有残片80枚),简长23～27.8厘米,宽0.3～0.7厘米。从出土时简上残存的编绳痕迹来看,原简是用三道编绳编联的。经过整理,简文的中心内容主要是秦代的各种法律文书,如《效律》《封诊式》《秦律十八种》等,由于内涵涉及当时社会的许多方面,能够弥补文献的不足;另外有一篇《编年纪》,逐年记述了秦昭王元年(公元前306年)到秦始皇三十年(公元前217年)统一全国的战争过程等大事,同时还记录了喜的生平及有关事项,有些像后世的年谱;该墓还出土了甲、乙两种《日书》等数术典籍。

1977年,安徽省阜阳市博物馆在阜阳双古堆1号汉墓中发掘出土了大批竹简，同墓出土的还有铜器、漆器、铁器、陶器等文物二百余件。根据出土器物上有"女（汝）阴侯"铭文及漆器铭文纪年最长为"十一年"等材料，确认墓主是西汉第二代汝阴侯夏侯灶。夏侯灶是西汉开国功臣夏侯婴之子，卒于汉文帝十五年（公元前165年）。阜阳汉墓出土有竹简、木简和木牍，大部分非常破碎，但是所包含的内容却相当丰富，经过清理，发现有《诗经》《周易》《仓颉篇》《年表》《大事记》《万物》《作务员程》《行气》《相狗经》、辞赋、《刑法》《日书》等，此外还出土了一些干支表残片。

1978年，湖北随县曾侯乙墓出土了大批文物，包括编钟等乐器、铜礼器、金器、玉器、漆木竹器等共七千余件，并出土竹简240多支，大都保存完整，内容为记载随葬物品的遣册。据镈钟铭文与墓葬特点分析，该墓的下葬年代应为公元前433年或稍晚，这也是我国迄今发现的时代最早的竹简。曾国可能就是文献上记载的随国，当时曾国已是楚国的附庸，因此人们通常把这批简看作是楚简。

同一年，在湖北江陵天星观1号楚墓也出土了一批竹简，总数有70余枚，内容分为"卜筮记录"和"遣册"两组。

也是在同一年，青海省大通县上孙家寨115号汉墓出土了大批木简，共计有240枚之多。简长25厘米，宽1厘米。经鉴定，这批木简是用云杉木材制成的，木简上的文字为墨书隶体，每简有30～40字不等，内容为军事方面的著作。

1979年，甘肃省考古工作者在敦煌西北的马圈湾汉代烽燧遗址进行了科学发掘，出土简牍1217枚。这批简牍绝大多数是用红柳和胡杨木做成的木简，竹简极少，共16枚，完整的简牍一般长23.3厘米，宽约0.8厘米。简牍多已散乱，不连缀，经初步整理，内容大致有诏书、奏记、檄、律令、品约、牒书、爰书、符传、簿册、书牍、历谱、数术、医药、契券、封检、楬（签）等。马圈湾简牍是敦煌出土简牍最多的一次，而且其中一部分完整的简牍为王莽派往西域的五威将王骏的幕府档案。因此这批简牍的内容为解决敦煌汉简研究中的疑难问题提供了大量的新资料。

1979—1980年间，四川省青川县郝家坪50号战国墓出土了两块木牍，均为战国晚期文物。牍长46厘米，宽3.5厘米，厚0.5厘米，其中一块木牍两面书写，其正面内容为秦王颁布的《更修田律》，背面记除道日干支总共121字。另一块木牍字迹残损，内容不详。

1981年起，湖北省考古工作者在江陵九店一带陆续发掘墓葬600座，车马坑1座，井4座，其中在56号墓中发现竹简205枚，竹简出土于侧龛内，系成卷入葬，内裹墨盒（盒内盛墨）、削刀。竹简出土时呈黑褐色，字用墨书写于竹黄面，其中完整和较完整的有35枚，其余均残断。竹简上有编线残痕三道，整简长46.6～48.2厘米，宽0.6～0.8厘米，厚0.1～0.12厘米，可辨字2332个。简文的内容可分为两个部分：①记载了与农作物有关的内容，简文多为数量单位；②数术方面的内容，与云梦秦简《日书》的性质相同。

1983—1984年，湖北省考古工作者在江陵张家山清理了三座西汉初年的古墓（编号M247、M249、M258），出土了1600多枚竹简，内容包括汉律、《奏谳书》、《盖庐》、《脉书》、《引书》、《算数书》、《日书》、历谱、遣册等。其中的汉律使我们看到了西汉早期法律的原貌，并可以与秦律进行联系对比，意义重大；《算数书》是一部数学专著，比《九章算术》的成书更早，并且内容与《九章算术》有密切关系，堪称数学史研究上的一大发现；其他各篇也都具有重要的学术意义。

1986年，甘肃天水放马滩1号秦墓出土460枚竹简，大多数保存完整，字迹清晰。简上原有上中下三道编绳，每简右侧有三角形小契口。简文都以古隶体书写在篾黄面，最多者每简43字，一般在25～40字之间。出土时编绳已无存，次序散乱，无篇题。经整理，内容包括甲、乙两种《日书》和《墓主记》等。

1986—1987年，湖北省考古工作者在荆门市发掘的包山2号墓发现了竹简448枚，其中有文字的计278枚，总字数12 472字。竹简的文字内容可分为卜筮祭祷记录、司法文书、遣册等几类。这批竹简保存较好，字迹清晰，对于研究楚国历史和文化具有重要意义。

1986—1987年，湖北省考古工作者在江陵秦家咀发掘了105座楚墓，其中在三座墓中出土了竹简。1号墓出土竹简7枚，内容为"祈福于王父"之类的卜筮祭祷之辞；13号墓出土竹简18枚，出土时已经残断，竹简内容也为卜筮祭祷之辞；99号墓出土竹简16枚，内容可分为两类：一类是"贞之吉，无咎"之类的卜筮祭祷之辞，一类是少量遣册。

1987年5—6月间，湖南省慈利县石板村36号战国墓出土了一批竹简，竹简残断十分严重，清理后的残简共有4557枚竹简，无一完整，估计原来整简的长度当在45厘米左右，宽为0.4~0.6厘米，数量在800~1000支。简文书写字体不同，当非出自一人之手。经过整理，发现简文内容为记事性的古书，以记吴国、越国二国史事为主，如黄池之盟、吴越争霸等，可能与《国语》《战国策》《越绝书》等某些记载相同。

1990—1992年，甘肃省文物考古研究所对悬泉置遗址进行了全面清理发掘。该遗址规模较大，主体及附属建筑占地约22 500平方米，使用年代从西汉延续至魏晋。悬泉置为驿传遗址，根据简文的记载，当时设有置、传舍、厨、厩四大管理机构，设啬夫各领其职。该遗址出土简牍35 000多枚，其中有字者23 000多枚，简牍用料有松、柳、杨、竹等，另有帛书、纸文书及墙壁题记。简牍长度大多在23~23.5厘米，内容非常丰富，其中有大量的诏书及各级官府的通行文书、律令、司法文书、簿籍、私人信件及典籍等，对于探索汉晋时期的邮驿制度及西北边地社会面貌等具有重大价值。

1993年，江苏省考古工作者在连云港市东海县尹湾村发掘了6座汉墓，出土了刺绣、青铜器、玉器、陶器、骨器、漆木器、钱币等文物，并发现木牍24枚、竹简133枚。其中除一枚木牍是从2号墓出土外，其余23枚木牍和所有竹简均出土于6号墓。竹简出土时多已散乱，有一些已经残断。每枚木牍长23厘米，宽6厘米；竹简长22.5～23厘米，宽有两种，一种宽0.8～1厘米，另一种宽0.3～0.4厘米。因简牍中明确载有"永始""元延"等年号，知其为西汉后期成帝时物。从6号墓出土木牍的内容可以知道，墓主人姓师，名饶，字君兄，生前曾任东海郡功曹史。这批简牍数量虽然不算太多，但文字写得很小，所以总字数约四万字，内容非常丰富，主要有《集簿》《东海郡吏员簿》等一批郡级行政文书档案，为研究汉代的上计制度、行政建置、吏员设置、官吏迁除、国家盐铁生产、国家的兵器制造与贮存、户口、垦田等，提供了丰富的一手资料；另外，墓中还出土了一篇亡佚两千多年的西汉赋文《神乌傅（赋）》，以及多篇数术类文献。

同一年，在湖北江陵王家台15号秦墓也出土了大批秦简。此墓出土随葬器物，主要为陶器、木器、简牍、式盘、算筹、骰子、占卜用具等，墓葬的时代上限不早于公元前278年"白起拔郢"，下限不晚于秦代。出土的竹简经初步整理，数量已有800余枚（编号1～813），另外还出土了竹牍1枚。竹简宽0.7～1.1厘米，整简的长度分为两种规格，一种长45厘米，另一种长23厘米。竹简出土时呈黄褐色，竹简的文字为墨书秦隶，均书写于篾黄一面，字迹大部分可以释读，主要内容为《效律》、《日书》和易占。

同年6月，湖北沙市周家台30号秦墓又出土竹简389枚、木牍1枚。经过整理，该墓出土的竹简可分为甲、乙、丙三组，甲组有247枚，乙组有68枚，丙组有74枚。甲、乙两组竹简较长，长度为29.3～29.6厘米，宽0.5～0.7厘米；丙组简长21.7～23厘米，宽0.4～1厘米。这批竹简的内容为秦始皇三十四年、三十七年及秦二世元年历谱、日书、病方等，十分珍贵。

同年的 8 月和 10 月，位于湖北省荆门市的郭店 1 号楚墓两次遭到盗掘。为抢救墓中残存文物，考古工作者对该墓进行了抢救性清理发掘，发现了遗存的铜器、龙形玉带钩、七弦琴、漆耳杯、漆奁等文物。这些文物的形状及纹饰，都具有十分明显的战国时期楚文化的风格，发掘者推断该墓时代为战国中期偏晚。郭店一号墓最重要的发现是出土了 804 枚竹简，竹简大部分完好，少部分残断，简长 15～32.4 厘米，宽 0.45～0.65 厘米。竹简的形制有两种：一种两端作平头，另一种两端削成梯形，竹简上面保存有编连痕迹 2～3 道。竹简文字具有明显的战国时期楚国文字的特点，字体典雅、秀丽，是当时的书法精品。竹简的内容十分丰富，包含多种古籍，其中竹简本《老子》有甲、乙、丙组，是迄今所见年代最早的《老子》抄本，章序与今本有较大差异，文字也有不少出入，对于研究《老子》的流传及成书过程有直接的作用。墓中还发现了一篇佚失两千多年的道家文献《太一生水》，论述了"太一"与天、地、四时、阴阳等的关系，十分珍贵。墓中所出的儒家文献更为丰富，其中《缁衣》简的内容与《礼记·缁衣》篇大体相同，但两者的分章及章次却差别较大，文字也有不少出入；另外的《鲁穆公问子思》《穷达以时》《五行》《唐虞之道》《忠信之道》《性自命出》《成之闻之》《尊德义》《六德》等篇，对于研究早期儒家的思想和传流具有重要意义。这批竹简对于研究中国古代思想史和文献传流具有极为重要的价值，引起了国内外学者的广泛关注。1998 年 5 月，文物出版社出版了《郭店楚墓竹简》一书，公布了相关的竹简资料，从此在学术界引起了长期而热烈的讨论。

1994 年 5 月，上海博物馆从香港文物市场抢救购回了一批遭盗掘而流散境外的战国竹简，共计 1200 余枚。当年秋冬之际，又有 497 枚战国楚简出现在香港文物市场，后经香港友人朱昌言、董慕节等五位先生联合出资收购，捐赠给了上海博物馆。上海博物馆所藏的这批竹简最长的有 57.2 厘米，最短的有 23.8 厘米，编绳有两道者，也有三道者，总共约有近八十种典籍，其内容以儒家典籍为主，部分典籍有传世本，如《周易》《礼记》中的《缁衣》等篇，另外还有道家、兵家、杂家等著作，绝大部分典籍为久已失传的佚书，内容极其重要。如上博简《孔子诗论》中记载了孔子对于《诗经》的讨论，对于认识孔子与《诗经》的关系意义重大；而上博简《易经》是迄今发现的最早的《易经》著作，竹简上面还有一些黑色、红色的符号，令人称奇。从2001年开始，上海古籍出版社开始陆续出版《上海博物馆藏战国楚竹书》的系列整理报告，至2019年12月已经出版了9册。

1994年，考古工作者在河南省新蔡县葛陵村的一座墓葬中也发现了大批竹简，总数达1571枚。由于该墓曾遭盗掘，竹简已全部残断，长度不详，宽度为0.6～1.2厘米。竹简文字一般写于篾黄面，少数写于竹青面，大部分墨迹清晰，由多人书写而成。经过整理，竹简内容主要为墓主人的卜筮祭祷记录以及记载随葬品清单的遣册。从该墓出土文物得知，墓主人为楚国的平夜君成，墓葬的时代应在战国中期楚声王之后。

1996年7—11月，湖南省长沙市文物工作队在长沙市中心五一广场走马楼街西南侧的建筑工地作抢救性发掘，共发掘自战国至明清的古井61口，在编号为J22的古井中发现了数量惊人的三国孙吴纪年简牍，这成为1996年岁末的重大文物考古新闻。长沙走马楼简牍总数约有14万枚（含无字简），由竹或木制成，是迄今发现简牍中数量最大的一次。竹木简牍多残留编痕，原当编联成册，一般设两道编绳。竹木简牍长短不一，主要有以下几类：大木简长49.8～56厘米，宽1.5～1.9厘米；小木简长约24.2厘米，宽1.5～1.9厘米；木牍长23.4～24.5厘米，宽6～9.6厘米；竹简也有多种尺寸。走马楼吴简大部分属于吴国长沙郡治临湘县或侯国的文书，内容十分丰富。由于传世的三国史料为数不多，其中吴国的记载更少，所以走马楼吴简对研究三国时期吴国的政治、经济、文化、法律等各个方面都具有重大学术价值。

1999 年，湖南省沅陵县虎溪山一号汉墓出土了一批竹简，共有残简 1336 枚，推测原有完整简 800 多枚，内容包括黄簿、日书、美食方等。该墓的墓主人是第一代沅陵侯吴阳，吴阳为长沙王吴巨之子，高后元年（公元前 187 年）受封，汉文帝后元二年（公元前 162 年）去世，在位 25 年，因此这一墓葬的确切时间也可因此断定。

1999—2002 年，内蒙古自治区考古工作者在额济纳旗汉代烽燧遗址进行考古调查清理时共采获 500 余枚汉代简牍，其中有两件较完整的册书，其中之一尚系有编绳，保存了册书的原貌，尤为可贵。简牍内容以行政文书居多，涉及汉代政治、经济、军事诸领域，其中王莽登基诏书、分封单于诏书等皆属首见。此外尚有《晏子》《田章》，及《苍颉》、医方、日书等残简，颇具研究价值。

2000 年，湖北省随州市孔家坡 8 号墓出土了简牍 700 余枚，出土时保存基本完好。整简尺寸有两种规格，长简长 34 厘米，宽 0.8 厘米；短简长 27 厘米，宽 0.6 厘米。简文用墨书写于篾黄一面，字迹清晰，内容为《日书》、历谱、告地策等。

2002 年，湖南省考古工作者在龙山县里耶镇的一口古井里发现了大批秦代简牍，另有少量战国楚简。据井内出土文物分析，该井开凿于战国时期楚国的末年，到秦朝末年废弃。井内共出土简牍 36 000 多枚，除楚简为竹质外，其余秦简均为木质，且形式多样，最常见的长度为 23 厘米，宽度不一，最窄的有 1.4 厘米，最宽的有 8.5 厘米，有的简牍甚至宽达 10 厘米或长达 46 厘米。这批简牍的内容多为当时的官府档案，包括政府法令、各级政府之间的往来公文、司法文书、吏员簿、物资（含罚没财产）登记和转运等，涉及秦的历史及行政的具体运作，价值十分重大。

2003 年 12 月至 2004 年 2 月，湖南省文物考古研究所、郴州市文物处对郴州市苏仙桥建设工地的 11 口汉代至宋元时期的古井进行考古发掘。在 J4 号古井中清理出三国吴简 140 枚，在 J10 号古井中出土西晋木简

900余枚。J4所出三国吴简，多残断，整简长23～25厘米、宽1.4～2.1厘米。简文中的明确纪年有赤乌二年、五年、六年，简文内容可分为簿籍类、文书书信类、记事类、纪年简、习字简及其他。J10所出西晋简牍，保存完好，字迹清晰。木简长24厘米、宽2.2～4.1厘米、厚0.2～0.4厘米。简文内容包括表、祝文、条牒、祭祀等，为西晋史研究提供了宝贵的资料。

另外，香港中文大学历年入藏简牍共有259枚（含空白简11枚），其中有10枚战国楚简，一枚东晋木牍，其余均为汉简。10枚战国楚简系古书，其中有《缁衣》《周易》等，与上海博物馆入藏的楚简可以拼合，当属同一批流散境外的文物。汉简的内容包括日书、奴婢饮食出入簿等，为研究汉代社会提供了新的资料。木牍的内容则为解除[①]之文。

2006年11月，湖北省云梦睡虎地77号汉墓出土了一批内容丰富的简牍，根据内容可分为质日、日书、书籍、算术、法律5种，另外有数量较多的司法文书和簿籍类木牍，其中的《葬律》是首次出现，所记历朔可判断在汉文帝前元十年至后元七年之间，可作为张家山汉简的补充，增加了学者对汉律的认识。

2007年12月，湖南大学岳麓书院抢救回购了一批流失境外的秦简，总计2098枚，其中完整的有1300枚。2008年9月，岳麓书院又获赠应属同一批出土的秦简76枚。简的内容可分为六大类：《日志》《官箴》《梦书》《数书》《奏谳书》《律令杂抄》等，为秦代历史、文化、科技的研究提供了重要的资料。

2009年，北京大学入藏了一批西汉竹简，总数达3300余枚，经过整理拼接后，估计可复原的完整竹简在2300枚以上。竹简保存情况良好，表面一般呈褐色，字迹清晰，墨色黑亮，文字抄写极为工整，至少有七八

---

[①] 解除指祭神祈求消灾去祸。东汉王充的《论衡》一书中专门有《解除》一篇，其中说道："世信祭祀，谓祭祀必有福；又然解除，谓解除必去凶。"见黄晖：《论衡校释》，北京：中华书局，1996年，第1041页。

种不同的书写风格。通过简上的"孝景元年"字样，可知年代大约在西汉中期。竹简中最引人注目的文献当首推《老子》，共有220余枚竹简，近5300字，是迄今为止保存最为完整的汉代古本，其残缺部分仅占全书篇幅的百分之一，几乎堪称"完璧"。竹简有《老子·上经》和《老子·下经》的篇题，每章前均有分章符号，文字内容和篇章结构也与以往所见各种本子有所不同，对于《老子》校勘与研究具有很高的学术价值。另外在北大简中还有《苍颉篇》、《赵正（政）书》、《周驯（训）》、《日书》、医书等珍贵材料，学术价值也很大。

以上是对一些规模较大的简帛发现情况的介绍，还有许多简帛的发现由于篇幅所限，在此没有涉及。

总体来看，在这一百多年中，全国各地出土的简牍已经超过30万枚，帛书也已经出土了数十篇。这些古代简帛就其性质来说，大致可以划分为书籍和文书两大类，此外如随葬的遣册等可列作附属。西北烽燧屯戍遗址所出，主要系文书，偶有医方及初学教材之类；内地出土的简帛中，里耶秦简、走马楼吴简也主要是文书；至于一些墓葬出土的简帛书籍，内涵与墓主人的学识和生涯有关。例如湖北荆门郭店楚简、湖南长沙马王堆汉简与帛书、山东临沂银雀山汉简、上博简，多系珍贵典籍，可见墓主人在学术方面很有造诣，墓中所出土的简帛也反映了他们的学术倾向；湖北云梦睡虎地秦简、龙岗秦简和江陵张家山汉简则以法律书籍为主，墓主人都曾任执法官吏，也体现出《挟书律》废除之前"以吏为师"的事实。

## 第三节　简帛研究的迅速发展

随着简帛资料的大量出土，对于简帛的研究也已经形成了一门十分重要的学科。

早在20世纪20年代，著名学者王国维先生在《最近二三十年中中国新发现之学问》一文中就已敏锐地指出:"古来新学问起,大都由于新发现。"他根据自己在研究甲骨、金文及简牍帛书等方面的体会,敏锐地提出了"二重证据法"的研究途径:"吾辈生于今日,幸于纸上之材料外,更得地下之新材料,由此种材料,我辈固得据以补正纸上之材料,亦得证明古书之某部分全为实录,即百家不雅驯之言,亦不无表示一面之事实。此'二重证据法',惟在今日始得为之。"[①]王国维先生首创并大力倡导的这一"二重证据法",为出土材料的研究指明了方向。

简帛是出土材料的重要组成部分,由于简帛上面有许多文字记载,更易与传世文献进行对比研究。随着全国各地大量简帛材料的出土,简帛的研究得到了长足的发展,每年都有大量与简帛有关的学术研究成果面世。与此同时,许多教学和科研单位还纷纷成立与简帛研究有关的研究机构,组织相关的研究课题,如1995年3月,中国社会科学院简帛研究中心成立,并编辑出版《简帛研究》和《简帛译丛》两个刊物;1999年10月,国际儒学联合会成立国际简帛研究中心,发行《国际简帛研究通讯》;同年,在李学勤先生的主持下,清华大学思想文化研究所和法学院等单位组织学者参加的"出土简帛与中国古代学术思想史"研究项目也正式启动;2000年5月,北京大学考古文博学院成立简帛研究中心;2005年,复旦大学成立"出土文献与古文字研究中心",出版《出土文献与古文字研究》集刊,并创办复旦大学出土文献与古文字研究中心网站(网址为:http://www.gwz.fudan.edu.cn);同年,武汉大学简帛研究中心正式成立,并建立简帛网(http://www.bsm.org.cn),创办《简帛》集刊,等等。有关简帛研究的全国性或国际性会议也频繁举行,如1998年5月,美国达特茅斯学院举办"郭店老子国际学术研讨会";2000年8月,由北京大学、美国达特茅斯学院、中国社会科学院主办的"新出简帛国际学术研讨会"在

---

[①] 王国维:《古史新证——王国维最后的讲义》,北京:清华大学出版社,1994年,第2页。

北京举行，等等。这些情况表明，简帛研究已经成为古代文史研究领域一个显著的热点，同时这一研究也已经成为一个世界性的前沿课题，一个简帛研究的新时代已经到来。

当前，简帛研究主要有两种趋向：一种是古文字学和文献学的途径，以文字、音韵、训诂、校勘等方法，对简帛文献进行研究、考订、校释；另一种是学术史的途径，对简帛文献的思想内涵做出分析，对其史料价值进行发掘，辨章学术，考镜源流。这两种途径彼此补充，交相为用，没有前者则后者失其基础，流于浮泛；没有后者则前者不得引申，简帛佚籍的重要意义无法显示出来。

总的说来，简帛的研究一直都遵循王国维先生所倡导的"二重证据法"，注重把传世文献与出土材料互相对照和印证，同时还需要用多学科结合的方式进行研究。简帛的研究必须与文献学、古文字学、学术史、科技史等领域的研究相结合，在研究过程中注重互相比较，互相参证，从而得出科学结论。不同学科、不同途径的比较研究，往往可以对简帛文献有更加明确的认识。对此，李学勤教授曾总结说："把考古学的成果与学术史的研究沟通起来，是一项非常艰难的工作。就简帛佚籍而言，不限于利用已有的简帛释文去谈学术史，而是要把考古学、古文字学的研究方法，与文献学、历史学真正打成一片，一方面以学术史已有的成果去考察衡量新发现的佚籍，另一方面则以考古学的知识和方法来整理研究简帛，与传世文献对比参照，从而推进学术史研究的发展。"[①] 这种考古学、文献学、历史学等多学科的结合，能够很好地阐释、厘清出土简帛中的许多疑难问题，同时出土简帛又可以帮助澄清历史学、文献学等各学科中许多久悬不决的问题。这种"二重证据法"和多学科结合的研究方式，必将推动学术研究的快速发展，使简帛文献的研究水平进入到一个崭新的阶段。

---

① 李学勤：《拥彗集》，西安：三秦出版社，2000年，第584~585页。

# 第四章 清华简的抢救性保护

清华简是百年来简帛发现历程中的一个显著亮点,同时它也将以其独特的学术价值为学术界所长期关注和研究。

## 第一节　清华简的入藏

清华简是于 2008 年 7 月 15 日抢救入藏的。这是一个炎热的夏日，当天上午，竹简搭乘飞机从香港运到了北京，又由专车运送到了清华，到达清华时已经是下午两点左右。学校里的相关教师难掩激动的心情，迎接和见证了这批国宝的回归。工作人员小心翼翼地把竹简从车上卸下，放入一个专门的保护室里保护起来。竹简保护室里恒温恒湿，能够提供较好的保护条件。另外，由于这批竹简属于饱水竹简，不能离开水，否则马上就会毁坏，因此它们被盛放在一个个特制的器皿内，并被浸泡在蒸馏水中加以妥善保护。

那么，这批竹简是怎样被发现的，又是怎么被清华大学入藏的呢？

清华简原来系被盗掘出土，并已经被走私到境外，因此具体的出土时间和地点已经无从得知。中国文化遗产研究院的胡平生研究员曾撰有《论简帛辨伪与流失简牍抢救》一文[1]，据他介绍说，2007 年 4 月他在台湾大学教书返回北京时，听说香港文物市场有一批战国竹简等珍贵材料，他认为清华大学抢救入藏的竹简就是他路过香港时所听说的那批竹简。而根据香港中文大学古文字学家张光裕教授的回忆，他曾早在 2006 年冬天就见到过 8 枚楚简，可能与清华简有关。[2] 如果这一情况属实的话，说明清华简已经在境外文物市场流散了相当长的一段时间。不过，由于在香港的文物市场上曾经有一段时间出现过众多的假简，不少买家上当受骗，在假简曾充斥于市场的状况下，国内外的许多机构都对竹简的购买抱着十分谨慎的态度，不敢轻易出手。据说国内也曾经有单位想购买这批竹简，但是由

---

[1]　见中国文化遗产研究院编：《出土文献研究》第九辑，北京：中华书局，2010 年，第 76～108 页。
[2]　张光裕：《又见荆楚遗珍》，《清华大学学报》（哲学社会科学版）2009 年第 5 期，封二。

于种种原因最终也未能实现。[①]因此，这批竹简长期处于流散之中，处境十分危险。

清华大学了解到这批竹简的情况是比较晚的，这还得从一个有意义的饭局说起。

2008年，清华大学聘请中华书局原总编辑傅璇琮先生来校主持清华大学古典文献研究中心的工作。依照清华大学惯例，凡引进资深学者，学校主要领导要出面宴请，以示尊重。2008年6月4日，清华大学党委书记陈希同志宴请傅璇琮夫妇，并邀请著名物理学家杨振宁夫妇、著名历史学家李学勤夫妇以及清华大学主管文科的谢维和副校长一起作陪。席间宾主把酒畅谈，共话清华文科发展之大计。其间李学勤先生说道，曾有人在香港见到一批流散的竹简，尽管内容和年代尚不详，但可能有重要价值。陈希同志问道："您能否用最简洁的话概括一下这批竹简的意义？"李学勤先生说："如果是真的，那就是司马迁也没有看过的典籍。"陈希等人很震惊，觉得此事重大，不可忽视，要尽快做些调查，并有所行动，随即请李学勤先生与香港方面进行联系，进一步了解情况。

一周后，陈希书记致电李学勤先生，询问了解结果。李先生说，他给香港中文大学的张光裕教授去电，但张先生去日本了，暂时还未联系上。又过了几天，陈希同志再次联系李先生，李先生说已经找到了张光裕教授，约请他对这批竹简做观察鉴定，并摹写了数十枚竹简的样本，初步看来可能很有价值，而且有日本和其他境外的学者和机构也在联系购买。陈希同志对李先生说："前面这些行动只是调查研究，摸清情况，现在到了学校领导集体决策的时候了。"他随即请李先生准备一个简短的材料，并于近日到党委会汇报一次。2008年6月24日，李学勤先生向校党委会汇报了竹简情况，提议学校尽快决策购买。会议一致决定，要尽快行动，进一步了

---

[①] 见胡平生：《论简帛辨伪与流失简牍抢救》，收入中国文化遗产研究院编：《出土文献研究》第九辑，北京：中华书局，2010年，第76~108页。

解价值，做好购买准备。会后，学校立即派出专家学者和行政人员赴香港，李学勤先生和中国文化遗产研究院的李均明研究员也一同前往。临动身前，陈希书记又再次同他们仔细研究调研方案和行动计划，进一步明确了原则和若干要点。

到香港后，李学勤教授、李均明研究员和香港中文大学张光裕教授一起去看了竹简实物，对竹简为真形成了共同意见。[1] 得知这批竹简具有收藏价值后，清华大学电子系1985级校友、健坤投资集团有限公司董事长赵伟国先生慷慨出资，买下了这批竹简，并无偿捐给了母校清华大学。[2] 于是，这批竹简在历经重重劫难后，终于在2008年7月15日入藏了清华大学。从清华大学得知这批竹简的存在到它们正式入藏清华大学，前后只用了一个月左右的时间。根据学术惯例，人们把这批竹简称为"清华简"。

与清华简一起入藏的，还有若干漆笥的残片，上面有精美的花纹，其纹饰带有楚国的艺术风格。

## 第二节　清华简的抢救性保护

清华简顺利运抵学校后，如何进行保护清理的问题立即摆在了学校领导的面前。由于当时学校已经开始放假，有关部门一开始计划在暑假里对竹简只加以基本维护，于是安排工作人员每天对竹简进行检查，观察竹简的变化情况，撰写工作日志，定期更换浸泡竹简的蒸馏水，准备等9月份开学后再正式开展竹简的清洗整理工作。

7月16日，工作人员检查竹简时，竹简看上去与刚到时的状况没有什么区别，一切正常。

7月17日，上午9点，工作人员进入竹简保护室，对竹简进行正常

---

[1]　李学勤：《清华简整理工作的第一年》，《清华大学学报》（哲学社会科学版）2009年第5期，第5~6页。
[2]　刘呈：《和璧隋珠文化魂——清华简综述》，《水木清华》2010年第4期，第18页。

的观测检查。在浸泡有竹简的 4 号器皿内，工作人员感觉到粘在竹简表面的一些白色粉状物面积似乎有所扩大，而且似乎变得更白；7 号器皿内也有一些类似情况，但较轻微；个别器皿中还有一些异味。工作人员马上向学校领导及专家进行汇报，学校有关部门领导立即赶到现场，安排实验人员对浸泡竹简的液体进行了提取，交清华大学分析中心进行检测。当天晚上，检测结果出来，4 号器皿中的白色物体证明是活体的霉菌；而有异味的液体中磷酸根离子的含量明显偏高。大家得知这一检测结果后，心头一紧。霉菌是竹简最大的敌人之一，因为竹简是纤维质地文物，它的细胞内含有碳水化合物和芳香化合物，这些物质又是微生物的良好营养物，竹简在高温、潮湿的条件下极易滋生霉菌，这些霉菌会对竹简有很大的破坏作用，甚至会毁掉竹简，而含有磷酸根离子的液体则极易滋生霉菌，情况十分危急。

7 月 18 日，学校研究决定，立即改变原有的工作计划，马上组织专家进行竹简的清洗工作。学校领导同时指示文科建设处切实负起责任，做好组织协调和后勤保障工作，文科建设处在苏竣处长的带领下，立即组织了一个精干的团队，为清华简的抢救性保护和研究提供最强有力的支持。

7 月 19 日，竹简的抢救性清洗保护工作正式开始。整个清洗工作由中国文化遗产研究院的赵桂芳、李均明两位研究员负责，他们从 20 世纪 70 年代起就一直参加国内各种竹简的清理保护工作，积累了丰富的经验。整个清洗工作由赵桂芳、李均明两位先生和笔者组成的三人小团队来完成。

这一抢救性清洗保护工作困难重重。

清华简系流散文物，在抵达学校时，原有的保存形式主要有两种：大部分竹简系数十枚或上百枚一堆，用保鲜膜多层包裹；还有一部分是用新竹片作衬托，把竹简放在其上，然后一枚一枚用保鲜膜缠绕包裹，两头还用塑料胶条固定。这种保存方式实际上并不符合饱水竹简保护的要求，只是注意到不让竹简干燥，进行了保湿，但没有考虑到饱水竹简在饱水密闭情况下微生物会滋生繁殖。另外，用新竹片作为竹简的托板并包裹在一起，对竹简的保存尤为不利，因为新竹材在没有处理之前也是微生物滋生、蔓延的温床，新竹片和竹简放在一起互相感染，会造成竹简生霉，导致竹简受到进一步损害。

饱水竹简本身的清洗也有很高的要求。竹简距今已经两千多年，在墓葬中一直被水浸泡，在地下水、微生物、酸、碱等共同作用下，竹简吸饱了水分，强度降低，竹材内的纤维素、半纤维素大部分降解，竹简朽软脆弱。由于水的存在，竹简虽然仍能保持着完整的外形，但是轻轻一碰就有可能毁坏断裂。如果打一个形象的比方，这些竹简就像是在开水中煮熟了的面条一样，外形虽然看上去还十分完整，但是却极其"娇嫩"，"不堪一击"。另外，竹简在墓内浸泡过程中，竹简内部及其表面积累了很多无机物和有机物，一些污物甚至已经在竹简表面形成一层坚硬的外壳，很难去除。

清洗竹简的最关键之处是要保护竹简上的文字。竹简的精华就在于写在竹简上的文字，因而要不惜一切代价加以保护。如果竹简上面没有文字，就只不过是一堆朽烂的竹片，毫无价值。但是，竹简上的文字系用墨书写，在经过两千多年的浸泡后，墨汁中的防腐剂和胶黏剂已经老化，上面的墨很容易脱落。清洗工作既要去除竹简表面上的污物甚至是污物结成的硬壳，又不能让字迹损坏，加上竹简本身又极度朽烂，用力不当就会受到损坏，因此这一清洗工作要求工作人员精力高度集中，不能有任何的疏忽或闪失，否则就会出现灾难性的后果。在清洗竹简时，手的用劲要适度，用力太大会损坏竹简和墨迹，用力太小又无法把竹简表面的污物去除，所以把握好力度非常重要，那些力气大、下手重的人是绝对做不好竹简清洗工作的，会给竹简带来很大的损伤；与此同时，清洗的工具也需要慎重选择，太硬的工具会把墨迹损坏，必须尽量挑选使用一些柔软的工具来清洗竹简。

总体来说，这一抢救性保护工作的目标就是对清华简进行清洗、去污、去霉、杀菌，使清华简摆脱危险的处境，消除可能存在的任何隐患，为今后竹简的照相及日常保养打下坚实的基础。[①]

清洗工作的第一步是要去掉保鲜膜。

清华简被盗掘流散的这段时间里,被人包裹上保鲜膜,有些简还用现代竹片衬托,在两端用胶带缠上。要清洗竹简,首先必须把这些人为的东西去掉。这一过程需要细致耐心地操作,才能顺利无误地取出竹简。工作人员把包有保鲜膜的竹简放进浸有纯净水的搪瓷盘中,用手轻轻把一头的胶条按包裹的反方向打开,用力适当,慢慢将它全部揭掉,然后再从另一方向同样轻轻打开胶条,这时可细心查找保鲜膜的边缘,找到后从一侧慢慢揭开,从保鲜膜的一头向另一头推进,一层一层地展开,打开几层后,看到两头保鲜膜的折痕,小心地用剪刀剪掉两头多余的保鲜膜,继续展开,当快要露出竹简时,要十分小心慢慢地揭去保鲜膜,用原竹片为托板把竹简放进纯净水中,把托板和保鲜膜取出,这项工作方可结束。

清洗工作的第二步是去除竹简表面的污物。

竹简在地下埋藏的过程中,许多污垢已经牢固地粘附,形成厚厚的一层,很难去除,只有用水浸泡,小心去除这些物质,竹简才能还原本来面目,同时消除产生病害的隐患。但是,竹简去污是一件难度很大的工作,也是抢救性保护过程中的核心工作之一,因为竹简和上面的文字实在是太脆弱了,一不小心就会造成伤害。因此,这一工作要求工作人员要懂得文物保护的原则并具备基本的保护常识,同时有参与过竹简保护的经历,特别是要求工作人员有高度的责任心,工作细心、动作轻柔,哪些东西要清洗去除、哪些东西要用心保护,要做到心中有数;有字迹的地方不要触及,要千方百计保存好竹简上的文字;对于竹简上的一些特殊现象,如残留的丝线、编绳的痕迹等,也都要想方设法予以保护,留下第一手资料。除了对工作人员有很高的要求外,使用的工具也要慎重选择,清洗时要使用最

---

[①] 关于清华简的抢救性保护,可以参看赵桂芳:《战国饱水竹简的抢救性保护》一文,收入《出土文献》第一辑,上海:中西书局,2010年,第235～251页。

软最细的毛笔、精心修整过的小竹片等工具，轻轻除去竹简表面的污物。由于饱水竹简不能离开水，因此这一清洗过程始终需要在水中进行。但是由于清华简非常细长，竹简又很薄、很窄、很软，要把竹简从存放的器皿中放到清洗的盆中时，移动难度是相当大的，因此在移送竹简的过程中，工作人员自制了一些特殊的托板，垫在竹简的下面进行移送，并利用浮力把竹简放在托板上面来清理，效果较好，但是这样一来又增加了操作时间和难度。由于清洗工作难度很大，一般情况下一个人一天只能清洗十几枚竹简。清洗过程始终要在水中进行，水的反光加上眼睛和精力的高度集中，使得视力受到很大的影响。3个月的清洗工作顺利结束后，笔者不仅感觉体力透支，而且视力也下降了很多。

在清洗过程中发现，清华简中有些是两枚或数枚粘连在一起的，需要把它们分开。这个工作也需要非常慎重，一不小心就有可能弄掉字迹，甚至折断竹简。这也是一个很细致、需要耐心和细心的工作。

在清洗过程中，对于出现变形或者有裂痕等的特殊竹简还要用玻璃条上下固定，并用十字绣的丝线将玻璃条捆扎牢固。在捆扎时，由于竹简较长，需要在玻璃条的两头和中间捆线，捆线时也要用劲适当，太紧了会对竹简造成损伤，太松了又起不到固定作用。

清洗工作的第三步是对竹简进行杀菌。

由于清华简中已经有霉变现象，因此需要把清洗出来的竹简放入蒸馏水中，根据霉菌的情况加入相应的杀菌剂进行灭菌的工作。

清洗工作的第四步是对竹简重新浸泡保存。

在对竹简进行杀菌之后，将原来加有杀菌剂的溶液进行置换。在这一过程中，原来渗透到竹简里的一些污物也会逐渐流散出来，因此需要对浸泡竹简的水进行多次清漂置换，最终把竹简浸泡在蒸馏水中加以保存。

在对竹简进行抢救性清洗保护的工作中，工作人员每天都要对所有的竹简进行检查，察看竹简浸泡液的水位、色泽，是否有异味，是否有异常现象，有问题立即采取对策。

从 7 月 19 日开始的这一抢救性保护工作一直持续到 10 月初才告一段落。回想这三个月的艰辛劳动，真是让人终生难忘。当年 8 月，北京举办奥运会，举世瞩目，热闹异常，而我们的工作人员则放弃了节假日，也顾不上收看电视上精彩的体育赛事，每天只是在竹简保护室里默默地辛勤工作，为抢救保护竹简竭尽全力，并最终保护住了这批竹简。当这一抢救性保护工作告一段落后，所有的工作人员都欣喜异常，同时也不免感到后怕。如果没有学校的果断决策让这批竹简回到清华并得到保护，如果这些竹简再流散几个月，滋生的霉菌可能就会吞噬掉所有的竹简，我们就再也看不到这批无价之宝了。因此，在随后于 10 月中旬召开的鉴定会上，专家们特别指出："由于年代久远，简质脆弱，又经过流散，清华大学已做的清理保护，是及时和必要的。"这是对清华大学所做的抢救性保护工作所给予的充分肯定。

清华简抢救性保护工作的顺利完成是与学校领导和各部门的全力支持和大力配合分不开的，学校领导对清华简的抢救性保护工作极其重视，特事特办，使得这一工作从一开始就得以紧张而有序地进行；各部门之间全力配合，群策群力，文科建设处、保卫处、房管处、历史系、图书馆、化学系、生物系、校医院等单位投入了大量的人力物力，有求必应，保证了工作的正常开展。例如，由于竹简特殊的尺寸和材质，需要有一些特别尺寸的、盛放竹简的托盘，文物建设处的同志经过多次比较和与专家商量后，设法买来食堂盛菜的平底盘，创造性地解了燃眉之急；固定竹简的玻璃条又长又细，一不小心就会断碎，加工时损耗很大，利润很少，玻璃厂都不愿意承接，文科建设处的同志跑了许多工厂，加工了 5000 多根，顺利完成了任务；抢救保护工作期间正值北京举办奥运会，首都的安保工作做得很严格，抢救工作所需要的各种器材、化学药品很难运抵北京，文科建设处的同志也想尽各种办法，采购回了必要的器材、药品和试剂；参与工作的各位专家住处离学校很远，奥运会期间来北京观看比赛的人很多，上下班很不方便，在北京市采取车辆限行措施、学校车辆十分紧张的情况下，学校还安排专车每天接送专家，从而保证了工作的正常进行。

为了更好地组织协调校内外的力量从事清华简的保护、整理与研究工作，经过充分酝酿与讨论，2008年8月，清华大学正式成立了出土文献研究与保护中心。出土文献研究与保护中心是一个将出土文献的研究与保护工作合二为一的校级科研机构，由清华大学历史系与图书馆、化学系等单位共建，著名历史学家李学勤教授担任中心主任。中心的工作目标是：通过开展自然科学与人文科学的交叉性和合作性研究，深入探讨出土文献整理、研究与保护工作的前沿课题，争取把本中心建设成具有世界领先水平的出土文献研究和保护中心。当前中心的主要研究内容是对清华大学抢救入藏的这批竹简进行整理、研究与保护，今后随着工作的开展，再逐步扩大出土文献研究和保护工作的内容（如甲骨文、青铜器等）。

## 第三节　清华简内容初识

在对清华简进行抢救性保护的过程中，工作人员对于清华简的认识也开始逐步深入。

在清华简中，整简占了很大部分，残断简所占比例较小。另外，清华简的形制也是多种多样的，简的长度多数为46厘米左右（相当于战国时的二尺）；最短的仅10厘米。较长的简都是三道编绳，借以固定编绳的契口及一些编绳痕迹清楚可见。文字大多书写精美工整，多数至今仍非常清晰。在少数简上还有红色的格线，即所谓"朱丝栏"，十分美观。

从字体上看，清华简应该是经由多人抄写而成，因而呈现出不同的文字风格。另外，从清华简上所书文字的字形特点来看，这些简上的文字基本上都是楚文字，很可能来自战国时期的楚国。楚国的文字有很多自身的特点，在秦始皇统一文字后就已经废弃不用，释读十分困难。近些年来，由于楚国的简帛等文字材料有较多的发现，我们对于楚文字有了较多的了解，但仍然还有很多的楚文字未能被释读出来，而且在清华简上又出现了许多新的楚文字字形，因此今后的整理研究将会是一个艰难的、长期的工作。

清华简各篇的次序在流失的过程中早已散乱，被人用保鲜膜包成了若干包。我们在清洗保护的过程中，发现各包之间的简经常是相互关联的，属于同一篇的简文往往是在不同包的竹简中出现，这一方面证明了竹简早已毫无次序，同时也证明这些包的竹简应该是同一批出土的文物，最大的可能是出土于同一个墓葬。

清华简中有一部分简有篇题，写在简的反面。特别值得注意的是，一部分简自身有编号数字，有的在正面底端，有的在反面，这种简序编号在战国简中可能是首次发现，这也很有利于简的编排工作。

清华简的内容以书籍为主，其中最为重要的内容是发现了许多篇《尚书》篇目。《尚书》是夏、商、周等上古历史文献的汇编，为研究古史最重要的依据。由于清华简中的《尚书》篇目都是秦始皇焚书以前的写本，可以说是目前所见最早的抄写本。有些篇有传世本，如《金縢》等，但文句与传世本多有差异，甚至篇题也不相同；更多的则是前所未见的佚篇，不见于传世本《尚书》，或虽见于传世本，但后者是伪古文。如清华简中发现有《傅说之命》，即先秦不少文献引用过的《说命》，和今天流传的《说命》伪古文不是一回事；还有若干前所未见的佚篇，有待于做进一步的整理和研究，它们对于上古史研究的重大意义难以估计。

楚地的竹简里能够发现有《尚书》这样的文献，可能有些出乎人的意料，因为在大多数人的心目中，楚国似乎是一个文化上比中原落后的国家。不过，随着近年来楚地丰富的考古发现，楚地高度发达的文化成就早已使人们改变了原来的看法。另外，从文献记载来看，楚国可能很早就拥有了《尚书》一类的典籍。据《左传》记载，春秋后期，周王室曾发生了王子朝之乱。王子朝本为周景王之子，景王去世后，他曾发动叛乱争夺王位，失败后被迫逃往楚国，据说王子朝奔楚时，带走了很多周王室的典籍[①]，因此像《尚书》这样的典籍很可能即在他携带的书籍之列。加上春秋战国时期各国间频繁的文化交流，书籍的流通也很普遍，因此，楚国收藏有《尚书》这样的典籍也是情理之中的事情。

此外，清华简中还发现一篇类似《竹书纪年》的编年体史书，由130多支简组成，所记历史事件上起西周初年，下至战国前期，与传世文献《春秋》《左传》等对比，有许多新的内容，并有许多以往史书中没有记载的历史事件。

除了《尚书》和类似《纪年》的史书之外，清华简中还有类似《国语》的史书、类似《仪礼》的礼书、与《周易》有关的书等，都是两千余年中无人见过的，可谓是琳琅满目，令人目不暇接。著名历史学家、古文字学家李学勤教授曾风趣地说，清华简的内容让人读起来太激动，一天之内不能看太多，否则会让人心脏受不了。

这里还应该说明的是，清华简的抢救性保护工作始终是在李学勤教授的指导下进行的。在清洗过程中，李学勤教授几乎每天都要到竹简保护室，了解清洗工作的最新进展情况，观察新清洗出来的竹简内容，并对我们的清洗工作进行指导。每天的清洗工作是十分繁重的，然而有机会在紧张的工作之余，听到李先生对清洗出来的清华简内容进行释读和介绍，每天都有许多新的收获。在这里，我想介绍一下清华简清洗过程中的两个故事。

2008年8月13日，我们进行正常的清华简清洗工作。吃过午饭后，我们又开始专心致志地清洗竹简。忽然，在一支简的背面，"専敳之命"四个字的篇题映入了我们的眼帘。这会是一篇什么样的文献呢？我们立即给李先生去电话，想向他报告这一重要消息，可惜李先生不在家。于是我

---

[①] 《左传·昭公二十六年》："王子朝及召氏之族、毛伯得、尹氏固、南宫嚚奉周之典籍以奔楚。"见杨伯峻：《春秋左传注（修订本）》，北京：中华书局，2009年，第1475页。

们继续清洗，结果又发现了一支有篇题的竹简，这时已经是下午两点半了，我们再一次拨打了李先生家里的电话。这一次终于与李先生取得了联系。李先生听说这个好消息后，非常高兴，说他马上就到。十多分钟后，李先生赶到了竹简保护室。当他看到第一个竹简篇题时，非常激动，说"尃敚"二字就是傅说，傅说是商王武丁时期的著名贤臣。这篇《傅说之命》，在古文《尚书》中则写作《说命》，共有三篇，由于现存的古文《尚书》为伪书，因而两千年来一直无人见过真正的《说命》篇的原貌。清华简中有《傅说之命》，证明这批简中有真正的古文《尚书》，加上之前已经见到的今文《尚书》的《金縢》等篇及其他的《尚书》逸篇，学术价值实在太大了。大家听了李先生的解释，都十分兴奋。随后几天我们又陆续清洗出一些属于《傅说之命》篇的竹简，将之与《国语》等先秦典籍里有关傅说的引文相对比，证明了李先生的分析是正确的。清华简中真正属于古文《尚书》的《说命》篇就这样被发现了。

2008年8月19日，我们在清洗竹简时，发现有一支简上第一句话是"隹（惟）王五十年"的记载，有明确的纪年，特别重要，我们又在第一时间给李先生去了电话，向李先生汇报这一重要情况。李先生听后，非常高兴，他在电话中告诉我们，先秦时期在位五十多年的国君不多，只有周穆王、楚惠王等数人，因此这一纪年对于该篇简的断代非常重要。正好因为当天李先生有事，不能前来，他说会在第二天来看简。8月20日一早，李先生就来到竹简保护室，对于前一天清洗出来的这支竹简做了初步的释读。李先生指出，这支简的内容非常古朴，特别像是《顾命》开头的文句，应该是一篇遗嘱一类的文献。但是周代各王中好像并没有刚好在位五十年的，那么这位在位五十年的王又会是谁呢？李先生也一时想不出答案。看完简后，李先生离开了竹简保护室，但是没过多久，他又给我们打来电话，告诉我们，他已经知道这位在位五十年的王是谁了，他就是周朝的实际开创者周文王。由于周文王在位时并未灭商，还是作为商的"西伯"，因此李先生一开始没有敢往周文王方面想，但是他很快就发现，这位在位五十年的王，很可能就是《尚书·无逸》篇中所说"享国五十年"的周文王，因此赶紧打电话告诉我们。清华简中竟然有周文王的遗嘱，这是我们先前从来不敢想象的事情。于是在随后的竹简清洗中，我们更加留心类似的竹简。由于这类竹简的长度为28.5厘米，与大部分竹简长度为46厘米相差较大，字体书写也比较特殊，颇有些美术字的风格，因此我们比较容易地从两千多枚竹简中把它们挑选出来。经过努力，我们找全了这篇文章的11支简，其中第二支简的上部虽然残断，但是这位王在说话中提到了"发"这个人，"发"是周武王的名字，这位直接称周武王名字的人，自然正是周文王，从而印证了李先生的卓见。经过李先生等人的努力，这篇后来被称为《保训》的竹简也得以最先被整理出来。2009年4月13日，李先生在《光明日报》"国学"版中撰写了《周文王遗言》一文，最早对《保训》简予以介绍；《保训》简的图版和初步释文也得以在《文物》第6期上正式发表。对于《保训》简得以最先被整理发表的历程，李学勤先生在《论清华简〈保训〉的几个问题》一文①中解释说："我们之所以首先选取《保训》，是由于这篇简书长度特殊，虽然分散在大量竹简中，比较容易集中起来。简上文字书写风格与众不同，也是整理的有利条件。事实上，我们在为竹简清洗除霉的时候，即注意到现排序为《保训》（1）号简的一支，简上开首为'惟王五十年'，更引起我们的重视。"可以说李先生的这一叙述已经扼要说明了《保训》简的发现、认识及整理过程。

在清华简的整理保护和研究过程中还有许多这样的故事。作为有机会亲自参与这一工作过程的当事人，我有机会聆听了李学勤先生许多惊人的预见性认识，以及发前人所未发的深刻见解，对于李先生的学识也有了更进一步的体悟，对于清华简的价值也有了更深的了解，而这又反过来使我们更加努力而精心地投入到对竹简的抢救性保护工作之中。

---

① 同时发表于《文物》2009年第6期，第76~78页。

# 第五章 清华简的鉴定与拍照

清华简的鉴定与拍照工作也是清华简保护和整理工作中非常值得纪念的事情,这些工作也为随后开展清华简的整理研究工作奠定了基础。

## 第一节　清华简的鉴定

在完成了对清华简的抢救性保护之后，随之而来的一个问题是：如何判断这批竹简的学术价值。清华大学决定召开一个有关清华简的鉴定会议，由文科建设处和历史系共同邀请国内最著名的学者来清华大学，就清华简的真伪、学术价值等情况做出一个科学的鉴定。经过与相关专家沟通，最终确定了一个由 11 人组成的专家鉴定组，组长由北京大学李伯谦教授和复旦大学裘锡圭教授担任，这些鉴定专家还包括：北京大学李家浩教授、吉林大学吴振武教授、武汉大学陈伟教授、中山大学曾宪通教授、香港中文大学张光裕教授、国家文物局宋新潮研究员、中国文化遗产研究院胡平生研究员、上海博物馆陈佩芬研究员、荆州博物馆彭浩研究员等。专家鉴定组涵盖了历史学、考古学、古文字学等领域最孚众望的一批学者，许多学者在简帛研究中做出了突出的贡献，具有很强的代表性。

2008 年 10 月 14 日，"清华大学所藏竹简鉴定会"如期进行，与会的专家认真听取了清华大学出土文献研究与保护中心主任李学勤教授所做的报告，李学勤教授在报告中对于清华简的入藏经过、前期的抢救性保护工作以及竹简内容的初步观察结果等问题做了详细说明，随后专家们对于清华简做了认真细致的观察，并就有关问题展开了充分而热烈的讨论，最终鉴定组就清华简给出了一个鉴定意见。

在《鉴定意见》中，专家们从考古学、历史学、古文字学等角度，就清华简的时代、内容做出了鉴定。《鉴定意见》上指出，从竹简形制和文字看，这批竹简应是楚地出土的战国时代简册。这批竹简内涵丰富，初步观察以书籍为主，其中有对探索中国历史和传统文化极为重要的"经、史"类书，大多在已经发现的先秦竹简中是从未见过的，具有极高的学术价值；在简牍形制与古文字研究等方面也具有重要价值。对于清华简的学术意义，《鉴定意见》上还特别指出：

这批战国竹简是十分珍贵的历史文物，涉及中国传统文化的核心内容，是前所罕见的重大发现，必将受到国内外学者重视，对历史学、考古学、古文字学、文献学等许多学科将会产生广泛深远的影响。

《鉴定意见》还充分肯定了清华大学前期所进行的对清华简的抢救性保护工作，并建议清华大学继续吸取其他单位经验，将这批竹简的保护工作做得更好。专家们还希望清华大学积极稳妥地推进这批竹简的整理研究工作，及时编辑出版整理报告，供学术界研究。专家们还希望国家有关部门能够高度关注和大力支持这批竹简的保护和研究工作。

在获得了鉴定专家对于清华简的高度评价后，10月22日下午，由清华大学文科建设处和新闻中心共同组织新闻发布会，谢维和副校长、李学勤先生和历史系主任张国刚教授先后讲话，正式向新闻媒体公布了入藏战国竹简的消息。清华简立即受到了媒体和学术界的高度关注，中央电视台、《人民日报》、《光明日报》等主流媒体都进行了相关报道，网络上的讨论更为热烈，"清华简"一词似乎在一夜之间就成了一个热门的术语。

## 第二节 调研工作的开展

清华简的鉴定工作虽然已经结束，但是出土文献研究与保护中心还有许多事情要做。

在10月14日的专家鉴定会上，专家组组长、复旦大学裘锡圭教授等专家提出，希望清华大学能够尽早进行竹简的拍照工作，留下珍贵的照片资料；而竹简脱水的时间可以尽量放缓一些，这是因为脱水后的竹简是不可逆的，一旦有什么问题就再也无法弥补了。"早拍照、晚脱水"成了鉴定会专家们的共识。因此，在新闻发布会之后，出土文献中心立即开始着手考虑竹简的拍照和进一步保护工作。然而在这些方面，刚刚成立的出土文献研究与保护中心还缺乏有效的经验，于是，尽快向兄弟院校及文博单位取经，就成为一个迫切的工作。

2008年11月9日，清华大学派出了一个七人组成的调研小组，开始了相关的调研活动，重点考察竹简的照相、保护、保管、安防、消防等相关问题。调研小组里除了中心的专家外，还有学校文科建设处、保卫处、人文学院等相关部门的老师，在9—14日这么短短的6天时间里，调研小组马不停蹄，奔波于武汉、荆州、长沙、上海等地进行调研活动。

调研工作的第一站是湖北武汉大学简帛研究中心，他们在竹简的红外拍摄及简帛整理研究方面具有丰富的经验。在武汉大学简帛研究中心，调研小组受到了简帛研究中心主任陈伟教授、副主任李天虹教授的热情接待，观摩了简帛研究中心所建立的简帛电子数据库和资料室，并详细考察了简帛研究中心的红外成像系统，这一红外成像系统可以通过红外拍照，识别竹简上不清楚的字迹，相关的设备对于今后清华简的释读也同样有很好的作用。

随后，调研小组赶赴荆州文物保护中心。荆州一带是战国时期楚国的政治和文化中心地区之一，历年出土的简牍、漆器、丝织品极为丰富，荆州文物保护中心科研实力雄厚，特别是由于长期从事简牍、漆器和丝织品的保护研究，积累了丰富的经验，形成了一套先进的简牍保护方法，在国内首屈一指。荆州文物保护中心主任吴顺清研究员、副主任方北松研究员热心接待了调研小组，并组织荆州文物保护中心的有关专家同调研小组进行了座谈。调研小组还参观了荆州文物保护中心的实验室、文物库房以及荆州博物馆，观看了荆州文物保护中心用生物法清洗和加固竹、木、丝织品等质地文物的最新成果。荆州文物保护中心还用化学方法恢复已经干燥收缩变形的竹简，效果也相当理想，这些都使调研小组大开眼界。

紧接着调研小组又抵达长沙，也得到了有关单位领导和专家们的全力帮助。调研小组参观了长沙简牍博物馆、湖南大学岳麓书院、湖南省文物考古研究所、湖南省博物馆等单位，并与有关专家进行了座谈。湖南省文物考古研究所保存的里耶秦简、长沙市简牍博物馆收藏的三国竹木简牍均由荆州文物保护中心负责脱水干燥，目前大部分脱水后的竹简存放在库房内保存，少量没有脱水的竹简用玻璃条固定好，放在塑料袋内饱水密封保存。湖南大学岳麓书院所藏的秦简也已进行了清洗和拍照，目前浸泡在乙醇水溶液中加以保存。调研小组仔细观摩了各个单位的竹简实物保存方法，观看了竹木简的脱水保护流程，目验了脱水保护的竹木简的效果。从实物看，脱水后的竹简从色泽、质地上看效果还是很不错的，这对清华简今后的长期保护也是一个很好的借鉴。在长沙简牍博物馆，调研小组还就博物馆的安防措施进行了认真的调研。

这次调研工作的最后一站是上海博物馆。调研小组与陈佩芬副馆长等专家进行了座谈，参观了上海博物馆的库房及上博简的保存方法。在上海博物馆，调研小组还重点调研了上博简的拍摄方法，上海博物馆的专业摄影师对拍摄工作的流程一一加以演示，并耐心回答了调研小组的各种问题，使我们对于竹简的拍摄方法有了更直观的了解。另外，调研小组对于上海博物馆库房的建设方法也进行了认真的学习。

11月14日晚，调研小组离开上海，圆满结束了这次长达6天的调研行程。

这次调研考察，时间紧，任务重，除了考察饱水竹简脱水前、后的保存状况外，还重点调研了竹简的保存环境、竹简的拍照、竹简脱水的方法、竹简脱水后的效果、文物的安防和消防等。调研小组参观了多个实验室、文物库房、照相室、展厅，参观之后又与有关专家进行了座谈，交流经验，收获很大。

从文物的保管条件看，新建的博物馆的库房和展厅都比较好，像上海博物馆和湖南长沙简牍博物馆，它们的库房都是按照文物保管条件的要求建立的，因而比较理想，库房采用温湿度测量仪、自动调节空调设备等设施，并使用防紫外线的灯具，便于文物的保护。库房一般不允许外人进入，上海博物馆的库房设数道门，人进去要用红外消毒、去尘、换鞋等，防止将外界的污染物带进库房，以免对文物造成影响。库房是无窗、密封性很好的房间，文物的温湿度、防光、防霉、防尘、防火、防盗都做得比较好，同时管理规范、严格、科学。

在安防和消防方面，各博物馆根据自己的条件采用不尽相同的方法。大的博物馆安防比较严密，安装各种监控设备，防盗门窗，保卫人员24小时值班、巡视。上海博物馆在观众进口处还设有安检设备。不少博物馆在管理方面做得都比较好，如库房、展厅、实验室、文物的提取都有一套严格的管理制度，并有文字材料贴在墙上，时时强化人们的安防意识。消防工作在博物馆系统是非常重要的工作内容，因为文物多，而且不能再生，博物馆又是公众场合，人员流动量大，因此除了宣传之外，防火设施是必备的。各个博物馆在库房、展厅、实验室、楼道都设有灭火器材等各种消防系统，每个人要求在紧急情况下知道灭火器在什么位置，如何操作，同时火警电话在明显的位置注明。

关于竹简照相问题，调研人员也做了重点详细的了解，因为照相是保存竹简资料的重要手段，过去的一般做法是在饱水竹简出土后，即对竹简进行清洗去污，然后进行拍照，因为人们认为脱水前拍照，能拍出最好的效果，可以达到出版要求和研究要求。这次调研人员考察的岳麓书院秦简、长沙简牍博物馆的走马楼吴简、湖南省文物考古研究所的里耶秦简等饱水竹木简牍都是脱水前拍照；而上海博物馆则是在脱水后进行拍照的，有自己的特点。

在竹木简牍的宣传和科普方面，长沙简牍博物馆在这方面做了不少工作，馆里有详细的简牍历史展览，并展出众多相关文物，效果很好。

调研小组的这次考察，所去的各家文博单位和大学都给予了大力支持，尤其是荆州文物保护中心和长沙简牍博物馆还给调研小组赠送了一些供实验检测所用的样品，对我们下一阶段的工作有很大的帮助。

## 第三节　清华简的拍照工作

调研工作结束后，出土文献研究与保护中心开始积极准备清华简的拍摄工作。

高质量的影像既是竹简保护、研究的辅助与深化，又是竹简保护与流传的重要技术支持。从以往整理出土简帛的经验来看，真正能够看到和接触简牍实物的人毕竟是少数，大量的整理研究工作基本上都是依靠照片来进行的，而要编辑出版高质量的清华简整理报告，更需要有高质量的图版。从另一个角度来说，竹简出土后，长期暴露在自然界的光、氧气及微生物环境下，它的各种状况会不可避免地走向衰退，科技保护只是在延缓它的衰退过程而已。为了让我们的后人也能很好地了解清华简的原质原貌，尽可能出色地留下好的竹简图版，使之能够流传万年，这是此次拍摄清华简时工作人员对自己的要求。

清华大学对于此次竹简的拍照工作十分重视，鉴于国内竹简类文物拍摄还尚未有成型的拍摄方法，学校和中心的工作人员经过多次研究讨论，最后决定结合清华简自身的特点，与清华大学美术学院摄影实验室合作，一起完成清华简的拍照工作。清华大学美术学院摄影实验室拥有一流的摄影器材，专业摄影师李亮先生曾多次参加文物拍摄，并具有数十年的拍摄经验；摄影实验室还有两位摄影专业的研究生，可以协助做好这项工作，可谓是天时、地利、人和三者兼备。

清华简是十分珍贵的历史文物，对它的拍照必须要符合文物保护与研究的要求。为了更好地还原清华简的真实面貌，清华大学决定探索性地采用湿版彩色拍摄法，即"饱水拍摄法"。饱水拍摄法更加符合竹简保护与研究的要求，但是这种拍摄方法也有许多拍摄上的困难：首先，在拍摄过程中竹简不能干透，表面必须保持一定的湿度；其次，竹简本身是吸光体，在经过饱水保护处理之后，表面形成一层水膜，形成类似镜面的反射，在一定程度上又可以看作是反光体；第三，虽然竹简外形大体一致，但是每一枚竹简的细节都有所不同，如厚薄、宽窄和竹节的位置等。另外，由于清华简已历经两千多年，部分竹简发生霉变、腐化，凹凸不平的表面极易形成方向不同、形状不一、难以控制的光斑，导致拍摄过程很难确保所有的转折面都能避免光斑的形成。因此，如何原质原貌地表现竹简，是这一拍摄课题的最大难点。清华大学出土文献研究与保护中心的工作人员与美术学院的摄影人员进行了共同研究，经过长期的反复实验，最终找到了解决的方案。研究人员发现，竹简经过处理后，颜色显得更加饱和、艳丽，竹简与其表面文字的颜色反差加强，这为更加完美地表现竹简、获得高质量的竹简图版奠定了重要的基础。

在出土文献研究与保护中心积极准备清华简拍照工作的同时，还有几件工作也在同时进行。

2008年12月1日，《光明日报》发表了李学勤教授的《初识清华简》一文。李学勤教授在文中介绍了清华简的相关情况，并指出，要认识清华简的学术价值，可以王国维1925年在清华所作的《最近二三十年中中国新发现之学问》的讲演作为参考。王国维将孔壁中书和汲冢竹书视为"自汉以来中国学问上之最大发现"，这两项"最大发现"都是战国时期的竹简书籍，都在学术史上造成了重大影响，而孔壁中书和汲冢竹书中最重要的发现即为《尚书》和《纪年》，正好与此次清华入藏的竹简内容相似。因此，清华简的发现，"给我们研究古代历史和文化带来了新的希望，也一定会在学术界造成深远长久的影响。有关《尚书》《纪年》的一些悬疑不决的问题，很可能由于新的发现获得解决"。

2008年12月16—17日，由国家文物局主办，清华大学、中国文物保护技术协会、出土木漆器保护国家文物局重点科研基地协办的"出土饱水竹木漆器及简牍保护学术研讨会"在清华大学召开。与会学者就饱水竹木漆器及简牍保护的经验和技术进行了交流，一些专门从事竹简保护的专家还对清华简的进一步保护和整理工作提出了中肯的建议。

2008年12月，受清华大学委托，北京大学加速器质谱实验室、第四纪年代测定实验室对清华简无字残片样品做了AMS碳-14年代测定[①]，经树轮校正的数据判断竹简年代为公元前305±30年，即相当于战国中期偏晚，这与前述的鉴定专家对于清华简的时代判定完全一致。在此之前，清华大学分析中心对清华简多片样本做了含水率的测定，竹简绝对含水率约为400%；另外，中国林业科学院对清华简无字残片和漆笥残片也做了种属鉴定，竹简残片鉴定结果为"刚竹"，漆笥残片鉴定结果为"枫杨"。

2008年12月，清华大学正式聘请李均明、赵桂芳、沈建华等三位先生为出土文献研究与保护中心的研究员。

从2008年12月下旬开始，清华简的拍照工作正式开始，由于事先做了大量的实验，拍照流程又设计得非常周密，拍照工作进展非常顺利。经过二十多天的辛勤努力，到2009年1月中旬，清华简的拍照工作基本完成。其中有一部分字迹模糊的竹简还需要补拍红外照片，由于当时中心尚没有相关设备，需要等以后补做。

清华简拍照的大致流程是：

1. 脱色。竹简照相前需要进行脱色，因为出土的竹简颜色深浅不一，照相效果不够理想，通过脱色，可以使竹简色泽接近其最初的状态。脱色后大部分竹简色泽变为米黄色，基本上还原了竹简的本来颜色，字迹也会变得更加清晰，拍照效果较好。

2. 登记编号。对原来没有编号的竹简进行登记编号，把若干枚竹简放在一个版面上，为拍照做准备。

3. 拍照。清华简的拍照采用了对饱水竹简进行彩色拍照的方法，由于

---

① 20世纪40年代，美国科学家Libby发现，有一种原子量为14的碳的放射性同位素，其半衰期长达5730年之久，而且在自然界含量极低，浓度十分稳定。任何活着的有机体都会不断吸入碳-14，排出二氧化碳，使得体内的碳-14浓度和外界保持一致，直到死亡，这一过程才告终止。因此，通过对有机质文物进行碳-14含量检测便可反推其"死亡年代"。

科研人员事先反复实验，已经掌握了相关的拍照技术，所得到的竹简照片效果十分出色，应该说是迄今为止最好的竹简照片。

4. 浸漂。把拍完照的竹简放在蒸馏水中进行若干次的浸漂，清洗掉竹简脱色时使用的化学药剂。

5. 固定。将浸漂好的竹简放在玻璃条上，捆线固定。在玻璃条的上端加上不锈钢的编号牌，每一枚简对应一个编号，然后按顺序放到蒸馏水里，这样每枚竹简都有了自己的编号，今后研究顺序就以这个编号为准。

在照相过程中总共给竹简编了 2388 个编号，这些竹简也是清华简主要内容所在。后来，工作人员在一些原以为是无字的残简上又发现了文字，共有 100 多枚，因此清华简最终的数量在 2500 枚左右。

清华简的拍照工作虽然结束，但是对于清华简的长期保养才刚刚开始，负责清华简保护工作的赵桂芳研究员曾幽默地说，保养竹简比养育孩子还要精心得多，也要费事得多，因为竹简最合适的温度是 15℃～20℃，湿度是 50%～60%，自然环境完全达不到，需要靠人工加以控制。尤其是夏天，温度很高，竹简又浸泡在水里，霉菌最容易生长，因此工作人员平时对竹简的保养非常仔细，每天都要对清华简进行观察，定期检测相关的各种数据。学校对参观活动也控制得特别严格，尽量不对竹简的保护工作产生干扰。参观活动结束后，对于相关的竹简还要进行杀菌，然后再封存；所有相关物品都要经过消毒。

# 第六章 清华简的释读整理工作

随着清华简抢救性清洗保护及拍照工作的顺利结束，对于清华简的整理出版工作也开始提上日程。2009年3月，著名文字学家赵平安教授正式调入清华大学，任清华大学出土文献研究与保护中心常务副主任，参加清华简的整理研究工作。与此同时，清华简的释读、编排、整理出版工作也正式启动。

## 第一节　清华简的通读

前面已经说过，在清华简抢救性清洗保护过程中，以李学勤教授为首的中心工作人员已经对竹简的内容有过一些观察，但那毕竟是零星的、不完整的接触。现在清华简的照片已经照好，有条件开始对清华简进行较全面的了解。因此，从2009年3月起，清华大学出土文献研究与保护中心利用拍好的照片，开始一枚一枚地释读清华简的内容。这次释读工作从3月开始，一直持续到5月底才结束。

释读工作的大致程序是：工作人员把简的数码照片用投影仪放大投映于墙壁上，大家一枚一枚地依次释读。这样释读有两个不能回避的困难：

一是这批简久已散乱，大多数失去了原来的次序，折断的也还没有拼合起来，所以简与简之间没有任何次序和关联，无法得出一个明确的认识；

另一个困难是简上的战国文字很难释读，虽然清华简的文字大多可知是楚系文字，目前学术界对于楚文字的了解也相对较多，但仍然还有很多难题没有完全解决，而清华简中又遇到了许多新的不认识的楚文字。

出于这样两方面的原因，工作人员这种走马看花式的浏览，对于简的内容的认识还是很有限的。但是在释读的过程中，工作人员已陆续找到了许多属于《尚书》的内容以及有关古史的各种记载，深深地为清华简的丰富内容所震撼，也越发感受到了清华简的重大价值。另外，对于一些形制较为特殊的竹简，工作人员已经开始尝试着编联起来，如清华简《保训》这一篇的编联，就是在这一阶段完成的。

无论如何，这次历经三个月左右的释读，为中心此后缀合、编排和释读这批内容十分丰富的竹简，打下了较好的基础。特别值得一提的是，由于中心工作人员在抢救性保护、拍照及释读的过程中，对于简上所见种种值得注意的现象都做了详细记录，在随后全面开始的清华简编排整理工作中，这些详细信息发挥了很重要的作用。

鉴于清华简的重大学术价值，2009年3月，李学勤先生、杨振宁先生和吴良镛先生专门给温家宝总理去信，向温总理报告了清华简的重大价值，并请温总理和其他领导同志视察清华简，对于清华简的整理、保护与研究工作给予指示。

2009年4月2日上午，国务委员刘延东同志到清华大学考察指导工作，其间专门到清华大学出土文献研究与保护中心视察。在听取了李学勤先生对清华简的有关介绍后，刘延东同志十分高兴，祝贺清华大学出土文献研究与保护中心工作所取得的丰硕成果，并希望工作人员进一步努力，把竹简保护好、解读好、研究好。

## 第二节　清华简内容的初步公布

为了便于学术界了解清华简工作的进展情况和重要发现，清华大学出土文献研究与保护中心开始通过媒体对清华简的工作进展进行报道和介绍。

2009年4月13日，李学勤教授和赵平安教授在《光明日报》"国学"版上撰文，介绍了中心最早编联复原的一篇《尚书》体裁的简书《保训》，其中李学勤教授的《周文王遗言》一文比较全面地介绍了《保训》简的各方面情况。据介绍，《保训》全篇一共有11支简，长度为28.5厘米，每支22～24个字，其中第二支简上半部分残失尚未找到，其他内容大体已经齐全。《保训》完全是《尚书》体裁，全篇所记载的是周文王临终前对其子武王的遗言，里面讲到尧舜和商朝祖先上甲微的传说，为过去所未闻见。篇中所包含的中道思想还很有哲学意义。该篇竹简内容披露后，引起学术界热烈讨论，《光明日报》"国学"版还专门开辟"解读清华简"的专栏，刊登学者们讨论清华简的相关论文。

自从2008年8月清华大学出土文献研究与保护中心成立以来，由于工作异常繁忙，在很长的时间里一直没有时间举办成立仪式。2009年4

月 25 日，清华大学出土文献研究与保护中心成立仪式在清华大学主楼举行。在成立仪式上，李学勤教授介绍了一篇最新发现的周武王时的乐诗。这篇竹简一共有 14 支，它有自己的篇题，目前该篇还有个别残断的地方没有找到，但已经基本完整。简上记载了周武王八年征伐耆国（即黎国）得胜回到周都后，在文王宗庙举行"饮至"典礼，参加者有武王、周公、毕公、召公、辛甲、作册逸、师尚父等人，典礼中饮酒赋诗，其中周武王致毕公的诗是：

> 乐乐旨酒，宴以二公。
> 任仁兄弟，庶民和同。
> 方壮方武，穆穆克邦，
> 嘉爵速饮，后爵乃从。

这些诗歌为过去所从未闻见。更有意思的是，按照简文中的说法，周公因为听到了蟋蟀声，专门写了一首诗《蟋蟀》，然而该诗的文句却类同于《诗经》中的《唐风·蟋蟀》。《唐风》中的《蟋蟀》一诗，据诗小序所言，是讽刺晋僖公的，晋僖公生活于西周后期，讽刺他的诗歌自然也应该属于这一时期。然而现在据新发现的这篇竹简书籍，可以知道《蟋蟀》一诗竟然与西周初年的周公有关，这一点可以说是千百年来从未闻知的新线索。它提醒我们必须对《蟋蟀》一诗的背景及内容加以重新考察。这篇竹简既有历史价值，又有文学意义，无疑是一项非常重大的发现。

清华大学出土文献研究与保护中心在举行成立仪式后没过多久，又喜迎温家宝总理等党和国家领导人的考察指导。

五月的清华园里，芳草菲菲，花红柳绿，一片迷人的春光。5 月 3 日，在五四运动 90 周年到来之际，中共中央政治局常委、国务院总理温家宝来到清华大学，和清华师生共同迎接五四青年节。这一天上午，温家宝总理专门安排时间，来到清华大学出土文献研究与保护中心，对清华简的保护、整理和研究工作进行了考察和指导。[1]在诺贝尔物理学奖得主杨振宁先生和建筑学院吴良镛院士的陪同下，温家宝总理、刘延东国务委员以及教育部、科技部等部委的领导同志来到了清华简的保护室，听取了清华大学出土文献研究与保护中心主任李学勤教授关于清华简入藏、鉴定和初步整理情况的汇报。温家宝总理表示，自己收到了杨振宁、李学勤、吴良镛三位先生的来信，也早就看过有关的发现材料，他认为清华简是国家的国宝、民族的自豪，不仅有考古价值，还记载了中国的历史、文化、科技，而且补充了我们已经缺失的很多东西，从各个方面来看，其价值怎么估计都很高。温总理希望清华大学妥善、完整地保存好这批竹简，希望老专家们带领和培养年轻人做好竹简的解释、研究工作，做好学术梯队的建设。在参观竹简时，听说竹简不能接受强光照射后，温总理马上强调："以保护为第一啊！"他小心翼翼地接过冷光手电，不时举起放大镜，弯下腰来仔细辨读，赞许"清华简"清晰的墨迹和保存的完好度。

在学术界就清华简《保训》展开热烈讨论之际，2009年6月，《文物》第6期刊登了《保训》简的图版和初步释文[2]，并发表了李学勤教授的《论清华简〈保训〉的几个问题》一文。6月15日，清华大学出土文献研究与保护中心召开"清华简《保训》座谈会"，邀请在京的部分专家学者，就清华简《保训》的相关问题进行了座谈。学者们就《保训》简的释读、《保训》简的思想及《保训》简的时代等问题展开了热烈讨论，相关情况在《清华简〈保训〉座谈会纪要》（2009年6月29日《光明日报》"国学"版）有较详细的叙述；随后，《中国史研究》、《清华大学学报》（哲学社会科学版）、《史林》等杂志都发表了多篇研究清华简的文章，《清华大学学报》（哲学社会科学版）还专门开辟了"清华简研究"的专栏。

2010年6月17日，《教育部人文社会科学研究项目成果摘报》第1

---

[1] 相关内容见清华新闻网刊登的新闻报道《温家宝总理和清华师生共迎五四青年节》，2009年5月。
[2] 《保训》简的图版和初步释文等成果在2009年3月底已经完成，并交给《文物》杂志刊登，但因为出版周期的缘故，至2009年6月才得以正式发表。

期以"清华简整理研究初见突破性成果"为题，介绍了清华大学出土文献研究与保护中心在清华简整理研究工作中的一些重要发现，该文后来被《教育部简报》第 138 期采用，国务委员刘延东同志看到有关材料后，在 7 月 25 日做了重要批示："闻悉清华简研究取得重大成果，感到很高兴。请教育部、文化部继续予以支持。可在百年校庆时公布核准成果。向参与研究的专家学者和师生们致意！"8 月 11 日，国家文物局向上级有关部门报送了《关于清华大学所藏古简保护与研究工作的报告》，刘延东同志又一次批示："请继续做好保护与研究工作，争取更大成果。"这些都充分体现了党和国家领导对清华简整理研究工作的高度关注和大力支持。

## 第三节　清华简的编排整理

2009 年 5 月底，出土文献研究与保护中心的学者完成了对清华简的初步释读，对清华简已有了较全面的把握。在初步释读期间，中心的工作人员已经成功编排了《保训》简和《耆夜》简。从 6 月开始，中心的工作人员开始尝试对所有的清华简进行初步的分类、编排、缀合等工作，相关的工作主要是由沈建华先生带领中心的博士生们一起做的。由于出土的清华简本身早已被打乱，没有任何次序，所以这一分类、编排、缀合的工作实际上是要在前几个月释读的基础上，把清华简的无序状态变成有序，尽最大的努力恢复清华简原有的篇目情况。

应当说，这一工作是非常吃力的，工作人员首先需要把所有的清华简照片按其原状一条条剪下来，写上编号，然后互相之间加以比对，进行归类、编排、缀合，最后把这约 2500 枚竹简照片分成若干篇，每篇的前后顺序也要基本排定，有些能够缀合的竹简还要加以缀合。打一个比方，这一编排、缀合工作相当于在用 2500 多块碎片来做拼图游戏，其难度之大可以想见。

当然，把编排的过程中，工作人员的工作并不是毫无头绪，胡乱猜测，

"一厢情愿"地来处理竹简之间的关系,而是在充分了解清华简的特点之后,通过对清华简中的各种信息进行综合分析,来编排竹简。

在归类、编排、缀合的过程中,工作人员所依据的信息主要有:

1.简的长短和宽窄。清华简最长的46厘米左右,最短的才10厘米,就像书本有16开、32开一样,同一篇文章,简的长、宽会基本一致,因此可以先根据竹简的长短、宽窄等信息进行大致的归类。

2.编绳的位置。编绳类似于书本的装订点,不同的书籍编绳位置也会有所不同,找到编绳位置,进行对比研究,也有助于竹简的编排。

3.版式。清华简出自多位抄写者之手,不同的抄写者风格不太一样,有些简的抄写者喜欢"顶天立地",不留页眉页脚,如《保训》简就是顶头书写,没有留出页眉;有些人则偏爱留白,天头地脚空白较多,这些不同特点也可以帮助工作人员进行分类。

4.字体和字符间距。清华简的不同抄写者书法也很不一样,有的简极其工整,有的则较为随意;有的简字写得很大,有的则写得非常纤细;有的简字与字的间距较大,有的则十分紧密。这些风格也是分类的重要依据。

5.内容。这是最重要的判断标准,以上所有的分类,最后都要根据内容来进行调整、印证,判断归类、编排、缀合是否正确。

在编排竹简方面,"清华简"还有一个很有利的地方,即:有一部分竹简的下端或竹简的背面留有编号次序,这在竹简的发现历史中比较少见。虽然这些编号次序并非绝对正确[1],但给工作人员提供了一个大致的编排方向。对于这些重要信息,中心的工作人员从抢救性清洗保护清华简的时候起就已经做了详细的观察和记录,这些编号次序可以在竹简的编排过程中发挥重要的作用。

经过工作人员的努力,竹简的初步编排工作最终得以顺利完成。据统计,清华简中大约有65篇文献,这一数字比上博简略少一些,但清华简

---

[1] 工作人员发现有的编号也有写重、写错的。

中有一些篇幅很大的书籍，有多篇竹简书籍都由长达上百支的竹简组成，内容极其珍贵重要，比如清华简中的编年体史书《系年》共由 138 支竹简组成，是一部非常大的历史著作。此外，这一统计数字也并非是最终数字，今后有可能发现其中某一篇其实是两篇或者若干篇组成，因此最终数字可能还会有所调整。另外，在对竹简的编排方面，目前的编排顺序还只是初步的，在今后整理过程中还会做进一步调整。但是无论中心的工作人员最终编排出一个怎样的清华简次序，也都需要经过时间的检验。因为没有任何一个学者敢断定自己的编排是绝对正确的，清华简的编排亦然，中心的工作人员只是提供一个自己觉得比较合适的编排方式，而竹简的编排是一个长期的研究过程，不同学者可能会有不同的排列方式。

## 第四节　清华简第一册整理报告的编写

在初步编排整理清华简之后，从 2009 年的秋季学期开始，出土文献研究与保护中心的工作人员开始积极准备第一册整理报告。经过仔细讨论，最后中心选取了 9 篇清华简作为第一批整理的篇目，它们是：《尹至》《尹诰》《程寤》《保训》《耆夜》《金滕》《皇门》《祭公》《楚居》。

出土文献研究与保护中心之所以选取这 9 篇文献先期整理出版，主要是基于三方面的考虑：一是这些简文内容较为完整，二是目前对它们的整理工作较为成熟，三是各篇的学术价值重大。以下根据我们的了解，对这 9 篇文献做一个简单的介绍。

《尹至》和《尹诰》。这两篇是有关伊尹和商汤的重要文献，涉及商汤灭夏的诸多史实，内容极为重要。其中的《尹诰》又称为《咸有一德》，是古文《尚书》中的重要篇章，在《礼记·缁衣》中曾有引用。将《尹诰》与《礼记·缁衣》中的相关引文相对照，可以校正其中的不少文字错误，也有助于判断传世的伪古文尚书《咸有一德》的真伪问题。《尹至》篇过去从未见于记载，是一篇失传两千多年的《尚书》类文献。

《程寤》和《保训》。这两篇文献都反映的是商末周初时周文王的有关史实。《程寤》篇原来见于《逸周书》，但在后世流传过程中佚失，现在仅有部分佚文存世。如《艺文类聚》卷七十九《梦》言："《周书》曰：大姒梦见商之庭产棘，太子发取周庭之梓树于阙，梓化为松柏棫柞，寤觉，以告文王。文王乃召太子发，占之于明堂。王及太子发并拜吉梦，受商之大命于皇天上帝。"大意是周文王妻子太姒，梦见商朝王庭中长满荆棘，而周文王之子发（即后来的周武王）取周人之树种到商朝王庭之中，预示周朝将要代替商朝，这件事很可能与周人津津乐道的"文王受命"有密切关系。由于《逸周书》中的《程寤》已经佚失，后人无法得知详情。清华简《程寤》篇全篇相当完整，内容十分重要，对于了解周文王时的这一事件有重要帮助。至于《保训》简，记载的则是周文王临终前对其子武王的遗言，里面讲到尧、舜和商朝祖先上甲微的传说，为过去所未闻见。篇中所包含的中道思想还很有哲学意义。

《耆夜》。本篇简文记载了周武王八年征伐耆国（即黎国），得胜回到周都后，在文王宗庙举行"饮至"典礼，参加者有武王、周公、毕公、召公、辛甲、作册逸、师尚父等人。典礼中饮酒赋诗，其中周武王酬毕公的诗，题为《乐乐旨酒》；周武王酬周公的诗，题为《輶乘》；周公酬毕公的诗，题为《䯀䯀（英英）》；周公祝颂武王的诗，则题为《明明上帝》。最后，还有周公因闻蟋蟀声而作的诗《蟋蟀》，寓有劝诫之意，文句类同于《诗经》中的《唐风·蟋蟀》，更是出人意料。《耆夜》为该篇简文的原有篇题，耆国即是古书中提到的位于山西东南部的黎国。《耆夜》简的最大意义，在于纠正了千百年来关于《尚书·西伯戡黎》篇的认识。《尚书·西伯戡黎》是有关周人伐黎的重要文献，据书序说："殷始咎周，周人乘黎。"并没有说"西伯"就是周文王。但由于文王曾为商的西伯，故后人往往都把该篇中的"西伯"理解为周文王。现在根据清华简《耆夜》，伐黎实际上是周武王时发生的事件，那么《西伯戡黎》中的"西伯"自然也是指周武王，这是一个极重大的发现。另外，根据这篇文献，我们可以知道，周人伐黎是在周武王八年时才发生的，这样就明确了周人灭黎的具体时间，从而使我们对商周史的许多相关问题需要重新加以研究。

《金縢》。《金縢》是《尚书》中的重要一篇，记载了周武王灭商后不久即卧病不起，武王之弟周公为武王祈祷，愿代武王生病，其所祷告之语被置入"金縢之匮"。清华简中也有《金縢》篇，但却有自己的一个长达14字的篇名，出乎人们的想象。另外，清华简《金縢》的文字内容与传世本《金縢》有许多重大的差异，可以纠正传世本的许多问题，也可以使两千多年来人们对本篇《尚书》中许多聚讼不休的争论得以解决。

《皇门》。《皇门》篇见于传世的《逸周书》中，记载了周公训诫群臣献言荐贤、助己治国的相关内容。目前，学术界已经公认《皇门》篇为西周时期的文献，然而由于本篇文字讹脱严重，许多地方都无法通读。现在清华简中也发现了《皇门》篇，内容非常完整，将它与传世的《皇门》篇相对比，则传世本的许多问题都可以得到解决。这对于发挥《皇门》篇在西周史研究中的作用具有重要的意义。

《祭公》。《祭公》篇亦见于传世的《逸周书》中，内容为祭公谋父临终前训诫周穆王之言。《祭公》篇文字古奥，许多地方可以与金文相对照，也是一篇公认的西周文献。清华简《祭公》篇有自己的篇题，为"祭公之顾命"，这一篇名与《礼记·缁衣》的引用相一致。而且清华简《祭公》篇的内容也与传世本有不少异文，可以纠正传世本中的许多问题。

《楚居》。《楚居》简的长度将近半米，在清华简中是竹简长度最长的一篇，所述内容与楚国历史密切相关。《楚居》这一篇名为整理小组所拟，因为战国时期的《世本》一书，记载了从黄帝以来到春秋时诸侯列国的氏姓、世系、居（都邑）、作（制作）等内容，可惜早已流散。此次清华简中的《楚居》篇，体裁与《世本》的"居"篇有类似之处，因此整理小组把它暂定名为《楚居》。清华简《楚居》篇非常详细地记录了历代楚国国君的世系及定都情况，为历史地理研究及文物考古工作提供了大量线索，必将推动楚文化研究的深入开展。

2009年12月，清华大学出土文献研究与保护中心投标的教育部哲学社会科学重大攻关项目"出土简帛与古史再建"经过专家的评审，得以正式立项。

从2009年下半年起，中心的核心工作就是整理出版清华简的第一册整理报告。2010年，吉林大学的古文字专家李守奎教授也调入清华大学出土文献研究与保护中心，更加强了中心的科研实力。

经过协商，清华简的整理工作借鉴了20世纪70年代在北大红楼所进行的出土文献整理模式：每一辑整理报告的编写，都是以团队的形式进行；各篇简的整理委托专人负责，并在出土文献研究与保护中心内部进行充分讨论；每一次讨论之后，各篇的负责人根据整理小组的集体意见加以修改，再把修改稿提交给整理小组进行第二轮讨论；每篇简的整理都要经过多次集体讨论和修改，最后由全书的主编李学勤教授审定。这种工作模式可以最大限度地发挥集体的作用，大家群策群力，保证了每一辑整理报告的质量。

清华简的整理报告主要由以下几部分组成：

1. 清华简的图版。整理者既提供了清华简的正面彩色照片，也提供了反面照片；既有原大照片，也有放大2倍的照片，从而便于读者对清华简有一个全面客观的认识。

2. 释文。通过对清华简上文字的释读，隶定简上的楚文字。

3. 注释。对于竹简的内容，整理者引用相关的文献做出简明扼要的注释，包括字形分析、词义解释、语法特征，以及重要人物、事件、历史地理、典章制度等。一些可供对照的传世文献还作为附录附于注释后面，方便读者对照阅读。

4. 字形表。对于清华简上的所有楚文字字形，书中有一个详细的索引，大致按《说文解字》的部首编排，《说文解字》中没有的字则置于相应的部首之下，以类相从，方便读者加以检索。

5. 竹简信息表。该表提供了每一册清华简的各种信息，如竹简长度、入藏编号、编痕状况等。

截至 2019 年 11 月，清华大学出土文献研究与保护中心已经完成了九辑清华简的整理工作。每一辑清华简整理报告的推出，都引起了中外学术界的广泛关注，掀起了一次又一次清华简研究的热潮。

# 第七章 《尚书》之谜

清华简最大的亮点,就在于发现了许多《尚书》一类的文献,它们势必会对中国早期历史和文化的研究产生深远的影响。《尚书》为什么这么重要,清华简又会对《尚书》的研究起到什么重要的作用?本章就相关的问题再做一些阐释。

## 第一节 《尚书》的编辑

《尚书》是我国最古老的历史文献，是中国古代历史文化的核心典籍之一，它记录了尧、舜、禹时期和夏、商、周三代国君的诰命、誓言和其他大事，是研究中国上古历史最重要的史料，是历代统治者治理国家的"政治课本"和理论依据，也是儒家思想的重要来源。

《尚书》的出现与我们古代的史学传统密切相关。中国古代非常重视史学，以史为鉴，并建立了很完善的史官系统，史官们每天都要记录国君及朝廷中的各种重大事件，所谓"君举必书"[①]，国君的任何行动都会被详细记录。史官有左史和右史之分，他们的职责是不一样的，据说是"左史记言，右史记事"[②]，即左史负责记载国君的政治讲话及朝廷中的各种讨论，而右史则负责记载国家中发生的重大事件。这两种记载就成为中国史学资料的重要来源，即所谓"事为《春秋》，言为《尚书》"[③]，记"言"的材料汇编在一起就成为《尚书》这样的文献汇编，而记"事"的内容就成为《春秋》这样的史书。

相传在《尚书》之前，我国还有《三坟》《五典》《八索》《九丘》等历史典籍，不过它们很早就已经失传，具体内容如何，后人早已无从得知。

《尚书》原来也称为"书"，关于"尚书"一词的含义，古代就有多种不同的意见，通行的说法，是把"尚"解释为"上"，认为"尚书"就是指"上古帝王之书"。

《尚书》的内容上起尧、舜时代，下至春秋，记载了虞、夏、商、周各代的典、谟、训、诰、誓、命等文献。如果按时代先后，可分为《虞书》

---

① （汉）班固：《汉书》卷三十，北京：中华书局，1962年，第1715页。
② （汉）班固：《汉书》卷三十，第1715页。另一种说法，则是"左史记事，右史记言"，如《宋书·百官志下》："周世左史记事，右史记言，即其任也。"所说的左史、右史的职责正好颠倒。见（梁）沈约：《宋书》卷四十，北京：中华书局，1974年，第1246页。
③ （汉）班固：《汉书》卷三十，第1715页。

《夏书》《商书》《周书》四个部分，共 100 篇。《尚书》有典、谟、训、诰、誓、命等六种体裁。"典"是重要史实或专题史实的记载，"谟"是记君臣谋略的，"训"是大臣开导君主的话，"诰"是勉励的文告，"誓"是君主训诫士众的誓词，"命"是君主的命令。《尚书》中还有以人名为篇题的，如《盘庚》《微子》；有以事件为标题的，如《高宗肜日》《西伯戡黎》；也有以内容为标题的，如《洪范》《无逸》等。另外，《尚书》中的《禹贡》一篇还记载了上古的地理情况，颇具特色。

《尚书》的编定相传与孔子有关，据说孔子晚年集中精力整理古代经典，特别是把从上古时期的尧舜开始，一直到春秋秦穆公时期的各种重要文献资料汇集在一起，经过认真的编选，最后挑选出了一百篇，这就是百篇《尚书》的由来。[①] 另外，相传孔子还给每篇《尚书》写了一个《序》（后人称之为"小序"），概括每篇《尚书》的核心内容。孔子编成《尚书》后，曾把它用为教育学生的教材。因此在后来的儒学思想中，《尚书》具有极其重要的地位，成为儒家六经的重要组成部分，有着绝对的权威。

古代还有一部和《尚书》相关的文献，这就是《逸周书》。《逸周书》也被称作《周书》，相传是孔子在编选《尚书》时没有选入的一些篇章，其中有些篇章在先秦文献中被引用时，也往往被直接称为《书》，实际上，《逸周书》中的不少篇章确实也与《尚书》有着同样的地位和重要性。司马迁在写作《史记》的过程中，就曾采用了多篇《逸周书》的内容，比如记载周武王克商过程的《克殷》和《度邑》等篇，司马迁都曾加以利用。不过，由于《逸周书》一书在后来的流传过程中出现了很多错讹之处，往往不能通读，这在很大程度上影响了人们对它的利用。20 世纪以来，大量的考古资料被发现，其中有许多金文和简帛材料可以与《逸周书》的许多篇章对读，从而纠正了《逸周书》中的许多错讹难懂之处，同时也使《逸

---

[①] 《史记·孔子世家》："追迹三代之礼，序《书传》，上纪唐虞之际，下至秦缪，编次其事。"见（汉）司马迁：《史记》卷四十七，北京：中华书局，1982 年，第 1936~1937 页。

周书》中许多篇章的史料价值重新为人们所知。因此，《逸周书》中的不少篇章也属于《尚书》一类的文献，与《尚书》一样，有着同样重要的史料价值。

《尚书》一直被视为中国封建社会的政治哲学经典，它既是帝王的教科书，又是贵族子弟及士大夫必遵的"大经大法"，在历史上很有影响力。《荀子·劝学》篇言"《书》者，政事之纪也"[1]，认为《尚书》是国家政治事务的纲纪；《庄子·天下》篇也有"《书》以道事"[2]的说法；司马迁在《太史公自序》也说"《书》记先王之事，故长于政"[3]。秦汉以后，各个朝代的制诰、诏令、章奏之文，都明显受《尚书》六体的影响。至于《尚书》中反映出来的治国理念，更是为中国历代的封建统治者所遵循和效法。

## 第二节 《尚书》的流传与古文《尚书》的真伪问题

《尚书》是中国历史文化的核心典籍之一，但是它的命运可谓多舛。秦始皇统一中国后，实行文化上的高压政策，颁布《挟书律》，禁止民间收藏图书，凡是民间收藏的《诗》《书》及诸子百家的著作，通通都要送交官府，集中烧毁。秦代的焚书给《尚书》的流传带来毁灭性的打击，原有的《尚书》抄本差不多全部都被焚毁。幸而当时的博士伏生将自己的《尚书》藏于墙壁之中，但在历经了秦末汉初的社会动乱后，仅存了28篇[4]，其他篇章均已不存。

汉代重新重视儒学，设立五经博士，其中《尚书》所用的即是伏生的

---

[1] （清）王先谦撰，沈啸寰，王星贤点校：《荀子集解》卷一，北京：中华书局，1988年，第11页。
[2] （清）王先谦撰，沈啸寰点校：《庄子集解》卷八，北京：中华书局，1987年，第288页。
[3] （汉）司马迁：《史记》卷一百三十，第3297页。
[4] 另一种说法是伏生所传的今文《尚书》有29篇，《史记》和《汉书》的《儒林传》均持此说，这可能与汉武帝时加进了民间所献的《太誓》一篇有关。

今文《尚书》传本。与此同时，汉代也有几次与《尚书》有关的发现，其中最有名的就是孔壁中经，因为孔壁本《尚书》系用秦以前的文字抄写，被称为古文《尚书》。孔壁本的古文《尚书》，经过孔子后人孔安国的整理，篇目比今文《尚书》多出16篇。由于古文《尚书》与今文《尚书》存在很大的差异，从而引起了中国学术史上延续两千多年的今古文之争。

在西晋永嘉年间的战乱中，今、古文《尚书》都散失了。东晋初年，豫章内史梅赜给朝廷献上了一部《尚书》，这部《尚书》一共有58篇，经文下面还有据说是孔安国所做的"传"（即注解）。全书前面还有一篇孔安国做的《序》（后人常称之为"大序"，以与《尚书》各篇之前的"小序"相区别）。这58篇《尚书》中包括今文《尚书》33篇，古文《尚书》25篇。其中的今文《尚书》系将伏生的传本做了一些分合而形成，至于其他的25篇古文《尚书》，据说即是孔壁中所发现的古文《尚书》，从而形成了一个58篇本的今、古文《尚书》的合成本。这部《尚书》由于经文完整，注解清楚，所以很容易被接受，东晋政府把它列于学官。到唐朝贞观五年（公元631年），唐太宗命令修撰群经正义，孔颖达作《尚书正义》和陆德明写《经典释文》时，都是根据梅赜所献的这个本子。孔颖达还在他的《尚书正义》一书的《序》中对孔安国注解的古文《尚书》给予了很高的评价[①]，此后这部《尚书》便成了官方的标准本。明、清时又将之收入《十三经注疏》中，广为流行。因此后来所能看到的《尚书》，基本上就只有梅赜所献的这个本子了。

然而，梅赜所献本虽然占据了学术界的统治地位，但是也有一些学者对这本来历蹊跷的《尚书》不无疑问。北宋末年的学者吴棫在所著的《书稗传》一书中，从文体上对这部《尚书》里所收的今、古文《尚书》各篇作了比较，发现伏生所传之今文《尚书》难懂，而孔安国所传之古文《尚

---

① 孔颖达的原话是："其辞富而备，其义弘而雅，故复而不厌，久而愈亮。"（唐）孔颖达：《尚书正义序》，见（清）阮元校刻：《十三经注疏》（上册），北京：中华书局，1980年，第110页。

书》反而易懂，对此他感到很困惑。受吴棫的启发，著名学者朱熹对《尚书》做了很多讨论，在对《尚书》的辨伪方面取得了很大成就。

朱熹也是从文体方面指出了古文《尚书》存在的问题。他指出，今文《尚书》的篇章都十分艰涩，而古文《尚书》反而相当平易，这是很不符合常理的，因为今文《尚书》主要依靠伏生背诵而流传下来，伏生不应该只会背诵那些很难的篇目，而容易的篇目反而背不下来；孔安国整理的古文《尚书》是从孔壁中出土，简序可能已经错乱，文字也会有所磨灭，本应该是十分艰深难懂，可是现在的古文《尚书》却显得比较简单，这些情况都让人无法理解。他还进一步对所谓的孔安国的《传》及孔安国所作的《序》提出了怀疑，认为所谓的孔安国做的《传》，可能是魏晋时期的人写的，只是冒充了孔安国的名而已。至于相传是孔安国所作的《序》，也只能是六朝文字，与汉代文章的风格存在很大的差异，不太可能出自孔安国之手。[①] 朱熹甚至对相传是孔子所作的《尚书》各篇的小序也提出了怀疑，指出《尚书》各篇的小序，有的与各篇的内容不相吻合，因此也十分可疑。

不过，朱熹虽然对古文《尚书》提出了许多疑问，但最终他还是没有能够与古文《尚书》决裂，反而还有意为古文《尚书》辩护，认为今、古文《尚书》中的难易现象是由于是否经过文笔的加工所致。[②] 朱熹实际上是有意把自己发现的古文《尚书》中存在的种种问题又设法给掩盖起来，因而给出了一个十分牵强的解释。朱熹这么做，是有他不得已的苦衷，他担心一旦古文《尚书》被推翻，势必影响到整个儒学六经的体系，用他的

---

① （宋）黎靖德编，王星贤点校：《朱子语类》卷七十八，北京：中华书局，1986年，第1983～1986页。
② 如朱熹说："《盘庚》《诰》《多方》《多士》之类，是当时召之来而面命之，而教告之，自是当时一类说话；至于《旅獒》《毕命》《微子之命》《君陈》《君牙》《冏命》之属，则是当时修其辞命。"参见（宋）黎靖德编，王星贤点校：《朱子语类》卷七十八，第1980页。

话来说就是:"《书》中可疑诸篇,若一齐不信,恐倒了六经。"① 这是朱熹绝对不愿意看到的结果。因此,他必须维护古文《尚书》的权威,只好用调和的办法来弥缝古文《尚书》中的破绽。

不仅如此,朱子对于古文《尚书》中的《大禹谟》一篇非常重视,特别是对于其中的"人心惟危,道心惟微,惟精惟一,允执厥中"的论述大加赞赏。朱子认为,心虽然只有一个,却有不同的层面。能够感觉到声色臭味,饿了就想吃东西,渴了就想喝水,有着各种需求的是"人心",人心时时刻刻会受到外界的诱惑,处于十分危险的状态。而能够感觉到道理,能够理智而正确地判断处理事务的则是"道心"。但"道心"又不容易为人所感知,处于一种微妙难明的状态。因此,人们需要对人心和道心进行认真辨别,并始终固守道心,才可以不偏不倚,得其中道。这就要求人们要以"道心"来主宰自己,而不能以"人心"来主宰自己。朱熹还做了一个形象的比喻,认为人心就像船一样,而道心就像是控制船前进方向的舵,船没有了舵,就失去了方向,只能是随波逐流,而如果牢牢地控制了船舵,这艘船就始终会按自己的意愿前进。②

朱子指出,治理天下的关键,就在于正心。他认为,《大禹谟》的"人心惟危,道心惟微,惟精惟一,允执厥中"这十六个字,正是尧、舜、禹、汤、周文王、周武王等古代圣贤治理国家的精华所在,也与孔子的治国理论相一致。他说:

> 古之圣人将以天下与人,未尝不以其治之之法并而传之,其可见於经者不过如此,后之人君其可不深畏而敬守之哉!③

> 尧、舜、禹、汤、文、武治天下,只是这个道理。圣门所说,也

---

① (宋)黎靖德编,王星贤点校:《朱子语类》卷七十九,第2052页。
② 朱子的原话是:"圣人不以人心为主,而以道心为主。盖人心倚靠不得。人心如船,道心如柂。任船之所在,无所向,若执定柂,则去住在我。"参见(宋)黎靖德编,王星贤点校:《朱子语类》卷七十八,第2009页。
③ (宋)朱熹:《晦庵先生朱文公文集》卷六十五,收入朱杰人等编:《朱子全书》,上海:上海古籍出版社,2001年,第3180页。

只是这个……大概此篇所载，便是尧、舜、禹、汤、文、武相传治天下之大法。虽其纤悉不止此，然大要却不出此，大要却於此可见。[1]

朱熹对于古文《尚书》的这一立场，最终使他无法把对古文《尚书》的怀疑进一步向前推进，但是他的怀疑却给了后人很大的启发。此后，宋、元、明、清的许多学者，如赵汝谈、熊与可、赵孟頫、吴澄、梅鷟、归有光、胡应麟、黄宗羲等都对古文《尚书》及孔安国的《传》表示怀疑，从而汇集成了一个怀疑古文《尚书》的洪流。[2] 特别是清代学者阎若璩写了一部《古文尚书疏证》，从文献的证据和历史的事实两方面入手，系统分析了古文《尚书》存在的各种问题，最终判定古文《尚书》和孔安国所作的《传》皆属伪造。后来著名学者惠栋又作了《古文尚书考》，对阎氏之说进行了进一步的补充。这样，经宋代以来学者们的反复辨析，到清初阎若璩总其成，东晋所传的孔《传》与古文《尚书》为伪作的观点终于成了学术界多数人的普遍共识。人们提到从东晋流传下来的古文《尚书》时，常将之称为"伪古文《尚书》"，而对于所谓孔安国所作的《传》，则称之为"伪孔《传》"。

不过，也有一些学者仍然坚信东晋以来的古文《尚书》本为真。清代的毛奇龄便是坚持这一观点的最著名代表人物。毛奇龄为了反驳阎若璩的观点，专门写了一部《古文尚书冤词》，极力证明古文《尚书》并非伪书。为此清代学者李绂写有《书〈古文尚书冤词〉后》，程廷祚有《冤〈冤词〉》等文，都直接驳难毛奇龄之书。应该说，经过阎若璩等人的详细考证之后，清代坚持古文《尚书》为真的学者已经明显处于劣势，但是为数仍然不少，如吴光耀著有《古文尚书正辞》三十三卷，搜集大量资料以证古文非伪；谢廷兰也写有《古文尚书辨》八卷，为古文《尚书》辩解；而洪良品在维护古文《尚书》方面更为积极，撰有《古文尚书辨惑》十八卷、《释难》

---

[1]（宋）黎靖德编，王星贤点校：《朱子语类》卷七十八，第 2016 页。
[2] 如梅鷟就指出："《尚书》惟今文传自伏生口诵者为真，古文出孔壁中者尽后儒伪作，大抵依约诸经、《论》、《孟》中语，并窃其字句而缘饰之。"参见（明）梅鷟撰：《尚书考异》卷一，上海：商务印书馆，1937 年，第 1～21 页。

两卷、《析疑》一卷、《商是》一卷、《续古文冤词》若干卷。[①] 可见，清代相信古文《尚书》为真的观点虽然不是学术的主流，但这样的学者也还是大有人在。直到今天，仍有一些学者相信古文《尚书》不伪。他们主张现存的古文《尚书》可能是人们根据秦火以后所传零星断简增补而成，由于经过很长的编纂、改动和增补过程，因此篇中会混入一些相互矛盾或晚出的东西，但这并不能说古文《尚书》就是伪书。所以，如果找不到更多的新材料和证据，关于现存的古文《尚书》真伪问题恐怕还将永远争论下去，没有能够彻底解决的一天。

## 第三节　对早期《尚书》写本的寻求

由于《尚书》在中国历史与文化中的地位至关重要，《尚书》的命运又如此坎坷，而关于《尚书》的讨论又是如此热烈，可以说几乎贯穿了中国整个的学术史。因此，学者们一直希望能够发现一个早期的《尚书》写本，恢复《尚书》一书的原貌。

中国有句古话，说是"礼失求诸野"，意思是说在中央王朝已经失去的礼仪等文化内涵，往往可以在周边一些文化上稍为落后的地区找到其痕迹。由于中原政权长期没有发现《尚书》的佚篇，因此人们就把目光投向中国的周边地区，希望能够在这些地区发现一些蛛丝马迹。北宋时，人们听说朝鲜半岛保存了大量在中国久已失传的各种典籍，许多人就幻想能否在朝鲜半岛找到古老的《尚书》写本。于是，在公元1091年，北宋政府专门致函朝鲜半岛的高丽政权，希望高丽政权能够提供一些在中原地区久已失传的典籍。北宋政府总共罗列了100多种急需的典籍，其中的第一部就是"百篇《尚书》"。当然，朝鲜半岛实际上并没有百篇《尚书》这样的书籍，因此人们的美好愿望只能落空了。

---

① 参见刘起釪《尚书学史》的相关论述，北京：中华书局，1989年，第364~365页。

还有一些人则寄希望于在日本能够找到古老的《尚书》传本。相传秦始皇曾经派徐福去寻访长生不老之药，可是徐福带着一批人去海上访仙之后，却莫名其妙地失踪了，从此再也没有回来。徐福等人去了哪里呢？过去有一种流行的说法，说是徐福等人抵达了日本，从此在日本定居生活。由于徐福等人出海时，秦始皇还没有采取焚书的暴政，因此人们觉得徐福等人很有可能带着《尚书》等典籍出海，如果是这样的话，那么百篇《尚书》就很有可能在日本有所保存。北宋著名文学家欧阳修所作的《日本刀歌》就表达了人们的这样一种心愿："传闻其国居大岛，土壤沃饶风俗好。前朝贡献屡往来，士人往往工词藻。徐福行时书未焚，《尚书》百篇今尚存。令严不许通中国，举世无人识古文。"

不管是朝鲜也好、日本也好，确实都保存了不少中国古代的重要典籍，但是却都没有发现古老的《尚书》写本，日子一天天过去，《尚书》的早期写本却再也没有出现过。随着时间的流逝，世间重新发现《尚书》的希望似乎已经越来越渺茫了。

然而，就在这山重水复疑无路的时候，事情似乎又出现了一些转机。20世纪以来，大量战国秦汉的简帛佚籍纷纷出土，而且种类极其丰富。班固的《汉书·艺文志》曾把汉代皇家图书馆所藏的图书分为六艺（经）、诸子、诗赋、兵书、数术、方技等六类，如果我们以《汉书·艺文志》的这一分类来对以往出土的简帛书籍进行归类的话，可以发现新出简帛已经涵盖了所有类别的图书。不过，令学者们感到美中不足的是，对于研究中国早期文明史至关重要的《尚书》和《竹书纪年》一类的典籍却一直没有能够发现，这不能不说是一个很大的缺憾。著名学者、中国社会科学院历史研究所的张政烺研究员生前经常不无遗憾地说，要是什么时候能够挖出《尚书》就好了。[①] 学者们在为各种新出土简帛而欢呼的同时，对于重新发现《尚书》更有着一种深深的企盼，《尚书》的重新发现已经成了中国历史学家们一个特殊的情结。

---

① 李学勤：《走出疑古时代》，沈阳：辽宁大学出版社，1994年，第5页。

从历史上看，以《尚书》作为随葬品也是实有其例的。如东汉的周磐是一位著名的《尚书》专家，他门下的弟子常有一千多人。周磐在他73岁的时候，预感到自己将要离开人世，因此特意交代他的儿子们说，在他死后，一定要抄写一篇《尚书》的《尧典》，放进坟墓里作为陪葬品。[1] 他去世后，他的儿子们也确实遵照他的遗愿这么做了。

可是，学者们千呼万唤的简帛本《尚书》却始终没有现身。渐渐地，人们觉得重新发现《尚书》似乎已经成了一种奢望。

## 第四节 清华简《尚书》的意义

历史往往会给我们开一个善意的玩笑，2008年入藏的清华简，竟然就出现了《尚书》。两千多年来人们苦苦追寻《尚书》原本的奢望竟然在不经意之间，突然通过清华简的面世而变成了现实，这怎么能不让人欢欣鼓舞呢？！而且，清华简中的《尚书》材料太丰富了，它们所能解决的问题又实在是太多了！

在清华简整理工作开始之初，根据初步的编排、缀合，清华简中的《尚书》一类文献已非常丰富，至少有20多篇，它们中有属于古文《尚书》的篇章，有属于今文《尚书》的篇章，有属于《逸周书》的篇章，还有一些是佚《书》一类的文献，从未见于以往的记载。在《清华大学藏战国竹简》第一辑中，整理者们特意选取了部分与《尚书》有关的典籍，集中精力整理出版，这些篇目可谓是精彩纷呈，我们可以试作分析。[2]

1. 与古文《尚书》有关的篇目

收入第一辑整理报告的文献中，属于古文《尚书》一类的文献有《尹诰》篇。《尹诰》也叫《咸有一德》，见于传世的伪古文《尚书》。大家知道，

---

[1] （南朝宋）范晔：《后汉书》卷三十九，北京：中华书局，1965年，第1311页。
[2] 参见李学勤：《清华简九篇综述》，《文物》2010年第5期，第51~57页。

《礼记》中有一篇名叫《缁衣》，相传系孔子的孙子子思所作，《缁衣》里面有两章引用了一个叫《尹吉》的文献。其中的一章云：

《尹吉》曰：惟尹躬及汤咸有一德。①

对此，东汉经学家郑玄注解说："'吉'当为'告'，'告'，古文'诰'，字之误也。《尹告》，伊尹之诰也。《书序》以为《咸有一德》，今亡。"②原来，《缁衣》中的"尹吉"就是"尹告"（即"尹诰"）之误写，该篇因为首句有"咸有一德"几个字，后来的伪古文《尚书》就以此作为篇题。郭店简、上博简都有《缁衣》篇，在与此相当的地方正作《尹诰》，证实了郑注的灼见。③"惟尹躬及汤咸有一德"这一句，郭店简、上博简作"惟尹允及汤（上博简作康）咸有一德"，文字虽稍有差异，但内容是相同的。

清华简的《尹诰》篇共有5支简，原无篇题，简背有次序编号。《缁衣》中的这句引文，在清华简《尹诰》中乃是首句，作"惟尹既㞫（及）汤咸有一德"，与《缁衣》的引文基本一致，两相比较，可以证明清华简的这篇文献即是《尹诰》。

《礼记·缁衣》篇另有一章又说："《尹吉》曰：'惟尹躬天见于西邑夏，自周有终，相亦惟终。'"④句子也十分古奥难解，郑玄的注解说："《尹吉》，亦《尹诰》也。……'见'或为'败'。'邑'或为'予'。"⑤这句在清华简《尹诰》中是"尹念天之败西邑夏"，"败"字与郑注本相应，可以证明目前的《礼记·缁衣》篇文字有误。至于"自周有终"等，以往的各家注疏都讲不通，在清华简中未见此句，或许《礼记·缁衣》篇的这数句是后来阑入。

---

① （汉）郑玄注，（唐）孔颖达疏：《礼记正义》卷五十五，收入（清）阮元校刻：《十三经注疏》（下册），北京：中华书局，1980年，第1684页下栏。
② （汉）郑玄注，（唐）孔颖达疏：《礼记正义》卷五十五，收入（清）阮元校刻：《十三经注疏》（下册），第1684页下栏。
③ 荆门市博物馆：《郭店楚墓竹简》，北京：文物出版社，1998年，第132页。
④ （汉）郑玄注，（唐）孔颖达疏：《礼记正义》卷五十五，收入（清）阮元校刻：《十三经注疏》（下册），第1649页下栏。
⑤ （汉）郑玄注，（唐）孔颖达疏：《礼记正义》卷五十五，收入（清）阮元校刻：《十三经注疏》（下册），第1649页下栏。

从前面的分析中我们可以知道，清华简中的《尹诰》篇确实是先秦时期真正的古文《尚书》，而且对于传世文献中的相关引文还有很好的订正作用。如果把清华简《尹诰》与传世的伪古文尚书《咸有一德》相对比，我们立即就可以看出，伪古文《尚书》的《咸有一德》篇与清华简《尹诰》完全是风马牛不相及。清华简《尹诰》属于秦始皇焚书之前真正的《尹诰》写本，而伪古文《尚书》的《咸有一德》篇却与之没有任何共同之处。这就说明，伪古文《尚书》的《咸有一德》篇确实是出于后人之手的伪作，宋代以来对于伪古文《尚书》的怀疑确实是有道理的。

相同的例子也见于《说命》篇。现存的伪古文《尚书》中的《说命》篇一共由三篇组成，记载了商王武丁与其大臣傅说之间的相关事迹。清华简中也有《说命》篇，题作《傅说之命》，也是由三篇组成，其中的部分内容与《国语·楚语》的引文完全一致，证明其是先秦时期《说命》篇的原貌。然而同《尹诰》篇一样，清华简《傅说之命》与伪古文《尚书》的《说命》也是完全不同，这也证明伪古文《尚书》的《说命》篇是后人编造的。

从清华简所提供的这些证据来看，伪古文《尚书》确实是一部伪书，阎若璩等学者对它的怀疑和否定是完全正确的。通过清华简的材料，我们不仅真正看到了古文《尚书》的原貌，还终于可以为一千多年来关于古文《尚书》真伪的争论画上一个圆满的句号，这怎么能不让人欣喜异常呢？！

清华简《尹诰》篇内容的重新出现，还有助于我们判定这一篇的时代。过去关于《尹诰》的时代也有不同的说法，《史记·殷本纪》认为是作于商汤讨伐夏桀之后，而伪《孔传》则认为该篇是商汤死后，伊尹告诫商汤之子太甲的言论。现在看清华简《尹诰》的简文中只记载灭夏过程，没有更晚的史事，可以证明司马迁的说法是正确的。

2. 与今文《尚书》有关的篇目

清华简中属于今文《尚书》的有《金縢》篇。清华简《金縢》共有14支简，简长45厘米，简背还有次序编号。关于该篇的重要价值，我们后面还有一些章节会专门涉及，这里仅举其中的一个例子。清华简《金縢》篇有自己的篇题，写在第14简的简背，题为"周武王有疾周公所自以代王之志"，长达14字之多，令人惊异。这一篇题最为重要的一点是可能会对《尚书》小序的作者问题有重要的提示作用。《尚书》的小序相传是孔子整理《尚书》时所作，其中对于《金縢》篇的内容曾概括说："武王有疾，周公作《金縢》。"① 已经明确使用了《金縢》这个篇题。孔子是春秋后期人，生活的时代比清华简的抄写时代要早，然而清华简中却没有使用《金縢》这个篇题，说明简文的抄写者没有见到过《尚书》的小序。于是，问题也就随之而来：是清华简的作者没有见过《金縢》这个篇题呢，还是当时这一篇根本就没有《金縢》这个篇题？如果是前者的话，那就说明当时有不同的《尚书》传流版本；如果是后者的话，那么《尚书》的小序就不可能是此前的孔子所作，而是另有其人了，而且这个给《尚书》各篇作序的人，其生活时代可能还要比清华简的抄写者晚，这将会对《尚书》小序的研究产生巨大的影响。不论如何，这一篇题的出现，将给今文《尚书》的研究提供许多重要的线索，而清华简《金縢》的深刻影响还有待于今后做更进一步的探讨。

3. 与《逸周书》有关的篇目

清华简中的《尚书》一类文献中，有的与《逸周书》有关，如收入第一册整理报告的《程寤》《皇门》《祭公》等篇即属于这一类型，它们与《尚书》各篇有着同样重要的地位。《程寤》篇已经失传千余年，此次在清华简中重新被发现，实属万幸。《程寤》的内容非常艰深难懂，这也很可能是导致它后来失传的重要原因。至于《皇门》和《祭公》两篇，经过近些年学者们的深入研究，早已确定它们是西周时期的重要文献，然而这两篇由于在流传过程中，文字有大量的衍、脱、讹、误的现象，导致内容无法通读，

---

① （汉）孔安国传，（唐）孔颖达正义：《尚书正义》卷十三，收入（清）阮元校刻：《十三经注疏》（上册），第195页下栏。

影响了学者们对它们的利用。现在清华简的《皇门》和《祭公》两篇，不仅书写的文字清晰、工整，而且内容都相当完整，将之与传世本《皇门》《祭公》相比较，不仅可以校正传世本的各种错误，而且很多时候我们甚至都可以分析出传世本之所以致误的缘由，实在是太有意思了。经过清华简的校正，《皇门》《祭公》完全可以恢复它们的原貌，发挥其在西周史研究中应有的作用，而且这一校正的工作本身对古籍的整理校释工作也有重要启发。

4. 从不为后人所知的《尚书》一类篇目

清华简中的《尚书》一类文献中，还有一些从来不为后人所知，如收入第一册整理报告的《尹至》和《保训》即属于这一类型。《尹至》篇共有简4支，简长45厘米，原无篇题，简背有次序编号。简的长度与字体的风格均与《尹诰》篇相同，而且内容也密切相关。篇中所述是伊尹见商汤时的对话，体裁属于今传本《尚书》中的《商书》。篇内伊尹称"尹"，或称"𢪛"。根据清代梁玉绳所编的《古今人表考》，伊尹系"伊氏，尹字，名挚"[1]，名"挚"见《孙子·用间》、《墨子·尚贤中》及《楚辞·离骚》、《天问》等，这里的"𢪛"是"执"字繁写，就是"挚"。

《尹至》一开头就说："惟尹自夏蔑（徂）白（亳）"，意思是伊尹从夏去了商汤所在的亳，所用的句例与《国语·楚语上》武丁"自河徂亳"[2]一致。简文两见"白"这一地名，都读为"亳"，古音均属并母铎部。

伊尹见汤，"汤曰：格"，句例同于《尚书·商书》中《汤誓》"王曰：格"和《盘庚》"王若曰：格"。

在简文中，伊尹说到夏的民众怨恨其后（即桀），云"余及汝皆亡"，这句话也见于《汤誓》，《孟子·梁惠王上》曾经引用。

---

[1] （清）梁玉绳等撰，吴树平等点校：《史记汉书诸表订补十种》，北京：中华书局，1982年，第544～545页。
[2] 徐元诰撰，王树民、沈长云点校：《国语集解》，北京：中华书局，2002年，第502页。

关于夏后（桀）的罪恶，伊尹特别举出"龙（宠）二玉"。在古本《竹书纪年》记有："后桀伐岷山，岷山女于桀二人，曰琬、曰琰。桀受（或作爱）二女，无子，刻其名于苕华之玉，苕是琬，华是琰。"[1] 上博简《容成氏》也说桀"不量其力之不足，起师以伐岷山氏，取其二女琬、琰"[2]。所谓"宠二玉"即指宠爱琬、琰而言。

古本《竹书纪年》还说桀"弃其元妃于洛，曰末喜氏。末喜氏以与伊尹交，遂以间夏"。说夏桀抛弃了他的妃子末喜（也作妹喜、末嬉），于是妹喜与伊尹交往，一起从事离间夏朝的行动。《国语·晋语一》则说："昔夏桀伐有施，有施人以妹喜女焉，妹喜有宠，于是乎与伊尹比而亡夏。"[3] 所谓的"比"意为勾结，《国语》的这段材料与古本《竹书纪年》一样，也说妹喜与伊尹勾结，灭亡了夏朝，但没有说妹喜被弃之事。《吕氏春秋·慎大》又云："桀迷惑于末嬉，好彼琬、琰。"[4] 上述各种典籍关于妹喜的记载情况不一，妹喜或说受宠，或说被弃，这些传说都不见于《尹至》。

简中还提到夏民发生疾病，"佳哉（灾）虐（虐）悘（极）瘧（暴）僅（瘅）"，这和上博简《容成氏》所说夏"疟疾始生，于是乎喑聋跛□癭窜倭始起"相似。[5] 可见夏代末年，疾病流行，民众困苦不堪，这在很大程度上也加剧了民众与统治者之间的矛盾。

《尹至》这篇佚《书》的面世，使我们对于夏代末年的政治和社会状况有了更深的理解和把握，同时也使我们意识到，先秦《尚书》一类的文献确实是很多的，除了百篇《尚书》之外，还有许多重要的篇目。我们居

---

[1] 方诗铭、王修龄：《古本竹书纪年辑证》，上海：上海古籍出版社，2005年，第17~18页。
[2] 李守奎等：《上海博物馆藏战国楚竹书（一—五）文字编》，北京：作家出版社，2007年，第813页。
[3] 徐元诰撰，王树民、沈长云点校：《国语集解》，第250页。
[4] 陈奇猷：《吕氏春秋新校释》卷十五，上海：上海古籍出版社，2002年，第850页。
[5] 李守奎等：《上海博物馆藏战国楚竹书（一—五）文字编》，北京：作家出版社，2007年，第813页。

然能在几千年后的今天重新读到百篇《尚书》之外的《尚书》类文献，真是太有眼福了。

至于《保训》等篇的重要意义，我们下一章还要专门讨论，这里从略。

从上述讨论中我们可以知道，仅仅是清华简第一册整理报告所涉及的《尚书》类文献，就已经对《尚书》的研究和上古史的重建产生了重要影响，今后如果所有清华简的有关文献都得以整理公布，其结果将是震撼性的。可以毫不夸张地说，清华简《尚书》一类文献的面世，将使《尚书》与古史的研究进入一个崭新的阶段。

# 第八章 周文王遗言

在前面的讨论中，我们已经介绍过，《保训》篇是清华大学出土文献研究与保护中心最早整理出来的一篇竹简，也是迄今学者们讨论最多的一篇清华简文献，《保训》篇究竟蕴藏着多少重要的历史呢？本章会告诉我们部分答案。

## 第一节　清华简《保训》的内容

《保训》是清华简中最早整理出来的一篇,《保训》的释文经过学者们的反复讨论,其内容大致如下:

> 惟王五十年,不豫,王念日之多历,恐坠宝训,戊子,自濆水,己丑,昧[爽]……[王]若曰:"发,朕疾适甚,恐不汝及训。昔前人传宝,必受之以词,今朕疾允病,恐弗念终,汝以书受之。钦哉,勿淫!昔舜旧作小人,亲耕于历丘,恐求中,自稽厥志,不违于庶万姓之多欲。厥有施于上下远迩,迺易位迩稽,测阴阳之物,咸顺不逆。舜既得中,言不易实变名,身兹备惟允,翼翼不懈,用作三降之德。帝尧嘉之,用受厥绪。呜呼!发,祗之哉!昔微假中于河,以复有易,有易服厥罪,微无害,迺归中于河。微志弗忘,传贻子孙,至于成汤,祗服不懈,用受大命。呜呼!发,敬哉!朕闻兹不久,命未有所延。今汝祗服毋懈,其有所由矣。不及尔身受大命,敬哉,勿淫!日不足,惟宿不详。"

简文的大致意思是说,在周文王在位五十年的时候,他得了重病。由于他预感到自己将要离开人世,他担心没有时间向其继承人传授"宝训",戊子这一天,他自己洗了脸,第二天他把太子发(即后来的周武王)找来,对太子发说:"我的病已经很严重了,我担心没有时间对你加以训告。过去人们传承'宝训',一定要把它背诵下来。现在我病得这么重,你一定要把我说的话记下来。要恭敬地做事,不要放纵自己。以前舜出身于民间,亲自参加劳动,舜就去求取'中',能够自我省察,不与百姓的愿求违背,他在朝廷内外施政,总是设身处地,从正反两面考虑,将事情做好。舜获得了'中'后,更加努力,毫不懈怠。舜的行为得到了尧的赞赏,尧就把自己的君位传给了舜。商的先祖上甲微也曾向河伯借取'中',以报复有易部落。有易被迫认罪,上甲微则没有什么损害,于是上甲微把'中'归还了河伯,同时他自己也牢记'中'的特点,并把它传给了自己的子孙。到了他的后人汤的时候,由于恭敬地按照这一原则做事,毫不懈怠,最后获取了'大命'。所以你一定要恭敬地遵守这一原则。我等不到看你接受'大命'的那一天了，你一定要恭敬做事，毫不放纵自己。"

清华简《保训》中还有一些疑难问题，比如"三降之德"是什么含义，目前还说不清楚，"中"指的是什么，也有很多不同意见，但是这篇简文对于我们研究商、周时期的历史还是极有启发的，以下我们选择几个方面谈谈我们的看法。

## 第二节 《保训》与周文王称王之谜

我们知道，商周时期的历史跌宕起伏，精彩纷呈。西周原为商的西部诸侯，经过长期的发展壮大，最后灭掉了商朝。西周虽然直至周武王时才灭掉商，完成了建国的大业，但是真正奠定灭商格局的则是武王的父亲周文王。史称周文王时已经"三分天下有其二"（语出《论语·泰伯》），从而确立了对商的优势地位。因此，周文王时的统治对于西周的发展壮大至关重要，周人也把其王朝的开端上推到周文王时期。不过，由于书阙有间，有关周文王时期的历史记载相当有限，从而限制了学者们相关研究工作的深入。《保训》篇既然是周文王临终时对其太子发（即后来的周武王）所作的遗言，对于我们了解周文王时期的历史尤其是商周之间的关系来说，自然是一篇十分重要的文献。

实际上，古书中已经提到周文王是留有遗嘱的。在《尚书》的《顾命》篇中曾记载，周成王死后，其子周康王即位，太保召公和芮伯告诫周康王说："今王敬之哉！张皇六师，无坏我高祖寡命。"《尚书正义》指出这里的高祖指的就是周文王[1]，杨筠如《尚书覈诂》指出，"寡"与"顾"通，"寡命"就是"顾命"，也就是遗言。可见周文王确实是留有遗嘱的，但是周

---

[1] （汉）孔安国传，（唐）孔颖达正义：《尚书正义》卷十九，收入（清）阮元校刻：《十三经注疏》（上册），北京：中华书局，1980年，第244页上栏。

文王的遗言具体内容如何，在此之前学者们却从来不知其详①，《保训》简的发现，使我们第一次有机会了解周文王遗言的真容。

简文一开始就说"惟王五十年"，点明这一事件发生的时间为"惟王五十年"，它的意义非常重大。我们觉得，它至少能说明以下四个方面的问题：

第一，证实了周文王在位期间曾自称为王。关于周文王生前是否已经称王，从古以来形成了两种截然不同的意见。司马迁在《史记·周本纪》记载周文王晚年已经自称为王，汉唐时期学者们对于《诗经·大雅·文王》篇的注疏中也持同样的观点，足见直至汉代，人们大都相信周文王生前已经称王。但是从唐代开始，一些学者开始怀疑周文王称王的事实。如刘知幾在《史通》的《疑古》篇中言，天上没有两个太阳，地上也只能有一个国君。在商朝还存在的情况下，如果周文王就敢自称为王的话，这就如同春秋时期楚国和吴、越等国自称为王的行为一样，属于以下犯上了②；张守节在《史记正义》中亦表达了类似的意见；梁肃在《西伯受命称王议》中也认为所谓周文王称王之说是"反经非圣"的观点；到了宋代，欧阳修在《泰誓论》中更是对此予以极力辩驳，称文王受命称王的看法为"妄说"。受他们的影响，此后的学者多怀疑周文王生前称王的事实。他们或认为《周本纪》的相关记述是"司马迁不达理道之舛"（见明代马明衡所著《尚书疑义》卷四），或认为《史记》的相关内容出自刘歆的增窜（见清代方苞所著《望溪集》卷一）。至清代梁玉绳则在《史记志疑》中对历代学者指斥此说的情况予以了总结。

这些学者之所以要极力否定周文王称王的史实，是因为周文王当时为

---

① 《逸周书》中有《文传》篇，序中称"文王告武王以序德之行，作《文传》"，篇首为"文王受命之九年，时维莫（暮）春，在鄗（镐），召太子发"云云，文辞不古，似算不得遗言。见黄怀信等撰：《逸周书汇校集注（修订本）》，上海：上海古籍出版社，第236～237页、第1124页。文句有调整。

② 刘知幾的原话是："夫天无二日，地惟一人。有殷犹存而王号遽立，此即春秋楚及吴越僭号而陵天子也。"

商纣王之臣，如果他生前真的称王，势必违背了封建社会的正统伦理观念，也无法树立周文王的"至德"形象。到了20世纪初，王国维在《古诸侯称王说》中则提出："世疑文王受命称王，不知古诸侯於境内称王，与称君、称公无异"，并认为"盖古时天泽之分未严，诸侯在其国自有称王之俗……苟知此，则无怪乎文王受命称王而仍服事殷矣。"[1] 王国维此说一方面既承认了周文王生前称王的事实，另一方面又将其政治上的象征意义加以淡化，可以说是对周文王生前称王说的一种折中和调和。

20世纪70年代，陕西周原地区出土了众多周初甲骨，其中一些甲骨中同时有"周方伯"和"王"的内容。一些学者认为"周方伯"和"王"同指周文王，周文王生前即已称王，另一些学者则认为"王"是指商王，"周方伯"指周文王，并进一步提出周文王并未称王。从这些讨论中我们可以了解到，周文王生前是否已经称王，千百年来一直是学者们争论不休的一个焦点。

清华简《保训》中"惟王五十年"的记载，可以为千百年来有关周文王生前是否称王的争论提供一个强有力的线索。它明确无误地告诉我们，周文王生前确实已经称王，《史记》等相关文献关于周文王称王的记载是真实可信的。当然，周文王的称王是否如王国维所言只是"诸侯在其国自有称王之俗"还有待于更多的讨论，但是无论如何，周文王生前即已称王，已经是不可辩驳的事实。

第二，提示我们周文王称王的时间可能并非在其晚年。按照古书的记载，周文王原为商的西伯，由于受到商纣王的猜忌，曾被纣王囚禁于羑里。西伯被释放后，暗中推行仁政。当时的虞、芮两国由于土地纠纷长期无法解决，就相约到周，请西伯帮助调停。但当他们到达周境后，看到周人都相互谦让，心里十分惭愧，于是虞、芮两国也主动和解，原来的争执得以

---

[1] 王国维：《观堂别集》，收入《观堂集林》，北京：中华书局，1959年，第1152~1154页。

圆满解决。这件事情传开后，各诸侯国都纷纷归顺周人，诸侯皆称西伯为"受命之君"。周文王即是在"受命之年称王而断虞、芮之讼"，按照传统的说法，西伯受命称王为其在位的第42年。因此西伯称王是在其晚年才有的事情。然而《保训》篇"惟王五十年"的论述却使我们怀疑周文王在即位之初即已称王，因而才会出现这样一种记载，虽然这一情况从未见于任何一种传世文献，却也不无其可能。如果文王真的是在其即位之初就已称王，这将是周代历史上的一个重大事件，它对于我们重新审视商周关系会有很大的帮助。

第三，印证了周文王的在位年数为五十年。关于周文王在位的时间古籍记载略有不同，《史记·周本纪》言："西伯盖即位五十年。"《尚书·无逸》亦称文王"享国五十年"。这些文献都认为周文王在位时间为五十年。但是《吕氏春秋》的《制乐》篇则提出了另外一种说法，认为"文王立国五十一年而终"。对于这一矛盾的记载，我们显然应该信从《无逸》的说法，因为《无逸》为周公所作，周公对于其父在位时间的叙述肯定要比后人准确得多。至于有学者主张周文王在位是51年，《无逸》的记载只是举其成数的说法[①]，我们不能同意。周公在《无逸》篇中列举殷中宗在位75年、高宗在位59年、祖甲在位33年，都是具体的在位年数，如果说周公在列举商王在位时间均是具体年数，而列举自己父亲在位时间时则取其成数，显然不合情理。而《保训》简"惟王五十年"的记载印证了周文王"享国五十年"的记载，意义十分重大。因为从清华简《保训》篇我们可以知道，周文王在其即位五十年时患了重病，并留下遗嘱，他去世的时间应该就在此后不久，因此其在位年数应为五十年。因此，我们可以确定，《史记》和《尚书·无逸》篇有关周文王在位时间的记载是正确的。

第四，有助于我们认识周文王称号中的"文"字为谥号而非生称。关

---

[①] 许维遹先生言："《尚书·无逸》篇谓文王享国五十年，盖举其成数也。"转引自陈奇猷：《吕氏春秋新校释》，上海：上海古籍出版社，2002年，第358页。

于文王、武王的称谓是生时的美称抑或是死后的谥号，学者们一直有不同的意见。如果文王、武王生前已经自称为文王、武王，那么在文王、武王活着的时候应该已经普遍使用这些称谓，但是我们从现有的材料来看，我们看到的基本上都是仅称为"王"的材料，而很难发现他们生前自称为"文王"和"武王"的证据。山西曲沃晋侯墓地 31 号墓出土的所谓"文王玉环"，李学勤先生已经指出其时代较晚，并非是文王当时所刻[1]；至于记载周武王伐商史实的利簋，其实际制作年代也应在周武王去世之后。而在这一方面，清华《保训》篇也给我们提供了直接的证据。《保训》篇记载了文王临终前的遗嘱，这已经是有关周文王在世期间史事的最后材料，但是篇中所用的称谓仍是"王"而非"文王"。由此我们可以知道，周文王生前虽然已经自称为王，但他并没有自称为文王，文王的"文"字为其死后的谥号，其时代应该在周武王克商建立周朝之后。《礼记·大传》称："牧之野既事而退，遂柴于上帝，追王太王、王季、文王。"如果我们把周文王生前自称为王和死后谥号为文王当作两件不同的事情区别开来，就可以对这些看似矛盾的文献记述予以合理的解释。因此《保训》的相关论述也有助于我们了解周代谥法的相关内容。

## 第三节 《保训》与周文王事商

清华简《保训》的另外一个重要作用是可以帮助我们重新分析周文王时期的商周关系。

按照传统的说法，周文王作为商纣王的西伯，对于商朝忠心耿耿。如《论语·泰伯》中曾有孔子的一段非常著名的话，称："三分天下有其二，

---

[1] 李学勤：《文王玉环考》，见饶宗颐主编《华学》第 1 辑，广州：中山大学出版社，1995 年，第 71 页。

以服事殷。周之德，其可谓至德也已矣。"①对于这段话中的"至德"，学者们多认为是指周文王②。如包咸的注文称："殷纣淫乱，文王为西伯而有圣德，天下归周者，三分有二，而犹以服事殷，故谓之至德。"③因为与商纣王的荒淫无道相比，周人当时已经拥有了对商的优势实力，而且周文王又有王者之才，完全可以取而代之。但是周文王并没有这么做，仍然小心翼翼地侍奉商纣王，故孔子觉得十分难能可贵。《礼记·表记》记载了孔子的另一段话，称："下之事上也，虽有庇民之大德，不敢有君民之心，仁之厚也。"④这与《泰伯》篇的此句可以相互发明。《表记》篇在言及舜、禹、文王、周公之事时又说："有君民之大德，有事君之小心。"⑤从这些评论中都可见到孔子对周文王等人道德品行的赞扬。在2001年公布的上博简《孔子诗论》中，我们同样可以发现，孔子对于文王之德也是大加赞赏，对于文王存在着无以复加的敬意。⑥受孔子的影响，后人对于周文王也是称颂备至，周文王作为一个商朝圣贤的形象已经牢固树立。

① 《逸周书·程典》："维三月既生魄，文王合六州之侯奉勤于商。"这与《论语·泰伯》之言可以对应。见黄怀信：《逸周书校补注译》，西安：三秦出版社，2006年，第74页。《逸周书·太子晋》亦言文王"三分天下而有其二，敬人无方，服事于商"，见《逸周书校补注译》，西安：三秦出版社，第370页。
② 《论语·泰伯》此章的全文是：武王曰："予有乱臣十人。"孔子曰："才难，不其然乎？唐、虞之际，于斯为盛。有妇人焉，九人而已。三分天下有其二，以服事殷。周之德，其可谓至德也已矣。"由于孔子是针对周武王之言所发的感想，故有学者认为此处有缺文，宜另为一章。也有学者认为此处的"至德"包括文王和武王在内，如刘宝楠《论语正义》："文之服事，非畏殷也，亦非曰吾姑柔之，俟其恶盈而取之也，惟是冀纣之悔悟，俾无坠厥命已尔。终文王之世，暨乎武王，而纣淫乱日益甚，是终自绝于天，不至灭亡不止也。是故文之终服事也，至德也，武之不终服事也，纣为之也，亦无损于至德也。"（《论语正义》，诸子集成本，北京：中华书局，1959年，第169页。）
③ 程树德：《论语集释》，北京：中华书局，2006年，第560页。
④ 见《礼记·表记》，这句话的意思是说，作为大臣去事奉国君，即便自己有安民济世的德行，也不敢有君临天下的野心。见《十三经注疏》中华书局影印本，1987年，第1640页。
⑤ 见《礼记·表记》，这句话的意思是说，大臣即使有安民济世的德行，也仍要小心翼翼地事奉国君，不敢有任何野心。见《十三经注疏》中华书局影印本，1987年，第1641页。
⑥ 晁福林：《从王权观念变化看上博简〈诗论〉的作者及时代》，《中国社会科学》2002年第6期，第190～200页。

不过，在清华简《保训》中，我们却可以看到周文王与商朝之间有着矛盾和斗争的一面。

在《保训》中，周文王不无遗憾地对他的儿子发（即后来的周武王）说道："不及尔身受大命。"意思是说，我等不到看你接受大命的那一天了。这句话说得很含糊，什么是"受大命"？周文王在话中并没有说明，但是如果我们结合上下文以及相关的文献，就可以了解其真实含义了。

在《保训》中，周文王说商汤也是恭敬地遵守其先人传下来的原则，最终获取了"大命"。商汤获取的"大命"，我们都十分清楚，是指灭掉了夏朝，建立了商朝。因此此处周武王所要获得的"大命"，自然是要讨伐商朝，建立起周朝了。

可以证明这一点的文献资料还有许多，如《逸周书》中有一篇名叫《程寤》，也是涉及周文王时期历史的一篇文献，可惜早已失传，只是在一些传世文献中有若干句引文。据唐代类书《艺文类聚》所引的《程寤》佚文，篇中记载有这样一个事件：

> 太姒梦见商之庭产棘，太子发取周庭之梓树于阙，化为松柏棫柞。寤觉，以告文王。文王乃召太子发，占之于明堂。王及太子发并拜吉梦，受商之大命于皇天上帝。[1]

太姒是周文王的妻子，太子发就是周文王的儿子发，也就是后来的周武王。这个故事是说，太姒梦见商朝的王庭里长满了荆棘，而太子发则取来周庭里的梓树，种到了商朝的王庭中，结果梓树化成了松、柏、棫、柞等各种树木。太姒做了这样一个梦之后，非常吃惊，赶紧告诉了周文王，周文王把太子发找来，在明堂里占测了一下这个梦的吉凶，结果发现是一个非常吉利的梦。于是周文王和太子发都对上天拜谢，感谢上天把商之"大命"赐给了他们。

---

[1]（唐）欧阳询撰，汪绍楹校：《艺文类聚》卷七十九，上海：上海古籍出版社，1965年，第1355页。

为什么说这个梦是一个非常吉利的梦呢？原来，商朝王庭里长满的荆棘，实际上是表示商朝朝廷里有许多恶人和恶行，而太子发把这些荆棘除去，种上了周人的梓树等树种，象征的是太子发根除了商朝的恶人，取代了商朝，所以整个梦的内容，意味着太子发将灭掉商朝，取而代之，让周"受商之大命"。清华简《保训》中周文王所说的"不及尔身受大命"，其意就是说周文王感到自己年数已高，无法等到看见太子发"受商之大命"，也就是灭商的那一天了。显然周文王和太子发都认为，灭商是上天赋予他们的使命，是"天命"，他们所要做的事情，就是遵照"天命"去灭商。因此，太姒这个梦的内容，成为理解商、周之间关系的一个非常重要的环节，它就是周人后来所津津乐道的一个话题"文王受命"，或者说是"文、武受命"。周人认为，周文王和周武王之所以灭商，是因为接受了天命，因而才采取了灭商的行动。

在清华简《程寤》中周文王还有一句非常重要的话，说："商感在周，周感在商。"所谓的"感"，在《说文解字》中写作"憾"，意思是"忧也"[1]。周文王的意思是说，商朝的忧患在于周，周人的忧患在于商，这句话已经明确无误地告诉我们，在周文王心目中，周的最大敌人和对手就是商，而商朝的忧患和危机则来自周，商、周之间存在着你死我活的矛盾和斗争。

实际上，商、周之间的矛盾与恩怨并不是周文王时才出现的，而是有着深刻的背景。周人在太王古公亶父时国力开始强大，到周文王的父亲季历在位时，周的势力得到很大的发展。据古本《竹书纪年》记载，季历一生曾对西落鬼戎、燕京之戎、余无之戎、始呼之戎、翳徒之戎进行征伐，其中除了与燕京之戎作战时曾遭遇挫折外，其他的战争均取得了很大的胜利。[2] 周人在军事上的胜利使其实力得到了迅速发展，引起了商人的警觉，

---

[1] 参见（汉）许慎：《说文解字》卷十，北京：中华书局，1963年，第223页上栏。
[2] 参见方诗铭、王修龄：《古本竹书纪年辑证》，上海：上海古籍出版社，1981年，第33～36页。

商周之间的矛盾最后导致了商王文丁采取了诛杀季历的行动。[1] 季历的死给其子周文王带来很大的打击,《吕氏春秋·首时》言:"王季历困而死,文王苦之。"高诱在注解中解释说:"王季历,文王之父也。勤劳国事以至薨没,故文王哀思苦痛也。"[2] 高诱由于不了解季历为商王文丁所杀,误以为是勤劳国事而死,与史实并不相符,但注中所言季历之死使文王"哀思苦痛",则点明了文王对其父被杀的悲痛心情。文王与商朝有着不共戴天的杀父之仇,因此周文王一直有复仇和代殷之心是完全可以理解的,古本《竹书纪年》还有帝乙二年"周人伐商"的记载[3],即是周文王在位时所采取的行动。

但是由于当时的周人尚不具备与殷一决高下的实力,因此周文王很快就调整了策略,顺服于商。从文王与商的历史恩怨以及清华简《保训》《程寤》等有关材料来看,我们觉得周文王的事商只是权宜之计,如果文王真如后来儒家所说的那样诚心事殷,反而是无法理解的事情。应该说,接受天命取而代商是周文王处心积虑所要完成的重大事业。周人代商并非是"不得已"的结果,而是周人通过长期努力才最终实现的目标。

周文王虽然早有灭商之心,但他知道灭商的时机还不成熟,"小邦周"在各方面都无法与"大邑商"相提并论,因此他需要努力发展壮大周的力量,为此周文王在国内积极揽士纳贤,推行德政,同时对外实行武力征伐,拓展疆土。后人在提及"文王之德"时通常只突出了周文王礼乐教化的一面,实际上"文王之德"应包括文治和武功这两方面的业绩。有学者曾经说:"周从一个小部族逐渐发展壮大,依靠的绝对不是后世所歌颂的单纯的所谓礼乐教化,而主要是通过不断的武力征伐,扩张疆域,从而获得了灭商的实

---

[1] 参见方诗铭、王修龄《古本竹书纪年辑证》,上海:上海古籍出版社,1981年,第36~37页。
[2] 陈奇猷:《吕氏春秋新校释》,上海:上海古籍出版社,2002年,第774页注4。
[3] 《太平御览》卷八十三引。见方诗铭、王修龄:《古本竹书纪年辑证》,上海:上海古籍出版社,1981年,第39页。

力。""从周族兴起于西土,到取得天下,其最为后人所称道的'文王之德'的内涵,曾被认为主要是以仁义道德教化百姓。但我们从《诗经》等可靠先秦典籍中钩稽的历史事实证明,包含武力征伐在内的政治方略亦是'文王之德'的核心内容。"① 应该说,在周文王的努力下,周的实力得到了长足的发展,周人的事业蒸蒸日上。

与此同时,周文王对于事商也一直十分注意,由于灭商的时机尚未成熟,文王很重视搞好与商的关系,避免与商发生正面冲突,以等待灭商时机的到来。《左传·襄公四年》言:"文王帅殷之畔国以事纣。"杜预的注解认为:"知时未可争。"② 由于还未到与纣王一争高下的时候,因此文王团结那些对纣王有二心的诸侯,说服他们一起事纣。按《大戴礼记·诰志》的说法,就是"文王治以俟时"③。周文王之所以顺事商王,正是出于审时度势、韬光养晦的需要,等待着灭商时机的成熟④,因此文王一直小心翼翼地服事商纣王。《吕氏春秋·顺民》言:"文王处岐事纣,冤侮雅逊,朝夕必时,上贡必适,祭祀必敬。"⑤ 大意是说,周文王在岐山时,对事奉商纣王一事十分用心,遇到冤枉或侮辱时也都十分退逊,给商纣王的贡品也是按时交纳,祭祀也十分恭敬。周文王在对商关系中所采取的这种低姿态赢得了商纣王的信任,使商纣王放松了对周文王的戒备。

周文王还很重视对商朝民心的争取,据史载,文王曾献洛西千里之地,请求纣王废除炮烙之刑。据《韩非子·难二》的记载,周文王此举兼有释

---

① 姚小鸥、郑丽娟:《〈大雅·皇矣〉与"文王之德"考辨》,《中州学刊》2007年2期,第188~191页。
② (晋)杜预注,(唐)孔颖达正义:《春秋左传正义》卷二十九,收入(清)阮元校刻:《十三经注疏》(下册),第1931页。
③ (清)王聘珍撰,王文锦点校:《大戴礼记解诂》,北京:中华书局,1983年,第184页。
④ 《吕氏春秋·首时》亦言:"圣人之于事,似缓而急,似迟而速,以待时。王季历因而死,文王苦之,有不忘羑里之丑,时未可也。"高诱注:"纣为无道,拘文王于羑里。不忘其丑耻也,所以不伐纣者,天时之未可也。"(陈奇猷:《吕氏春秋新校释》,上海:上海古籍出版社,2002年,第775页注5)可谓是文王当时情形的真实写照。
⑤ 陈奇猷:《吕氏春秋新校释》,上海:上海古籍出版社,2002年,第485页。

纣王之疑和争取民心双重意义：

> 昔者文王侵孟、克莒、举酆，三举事而纣恶之，文王乃惧，请入洛西之地、赤壤之国方千里，以请解炮烙之刑，天下皆说。仲尼闻之曰："仁哉文王！轻千里之国而请解炮烙之刑。智哉文王！出千里之地而得天下之心。"[1]

在纣王对周起了疑心的情况下，周文王采取紧急措施，主动将部分疆土献给纣王，并以此请求纣王废除炮烙酷刑，使形势转危为安，并进而赢得了民心。周文王的这一举措受到了殷民的普遍欢迎，正如《大戴礼记·保傅》所说的那样："文王请除炮烙之刑而殷民从。"[2] 对此《吕氏春秋·顺民》曾评论说："文王非恶千里之地，以为民请炮烙之刑，必欲得民心也。得民心，则贤于千里之地。故曰：文王智矣！"[3] 用一个"智"字来评价周文王在处理商周关系上所采取的种种措施，可以说是再恰当不过。

当然，在周文王积极准备灭商的过程中，商纣王并非没有一点警觉。商纣王曾经感受到周人的威胁，并把周文王囚禁起来准备杀害，即《吕氏春秋·行论》所说的："纣恐其畔，欲杀文王而灭周。"[4] 在这种严峻的形势面前，文王一方面向纣王表白自己的忠心，声称："父虽无道，子敢不事父乎？君虽不惠，臣敢不事君乎？孰王而可畔也！"[5] 以此来消除纣王对自己的怀疑；另一方面则通过手下进行多方的营救，最终化险为夷，甚至还获得了纣王专征伐之命。相关的情况在《史记·周本纪》中有很生动的记载。

与周人不断发展壮大相对比，商纣王的暴虐政策导致了商朝君臣上下的离心离德，统治日下，但是商朝毕竟是一个有数百年治国经验的大国，朝中汇集了不少人才，据《孟子·公孙丑上》："纣之去武丁未久也，其故家遗俗、流风善政，犹有存者；又有微子、微仲、王子比干、箕子、胶鬲，

---

[1] 陈奇猷：《韩非子新校注》，上海：上海古籍出版社，2000年，第875页。
[2] （清）王聘珍撰，王文锦点校：《大戴礼记解诂》，北京：中华书局，1983年，第65页。
[3] 陈奇猷：《吕氏春秋新校释》，上海：上海古籍出版社，2002年，第485页。
[4] 陈奇猷：《吕氏春秋新校释》，第1399页。
[5] 陈奇猷：《吕氏春秋新校释》，第1399页。

皆贤人也，相与辅相之，故久而后失之也。"① 周文王要灭商，还要设法离间纣王与其贤臣的关系。《韩非子·喻老》②篇记载了周文王离间商纣王与其贤臣胶鬲之间关系的一个故事：

"周有玉版，纣令胶鬲索之，文王不予；费仲来求，因予之。是③胶鬲贤而费仲无道也。周恶贤者之得志也，故予费仲……而资费仲玉版者，是爱之也④。"

在这个故事中，韩非子还专门点明"周恶贤者之得志"，即周文王担心胶鬲这样的贤者受到纣王的重用，因此在纣王派胶鬲来索取玉版时故意不给，使其无功而返；而佞臣费仲来索取时则马上交出玉版，故意使纣王误以为胶鬲无能而费仲能干，其目的就是要让"无道者得志于纣"，其目的正如《韩非子·内储说下》所说的那样："文王资费仲而游于纣之旁，令之谏纣而乱其心。"⑤ 周文王的离间计策收到了预期的效果，胶鬲受到商纣王的冷落和佞臣的排挤，被迫离开商廷，以贩卖鱼盐为生，最终被周文王所重用，并在辅佐周武王灭商中发挥了重要作用。⑥ 而费仲等佞臣却受到了纣王的宠信和重用，政治更加黑暗混乱。如果周文王真是一心事纣，我们将很难理解周文王离间纣王与胶鬲这样的事情发生。

以上我们从周文王在清华简《保训》的言论入手，分析了周文王时期的周对商策略。从中我们可以看到，周文王时期的商周关系可以说是处于一种微妙的状态，文王之父季历死于殷人之手，已经使周文王有了灭商之心，而接受天命灭商更使周文王的这一目标有了行动上的依据。灭商是周文王一生的追求，周文王事商只是在敌强我弱的形势下所采取的权宜之计。

---

① （清）焦循撰，沈文倬点校：《孟子正义》，北京：中华书局，1987年，第179页。
② 陈奇猷：《韩非子新校注》，上海：上海古籍出版社，2000年，第460页。
③ 陈奇猷：《韩非子新校注》，第460页："奇猷案：是，犹夫也。"
④ 陈奇猷：《韩非子新校注》，第461页。陈奇猷认为此句可理解为："是爱无道者得志于纣也。"
⑤ 陈奇猷：《韩非子新校注》，第647页。
⑥ 《国语·晋语一》韦昭注：胶鬲，殷贤臣，自殷适周，佐武王以亡殷也。

从清华简《保训》《程寤》等材料来看，周文王生前已经秘密称王，积极从事灭商大业，它意味着周文王事实上已经与商朝决裂，正在积极从事灭商活动。而周文王在灭商过程中运用策略得当，也使得灭商的准备工作进展十分顺利。《孟子·滕文公下》曾引《书》曰："丕显哉文王谟！丕承哉武王烈！"用"丕显哉文王谟"来概括周文王运用各种谋略发展实力，为灭商做准备，可以说是再合适不过。在周文王统治期间，周人实际上已经完成了灭商的各种准备，到周武王灭商，整个过程应该说只是一个水到渠成的结果。

## 第四节　《保训》所见"中"的思想

《保训》篇中还记载了周文王的治国理念。

在《保训》篇里，文王对太子发讲了两个历史传说，一个是关于舜的，另一个是关于上甲微的，而他通过两者所要讲的，是"中"这个富于哲理性的观念。

第一件史事是关于舜的，文王说："昔舜旧作小人，亲耕于历丘，恐求中，自稽厥志，不违于庶万姓之多欲。厥有施于上下远迩，迺易位迩稽，测阴阳之物，咸顺不逆。舜既得中，言不易实变名，身兹備惟允，翼翼不懈，用作三降之德。帝尧嘉之，用受厥绪。"这段话讲的是舜怎样求取中道。由于舜出身民间，能够自我省察，不与百姓的愿求违背，他在朝廷内外施政，总是设身处地，从正反两面考虑，将事情做好。舜的行为受到了尧的嘉许，于是尧把自己的君位传给了舜。

第二件史事是关于微的。微即上甲微，是商汤的六世祖。文王说："昔微假中于河，以复有易，有易服厥罪。微无害，迺归中于河。"这里讲的是上甲微为其父王亥复仇。王亥与上甲都见于殷墟出土的甲骨文，在甲骨文发现后，王国维等学者从《周易》《山海经》《竹书纪年》等文献中钩稽出这段久已湮没的史迹：商人的首领王亥曾率牛车到有易进行贸易，有易之君绵臣设下阴谋，将王亥杀害，夺取了牛车。后来王亥之子上甲微与河伯联合，战胜有易，诛杀了绵臣。周文王所说微的"假中"的含义还需推敲，但按《保训》的记载，上甲微由此把"中""传贻子孙，至于成汤"，于是汤得有天下。和上面讲的舜一样，"中"的观念起了重要作用，这是《保训》篇反复强调的。

《保训》简公布后，学者们讨论最为热烈的就是篇中的"中"字，学者们的见解五花八门，甚至连国外的汉学家也纷纷表达了他们的看法。[1] 在笔者看来，可能其中最值得重视的还是李学勤先生的意见。李先生认为，《保训》里所含的"中"的观念，或称中道，是《保训》全篇的中心，它与儒家后来所说的中庸之道有着内在的联系。李先生引用了《中庸》里的一段话："子曰：舜其大知也与！舜好问而好察迩言，隐恶而扬善，执其两端，用其中于民，其斯以为舜乎！"证明《保训》的"中"与此有关。特别是《论语·尧曰》的首章中说："咨尔舜，天之历数在尔躬，允执其中，四海困穷，天禄永终。"汉人所著如《史记·历书》《潜夫论·五行志》，均以为是尧禅位于舜之辞。《尧曰》又说："舜亦以命禹。"尧、舜、禹的传承都讲到中道，这和《保训》的思想似乎有一定关系。无论如何，《保训》的思想与儒学有共通之处，很值得探索研究。

另外，《保训》的思想还可以再进一步结合宋儒的"道统"论加以分析。朱子撰《中庸章句》，序的开首即讲"道统"，他说："道统之传有自来矣，其见于经，则'允执厥中'者，尧之所以授舜也；'人心惟危，道心惟微，惟精惟一，允执厥中'者，舜之所以授禹也。尧之一言，至矣尽矣，而舜复益之以三言者，则所以明夫尧之一言必如是而后可庶几也。"朱子说的

---

[1] 2010年3月20日，美国达特茅斯学院艾兰教授主持召开了"清华简《保训》研讨会"，来自中国、美国、英国、加拿大、德国、匈牙利等国的30多位学者围绕清华简《保训》展开了热烈的讨论，其中讨论的焦点就是"中"的问题，相关情况参看会议的整理稿《"中"是什么》，《光明日报》2010年7月12日第12版。

舜授禹之言，见于东晋以下流传的《尚书·大禹谟》，号称"十六字心传"，阎若璩等已经明辨其伪。现在看《保训》篇文，似乎尧舜以来确有"中"的传授，因此，《保训》对于研究儒家思想的渊源和传流，无疑有很重要的意义。

还有许多学者从不同的角度提出了他们对于《保训》篇"中"字的理解。

李均明先生《周文王遗嘱之中道观》一文[①]从法制史的视角对"中"加以分析，他认为"中"在法制领域的应用角度体现为"中刑"，周文王遗嘱所述上甲微的行为为其具体案例。"中刑"的核心为刑罚适度，而刑罚适度的前提是判决公正，文王遗嘱所见有易服罪而上甲微无害，不管事实如何，从字面所见表明被告与原告在诉讼过程中实现了平衡，体现了中正公平，达到了"中刑"不偏不倚的要求。

李零先生《说清华楚简〈保训〉篇的"中"字》[②]认为"中"字可能与古代的"表"有关。"表"即今语所谓"标杆"，"表"有表率之义、标准之义，就是从标杆的意义引申；"表"有中间之义、中心之义，也是从标杆的意义引申。简文的"中"不是一般的表，而是一根可以"为民立极"的标杆。它和"九鼎"一起，同样是权力的象征。

刘光胜认为《保训》的"中"字字形虽然一样，但意思并不相同，这是理解《保训》主旨的关键所在。[③]

美国的艾兰教授认为，"中"既应看成是地理中心，又应看成是宇宙中心，"中"是从地理和宇宙双重意义上说的，如李零所说，它是大地的中心，但是这个宇宙的中心不仅是一种简单的象征，而且有着地理上的实际所指。大致上说，这个中心就是指河南省的偃师县和登封县以及周边地区。在这个区域，有一座作为五岳之一的"中岳"——嵩山。因为周文王

---

① 李均明：《周文王遗嘱之中道观》，《光明日报》2009年4月20日第12版。
② 李零：《说清华楚简〈保训〉篇的"中"字》，《中国文物报》2009年5月20日。
③ 刘光胜：《〈保训〉之"中"何解——兼谈清华简〈保训〉与〈易经〉的形成》，《光明日报》2009年5月18日第12版。

已经获得了天命，所以他对儿子的训示是怎样实现天命。而为了做到这点，就必须取得中心地区。获取中心区域是获取王权的办法——因为这样可以得到人们的拥护，也可以作为一种战略力量。①

邢文先生则认为《保训》的"中"是数，即命数，也就是孔子所记的"天之历数"的数。因此。这一传统和"舜得河图""禹得洛书"，以及"文王演《周易》"的传统有关。这个"中"具有超自然的力量，黄河是出河图的地方，上甲微从黄河那里假借"中"的力量，击败了有易，取得了胜利。②

……

总之，我们从清华简《保训》篇里，可以进一步了解商代末年商周之间错综复杂的关系，了解周文王的对商策略，了解周人的治国理念，也可以了解儒家思想的渊源及发展历程。清华简《保训》篇既具有重大的文献价值和历史价值，也有重要的思想史意义，值得我们进一步加以认真研究。

---

① 艾兰：《怎样成为君王》，《光明日报》2010 年 7 月 12 日第 12 版。
② 见《"中"是什么》，《光明日报》2010 年 7 月 12 日第 12 版。

# 第九章 清华简《金縢》与周公居东的真相

《金縢》是今文《尚书》中的一篇，今文《尚书》是伏生所传，按理来说应该不会有什么问题，然而两千多年来，关于这篇《尚书》，学者们的看法差异极大，对于该篇的真伪、内容以及是否有错简等问题，两千多年来聚讼不休，令人无所适从。如果没有清华简《金縢》的出现，我们根本就无从判断诸家观点的正确与否。

## 第一节 《金縢》的疑问

《金縢》篇涉及西周初年的一些重大事件。据说周武王在灭商后不久，得了重病，武王之弟周公为了让武王的病能够痊愈，遂向祖先祷告，祈求以自己代替武王而死。他的祷告之词被放于"金縢之匮"，即用金属捆箍缄封的柜子之中。周武王去世后，周成王即位，有人到处散布流言，说周公的坏话，使周成王对周公产生了怀疑。后来上天出现灾异现象，周成王打开了"金縢之匮"，发现了周公的祷词，终于明白了周公的一片忠心。于是周成王改正了自己的错误，灾异现象也因此消除，国家的粮食获得了丰收。

对于这篇内容颇有些传奇色彩的文献，学者们原来都对篇中所述周公的所作所为予以歌颂。但是自宋代开始，人们开始怀疑该篇的真实性。对此朱彝尊曾总结说："至程正叔疑《金縢》之文不可信，而括苍王廉希阳作论，谓《金縢》非圣人之书，则并今文而疑之矣。"[①]

程正叔即北宋著名理学家程颐；王廉则为明代初年的学者，朱彝尊的《曝书亭集》卷六十二有他的传记。程颐对于《金縢》的怀疑，在《二程遗书》中曾有相关的记述：

> 又问《金縢》："周公欲代武王死，如何？"曰："此只是周公之意。"又问："有此理否？"曰："不问有此理无此理，只是周公人臣之意，其辞则不可信。只是本有此事，后人自作文足此一篇，此事与舜喜象意一般，须详看舜、周公用心处。《尚书》文颠倒处多，如《金縢》，尤不可信。"[②]

程颐认为《金縢》的文辞不可信，该篇出自后人的手笔，又指出"《尚

---

[①] （清）朱彝尊等撰：《经义考·补正·校纪》，北京：中国书店，2009年，第540页上栏。
[②] （宋）程颢、程颐：《二程遗书》卷二十二上。见影印文渊阁《四库全书》第698册，台北：商务印书馆，1983年，第233页。

书》文颠倒处多,如《金縢》,尤不可信",这些论述对于后人怀疑《金縢》有很大的启发作用。

北宋著名文学家苏轼也怀疑《金縢》,他在《东坡书传》中说:

《金縢》之书,缘周公而作,非周公作也。周公作金縢策书尔。[1]

苏轼认为《金縢》篇是因为周公而作,但并非周公本人所作,篇中只有祝册之文是出自周公之手,其他内容并非周公手笔。但是该篇出自何人何时,苏轼并没有做更多的说明。

到了明代,王廉则在宋代学者怀疑的基础上,进一步提出《金縢》为后人伪作。王廉作有《金縢非古书》一文,详细列举了他怀疑《金縢》的理由:

予读书至《金縢》,反复详究,疑其非古书也。使周公而然,非周公也。……夫周公面却二公穆卜,以为未可戚我先王矣,阴乃私告三王,自以为功,此憸人佞子之所为也,而谓周公然之乎?死生有命,周公乃欲以身代武王之死,使周公而然,则为不知命矣,且滋后世刲股醮天之俗,周公元圣,岂其然乎?又曰:'今我即命于元龟,尔其许我,我其以璧与珪,归俟尔命;尔不许我,我乃屏璧与珪。'夫人子有事于先王,而可以珪、璧要之乎?使周公而然,非达孝者矣!又曰:'公归,乃纳册于金縢之匮中。'盖卜册之书藏于宗庙,启之,则必王与大夫皆弁,既曰周公别为坛墠,则不于宗庙之中明矣,不于宗庙,乃私告也,周公,人臣也,何得以私告之册而藏于宗庙金縢之匮,又私启之也?使周公而然,则为挟冢宰之权而不有其君者也。又曰:'王与大夫尽弁,以启金縢之书,乃得周公所自以为功代武王之说。'周公册书宜不在宗庙金縢之匮,即在其中,武王疾瘳,四年而崩,周公居东,二年而归,凡六年之久,周人尚卜,恶有朝廷六年无事,而不启金縢之匮,至今乃启之耶?即此五事,反复详究,颇疑是编非古书也。[2]

---

[1] (宋)苏轼:《东坡书传》卷十一,北京:中华书局,1991年,第351页。
[2] (明)程敏政编:《明文衡》卷九,台北:世界书局,2012年。

王廉主要从《金縢》篇中他认为不合情理的五件事情入手，经过认真分析，他认为周公不可能有《金縢》篇中所记的那些行为，进而怀疑《金縢》篇并非古书。王廉的这一观点，得到一些学者的赞同，如清代著名文学家袁枚也分析了《金縢》篇中种种他认为可疑的内容，最后得出结论："《金縢》虽今文，亦伪书也。"① 至于出现这篇伪书的原因，袁枚觉得是"汉求亡经过甚，致伪经杂出"②，可见在袁枚心目中，《金縢》并非是先秦流传下来的，而是汉代所伪作，至于其出现的原因，袁氏认为是有人迎合了朝廷寻求先秦经典的心理而伪造。

　　还有一些学者认为《金縢》篇有错简问题，如孙星衍在《尚书今古文注疏》中说："此篇经文当止于'王翼日乃瘳'，或史臣附记其事，亦止于'王亦未敢诮公'。其'秋大熟'以下，考之《书序》，有'成王告周公，作《薄姑》'，则是其逸文，后人见其词有'以启金縢之书'，乃以属于《金縢》耳。"③ 后来皮锡瑞的《今文尚书考证》即从孙说。④

　　现代学者则多认为《金縢》中的记载，正好反映了商周时期敬事鬼神的情形，完全符合当时的历史实际⑤，因此学者们大都认为本篇文献是真正的《尚书》，所载的事情也是可信的。但是对于《金縢》篇的具体看法仍然有所不同，一些学者认为篇中的不同部分完成于不同的时间，如

---

① （清）袁枚：《金縢辨上》，见《小仓山房文集》卷二十二，收入续修四库全书编纂委员会编：《续修四库全书》，上海：上海古籍出版社，1995年，第243页。
② （清）袁枚：《金縢辨上》，见《小仓山房文集》卷二十二，收入续修四库全书编纂委员会编：《续修四库全书》，上海：上海古籍出版社，1995年，第244页。
③ （清）孙星衍撰，陈抗，盛冬铃点校：《尚书今古文注疏》卷十三，北京：中华书局，2004年，第323页。
④ 皮锡瑞在《今文尚书考证》卷一三中不仅引用了孙星衍的观点，并加了按语："《大传》以雷雨开金縢在周公薨后，则当次于《立政》《周官》之下，乃仅列《大诰》后，岂当时已合《亳姑》于《金縢》乎？"见（清）皮锡瑞撰，盛冬铃，陈抗点校：《今文尚书考证》卷十三，北京：中华书局，1989年，第290页。
⑤ 后代还有这种祈求以自己代人而死的事例。如据《元秘史》卷十五载，元太宗窝阔台生病时，其弟托雷也诉求代窝阔台而死，这件事与《金縢》故事完全一样。见刘起釪：《尚书校释译论》，北京：中华书局，2005年，第1252页。

赵光贤教授就认为，《金縢》篇是三段文字合成的，自篇首至"王翼日乃瘳"为第一段；自"武王既丧"至"王亦未敢诮公"为第二段；自"秋大熟"以下为第三段。这三段文字的写作时代与性质大不相同，第一段是《金縢》本文，可看作是周史官记录，后二段乃后人追记往事传说，附于《金縢》之后，不能与第一段等量齐观。①当然，也有学者认为《金縢》篇"很大程度上靠不住"②，各家之间的观点仍然有很大的差异。

清华简的《金縢》篇一共由 14 支简组成，简长 45 厘米，简背有次序编号。并且在第 14 简的简背还有"周武王有疾周公所自以代王之志"的篇题，长达 14 字之多，关于这一篇题的意义，我们前面已经做过讨论，这里不再重复。该篇简文文字基本完整，首尾齐全，虽然它与今本的《金縢》有一些极其重要的异文，但是整个篇章结构还是完全一致的。因此，有关《金縢》篇为伪作说、《金縢》篇错简说或者是《金縢》篇各段完成于不同阶段说的观点，也随之不攻自破。摆在我们面前的，是一篇极为重要的有关周初历史的文献。

## 第二节 《金縢》"周公居东"内容的争论

清华简《金縢》篇已经收入《清华大学藏战国竹简》第一辑整理报告中。该篇简文极其重要，可以解决传世本《金縢》的许多问题。在本文中，我们拟取里面有关"周公居东"的问题做一些分析。

"周公居东"是千百年来学者们做过众多讨论的一个问题，可以说已经成为学术史上的一件公案，一直到现在，"周公居东"的真相仍是学术

---

① 赵光贤：《说〈尚书·金縢〉篇》，收入《古史考辨》一书，北京：北京师范大学出版社，1987年，第 68 页。
② 赵俪生：《说〈鸱鸮〉兼及〈金縢〉》，《齐鲁学刊》1992年第 1 期，第 32～35 页。

界热衷讨论的一个话题。①

有关周公居东的问题主要与《金縢》中的这段文字密切相关：

> 武王既丧，管叔及其群弟乃流言于国，曰："公将不利于孺子。"周公乃告二公曰："我之弗辟，我无以告我先王。"周公居东二年，则罪人斯得。②

对于这段文字，学者们一直聚讼不休，讨论的焦点在于对"辟""居东"以及"罪人"等几个词语的理解上。有的学者把"辟"读为"法"，意为惩治；有的学者读"辟"为"避"，意为避位，观点截然不同；而"居东"，有的学者解为周公东征，也有学者认为是周公待罪于东；而对于"罪人"，有学者解释为是管、蔡及武庚等人，也有人理解为是周公属党。这些不同的理解阐释，加上另外出现的"周公奔楚"说，形成了"周公东征说""周公待罪于东"说以及"周公奔楚说"等三派迥然有异的观点，而这三派观点下面细分起来又可分出若干种不同的说法，根据我们不完全的统计，总共大概有16种之多，下面我们分别加以讨论。

1. 周公东征诸说

把周公居东理解为周公东征，是这一讨论中很有代表性的一种说法，

---

① 20世纪80年代以来，有关这一问题的讨论成果仍然甚多，如赵光贤《说〈尚书·金縢〉篇》（收入《古史考辨》，北京：北京师范大学出版社，1987年，第56～68页）、赵俪生《说〈鸱鸮〉兼及〈金縢〉》（载《齐鲁学刊》1992年第1期，第32～35页）、李民《说〈金縢〉》（载《王玉哲先生八十寿辰纪念文集》，天津：南开大学出版社，1994年，第21～36页）、杨朝明《也说〈金縢〉》（原载于《庆祝杨向奎先生教研六十年论文集》，石家庄：河北教育出版社，1998年；收入杨朝明《儒家文献与早期儒学研究》，济南：齐鲁书社，2002年，第40～57页）、夏含夷《周公居东新说——兼论〈召诰〉、〈君奭〉著作背景和意旨》（原载《第二次西周史学讨论会论文集》，西安：陕西人民教育出版社，1993年；后收入《古史异观》，上海：上海古籍出版社，2005年，第306～319页）、张建军《〈诗经〉与周文化考论》第四章《"周公东征，四国是遒"——〈思齐〉、〈破斧〉与周公摄政及东征史事考论》（济南：齐鲁书社，2004年，第95～124页）。

② （汉）孔安国传，（唐）孔颖达正义：《尚书正义》卷十三，收入（清）阮元校刻：《十三经注疏》（上册），北京：中华书局，1980年，第197页上栏。全句的大意是说，周武王去世后，管叔（周公的哥哥）和其他几个兄弟在国内散布流言说，周公要对这个小主人（指周成王）另有所图了。周公就对姜太公和召公说，我如果"弗辟"（指不去惩处这些散布流言者），我就无法向我的先王交代。周公在东方居住了两年，罪人都被抓获了。

但细分起来，各家的理解也各不相同。

对于《金縢》这段话的含义，伪孔传的注解认为："辟，法也……言我不以法法三叔，则我无以成周道告我先王"；"周公既告二公，遂东征之。二年之中，罪人斯得。"[1] 伪孔传将"辟"释为"法"，这一解释是以《说文》的理解为基础，《说文》卷九"辟"部"䚒"云："䚒，治也。《周书》曰：'我之不䚒'"。[2] 按照伪孔传的这一说法，周公对于东征态度十分坚决，并果断出兵平定叛乱，平息了这次危机。这可以说是有关"周公居东"的第一种说法。

《史记·鲁周公世家》虽然也把周公居东理解为周公东征，但是对于"辟"字却给予了另外一种解释，书中言："我之所以弗辟而摄行政者，恐天下畔周，无以告我先王……于是卒相成王……管、蔡、武庚等果率淮夷而反，周公乃奉成王命，兴师东伐……遂诛管叔，杀武庚，放蔡叔……宁淮夷东土。二年而毕定。"[3] 司马迁在这里把"辟"读为避，"弗辟而摄行政者"，意即不避"将不利于孺子"之嫌而摄政。周公之所以这么做，是担心天下将会叛周，陷入分崩离析的状况，将对不起周的先王。这一解释虽然与伪孔传不同，但是也表明周公对管、蔡流言与武庚叛乱，采取了积极的对策。所以伪孔传与《鲁周公世家》对于"辟"字的解释虽各不相同，但都认为"周公居东"是指周公东征。这是有关"周公居东"的第二种说法。

第三种说法以章太炎为代表，章氏亦将辟训为法，但认为周公的目的是要惩治流言者，针对的是商朝的一些余党，并非针对管叔、蔡叔。在《说〈金縢〉篇成王疑周公事》中，章氏言："《金縢》称：周公乃告二公曰：'我之不辟，我无以告我先王'，盖欲推流言所起也。《大诰》称'今蠢'，称'朕诞以尔东征'，则三监之叛已闻，乃率诸侯征之也。其事不过在数月间，

---

[1] （汉）孔安国传，（唐）孔颖达正义：《尚书正义》卷十三，收入（清）阮元校刻：《十三经注疏》(上册)，北京：中华书局，1980年，第197页上栏。
[2] （汉）许慎：《说文解字》卷九，北京：中华书局，1963年，第187页下栏。
[3] （汉）司马迁：《史记》卷三十三，北京：中华书局，1982年，第1578页。

无阔远至数岁理。"他认为"流言之来，诚未可判为管、蔡，乃若殷人纵间，自可推度知之。案《逸周书·序》'武王既没，成王元年，周公忌商之孽，训敬命，作《成开》'……是则流言未来，已知商将为变。'辟'谓行法于商之造言者，非定行法于管、蔡也。"①

曾运乾《尚书正读》则提出了另一种解释，他把"辟"字释为"君"，认为即是摄政之义，其意是"周公言我不摄政，将无以告我先王也"，曾氏认为"史公释文未当，释意则是"②。曾氏的这一理解可以看作是第四种说法。

这四种说法虽然对于"辟"字的解释不同，但都认为周公居东是指周公东征，"罪人"是指管叔、蔡叔、武庚等叛乱之人，并且都把"周公居东"与周公东征联系起来，其核心内容正如《诗经·豳风·鸱鸮》的《正义》所概括的毛传之说："武王既崩，周公摄政，管、蔡流言以毁周公，又导武庚与淮夷叛而作乱，将危周室。周公东征而灭之，以救周室之乱也。"③这种将周公居东理解为周公东征的看法得到许多学者的支持，如赵光贤教授曾撰文肯定伪孔传的解释，认为它虽非孔安国所作，但此处的解释"不仅有《说文》为根据，而且有《逸周书》为根据，这说明它的解释并非杜撰"④。汪中的《周公居东证》一文亦论证说："（周公）念社稷新造，旋遭大丧，自以王室懿亲，身为冢宰，践阼而治，以填天下。而三叔觊主少国疑，大臣未附，苟肆恶言，诖误百姓，相率拒命，以济其奸。周公秉国之钧，礼乐征伐皆自己出，伤丕基之将坠，忧四方之不宁，龚行天罚，以执有罪，是诚不得已者也……必若所言，流言一至，公即避位；流言再至，公得不

---

① 章太炎《尚书续说》之"说《金縢》篇成王疑周公事"条，收入《章太炎全集》（五），上海：上海人民出版社，1985年，第28～30页。
② 曾运乾：《尚书正读》，北京：中华书局，1964年，第143页。
③ （汉）毛亨传、郑玄笺，（唐）孔颖达疏：《毛诗正义》卷八，收入（清）阮元校刻：《十三经注疏》（上册），第394页下栏。
④ 赵光贤：《说〈尚书·金縢〉篇》，收入《古史考辨》，北京师范大学出版社，1987年，第58页。赵先生在文中还列举了各种证据，证明东征之说是正确的，而避居与奔楚之说是不可信的。

杀身乎？释万乘之国而为匹夫，以遯于野，一死士之力足以制之，是岂不为之寒心哉！"① 毛奇龄则在《尚书广听录》列举大量证据，论证"周公居东"即为周公东征的事实。②

不过仔细分析起来，这几种说法也有其疑窦之处。周公东征，从来都说是三年东征，但是此处却说"居东二年，则罪人斯得"，显然与史实不符。为了解决这一矛盾，孔颖达在《尚书正义》中提出："此言二年者，《诗》言初去及来，凡经三年，此直数居东之年，除其去年，故二年也。"③ 孔氏的意思是说，周公三年东征，但真正在东方的时间仅有二年，故此处仅说"居东二年"。但是这一解释显然比较牵强，难以获得学者的普遍承认。

---

① （清）汪中：《述学》，收入（清）阮元编：《清经解》卷八百，上海：上海书店，1988年，第244~245页。

② 毛奇龄《尚书广听录》卷三："按：禄父之畔与三叔流言不是两时，《孟子》：周公使管叔监殷，管叔以殷畔，是管叔流言时殷已畔矣，故《书序》曰：武王崩，三监畔，明在一时。《金縢》但言流言而不言畔者，以成王疑公，在流言不在畔耳。岂有流言两年而然后畔者！此不然一也。管叔既与禄父畔，则无容避居坐视致二年之久，万一其势已成，则东征三年何益矣！不然二也。此云居东二年，而《豳风》东征之诗则恰云'自我不见，于今三年'，《正义》谓居东实二年，而行役者合去来计之，则有三年。是两经所言彼此恰合，则真一事矣。不然，岂有避居如是久，东征又如是久，动辄以三年二年计者！其不然三也。惟居东即东征，故但称东一字而其地已见，以三监在国东也，其又称东山，谓太行山之东，即战国所称山东者，以三监卫地，在太行东也。若避居于东，则是何东？以为东都，则是时殷顽未迁，洛邑尚未成也；以为东鲁，则鲁公未之国，周公则留国于周，终身未尝一至鲁也。不然四也。且避者避位而去，犹今云避贤也，冢宰去位亦一大事，而乃成王不留，二公不留，岂任其自去耶？然且避之至二年矣，从来道公事者，祇有东征三年一事，并无避位二年一事，此真后人妄谈，为经传所绝无者！不然五也。且夫罪人亦难称矣，亦惟与禄父偕畔，始名罪人，故《正义》云管叔疑公有异志，由不识大圣耳。但启商共畔，其罪为重。今乃但知流言为管、蔡，而遽曰罪人斯得，则所云罪者谁罪之，所云得者谁得之？不然六也。且《鸱鸮》之诗，管、蔡既诛之诗也，所宜更防者，殷顽未靖耳。此正营洛迁民，为《召诰》《洛诰》《多士》《多方》所张本，而如曰《鸱鸮》为东征以前之诗，则'既取我子，毋毁我室'何以为解？夫《诗》之东征三年，即《书》之居东二年；《诗》之'既取我子'，即《书》之'罪人斯得'，而今皆反之。其不然七也。且郑氏创是说，亦未就《尚书》经文一计之耳，且其说甚荒唐，不可训……其不然八也。"（影印文渊阁《四库全书》第66册，台北：商务印书馆，1986年，第661~662页）

③ 四部要籍注疏丛刊《尚书》，北京：中华书局，1998年，第318页。

## 2. 周公待罪居东诸说

关于周公居东的另一派通行解释以马融、郑玄为代表，他们把"辟"字理解为"避"，把"居东"理解为"避居东都"①，如郑玄言："我今不避孺子而去，我先王以谦谦为德，我反有欲位之谤，无以告我先王。"② 马、郑都把"辟"字解为避位，说周公因避居东都待罪，表明周公对管、蔡流言采取消极的态度。至于"罪人"，郑玄则认为是指周公的属党。如对于《诗·豳风·鸱鸮》"既取我子，无毁我室"一句，郑笺云："时周公竟武王之丧，欲摄政，成周道，致太平之功，管叔、蔡叔等流言云：公将不利于孺子。成王不知其意，而多罪其属党。"孔颖达疏《鸱鸮》一诗时概括郑玄的见解说："周公将欲摄政，管、蔡流言，周公乃避之，出居于东都。周公之属党与知将摄政者，见公之出，亦皆奔亡。至明年，乃为成王所得，此臣无罪而成王罪之，罚杀无辜，是为国之乱政。"③ 这是第五种说法。

第六种说法可以江声为代表，他在《尚书集注音疏》中说："案：《史记》以公实不避而说所以不避之意；郑注以公实避而说不得不避之意。谊虽相反，其读则均为避也。"但江声对于这二者都不采纳。他遵从《说文》之说，训"辟"为"治"，认为"我之不辟"意为"我之所以不治流言之事"，并没有针对三叔之意，其理由是"盖流言虽出于三叔，而公与三叔同母兄弟，不虞三叔之叛己，虽闻流言，不料其出于三叔，且下云'罪人斯得'，则居东之时方始审知流言之所自来，初时固未知也。然则公言'我之不辟'，但谓不穷治流言之事，非谓不治三叔之罪也"④。这一理解与伪孔传、司马迁不同，也与马融和郑玄相异。至于"居东"，江声深信"周公遭流言，实有避居东国之事，居东寔是避居，非东征也"，至于"罪人"，是指那些散布流言者，周公居东二年的一个目的，就是要查明流言的来龙

---

① （唐）陆德明撰，黄焯点校：《经典释文》卷四，北京：中华书局，1983年，第46页。
② 见《豳谱》疏所引。《十三经注疏》影印本，北京：中华书局，1987年，第388页下栏。"无以告"三字原作"无怨于"，此从阮元《校勘记》而改。
③ 《十三经注疏》影印本，北京：中华书局，1987年，第394页下栏。
④ （清）江声撰：《尚书集注音疏》卷六，收入四部要籍注疏丛刊《尚书》，北京：中华书局，1998年，第1615页。

去脉:"'罪人'谓流言者,初闻流言,未知所自出,居东二年,探得其寔,知其出于三叔,故曰'罪人斯得'。"他认为郑玄将"罪人"解为周公属党的说法"殊荒诞不经",因此他"不敢曲从"①。

第七种解释可以项安世的理解为代表,《书经传说汇纂》卷十二引用了他的意见:"项氏安世曰:孔氏谓辟者行法也,居东则东征也。信然,则周公诛谤以灭口,岂所以自明于天下哉!予尝反复本文,则郑说为是。盖周室初基,中外未定,流言乘间而作,成王疑于上,国人疑于下,周公苟不避之,祸乱忽发,家国倾危,将无以见先王于地下矣。周公之与二公,盖一体也,故密与二公谋之,使二公居中镇抚国事,而身自东出避之,因以宁辑东夏。但不居中,则不利之谤自息,而乱无从生矣。故周公居东二年,外变不起而内论亦明,向者倡为流言谋作祸乱之人遂得主名,内外之人始知其为管叔之罪也。"②项氏解"辟"为"避",解"居东"为避居于东,均与马融、郑玄相同,但把"罪人"解为"流言谋作祸乱之人",则与郑玄解为"周公之属党"相异。

第八种理解可以蔡沈的《书集传》为代表,蔡沈也同意郑玄把"辟"读为"避东以待罪"等观点,但是对于居东的具体地点,他不同意郑玄的解释,而主张"居东"是"居国之东",亦即国都之东。对于"罪人",蔡沈则认为是"管、蔡等人"。"罪人斯得"是"二年之后,王始知流言之为管、蔡。斯得者,迟之之辞也"③。

第九种解释与蔡沈《书集传》大致相似,但认为始知流言的不是成王而是周公。如俞樾曾言:"经文止言居东,则非东征也。故上文'我之弗辟',马、郑皆以为避居东都。此文'罪人斯得',其非谓诛管、蔡,明矣……今按:'罪人斯得'之文即承周公居东二年之后,是周公得之,而非成王得之也。

---

① (清)江声撰:《尚书集注音疏》卷六,收入四部要籍注疏丛刊《尚书》,北京:中华书局,1998年,第1616页。
② (清)王顼龄等撰:《书经传说汇纂》卷十二,四部要籍注疏丛刊《尚书》,北京:中华书局,1998年,第855页。
③ (宋)蔡沈:《书集传》,中国书店影印本《四书五经》,1984年,第1册,第80~81页。

所谓得之者,谓得流言之所自起也。上文曰'管叔及其群弟乃流言于国',此自史臣事后纪实之辞,若当其时,则但闻'公将不利于孺子'之言播满国中,其倡自何人,传自何地,非独成王与二公不知,虽周公亦不知也。及居东二年,乃始知造作流言者实为管、蔡,故曰'罪人斯得'……'罪人斯得'者,言尽得其主名也……周公既至商奄,与东人相习,故能尽得其状,而王与二公则犹未之知也,此当日之情事。故于其避居东也,可见周公之仁;而于罪人之尽得也,可见周公之智。"① 俞樾认为周公在避居商奄二年之后查清了流言的来龙去脉,这一"避"一"得",尽显周公的"仁"与"智",亦可备一家之说。

第十种解释可以孔广森为代表,孔氏同意司马迁对于"辟"字的解释,认为只有这样理解才能文义通顺,他进一步认为此处的"避"与上古禅让制度下的避位仪式有关:"昔者舜避尧之子于南河之南,禹避舜之子于阳城,益避禹之子于箕山之阴。所谓避者,其义如此。"周公之所以没有避位,是"恐天下之人不若夏人之讴歌启而若唐人之从舜,虞人之从禹,是时将无以告我先王。故留辅冲子,以系天下之望。《春秋》传曰:周公曷为不之鲁?欲天下之一乎周也。亦此意也"。至于此后的居东二年,孔广森则认为是"其后不得已居东二年,以靖流言之难",则是又采用了郑说。②

第十一种解释是把"居东"理解为避位居幽。如牟庭《同文尚书》卷十四也把"避"理解为"避位"。牟氏称:"周公位在人臣,而被首恶之名,少主危疑于上,百官万民惶惑于下,公独抱不测之罪,方恐惧战栗之不暇,而敢赫然发怒,取彼言者而行法焉,有是理乎!夫其言之虚实,人未能为公分明之也,虽获其人,岂公所当得快意而行法乎!况三叔之流言,为鬼为蜮,不可得指名也,其踪迹安起,则未有知之者也,是以罪人斯得,犹待二年之后,而今者变起仓卒,一旦之间,不知罪人在谁家,乃欲以法法

---

① (清)俞樾:《群经平议》卷五,收入(清)王先谦编:《清经解续编》,上海:上海书店,1988年,第1050页。
② (清)孔广森:《经学卮言》卷二,收入(清)阮元编:《清经解》,上海:上海书店,1988年,第827页。

何人乎！岂有周公而若此跋扈，若此狂悖者乎！"至于周公避位待罪的地点，牟氏则认为应该是郮国之幽邑："居东谓居幽也。周公已告二公，遂出奔避居于幽。幽在丰镐之东，故曰居东也。"他还认为所谓的"周公奔楚"实为"周公奔幽"之误。①

第十二种解释可以《墨子》一书为代表，《墨子·耕柱》篇言："古者周公旦非关叔；辞三公，东处于商盖。"②关叔即是管叔，商盖就是商奄，原为商朝的属国，在曲阜一带，后被封给鲁国。很多学者认为《墨子》的这一叙述是有关周公避居于东的最早史料。③多数学者都把《墨子》此句理解为周公避居于商奄，这可以说是关于"居东"地点的另一种解释。

第十三种解释可以芝加哥大学夏含夷教授为代表，夏含夷的观点与《墨子·耕柱》篇比较相近，他也认为周公居东是由于周成王疑己，居东的地方则是"盖"，"盖"又写作"奄"，即同音之别字，而奄即为曲阜一带，周公居东之地乃是他的封国鲁。不过夏氏认为周公居东的时间应当是周公在摄政七年还政于成王之后④，则与其他学者不同。

第十四种解释可以郝敬为代表。郝氏认为："辟与避同，谓去位也……东谓殷土，管叔监殷在东，周京在西，谓中原为东也。是时成王因流言疑公，公处此，唯有去位。不然，内疑而外叛，祸将大。所谓'无以告我先王者'，公之虑远矣。"周公之所以要避居于东，是有其特殊的用心："东方初定，人情叵测。公知流言自东来，有变必以西讨为名，不若因而就之，果事由管叔，则以兄弟之谊感之。变起可亲察其情形，谚云：'百闻不如一见。'"依郝氏此说，周公居东的一个重要目的是要以兄弟之义去感化管叔。至于

---

① （清）牟庭：《同文尚书》，济南：齐鲁书社，1981年，第736～750页。
② （清）孙诒让撰，孙启治点校：《墨子间诂》卷十一，北京：中华书局，2001年，第433页。
③ 如王鸣盛《尚书后案》（见（清）阮元编：《清经解》卷四百一十六，上海：上海书店，1988年，第118页）言"郑以居东为避居东都者，据《墨子》等书，周公实有避居事"；汪中《周公居东证》（见《述学》，《清经解》本）言："避之为说，实以此言为之。"
④ 夏含夷：《周公居东新说——兼论〈召诰〉、〈君奭〉著作背景和意旨》，收入《古史异观》，上海：上海古籍出版社，2005年，第316页。

周公居东二年,"罪人斯得",郝氏则认为是指周成王与太公、召公诛杀管叔,而周公并没有参与。"公居东,叔叛,王疑公党叔,故取叔,必不使公知。公知,亦不敢为叔请。进无以白于王,退无以解于兄。"①这也可以说是一种很奇特的解释。

3. 周公奔楚诸说

与周公居东相联系,文献中还有一种关于周公奔楚的传闻。周公奔楚有无其事,周公奔楚与周公居东是什么关系,亦成为千百年来的一个疑案。

有关周公奔楚的传说,主要见于《史记·蒙恬列传》《鲁周公世家》及《论衡》的相关论述。如《蒙恬列传》言:"及成王有病甚殆,公旦自揃其爪以沈于河,曰:'王未有识,是旦执事。有罪殃,旦受其不祥。'乃书而藏之记府,可谓信矣。及王能治国,有贼臣言:'周公旦欲为乱久矣,王若不备,必有大事。'王乃大怒,周公旦走而奔于楚。成王观于记府,得周公旦沈书,乃流涕曰:'孰谓周公旦欲为乱乎!'杀言之者而反周公旦。"②《史记·鲁周公世家》则言:"初,成王少时,病,周公乃自揃其蚤沈之河,以祝于神曰:'王少未有识,奸神命者乃旦也。'亦藏其策于府。成王病有瘳。及成王用事,人或谮周公,周公奔楚。成王发府,见周公祷书,乃泣,反周公。"③而《论衡·感类》篇则提到:"古文家以武王崩,周公居摄,管、蔡流言,王意狐疑周公,周公奔楚。"④于是"周公奔楚"亦成为一种流传甚广的观点。这可以说是第十五种解释。

对于这一种说法,谯周曾批驳说:"秦既燔书,时人欲言金縢之事,失其本末,乃云'成王少时病,周公祷河欲代王死,藏祝策于府。成王用事,人谗周公,周公奔楚。成王发府见策,乃迎周公。'"⑤谯周认为周公奔楚这一

---

① (明)郝敬:《尚书辩解》卷五,收入《四库全书存目丛书》,济南:齐鲁书社,1997年,第172页。
② (汉)司马迁:《史记》,北京:中华书局,1982年,第2569页。
③ (汉)司马迁:《史记》,北京:中华书局,1982年,第1520页。
④ (汉)王充著,黄晖撰:《论衡校释》,北京:中华书局,1990年,第788页。
⑤ 《史记索隐》引,见《史记》,北京:中华书局,1982年,第1520页。

说法的出现是由于秦代的焚书，使相关典籍缺失，后人由于不了解金縢之事的真相，从而出现的一种误解。应该说谯周的这一批驳是很有说服力的，也有不少学者支持这一观点[1]，但是也有人相信有周公奔楚这一事件，如司马贞虽然承认周公奔楚之说虽然经典无文，但却认为"其事或别有所出"[2]。

至于周公居东与周公奔楚之间的关系，多数学者认为这二者是一回事，只是理解不同而已。对此俞正燮的《癸巳类稿》之"周公奔楚义"曾有详细讨论。[3]

四川大学的徐中舒先生则同意周公奔楚说，并认为周公适楚与周公居东是不同的两件事："周公适楚，及管、蔡流言，周公居东，本为二事。《史记》及《论衡》所称乃傅会此说而成书"，周公奔楚之说"当有所本"。至于周公奔楚的原因，徐先生则提出了一种假设："案：《牧誓》称从武王伐纣之师有庸、蜀、羌、髳、微、卢、彭、濮人。此诸族大都皆在西南。此可见周之胜殷，实有赖于此。其后武庚叛，周公奔楚者，或即挟南方诸族之力以为征服东方之准备。"[4] 徐先生也承认这种说法没有什么依据，但认为"亦不失为一有理解之解释"。这可以算是有关讨论的第十六种说法。

## 第三节　清华简《金縢》与"周公居东"的真相

从以上的各种解释中我们可以看出，关于"周公居东"的说法林林总总，让人无所适从。这一状况表明，仅仅依靠现有的文献，学者们很难对这一问题达成共识。要了解周公居东的真相，还有赖于更多新材料的发现。

清华简《金縢》的简文与传世本有不少异文，有些异文具有极其重要

---

[1] 周书灿《周公奔楚史事综析》(《邢台师范高专学报》2001年第2期) 就引用了吕子进、叶适、松井石德等人的相关意见。
[2] (汉) 司马迁：《史记》，北京：中华书局，1982年，第1520页。
[3] (清) 俞正燮：《癸巳类稿》卷一，北京：商务印书馆，1957年，第18～19页。
[4] 见徐中舒《殷周之际史迹之检讨》的《周公奔楚》部分，收入《徐中舒史学论文选》，北京：中华书局，1998年，第671页。

的意义。如关系到"周公居东"这一内容时，简文即与传世本有许多不同，特别是传世本在涉及周公居东的时间时都毫无例外地作"周公居东二年"，但是清华简《金縢》则是作"适东三年"，这一记载意义十分重大，也给我们揭开了周公居东的迷雾。如果周公是适东三年，那么有关周公居东的真实目的只可能是东征，这也正好与周公东征三年相契合。可见伪孔传等把周公居东解释为"周公东征"是正确的，而马融、郑玄等人将之理解为周公待罪于东，则未必是历史的真相。至于后出的周公奔楚之说，本来没有什么文献依据，很可能确如谯周所说，是由于后人不了解金縢之事的真相，从而出现的一种误解。

既然周公居东是周公东征，在考察了历代学者有关周公居东问题的各种说法之后，有一个问题很让我们感兴趣，那就是如何看待宋、元学者与清代学者有关这一问题方面的已有研究成果。

应该说，这一问题本身并没有一个非常明确的答案。清代有一些学者也力主周公东征说，如我们前面已引到的毛奇龄、汪中等人；至于宋、元学者中，蔡沈的《书集传》则主张周公待罪避东之说。不过从总的学术风气来看，清代学者与宋元学者的有关论述还是存在明显的差异。

我们知道，蔡沈的《书集传》一书在很多方面吸收了朱子有关《尚书》问题的各种见解，朱子本人对于"周公居东"的看法前后是有所不同的。在《金縢说》中，朱子曾指出"管叔及其群弟"至"不利于孺子"一段，即《大诰》所谓三监及淮夷叛乱，"其称兵举事必以诛周公为辞，若王敦之于刘隗、刁协尔"。而"周公居东二年，则罪人斯得"，则是"杀武庚，致辟管叔于商"等事[1]，可见朱子曾经同意伪孔传的解释，认为周公居东即为周公东征。但是朱子在《答蔡仲默书》中则改变了自己的意见，认为："弗辟之说，只从郑氏为是……是时三叔方流言于国，周公处兄弟骨肉

---

[1] （宋）朱熹撰：《晦庵先生朱文公文集》，收入朱杰人等编：《朱子全书》，第3182页。

之间，岂应以片言半语便遽然兴师以征之？圣人气象，大不如此。"① 后来蔡氏作《书集传》，即采用了朱子后面的这种意见，认为周公是避位于东。

不过，根据我们所了解的情况，在关于周公居东问题的理解上，宋、元时期的许多学者与蔡沈有很大的不同。如苏轼《书传》言："辟，诛也。管叔之当诛者，挟殷以叛也。"② 钱时《融堂书解》卷十一言："辟者法也，将刑之也……管、蔡之徒包藏祸心，挟外寇以危宗社，'不利孺子'乃其作乱之辞。"③ 林之奇的《尚书全解》卷二十六言："故周公告二公曰：我不以法而治此叛党，则将无以告我先王。故其兄弟之亲有所不敢避也。……周公既以此言告二公，于是遂率兵而东征，其居东至于二年，然后武庚、三叔咸服其辜。故曰'罪人斯得'也。"④

对于周公在流言面前为什么采取的是东征，而不是避位待罪，宋、元时期的许多学者也做了很好的阐释：如钱时指出："然则公之东征也，非为流言而征也，流言而四国叛，为成王而征也，为有周宗社而征也。"⑤ 董鼎《书蔡氏传辑录纂注》卷四言："周公之志，非为身谋也，为先王谋也；非为先王谋也，以身任天下之重也。"⑥ 陈大猷也指出："四国之变，征之少缓，则蔓延莫遏。周公岂敢顾一己之小嫌，忘宗社之大计邪！"⑦ 应该说，这些分析对于我们认识周公东征的决策有很好的帮助。

对于马融、郑玄主张周公待罪于东的说法，宋、元时期的许多学者也予以了批驳。如王柏言："周公以公天下为心，征诛之事，固不得以私恩而

---

① 《朱子大全》续集卷三《答蔡仲默书》。
② （宋）苏轼：《东坡书传》卷十一，北京：中华书局，1991年，第357页。
③ （宋）钱时：《融堂书解》卷十一，北京：中华书局，1985年，第123页。
④ （宋）林之奇著，陈良中点校：《尚书全解》卷二十六，北京：人民出版社，2019年，第433页。
⑤ （宋）钱时：《融堂书解》卷十一，第124页。
⑥ （宋）董鼎：《书蔡氏传辑录纂注》卷四，见纳兰性德：《通志堂经解》，扬州：江苏广陵古籍刻印社，1993年，第429页。
⑦ （宋）陈大猷：《书集传或问》卷下，见纳兰性德：《通志堂经解》，第190页。

姑息。曰公避之而居东，非知公者。"[1]董鼎《书蔡氏传辑录纂注》卷四更是认为"若马、郑以为东行避谤，乃鄙生腐儒不达时务之说，可不辨而自明"[2]。吕祖谦《东莱书说》言："'我之弗避，无以告我先王'，见周公之不得已也。舜之待象，周公之待管、蔡，其事虽异，其心则一，何者？象欲害舜，不过舜之一身耳。当成王之幼，安危之机，正决于此，事关社稷，岂得不诛！故舜之不藏怒宿怨，与周公用辟，一也。"[3]

相反，清代学者则大都宗奉马融、郑玄之说，视"周公居东"为周公待罪于东。清代学者之所以普遍有这种看法，是与其学术氛围密切相关。清代学者有关《尚书》研究的一大贡献，是进一步证明了古文《尚书》及伪孔传出于六朝人伪作，这是他们的一大贡献，但他们也因此往往对于伪孔传弃之不顾，这一做法并不妥当，实际上伪孔传中也有很多很好的意见，如本文所讨论的"周公居东"即是很好的一例。与此同时，清人对于汉代的学术尤其是郑玄的注经成果过于迷信，因此在有关周公居东问题的讨论中，他们宁信郑玄之错误观点，而不肯承认伪孔传的正确理解。相比较而言，宋元时期的学者较少受汉代学术的束缚，因此其解经更能从经书原文出发，因此有不少很好的意见。可见对于宋元时期学者们的解经成果，我们也很值得借鉴和继承。

清华简《金縢》还有许许多多这样的重要异文，可以帮助我们解决传世的《金縢》篇中的许多关键性的问题。相信这篇《尚书》正式公布后，一定会在学术界引发热烈的讨论。

---

[1] （宋）王柏：《书疑》卷六，见纳兰性德：《通志堂经解》，第163页。
[2] （宋）董鼎：《书蔡氏传辑录纂注》卷四，见纳兰性德：《通志堂经解》，第429页。
[3] （宋）吕祖谦：《东莱书说》卷十八，见纳兰性德：《通志堂经解》，第96页。

# 第十章
## 大梦先觉——周文王受命与清华简《程寤》

《程寤》曾在唐宋之后失传,人们只能凭借部分古书的引文窥其一斑。清华简中有一篇文献,恰与传世文献中所存的《程寤》篇佚文相对应,将二者比较,可以肯定该篇即是久已失传的、原存于《逸周书》中的《程寤》篇。历经千余年,《程寤》因清华简而重新出现在人们眼前。

前面已经介绍过,《程寤》是《逸周书》中的重要一篇,可惜在唐宋以后已经失传,幸好在古书中曾有一些引文存在,比如晋朝皇甫谧的《帝王世纪》曾说:"太姒梦见商庭生棘,太子发取周庭之梓树之于阙间,梓化为松柏柞棫。觉而惊,以告文王。文王不敢占,召太子发,命祝以币告于宗庙群神,然后占之于明堂。及发并拜吉梦,遂作《程寤》。"[1] 唐代的类书《艺文类聚》卷七九《梦》中也说:"《周书》曰:'大姒梦见商之庭产棘,太子发取周庭之梓树于阙,梓化为松栢棫柞。寤觉,以告文王。文王乃召太子发,占之于明堂。王及太子发并拜吉梦,受商之大命于皇天上帝。'"[2] 而我们在清华简中所发现的一篇文献,开头部分是:

> 隹王元祀正月既生魄,大姒梦见商廷隹棘,乃小子发取周廷梓树于厥间,化为松柏棫柞,寤惊,告王,王弗敢占,召大子发……占于明堂。王及大子发并拜吉梦,受商命于皇上帝。

这段文字与传世文献中所存的《程寤》篇的佚文正好相对应,把二者相比较,可以肯定本篇即是《逸周书》中的《程寤》篇。《程寤》失传了近千年,现在我们在清华简中终于得以看见它的原貌,不能不说是一件幸事。而这篇简文的重新发现,使我们对于古代的占梦及周文王受命等问题有了更深刻的认识。

## 第一节 梦占为大

在我们的日常生活中,做梦是一个很普遍的现象,也是一种很特殊的精神活动。现代的科学家虽然对梦的产生还不完全了解,但一般认为人在睡眠时,如果大脑皮质某些部位有一定的兴奋活动,当外界和体内的弱刺激到达中枢,与这些部位产生联系,就有可能产生梦。梦的内容与清醒时

---

[1] 《太平御览》卷八十四所引。见(宋)李昉:《太平御览》卷八十四,北京:中华书局,1963年,第396页。
[2] (唐)欧阳询撰,汪绍楹校:《艺文类聚》卷七十九,上海:上海古籍出版社,1965年,第1355页。

意识中保留的印象有关，但在梦中这些印象常错乱不清，内容大多混乱和虚幻。因此，现在的人一般不会太在意做梦的内容，也很少会有人进一步去占测梦的吉凶。

古代的情况却与此不同，古人觉得梦是人们心灵的一种感应。在梦中，人的灵魂离开肉体到外面游荡，因此他们认为梦中的情境也是一种实在的知觉，并且有很强的预示性，因此古代特别是在上古时期，人们非常重视占测梦的吉凶，形成了多种占梦的方法。据《周礼·春官·大卜》的记载，太卜要掌管三梦之法，即所谓的致梦、觭梦、咸陟。根据学者们的意见，致梦相传是夏代的占梦法，觭梦是商代的占梦法，而咸陟则是周代的占梦法。当时人们对于梦有很多研究，据说在周代，朝廷还专门设有占梦一职，根据《周礼·春官·占梦》的论述，占梦官要"掌其岁时，观天地之会，辨阴阳之气，以日月星辰占六梦之吉凶"。所谓的六梦，"一曰正梦，二曰噩梦，三曰思梦，四曰寤梦，五曰喜梦，六曰惧梦"[1]，即把梦境分成了六种，按照东汉著名经学家郑玄等人的注解，正梦是"无所感动，平安自梦"，是一种普普通通的梦；噩梦即是"愕梦"，指梦境令人惊愕；思梦则与思念有关；寤梦是一种半睡半醒，似梦非梦，恍惚若有所见的梦境，而且醒来之后还能清楚回忆；喜梦和惧梦则分别是让人喜悦和恐惧的梦境。可见在先秦时期，人们对于梦的种类已有很多的研究与分析。[2]《程寤》中太姒所做的梦，一般认为属于六梦中的"寤梦"。

占梦不仅反映个人的吉凶，也往往与政治、军事等活动密切相关。这方面古代典籍中有许多生动的例子，据说黄帝曾梦见天上刮着大风，把地上的尘垢全都吹跑了；又梦见有人拿着千钧之弩，驱赶着上万的羊群。醒

---

[1] （清）孙诒让撰，汪少华整理：《周礼正义》卷四十八，北京：中华书局，2015年，第2366~2368页。
[2] 到了东汉时，著名学者王符提出梦"有直，有象，有精，有想，有人，有感，有时，有反，有病，有性"十类。见（汉）王符撰，（清）汪继培笺，彭铎校正：《潜夫论笺校正》，北京：中华书局，1985年，第315页。

来以后，黄帝对这两个梦的内容进行了占测，认为"风"是号令执政之人，"垢"字去掉"土"则是"后"字，应该有一位名叫"风后"的人可以帮助执掌朝政；能够使用千钧之弩的人一定是一位"力"大无穷的人，至于能够驱赶上万群羊的人则是一位"牧"人，所以也应该有一位叫"力牧"的人。于是黄帝依照这两个占梦结果去寻求风后和力牧二人，终于在海边找到了风后，在一个大泽边找到了力牧。黄帝任用风后为相，任用力牧为将，使国家得到了很好的治理，这是占梦结果影响政治的一个生动例子。[1] 据说黄帝还因此写了《占梦经》十一卷，而在《汉书·艺文志》中曾著录有《黄帝长柳占梦》[2]十一卷，可能就是所说的《占梦经》一书，由于这些书都没有能够流传下来，其内容我们已不得而知。不过根据学者们的意见，这些书不太可能是黄帝的著作，很可能是后人托黄帝之名而写的占梦之书。

类似的占梦例子也见于商朝。商王武丁有一次梦见上天赐给了他一位贤臣，来辅佐他治理国家，醒来以后他把梦中所见贤臣的模样与朝中大臣一一做了对比，却发现没有人能够相吻合。于是他把这位贤臣的形象画成了图画，派人到全国各地寻找，最终有人在傅岩一带找到了一个名叫傅说的人，傅说是一个奴隶，正在为人夯土筑墙。商王武丁把傅说接到了国都，向他寻问治国之道，发现傅说确实是一位不可多得的治国之才，于是立即举荐傅说做了宰相。《尚书》中专门有《说命》三篇，反映的就是商王武丁请傅说帮助他治国的这段故事。在商朝的甲骨文中，商王占测梦的吉凶的记载更是比比皆是，足见商代占梦之术的盛行。

正是上古时代有这样的占梦传统，周人也非常迷信于占梦，在《程寤》篇中，太姒做了一个奇怪的梦后，周文王要专门占测其吉凶，可以说是很自然的事情。因此我们看到了清华简《程寤》之后，可以对中国古代的占梦术有更多的体会。

---

[1] 见《史记集解》所引皇甫谧《帝王世纪》，《史记》，北京：中华书局，1982年，第8页。
[2] 长柳据说是一种占梦之术，但是具体情况已经不详。参刘文英：《中国古代的梦书》，北京：中华书局，1992年，第2页。

在周代，这种占梦行为应该说也是非常普遍的。据说周武王伐纣之前，有一次做梦，梦中发现自己伐商的计谋泄露，十分紧张，赶紧把周公找来，商量对策（见《逸周书》的《寤儆》篇）。在出兵灭商时，周武王也自称"朕梦协朕卜，袭于休祥，戎商必克"[1]，大意是说周武王声称自己的梦境和占卜结果都十分吉利，而且与祥瑞也十分切合，因此一定能够打败商朝。至于后世流传的所谓《周公解梦》之书，虽然并非出自周公之手，但是从这种依托周公的做法本身，我们也可以看到占梦术在周代的地位和盛行情况。另外，《诗经》中也有不少与做梦有关的诗篇，其中一首有"吉梦维何？维熊维罴，维虺维蛇"[2]这样的诗句，意思是说梦到熊和罴是生儿子的征兆，梦到虺和蛇则是生女儿的征兆。春秋时期占梦的例子更多，这方面《左传》一书中有大量生动的例子，如我们熟悉的成语"病入膏肓"，就与《左传》鲁成公十年所载晋景公所做的梦境有关。限于篇幅，我们这里不再一一介绍。

正是由于占梦之术在古代的特殊作用，所以《汉书·艺文志》曾总结说："众占非一，而梦为大。"[3]意思是说，在各种庞杂的占卜方法中，梦占是其中最重要的一种。这一总结也使我们看到了占梦行为在先秦时期的普遍程度，也使我们感受到了占梦之术在先秦思想文化中的重要地位。

## 第二节　《程寤》与文王受命的问题

在前面的几章中，我们已经涉及过文王受命或者说文武受命的问题，这是周朝发展史上的一件大事。周代的各种文献及出土的金文中都反复强调了文王受命的重要性，可见周人是承认有文王受命这一事件的，并且认

---

[1] 《国语·周语下》所引《太誓》，见《国语》上册，上海：上海古籍出版社，1978年，第100页。
[2] 见于《诗经》的《斯干》篇。
[3] （汉）班固：《汉书》卷三十，北京：中华书局，1962年，第1773页。

为文王受命对于周的发展至关重要。关于文王受命的具体含义，古代的学者有两种不同的意见，一种观点认为所谓的文王受命，是指周文王得到了商纣王的命令，可以专征伐；另一种观点认为文王受命是指获得了天命，而商朝则失掉了天命，周人要取代商朝。从周人对文王受命事件的反复颂扬来看，前一种观点无论是从其重要性还是从对商周关系的影响来说，都无法与之相应，因此所谓的文王受命只可能是后者，指周文王获得了天命，而商朝失去了天命，文王受命这一事件本身也就从政治上确立了周人代商的正义性和合法性。

那么，文王受命究竟是一个什么样的事件呢？在古书中曾经有很多不同的说法，特别是汉代流行的谶纬学说，在文王受命的具体表现方面提出过许多离奇的说法，如《尚书中候》称："周文王为西伯，季秋之月甲子，赤雀衔丹书入丰镐，止于昌（按：昌为文王之名）户，乃拜稽首受。最（按：意为要点）曰：姬昌，苍帝子。"①纬书中关于赤雀（或作凤凰）衔丹书给周文王的传说非常流行，而这也常被解释为周文王受命的表现，因而《易纬是类谋》曾说："文王……受赤雀丹书，称王制命，示天意。"②《春秋感精符》更进一步言："帝王之兴，多从符瑞。周感赤雀，故尚赤。"③另外一种关于文王受命的说法是九尾狐的符瑞，如《春秋元命苞》声称："天命文王，以九尾狐。"④认为九尾狐与文王受命有关。有的则说周文王获得了白马朱鬣，这是周文王获得符瑞的表现。⑤还有的纬书甚至还编造说周文王有"四乳"，认为"文王四乳，是谓至仁，天下所归，百姓所亲"⑥。总之，纬书中的种种奇谈怪论显得十分荒诞，令人无法置信。

---

① （日）安居香山、中村璋八辑：《纬书集成》，石家庄：河北人民出版社，1994年，第411页。
② （日）安居香山、中村璋八辑：《纬书集成》，第299页。
③ （日）安居香山、中村璋八辑：《纬书集成》，第746页。
④ （日）安居香山、中村璋八辑：《纬书集成》，第594页。
⑤ （日）安居香山、中村璋八辑：《纬书集成》，第531页。
⑥ （日）安居香山、中村璋八辑：《纬书集成》，第576页。

相比较而言，《程寤》中关于太姒做梦、文王占梦，从而获知天命的说法，应该说是最合情理，也最为可信。上节中我们已经讲到了古人对于占梦之术的迷信程度，如果太姒真有这样的梦，周文王等人通过占梦，得出商人天命已失，文王受命灭商的结论，应该说是再合适不过。《程寤》中有关周文王与太子发"并拜吉梦，受商命于皇上帝"的记载清楚表明，周文王与太子发对于太姒的这个梦极其重视，认为是从上天那里接受了原属于商朝的大命。周文王在解释该梦的意义时，明确说"商惑在周，周惑在商"，即商人的忧患来自于周，而周人的忧患来自于商。这一深刻的阐述，已经使我们看到了商周之间刀光剑影、血雨腥风的严酷现实。商周之间的鼎革，可以说在太姒此梦之后就正式拉开了序幕。

文王受命的一个直接结果就是周文王开始秘密称王。对此我们前面已经做过许多讨论，这里不再重复。

那么，周文王受天命的时间究竟是在什么时候呢？过去传统的说法是在周文王末年，即商纣王把周文王从羑里监狱里释放之后。不过清华简《程寤》中却提供了一个很重要的年代"惟王元祀"，即周文王元年。过去学者们一般认为"元祀"是指周文王受命后称王改元的元年，不过我们的看法不太相同，我们觉得"元祀"应该是周文王即位的元年，在这一年，由于太姒做梦，周文王断定自己接受了天命，因此就已经在暗地里称王了。清华简《保训》"惟王五十年"的记载，证实了周文王在位五十年，同时也证明周文王从一开始就已经称王，这一点我们前面也曾经有过讨论。

实际上，关于周文王在即位之初就接受天命的情况，在《逸周书》中的《度邑》篇也有所反映。《度邑》记载了周武王灭商以后，曾与周公规划在洛邑营建都城的相关史实，篇中周武王有一段很重要的话，其中提到："惟天不享于殷，发之未生，至于今六十年"。[1] 所谓的"天不享于殷"，就

---

[1] 黄怀信等撰：《逸周书汇校集注（修订本）》卷五，上海：上海古籍出版社，2007年，第468页

是指殷商失去了天命。这句话中说殷商失去天命已经有六十年，这是一个很重要的信息。我们知道，周文王在位了五十年，而周武王是在其即位后第十一年兴兵伐商，在牧野之战中打败了商纣王，《度邑》一篇记载的正好是周武王在灭伐后班师返回的情况，如果把文王在位五十年与武王十一年克商这二个年数相加，正好是六十年左右，这也证明了清华简《程寤》篇中记载文王受命时间的"惟王元祀"应该是在周文王即位后的元年。

不过这句话里有"发之未生"的说法却让后人产生了众多的疑问，从清华简《程寤》来看，周文王受命的时候，周武王已经是"太子发"，不可能是没有出生。对于这一问题，笔者认为，《度邑》中"惟天不享于殷，至于今六十年"这句话意思已经非常完整，而在句中插入"发之未生"几个字，显得非常突兀，因此不排除这几个字并非正文的可能性。即使这几个字确实属于正文，其中的"生"字可能也不应该解释为"出生"。先秦时期，"生"字还常常有继承君位的意思，比如《公羊传》"庄公三十二年"有"鲁一生一及，君已知之矣"，对于这句话，何休在注解中解释说："父死子继曰生，兄死弟继曰及。"① 周武王说在"天不享于殷"的时候"发之未生"，应该理解为当时周武王尚未即君位，这与《程寤》中武王的身份是"太子"正相吻合。不论如何，从《度邑》的这段记载中，我们也同样可以清楚地看到周文王确实是在其即位之初就已有受命之事。

《程寤》中用商的王庭里长满荆棘，太子发除去这些荆棘，种上周人的松柏棫柞等树，象征着周即将代商。松、柏是常见的树，古书中习见，棫、柞则较为少见。饶有趣味的是，在《诗经》中提到棫、柞时，往往都与周文王有关。比如《皇矣》言："帝省其山，柞棫斯拔，松柏斯兑。"《诗序》解释说："《皇矣》，美周也，天监代殷，莫若周。周世世修德，莫若文王。"

---

① （汉）公羊休传，（汉）何休解诂，（唐）徐彦疏：《春秋公羊传注疏》卷九，见（清）阮元校刻：《十三经注疏》（下册），北京：中华书局，1980年，第2242页下栏。

《绵》："柞棫拔矣，行道兑矣。"《诗序》认为是："《绵》，文王之兴本由大王也。"《棫朴》："芃芃棫朴，薪之槱之。济济辟王，左右趣之。"《诗序》亦称："《棫朴》，文王能官人也。"再比如《旱麓》："瑟彼柞棫，民所燎矣。岂弟君子，神所劳矣。思齐大任，文王之母。思媚周姜，京室之妇。大姒嗣徽音，则百斯男。"诗中即已明确提到文王、太姒等人，根据《诗序》："《旱麓》，受祖也。周之先祖世修后稷、公刘之业，大王、王季申以百福干禄焉。"这些诗篇中的相关描述也许都应该与文王受命的事件联系起来看待。

## 第三节　《程寤》与《酒诰》

《酒诰》是《尚书》中的重要一篇，千百年来深受学者们的重视。该篇开头有一句"惟天降命肇我民惟元祀"，学者们对它的理解存在着不小的歧异。

伪孔传将该句解为："惟天下教命，始令我民知作酒者，惟为祭祀。"[1]《正义》："言天下教命者，以天非人不因，人为者，亦天之所使。故凡造立，皆云本之天。元祀者，言酒惟用于大祭祀。见戒酒之深也。顾氏云：元，大也。"[2] 这种观点将本句理解为上天之所以教民众掌握制酒的方法，其目的是为了祭祀。这一理解在古代十分流行，如苏轼的《书传》称："天始令民知作酒者，本为祭祀而已。"[3] 蔡沈的《书集传》亦言："天始令民作酒者，为大祭祀而已。"[4] 一些学者还专门对此做了发挥，如有学者称："天之降命，所以使我民置此酒者，以祭祀无酒，则无以荐其馨香，置酒之本意，惟祭

---

[1] （汉）孔安国传,（唐）孔颖达正义：《尚书正义》卷十四，收入（清）阮元校刻：《十三经注疏》（上册），第 206 页上栏。
[2] （汉）孔安国传,（唐）孔颖达正义：《尚书正义》卷十四，收入（清）阮元校刻：《十三经注疏》（上册），第 206 页上栏。
[3] （宋）苏轼：《东坡书传》卷十二，北京：中华书局，1991 年，第 403 页。
[4] （宋）蔡沈撰，王丰先点校：《书集传》卷四，北京：中华书局，2017 年，第 151 页。

祀而已，非以资人酣饮也。"① 有学者甚至还提出："古始惟大祀用酒，小祀犹不用酒。"② 这些论述充斥于古代的各种《酒诰》注解之中，这里不再缕述。这种见解把"惟天降命"理解为上天教令作酒，"元祀"理解为大祭祀，其说法成为古代经学家解释此句的最普遍、最有代表性的意见。

明代马明衡《尚书疑义》对此句的理解略有不同，他认为"惟天降命肇我民"意为"惟天降命于周，以始有此民，即肇国在西土之谓也"。在此马明衡主张"天降命"与"肇国在西土"意义相同，指天降命于周，这与上述学者将该句解为上天教令制酒不同，这是他的特色之处。不过对于"元祀"，马明衡仍然将之解释为"大祭祀"，认为"天之降命如此，是以有大祭祀而用酒也。"在他看来，"元祀"是为了感谢上天的"降命"而举行的大祭祀。因此，这一观点虽然对于"降命"的具体内容看法不同，但在把"元祀"解为"大祭祀"这一点上与传统的观点并没有太大的歧异。

清代孙星衍在《尚书今古文注疏》中则把"降命"的"命"读为"名"，把"元祀"释为祭祀最早发明造酒的人，他在书中说："惟者，《释诂》云：思也。命者，《广雅·释诂》云：名也。《释诂》云：肇、元，始也。言思天降下酒名之始，我民当思祀其始作酒者。《书》疏引《世本》云：仪狄造酒，夏禹之臣。又云：杜康造酒。或此云惟天下教命，始命我民知作酒者，惟为大祀。元，大也。"③ 按照孙氏此说，"元祀"应该是举行大祭祀，以纪念发明造酒之术的仪狄、杜康等人。这一解释与上述诸家之说也略有区别。

近代以来，对于《酒诰》这句话的解释有了很大的突破。俞樾在《群经平议》中提出了一种新解，他认为"惟天降命"即承上文的"祀兹酒"（按：俞氏认为"祀兹酒"的"祀"读为"已"，意思是止酒即禁酒）而言，"谓止酒非一人之私言，惟天降命也。盖重其事，故托之天命耳。'肇我民，

---

① （宋）时澜：《增修东莱书说》卷二十一，收入《通志堂经解》第6册，扬州：广陵古籍刻印社，1993年，第104页。
② （宋）杨简：《五诰解》卷二，上海：商务印书馆，1936年，第26页。
③ （清）孙星衍撰，陈抗、盛冬铃点校：《尚书今古文注疏》卷十六，北京：中华书局，2004年，第375页。

惟元祀'，言与我民更始，惟此元祀也。'元祀'者，文王之元年。上文言肇国在西土，肇国者，始建国之谓，故知是文王元年也。曰'元祀'者，犹用殷法也。盖文王元年即有此命，故云然耳。"①俞氏此论，将"惟天降命"理解为是上天降命让人禁酒，而与传统的上天教令民众造酒不同，颇有些神道设教的意味；至于"元祀"，俞氏解为是"元年"，认为是周文王元年。俞氏坚信周文王生前曾经称王改元，并写有《周文王受命称王改元说》一文详述其意见。②俞氏将"元祀"解释为周文王元年，是一个很重要的发现。至于俞氏把"惟天降命"解释为禁酒时"盖重其事，故托之天命耳"，则不免有一些牵强附会之嫌。

王先谦在《尚书孔传参正》中则把"命"字理解为"性命"的"命"，在他看来，"惟天降命，肇我民"就是上天降命赋性，肇生我民。书中言："'惟天降命，肇我民，惟元祀'者，《释诂》云：'元，大也。'惟天之降命赋性，肇生我民，所以报本反始者，惟祀为大。就祀事推言之，祀必有酒，重祭神也。"③这也可备一家之说。

在《酒诰》这句话的解释方面，王国维做出了突出的贡献。王国维在《观堂集林》卷二《与友人论诗书中成语书二》中指出："《酒诰》云：'惟天降命肇我民。''天降命'，正与下文'天降威'相对为文。《多方》云'天大降显休命于成汤'是也。传以为天下教令者，失之。'天降命'于君，谓付以天下。君降命于民，则谓全其生命……"④在给清华国学院学生讲课时，王先生更明确地指出，"惟元祀"即是"指文王受命改元，非指祀事"。⑤按照王氏之说，天降命就是上天将天下付与周文王，元祀则是文王受命改

---

① （清）俞樾：《群经平议》五，收入《清经解续编》卷一千三百六十六，上海：上海书店影印本，1988年，第1052页。
② （清）俞樾：《达斋丛说》五，收入《清经解续编》卷一千三百五十，上海：上海书店影印本，1988年，第1013页。
③ （清）王先谦：《尚书孔传参正》卷二十，北京：中华书局，2011年，第675页。
④ 王国维：《观堂集林》，北京：中华书局，1959年，第79页。
⑤ 吴其昌：《王观堂先生尚书讲授记》，见王国维：《古史新证——王国维最后的讲义》，北京：清华大学出版社，1994年，第245页。

元，而不是祭祀之事，与前贤的理解相比有很大的不同。

王国维的这一见解得到了不少学者的赞同，如王氏的学生杨筠如在《尚书覈诂》言："降命，古成语。王师谓'天降命'，正与下文'天降威'相对为文。《多士》：'天大降显命于成汤。'天降命于君，谓付以天下。盖降命，皆有右助福佑之义也。至君降命于民，亦然。《多士》：'昔朕来自奄，予大降尔四国民命。'又曰：'乃有不用我降尔命。'其义亦无不有降福之意也。肇我民，与上文'肇国'同意。元祀，谓天子受命改元而后称元祀。惟，《玉篇》：'为也。''为'与'作'同。《洛诰》'以功作元祀'，即其证也。"① 曾运乾在《尚书正读》中更进一步指出："惟天降命，犹《康诰》言'天乃大命文王'也，肇我民者，犹《康诰》言'用肇造我区夏'也。元祀者，《史记》云：'诗人道西伯，盖受命之年称王'也……此文语亦倒，犹云'惟天降命，肇我民，惟元祀，厥朝夕诰毖庶邦庶士'云云也。"② 此外，屈万里、刘起釪、臧克和等先生也都支持王国维的意见。③

虽然王国维等学者已经将"惟元祀"理解为"文王受命改元事，非指祀事"，但是当代的大部分学者仍多信从古代经学家们的意见，如周秉钧《尚书易解》："惟，思也。命，如'天命有德'之'命'，对'天降威'言，谓福命也。此黄式三说。肇，《周语》注：'正也。'正，治也，见《吕览·顺民》注。肇我民，谓治理我民也。元，大也。惟元祀，惟大祀可饮酒也。蒙上文'祀兹酒'而省。言须思天降福命，使治理我民，惟大祭之时可饮酒耳。"④

---

① 杨筠如：《尚书覈诂》，西安：陕西人民出版社，2005年，第278页。
② 曾运乾：《尚书正读》，北京：中华书局，1964年，第173页。
③ 如屈万里《尚书集释》："王国维《与友人论诗书中成语书二》（见《观堂集林》）云：天降命于君，谓付以天下。肇我民，意犹上文所云肇国。惟元祀，谓开国改元也。"台北：联经出版公司，1983年，第159页。在《尚书今注今译》（台湾商务印书馆，1984年，第107页）一书中，屈氏将之译为："老天降下命令使我们开始拥有这些百姓们，于是我们就开国改元了。"刘起釪《尚书校释译论》（北京：中华书局，1998年，第1386～1387页）也引用了王国维的观点，但引文中有一些错误。臧克和《尚书文字校诂》（上海：上海教育出版社，1999年，第332～333页）也以王国维之说来解本句。
④ 周秉钧：《尚书易解》，上海：华东师范大学出版社，2010年，第172页。

此外如《尚书注训》《尚书新笺与上古文明》《今古文尚书全译》等近期出版的《尚书》注释之作，也都遵奉伪孔传等古代经学家们的意见。[1] 因此，如何正确理解阐释这句话，仍然是摆在学者们面前的一件事。

清华简中虽然尚没有发现《酒诰》篇，使我们无法对该篇进行系统的校正。但是在清华简中再现的《程寤》一篇，对于讨论"惟天降命肇我民惟元祀"一句的含义有重要的帮助。该篇的开头有这样一句话：

> 隹王元祀正月既生魄，大姒梦见商廷隹棘，乃小子发取周廷梓树于厥间，化为松柏棫柞，寤惊，告王，王弗敢占，召大子发……占于明堂。王及大子发并拜吉梦，受商命于皇上帝。

这段话在一些传世文献中曾存有佚文，除个别字句不同外，内容基本相似。我们在上一节中已经分析过，这件事应该就是周人所津津乐道的周文王获得天命亦即"文王受命"的相关背景。

清华简《程寤》与传世的该段有关佚文最大的一个差别在于，简文中明确记载了此事的发生时间是"惟王元祀"，也就是周文王元年，它不仅印证了周文王生前已经称王，而且证明周文王元年时即已获得天命，而商则已经丧失了天命。

如果把《程寤》的这段话与《酒诰》的"惟天降命肇我民惟元祀"相对比，我们就可以恍然大悟，原来"惟天降命肇我民惟元祀"所讲述的正是《程寤》的这个事件，也就是《康诰》所说的："天乃大命文王殪戎殷，诞受厥命。越厥邦厥民"。而《顾命》所言"皇天改大邦殷之命，惟周文、武，诞受羑若，克恤西土"，含义也应该与此相同。至于《大诰》所讲的"天休于宁王（按：此处的"宁王"及后面的"宁王"二字皆为"文王"之误），兴我小邦周；宁王惟卜，用克绥受兹命"之语，正是对《程寤》

---

[1] 见黄怀信《尚书注训》（济南：齐鲁书社，2002年）；钱宗武、杜纯梓《尚书新笺与上古文明》（北京：北京大学出版社，2004年）；江灏、钱宗武《今古文尚书全译》（贵阳：贵州人民出版社，2009年）。

所载这一事件的总结。现在我们据清华简《程寤》已经知道这件事的发生时间是"惟元祀",亦即周文王元年。因此,周文王在其元年时就已经获得了上天之命,将要取代商朝。借用《文侯之命》的话来说,就是"惟时上帝集厥命于文王"①。

商周时期关于天命转移的这种观点屡见于文献,殷商之所以建国,也是因为上天降命于成汤,命他灭夏。如《多方》言:"天惟时求民主,乃大降显休命于成汤,刑殄有夏。"而到了商朝末年,上天又降天命于周文王,令周灭商。商人之所以丧失天命,当然有多方面的原因,但其中有一个重要的因素即是商人"沉酗于酒,用乱败厥德于下"(《微子》)、"诞惟民怨,庶群自酒,腥闻于天。故天降丧于殷"(《酒诰》)。传说中的商纣王营建酒池肉林,为长夜之饮,正是商末乱政的典型写照。在这种情形下,上天降天命于周文王,让他灭商,就成了势在必行之举了。而《酒诰》所要阐述的,正是这一过程。

如果我们从这一角度来分析,我们对《酒诰》的认识可能会与前贤有些不同。《酒诰》的第一句说:"明大命于妹邦。"妹邦是指朝歌一带,原为商朝的中心地区,对此学术界都无疑义,对于《酒诰》中的这句话,前贤多认为是"明施大教令于妹国"②,亦即"明白地发布一个大的命令于妹邦"③。然而根据我们的理解,大命就是天命,该句是说,要让殷民明白地了解天命的内容,认识到商的大命已经丧失,周人拥有了天命。至于"惟天降命,肇我民,惟元祀"则是具体地讲述天命更改的事实及其时间。正

---

① 《尚书》中关于文王受命的记载还有很多,如《君奭》:"我道惟宁王德延,天不庸释于文王受命"、"上帝割申劝宁王之德,其集大命于厥躬";《多士》:"弗吊旻天大降丧于殷;我有周佑命,将天明威,致王罚,敕殷命终于帝";《召诰》:"皇天上帝改厥元子兹大国殷之命。惟王受命,无疆惟休,亦无疆惟恤"等。至于全文中有关文王受命的记载也极其丰富,这里从略。
② 伪孔传之语,见(汉)孔安国传,(唐)孔颖达正义:《尚书正义》,收入(清)阮元校刻《十三经注疏》(上册),1980年,第205页下栏。
③ 屈万里:《尚书今注今译》,台北:商务印书馆,1984年,第106页。

是由于殷人沉湎于酒，上天才改变了大命，转而让周文王去灭商，而其时间则是周文王元年。商人酗酒的危害由此可见，因此周人有必要实行禁酒的措施。这样来理解《酒诰》，可能更符合它的原意。如果我们这一推测成立的话，说明《酒诰》篇与文王受命的背景有着密切的联系，值得我们进一步加以深入研究。

# 第十一章 《系年》新知（上）

《系年》出自《清华大学藏战国竹简》第二辑整理报告。该篇文献原本没有篇名，"系年"一名为整理者所起。《系年》重点关注的是秦、郑、晋、楚、吴、越等诸侯国的兴起和发展过程，整篇史书用楚文字抄写，涉及楚国历史的地方也很多，应该是楚国人所做的一部史书。在本章和下一章中，我们将结合《系年》的一些记载，来探究一段前所未知的历史。

《清华大学藏战国竹简》第二辑整理报告是在 2011 年 12 月出版的，这一辑清华简整理报告只收录了一篇清华简文献《系年》，这篇文献原本没有篇名，现在的《系年》这一名称是整理者所起的。《系年》一共有 138 支简，简背有划痕，而且在竹节处还写有次序编号，由于具备这些特征，这篇简文相对而言是比较容易编连的。不过经我们仔细核对，发现竹简上的原有编号其实是有一些错误的：其中的编号 52 在竹简上出现了两次，也就是说，第 52 支简的次序编号是正确的，但是本来应该是第 53 支的竹简也被错编成了 52 号，这可能是抄写者在编号时粗疏大意所导致，从而造成第 53 支简以后的各支竹简次序编号都被写错。但当抄简人在写到编号 87（实际是第 88 支简）时，他发现了竹简的错号问题，于是他在书写下一支简（即第 89 支简）时没有写 88 号，而是直接写成了 89 号，以与实际的竹简次序一致。这样就造成该篇清华简的简背次序编号出现两个 52 号、同时又缺第 88 号的现象。经过这一调整，竹简的次序编号又重新与实际的简数相吻合。可是在抄写最后一支简即第 138 支简时，抄写者又忘了在竹简背面写上编号。因此，清华简《系年》虽然总共有 138 支简，但是实际编号只写到第 137 号，而且这中间还有三十多支错位的次序编号。抄简人的这一失误给我们提供了一个极为生动的事例，即竹简的原有编号有时也会有出错的情况发生。

本篇简文保存较好，仅有个别地方有残损，全篇计有 23 个段落，整理报告据此划分为 23 章。由于各章基本按照时间先后排序，最末一支竹简至今仍然保存了一小段编绳，可知本篇简文是经过系统编纂、首尾完整的史书。

清华简《系年》有着鲜明的特色，这篇史书重点关注的是秦、郑、晋、楚、吴、越等一些重要诸侯国的兴起和发展过程，整篇史书是用楚文字抄写的，涉及楚国历史的地方也很多，应该就是楚国人所做的一部史书。不过，该书的作者并没有受国别的限制来看待历史，他的眼光是全局性的，客观地描写了从西周到东周历史的变迁过程，颇有一种以史为鉴的思想意味。

《系年》所记载的历史内容极为丰富，很多记述完全改变了我们的已有认识，甚至填补了历史的空白。在本章和下一章中，我们将结合《系年》的一些记载，来分析一下《系年》究竟告诉了我们哪些不一样的历史。①

## 第一节 秦人起源②

只要稍微懂一点中国历史知识的人，都会知道秦始皇和由他建立起来的强大却又短暂的秦帝国。秦朝是由嬴姓的秦人所建，秦的历史发展过程可以大致分为三个阶段：早期的秦只是一个部族；在西周灭亡、周平王东迁时，秦襄公因为护送周平王东迁有功，被分封为诸侯，从而建立起了秦国；到秦始皇时，强大的秦国终于消灭了六国，结束中国分裂割据的局面，建立起了秦朝。随着秦的不断发展壮大，秦的文化也得以在全国范围内传播开来。学术界一般根据秦的发展历程，把秦的历史划分成前后相继的秦人（或称秦族，指秦国建立以前的秦人）、秦国和秦朝三个时期。

秦建国以前的历史，史书的记载非常有限。在《史记·秦本纪》中，司马迁对于秦早期的历史论述十分简略，特别是关于秦人起源的问题，《秦本纪》的记载十分含糊，有许多自相矛盾之处。司马迁一方面指出，嬴姓各国多分布于东方，同时也提到，秦人的祖先中潏"在西戎，保西垂"③。因此，对于秦人的起源问题，学者们的意见也是见仁见智，并就此展开了长期而热烈的讨论。

一些学者认为，秦人原本为戎族，来源于西方。这一说法提出较早，王国维在《秦都邑考》中称"秦之祖先，起于戎狄"，不过他并没有做详细的论证。对这一观点加以系统论述的是蒙文通先生，他写了《秦为戎族

---

① 本章与下一章系笔者与出土文献研究与保护中心的程薇老师合写。
② 本节内容请参阅李学勤先生《清华简关于秦人始源的重要发现》一文，原载《光明日报》2011年9月8日第11版。
③ （汉）司马迁：《史记》卷五，北京：中华书局，1982年，第174页。

考》[1]等文，后收入于《周秦少数民族研究》[2]一书中，蒙先生在书中反复论证和申述了秦人原为西方戎族的观点。此后支持秦人族源"西来说"的学者还有很多，如周谷城《中国通史》、吕振羽《中国原始社会史》、熊铁基《秦人早期历史的两个问题》均持此说，陈平先生的《关陇文化与嬴秦文明》[3]曾将这一派学者的意见归纳成10个要点，读者可以参看。

还有一些学者则主张秦人起源于东方。这一理论的渊源，可以追溯到司马迁《史记·秦本纪》的相关论述，20世纪以来，也有不少学者赞同此说，如傅斯年在1933年发表著名的《夷夏东西说》一文，首倡嬴姓之秦为东方民族[4]；另外，卫聚贤在20世纪30年代也提出："秦民族发源地山东，至山西、陕西、甘肃，然后再向东发展。"[5]此后，主张秦人东来说的学者及其论著还有：黄文弼《秦为东方民族考》（《史学杂志》创刊号，1945年）、徐旭生《中国古史的传说时代》（文物出版社，1985年）、林剑鸣《秦人早期历史探索》（《西北大学学报》1978年第1期）、王玉哲《秦人的族源及迁徙路线》（《历史研究》1991年第3期），等等。上揭陈平先生的论著也将这一派学者的意见归纳成10个要点，以与"西来说"相对照。[6]

需要指出的是，虽然有不少学者都同意秦人起源于东方，但是在关于秦人是在什么时候、出于什么原因而西迁的问题上，学者的认识却很不一致。杨东晨、杨建国两位先生提出，秦人在夏代就已经开始了一次向西的

---

[1] 蒙文通：《秦为戎族考》，《禹贡》1936年第6卷第7期，第17～20页。
[2] 蒙文通：《周秦少数民族研究》，上海：龙门联合书局，1958年。后经增订成为《蒙文通文集》第2卷《古族甄微》，成都：巴蜀书社，1993年出版。
[3] 参见陈平：《关陇文化与嬴秦文明》，南京：江苏教育出版社，2005年，第135～136页。
[4] 参见傅斯年：《夷夏东西说》，收入傅斯年编：《庆祝蔡元培先生六十五岁论文集》，北京：历史语言研究所，1933年，第1093～1134页。
[5] 见《中国民族的来源》一文，收入卫聚贤所著《古史研究》第3集，上海：商务印书馆，1931年，第51页。
[6] 参见陈平：《关陇文化与嬴秦文明》，南京：江苏教育出版社，2005年，第138～142页。

大迁徙[1]；严宾先生主张"秦人西迁的时间似在殷纣即位以前或以后不久"。[2]王玉哲先生则认为秦人在殷商灭夏之后开始迁徙，大致分为三步：第一步，从山东西迁山西，大约是在胥轩、中潏时代；第二步，从山西再西迁陕西犬丘，大约在大骆、非子时代；第三步，从陕西犬丘向西迁至甘肃西犬丘，则为非子时[3]；还有一些学者则怀疑秦人西迁与商末周初的政治军事行动有关，如顾颉刚先生认为"秦本东夷族，在周公东征后西迁"[4]；何汉文认为秦人西迁系周人灭商所导致的结果："到殷末周初，因为政治情形的根本变化，才形成嬴秦人急剧向西迁徙的时期"[5]。不过，由于这些看法都属于推测性质，没有更多的证据支持，难以获得学术界的公认。

也有一些学者在这两种观点之外，另辟蹊径，提出了自己的意见，如黄留珠先生认为，秦人是"源于东而兴于西"，所谓"源于东"者，是讲秦人、秦文化的原始发祥地在东方；而"兴于西"者，是说秦人、秦文化的复兴之地在西方，也就是说，秦文化有两个"源"，一是"始发之源"，一是"复兴之源"[6]。黄留珠先生还认为，秦人先后有四次西迁，分别是在夏末商初、商末、周公东征之后、西周中期偏晚。[7]黄先生的这些意见可以说是对学者们相关讨论的折中和协调。

在讨论秦人族源问题方面还有一个重要的现象，就是许多考古学家也纷纷加入到了相关的讨论和考古探寻工作之中。早在20世纪30年代，苏秉琦先生主持发掘宝鸡斗鸡台的屈肢葬墓，首先接触了秦文化，他虽并未直接命名，但已将它与其他性质的文化区别开来，这是真正意义上秦文化

---

[1] 杨东晨、杨建国：《夏代秦人的发展及西迁》，《学术月刊》1992年第12期，第73~77页。
[2] 严宾：《秦人发祥地刍论》，《河北学刊》1987年第6期，第75页。
[3] 王玉哲：《秦人的族源及迁徙路线》，《历史研究》1991年第3期，第32~39页。
[4] 顾颉刚：《从古籍中探索我国的西部民族——羌族》，《社会科学战线》1980年第1期，第127页。
[5] 何汉文：《嬴秦人起源于东方和西迁情况初探》，《求索》1981年第4期，第144页。
[6] 黄留珠：《秦文化二源说》，《西北大学学报》1995年第3期，第30页。
[7] 黄留珠：《秦文化二源说》，《西北大学学报》1995年第3期，第32~34页。

考古工作的开始。20世纪40年代，考古工作者发现了甘谷毛家坪遗址，但直到1981年才对甘谷毛家坪遗址、天水董家坪遗址进行发掘。这次发掘确认了西周时期的秦文化遗存，对于探讨秦人、秦文化的来源极为重要。1994年，甘肃省文物考古研究所对礼县大堡子山两座被盗秦公大墓（M2和M3）和一座车马坑（M1）进行了劫后清理，多数学者认为它们是春秋早期秦国国君级别的墓葬，并开始将甘肃东部作为早期秦文化探索的重点区域。2004年甘肃省文物考古研究所、陕西省考古研究院、中国国家博物馆考古部、北京大学考古文博学院和西北大学考古文博学院5家机构联合启动了早期秦文化调查、发掘与研究课题。这个项目以专题形式开启了早期秦文化发现和研究的新篇章，取得了很多重要的学术成果，使得我们对早期秦文化的特征、聚落形态、经济类型等有了更多的认识。[1] 不过，在对于早期秦文化族源的认识方面，考古学家们也仍然存在着很大的分歧。俞伟超先生认为，秦墓所具有的屈肢葬、铲形袋足鬲、洞室墓三大特征，皆源自羌戎，因此，"秦人（至少其主体）是西戎的一支，应当是没有问题的"[2]，叶小燕先生《秦墓初探》（《考古》1982年第1期）一文中就秦人流行西向墓这一点，推测"可能暗示了秦人是源于西方的"；但是邹衡先生支持秦人起源于东方之说[3]，韩伟先生也从陕西地区现有的春秋战国秦的考古材料出发，认为"秦文化与殷周文化有着明显的继承关系，而与戎人文化距离较大"[4]；而赵化成先生则认为"秦人究竟是东来还是西来目前尚难以下结论"[5]。因此，从考古材料出发来探讨秦人的来源和秦文化的渊源

---

[1] 关于联合考古队的考古探寻情况，可参见陈斯雅、王东：《综论早期秦文化的发现与研究》，《西安财经学院学报》2014年第1期，第107～111页。
[2] 俞伟超：《古代"西戎"和"羌"、"胡"考古学文化归属问题的探讨》，收入《先秦两汉考古学论集》，北京：文物出版社，1985年，第180～192页。
[3] 邹衡：《论先周文化》，收入《夏商周考古学论文集》，北京：文物出版社，1980年，第328～329页。
[4] 韩伟：《关于秦人族属及文化渊源管见》，《文物》1986年第4期，第26页。
[5] 赵化成：《寻找秦文化渊源的新线索》，《文博》1987年第1期，第6页。

问题，也还是意见分歧，莫衷一是。

有鉴于此，许多有识之士都呼吁加强秦人族源和早期秦文化的来源研究。如黄留珠先生就指出，早期秦人文化的研究"实际上已经成为制约整个秦文化研究深入发展的瓶颈"。这其中，"秦人起源'东来说'与'西来说'是一个研究秦早期历史以及文化来源首先需要解决的问题"，不过，有关的讨论由于"涉及的问题广泛而重要，且资料极其有限。对此，前贤虽然曾作过一些有益的探讨，但总的来看，其多系推测之词，而距离问题的真正解决，路程还十分遥远。今天，秦文化研究能否有新的突破，很大程度上将取决于这一段的研究"[1]。

正是在这一学术背景下，清华简《系年》的出现和相关记载，才更能彰显其重要意义。

《系年》里面有许多史实不见于传世文献，其中的第三章即有关于秦人起源的记载，从而给秦人起源问题的解决提供了新的证据和思路。原来，在商朝末年的时候，秦人有两个非常有名的祖先，一位名叫飞廉，一位名叫恶来。飞廉和恶来是父子关系，据说飞廉跑得很快，而恶来则力大无穷，父子两人都因为能力出众，很受纣王的赏识，成为"助纣为虐"的典型代表。周武王带领大军与纣王在牧野决战时，飞廉因为事先被纣王派去出使北方，没在牧野之战的现场，得以侥幸逃脱一死；而他的儿子恶来就没有那么幸运了，他与纣王都在牧野之战中丧生。

飞廉完成出使任务返回时，商朝已灭，纣王已死，商、周之间已经完成了政权的更替。作为纣王死党的飞廉不甘失败，他暗中潜伏下来，伺机反叛。[2]

---

[1] 黄留珠：《进入21世纪以来的早秦文化研究》，《社会科学评论》2007年第1期，第119~122页。
[2]《史记·秦本纪》记载了另外一种说法，说飞廉在商朝灭亡之后自杀而死。从《系年》的相关内容来看，这一记载显然不正确。参见（汉）司马迁：《史记》卷五，北京：中华书局，1982年，第174~175页。

时机终于来了。克商后没过几年，周武王就因病辞世，继位的周成王由于年幼，不能独立执掌朝政，于是周武王的弟弟周公协助成王处理政事。这一局面却引起了同为武王弟弟的管叔、蔡叔和霍叔等人的不满，这三个人原本都被分封到商朝的王畿地区，监视商人，被称为"三监"①，他们看到周公掌控了朝廷大权后，心有不甘，于是到处散布流言，说周公有野心，将要篡夺政权。纣王之子武庚乘机与这三人勾结，从而发起了三监之乱。从《系年》来看，飞廉显然积极参加了这次叛乱，而且很可能是这次叛乱的一个幕后操纵者。

三监之乱一度使西周的政权处于风雨飘摇之中。不过，在周公和周成王强有力的领导下，周人很快就组织力量予以反击，周公亲自带兵东征，杀死了管叔和武庚等人，平定了叛乱。可是，狡猾而又善跑的飞廉又一次成功溜走了。

飞廉逃到哪里去了呢？这一次，飞廉跑到了东方，去投奔同为嬴姓的奄。奄也称为商奄（《系年》里写作"商盍"），在今天的曲阜一带。奄本来是当时的东方大国，是商王朝非常重要的组成部分。商朝灭亡后，奄和当时位于山东到苏北一带的很多嬴姓国家和部族都是反周的。飞廉跑到商奄，自然是要联合这些同姓族人，重整旗鼓，共同反周。

不过，西周政权并没有给飞廉等人任何喘息休整之机，周公等人在平定三监之乱后，立即挥师东进，攻打商奄等国。周师进军十分顺利，商奄等50多个参与叛乱的国家先后被平定。这一次，善跑的飞廉终于无路可逃，最终被周师擒杀。②清华简《系年》对此有简明扼要的叙述："飞廉东逃于商盍氏。成王伐商盍，杀飞廉。"这就是飞廉的最后结局。

如果《系年》只是交代了飞廉被杀的下场，这并没有什么特殊之处，

---

① 另一种说法是，"三监"指管叔、蔡叔和武庚，现在可知这一说法不确。
② 《孟子·滕文公下》载："周公相武王，诛纣。伐奄，三年讨其君，驱飞廉于海隅而戮之，灭国者五十，驱虎豹犀象而远之，天下大悦。"参见（清）焦循撰，沈文倬点校：《孟子正义》卷十三，北京：中华书局，1987年，第449页

因为《孟子》等书也有相关的记录,《系年》的这一叙述只是再次确认了相关史实而已。真正让学者们大跌眼镜的是接下来的这句话:

> 西迁商盍之民于邾虘,以御奴虘之戎,是秦先人。

原来,周人在灭掉了商奄之后,为了惩罚这些参与叛乱的嬴姓商奄之民,周人令之西迁,其性质用后世的话说便是谪戍发配,谪戍的地点则是邾虘这个地方。至于邾虘的地理位置,李学勤先生经过研究,发现它就是《尚书·禹贡》篇所载的朱圉山,位于今天甘肃省的甘谷县一带。可是,在《系年》发现以前,从来没有人知道,"商奄之民"曾被周人强制西迁,而这些"商奄之民"正是秦的先人,这真是令人惊异的事。

秦国先人"商奄之民"在周成王时被迫西迁,或许还与飞廉父亲中潏的经历有关。据《史记·秦本纪》记载,中潏曾有为商朝而"在西戎,保西垂"的经历,并且与戎人有一定的姻亲关系。[①]因此,周朝命令"商奄之民"远赴西方御戎,也并非是一个让人意外的决定。

明白了秦的先人是原在东方的商奄之民后,与秦人始源相关的一系列问题都可以得到很好的解释,例如:

在文献方面,《史记·封禅书》载:"秦襄公既侯,居西垂,自以为主少皞之神,作西畤,祠白帝……"[②]秦襄公为什么自称主少皞之神,是由于少皞嬴姓,《说文》曰:"嬴,帝少皞氏之姓也。"[③]少皞也作少昊,据说原来是黄帝之子,其都城即在曲阜一带,后来又被尊为东方之神,至今在曲阜城东还保存有少昊陵。曲阜一带的奄国正好是"少皞之虚",可见,秦襄公只是没有忘记自己国族的来源而已。

在金文方面,西周中期的询簋和师酉簋都提到"秦夷",还有"戍秦人"。来自东方的商奄之民,其后裔自然可称为"夷"而不是西方的"戎";秦人是被发配戍边,所以又可称为"戍秦人"。

---

① 参见(汉)司马迁:《史记》卷五,北京:中华书局,1982年,第174~177页。
② (汉)司马迁:《史记》卷二十八,北京:中华书局,1982年,第1358页。
③ (汉)许慎:《说文解字》卷十二,北京:中华书局,1963年,第258页下栏。

在简帛方面，马王堆汉墓帛书《战国纵横家书》的"苏秦谓燕王章"云："自复而足，楚将不出沮、漳，秦将不出商奄，齐不出吕隧，燕将不出屋、注。"①意思是如果安于现状，不思进取，那么楚、秦、齐、燕各国将不会离开他们的始出居地。这里特别值得关注的是把秦和商奄联系起来，可是西方的秦国怎么会与东方的商奄联系在一起呢？前人百思不得其解。正因为不了解秦与商奄的关系，所以传世本《战国策》把"商奄"等都错误地改掉了。直到清华简《系年》重出，我们才真正理解了这句话的确切含义。

关于秦人始源的这些情况，经过李学勤先生完美阐发，相关的争议得以圆满解决。对此，西北师范大学的赵逵夫先生曾评价说，正是由于李先生的这一研究，"秦本东夷而迁于西北的结论得以被学界普遍接受"②。

李学勤先生在分析了秦人始源的历程之后还专门指出："既然秦人本来是自东方迁来的商奄之民，最早的秦文化应该具有一定的东方色彩，并与商文化有较密切的关系。希望这一点今后会得到考古研究的验证。"这一论述也为我们今后的工作重点提供了思路和方向。

在《清华简关于秦人始源的重要发现》一文发表后，李学勤先生又撰写了《谈秦人初居"邾圄"的地理位置》《清华简〈系年〉"奴虘之戎"试考》二文，进一步讨论"邾圄"的地理位置和"奴虘之戎"的来历。关于邾圄的地理位置，李先生遍考古代的相关论述，指出它即是《尚书·禹贡》所载的朱圉山，并分析说："阎若璩和胡渭主张朱圉只是指一处不大的山，就传世文献来说，无疑是正确的。不过以《系年》简文而言，周武王把商奄之民迁徙到朱圉，抵御戎人，所讲朱圉不会仅指一处山峰，应该是以朱圉山为中心的一片地带。这可能包括汉代冀县县治，一直到渭水这样一块

---

① 马王堆汉墓帛书整理小组编：《马王堆汉墓帛书：战国纵横家书》，北京：文物出版社，1976年，第17页。
② 赵逵夫：《论秦史研究与秦人西迁问题——读祝中熹先生〈秦史求知录〉》，《天水师范学院学报》2013年第1期，第141页。

地方，即现在的甘谷大部。"①他又联系毛家坪遗址的考古发现，指出在当地寻找秦先人的居地确实大有希望。关于"奴虘之戎"，李先生将之与商末甲骨卜辞里屡次出现的"𢻻方"联系起来，并指出，"𢻻方"或作"虘方"，见于无名组和黄组卜辞；杨树达先生曾认为卜辞中的"𢻻方"便是《诗·大雅·皇矣》里的"徂"；一些学者还把"𢻻方"同西周共王时的史墙盘以及《国语·晋语》中的狄徂相联系；这些线索有助于我们了解"奴虘之戎"的兴衰和迁徙过程。②

对于清华简中有关秦人起源的相关记载，考古学界也非常重视。2012年7月，经国家文物局批准，早期秦文化联合考古队对毛家坪遗址再次进行发掘。从目前发掘探明情况来看，该遗址保存比较完整，面积约60万平方米，墓葬数量近千座。联合考古队共清理春秋、战国时期大小墓葬199座，出土陶器、石器、玉器、青铜器、骨器等各类大小件文物1000余件，其中出土青铜容器51件，出土短剑、戈、矛等青铜兵器11件；发掘车马坑4座，其中，最高级别的一座出土驾车3辆，驾马10匹，系贵族出行车辆。另外，还发掘大型墓葬两座，其中一座为级别较高的贵族墓葬。毛家坪遗址的这些发现极大地丰富了甘肃东部的周代秦文化内涵，具有极其重要的学术价值。考古学家们认为，毛家坪遗址很可能是秦武公所设冀县的县治（县城）所在。③本次发掘虽然发现的是东周时期的秦文化遗址，但并不意味着在这一带不存在西周时期的秦文化遗存。我们期待着这一地区能有更多的早期秦文化遗址得到发现，也希望更多的秦文化奥秘能够得到揭示和解决。

---

① 李学勤：《谈秦人初居"邾虘"的地理位置》，收入《出土文献》第二辑，上海：中西书局，2011年，第2页。
② 李学勤：《清华简〈系年〉"奴虘之戎"试考》，《社会科学战线》2011年第12期，第27~28页。
③ 宋喜群：《毛家坪遗址应为秦武公所设冀县县治》，《光明日报》2014年12月18日第5版。

## 第二节　周平王东迁的相关史实

关于西周的覆亡情况，最为人们熟知的是周幽王为博褒姒一笑，烽火戏诸侯的故事，该记载出自《史记·周本纪》，早已为人们所熟知，这里不妨引用一下相关的段落：

> 褒姒不好笑，幽王欲其笑万方，故不笑。幽王为烽燧大鼓，有寇至则举烽火。诸侯悉至，至而无寇，褒姒乃大笑。幽王说之，为数举烽火。其后不信，诸侯益亦不至。幽王以虢石父为卿，用事，国人皆怨。石父为人佞巧，善谀好利，王用之。又废申后，去太子也，申侯怒，与缯、西夷犬戎攻幽王，幽王举烽火征兵，兵莫至，遂杀幽王骊山下，虏褒姒，尽取周赂而去。于是诸侯乃即申侯而共立故幽王太子宜臼，是为平王，以奉周祀。平王立，东迁于雒邑，辟戎寇。平王之时，周室衰微，诸侯强并弱，齐、楚、秦、晋始大。[1]

这是关于幽王烽火戏诸侯被杀，而后周平王东迁的最为人熟知的记载。不过，对于周幽王烽火戏诸侯的史实，学者们是不无怀疑的，比如晁福林先生曾指出："举烽传警乃汉代备匈奴之事，非周代所能有。《周本纪》所谓幽王为博褒姒一笑而烽火戏诸侯，以至江山易主云云，显系小说家言，皆不足凭信。"[2] 其实，从史源的角度来看，司马迁的这一记述来自于《吕氏春秋·疑似》篇，我们来看一下相关的记载：

> 周宅酆镐，近戎人，与诸侯约，为高葆祷于王路，置鼓其上，远近相闻。即戎寇至，传鼓相告。诸侯之兵皆至救天子。戎寇尝至，幽王击鼓，诸侯之兵皆至。褒姒大说喜之。幽王欲褒姒之笑也，因数击鼓。诸侯之兵数至，而无寇至。于后戎寇真至，幽王击鼓，诸侯兵不至，幽王之身乃死于丽山之下，为天下笑。此夫以无寇失真寇者也。[3]

把《吕氏春秋·疑似》相关论述与《史记·周本纪》相比较，可知司

---

[1] （汉）司马迁：《史记》卷四，北京：中华书局，1982年，第148～149页。
[2] 晁福林：《论平王东迁》，《历史研究》1991年第6期，第8页。
[3] 陈奇猷：《吕氏春秋新校释》卷二十二，上海：上海古籍出版社，2002年，第1507页。

马迁是把《吕氏春秋·疑似》原文中所说的"鼓"换成了"燧燧大鼓",把"传鼓相告"的行为改成了"举燧火",从而最终形成了烽火戏诸侯的故事,影响了两千多年以来人们对于西周亡国的认识。不过,即便是《吕氏春秋·疑似》的记载本身也属于纵横之士的"戏说",并不足凭信,而司马迁在《吕氏春秋》相关基础上的加工,可能离历史的真相就更远了。

除了烽火戏诸侯之记载有争议之外,《史记·周本纪》关于此事的相关记述还有许多自相矛盾之处,学者对此也多有揭示。

比如申和犬戎之间如何可以做到联合攻周,就是一个让人困惑不已的问题。按照古书的记载,申国是在周宣王时被分封为诸侯的,《诗经》中的《崧高》篇就记载了这一事件。[1] 申国位于今天河南的南阳附近,自古以来学者都没有异议;而犬戎的具体地点虽然不详,但肯定是活跃在西北的甘肃和陕西北部一带,申和犬戎之间不仅相距一千多公里,路途漫长遥远,而且中间还隔着周王朝和众多的诸侯国,在古代交通和通信都极为困难的条件下,它们之间竟然可以联合采取军事行动攻周,实在是很难想象的事情。对此崔述在《丰镐考信录》卷七言:"申在周之东南千数百里,而戎在周西北,相距辽越,申侯何缘越周而附于戎?"[2] 这一怀疑应该说是很有道理的。

又比如《史记》称平王东迁系为避犬戎,也是不合理的。犬戎与申、缯联合攻杀了周幽王,但其目的是为了帮助太子宜臼也就是后来的周平王,因此犬戎实际上是周平王的恩人和支持者,按理说周平王应该很感谢他们,可是根据《周本纪》的说法,平王东迁是为了"辟(避)戎寇",这也是出乎人们的意料。钱穆先生在《西周戎祸考》中即指出了相关记载的矛盾:

---

[1] 《诗·大雅·崧高》:"亹亹申伯,王缵之事,于邑于谢,南国是式……王命申伯,式是南邦,因是谢人,以作尔庸。"见(汉)毛亨传、郑玄笺,(唐)孔颖达疏:《毛诗正义》卷十八,收入(清)阮元校刻:《十三经注疏》(上册),北京:中华书局,1980年,第566页中至下栏。

[2] (清)崔述撰著、顾颉刚编订:《崔东壁遗书》(下册),上海:上海古籍出版社,2013年,第246页。

"犬戎之于幽王固为寇，而于申侯、平王则非寇实友也。"①因此钱先生的意见是，周平王东迁，是由于丰镐一带因战火而残破，已经不适合作为国都，而且东迁到洛阳，还可以倚靠南阳的申国等力量，并非是为了避免戎人的祸害而远遁东方。这一解释也是为了弥合文献记载的矛盾而做的一个尝试。

这样的矛盾之处在《周本纪》中还有一些，这里不再一一列举。对于《史记》中所记述的这些混乱和错误之处，正如学者们所指出的那样，并不能简单地归咎于司马迁，而是因为与这段历史相关的文献不足。

到了西晋时期，河南汲县曾出土了魏国的史书《纪年》（或称《竹书纪年》），书中关于西周灭亡的记载，给学者们了解这段历史提供了极为珍贵的资料。遗憾的是，该书后来再次失传，仅有个别内容因古人著述而流传到了今天。不过，《纪年》中与西周覆亡关系最为密切的一段记载，幸运地被《左传·昭公二十六年》的《疏》所引用，得以保留至今：

汲冢书《纪年》云：平王奔西申，而立伯盘以为太子，与幽王俱死于戏。先是，申侯、鲁侯及许文公立平王于申，以本大子，故称天王。幽王既死，而虢公翰又立王子余臣于携，周二王并立。二十一年，携王为晋文公（按：应为"晋文侯"之误）所杀，以本非適（"嫡"之义），故称携王。②

这段记载是自《史记·周本纪》之后，有关西周灭亡过程的最为重要的史料发现，其中最令人惊异之处，是提到了在周幽王去世后曾出现二王并立的局面，从而给有关两周之际历史的研究提供了重要的视角。但是由于这段记述语焉不详，而且又有文字的讹误，千百年来也引起了种种讨论。

有关两周之际历史的研究再一次成为学术界研究的热点，正是由于清华简《系年》的整理和公布。其中与西周覆亡相关的叙述见于《系年》的第二章，如果用通行文字移写，其内容是：

---

① 钱穆：《西周戎祸考（上）》，《禹贡》1934年第2卷第4期，第3页。
② （晋）杜预注，（唐）孔颖达正义：《春秋左传正义》卷五十二，收入（清）阮元校刻：《十三经注疏》（下册），第2114页中栏。

周幽王娶妻于西申，生平王。王又娶褒人之女，是褒姒，生伯盘。褒姒嬖于王，王与伯盘逐平王，平王走西申。幽王起师，围平王于西申，申人弗畀，缯人乃降西戎，以攻幽王，幽王及伯盘乃灭，周乃亡。邦君诸正乃立幽王之弟余臣于虢，是携惠王。立廿又一年，晋文侯仇乃杀惠王于虢，周亡王九年，邦君诸侯焉始不朝于周，晋文侯乃逆平王于少鄂，立之于京师。三年，乃东徙，止于成周。

在这段叙述中，"周亡王九年"究竟应该如何理解，学者间存在很大的分歧，这里我们不拟展开讨论。不过，这段重要史料至少在以下几个方面改变了我们的原有认识：

第一，《系年》的记载使我们认识到，周幽王所娶的王后来自西申，而不是位于南阳的申国，这一点出乎所有人的意料。20世纪80年代，在南阳发现了一些申国的青铜器，从上面的铭文人们才获知，这里的申国原来名叫"南申"。此后，学者们曾就申国的问题展开了热烈的讨论。其中徐少华先生指出申国"源于西方戎族中较盛的一支，属于西戎中华化较早的一部分。西周早中期，立国于今陕西北境，称'申侯'。西周晚期周宣王时，为挽回'南土'日益失去控制的局势，改封元舅申伯于南阳盆地，建立'南申'，定都于谢，即今河南南阳市内的老城区一带"[1]，徐先生的这一阐释，比较好地揭示了申国一分为二的历史由来。而太子宜臼被废黜后，他所去投奔的娘舅家是西申国，而不是位于南阳的南申。西申国之名见于《逸周书》的《王会》篇，该国的具体位置虽然不详，但以往学者指出西申应在今陕西安塞以北，而且很可能为戎人的一支，这种见解应该大致可信。因此我们也就可以明白，原来太子宜臼被废黜后，是向西北逃窜到了西申国[2]，而这一带与犬戎的活动地区十分接近，这也就很好地解释了申人与犬戎之所

---

[1] 徐少华：《从叔姜簋析古申国历史与文化的有关问题》，《文物》2005年第3期，第67页。
[2] 实际上《竹书纪年》的佚文已经明确有"平王奔西申"的记载，只是学者们从来没有意识到这里说的"西申"就是西申国。

以可以联合攻打周师的原因；而位于南阳的"南申"国则与西申毫不相关，西周末年申和犬戎的联合，实际上是西申国和犬戎的联合，而不是位于南阳的南申国与犬戎的联合。

西申在戎人中有很大的影响力，并与周、秦有着十分密切的往来，西申不仅与秦人通婚，而且还多次与周王室联姻。特别是周幽王之妻也是来自西申，这是过去学者们所不了解的。西周末年，王室实力削弱，而申戎等戎人则不断壮大，周幽王废除申后，又废太子宜臼，进而派兵包围西申，成为申戎等戎人与周王室之间战争的导火线，并最终导致了西周的覆灭。

第二，周幽王被杀和西周覆灭，是由于王室内部争权夺利而引发，清华简《系年》对整个事件的经过记载得十分清楚。从整个事件的历程可以判断，当时根本就没有发生过烽火戏诸侯的事件。

第三，携王的"携"可能并非地名。西周覆灭后，曾出现了"携王"，关于这一点，《古本竹书纪年》言："幽王既死，而虢公翰又立王子余臣于携。"[1] 王子余臣为什么会被称为"携王"，学者们有不同的意见。一种观点认为，王子余臣之所以被称为"携王"，是因为他在"携"这个地方被立为王，持这种观点的学者为数较多。然而奇怪的是，在古代文献中，却根本找不到"携"这个地名，只有雷学淇在《竹书纪年义证》卷二七提供了一个证据，雷氏也承认携作为地名并不为人所知，但又说"《新唐书》《大衍历议》谓丰、岐、骊、携皆鹑首之分，雍州之地，是携即西京地名矣"。[2] 不过这个证据却令人疑窦丛生，我们在《新唐书》及《旧唐书》等文献中并没有能够查到雷学淇所引用的这条材料，因此，僧一行等唐代学者是否曾有过这样的论述，颇令人怀疑。退一步说，即使唐代学者真有这样的看法，由于唐代上距西周末年已有一千多年，而"携"作为地名却一直是于

---

[1] 方诗铭、王修龄：《古本竹书纪年辑证》，上海：上海古籍出版社，1981年，第60页。
[2] （清）雷学淇：《竹书纪年义证》，收入宋志英辑：《〈竹书纪年〉研究文献辑刊》（第9册），北京：国家图书馆出版社，2010年，第422页。

史无征，因此就算唐人有这样的论述，估计也是一种臆测之言，不足凭信。

童书业先生提出另外一种意见，他认为这里的"携"为谥号："携王之'携'或非地名，《逸周书·谥法篇》云：'息政外交曰携'。"①童先生的意见很有启发，不过《逸周书》的《谥法篇》原文作"息政外交曰推"，童先生系据卢文弨的校定本而改，但是卢氏等人的主要证据就是携王的称谓，因此，"携"是否为谥号，也还值得进一步推敲。

第三种意见出于孔颖达的《左传正义》所引，孔氏在讨论"携王奸命"时曾引用了一则《竹书纪年》记载："二十一年，携王为晋文公（按：实为晋文侯）所杀。以本非適（"嫡"之义），故称携王。"这句话说得有些含糊。为什么"以本非適"，会被称为"携王"呢？原来，"携"在古代有离异、有二心的意思。如《左传·僖公二十八年》曰："不如私许复曹、卫以携之"，杜注："携，离也。"②《史记·吴太伯世家》曰："近而不偪，远而不携"，《集解》引杜预之言曰："携，贰也。"③这些都可以证明"携"有离、贰的意思。

根据清华简《系年》，我们可以知道，余臣原为幽王之弟，在周代父死子继的继承传统之下，余臣本没有继承王位的资格。清华简《系年》称"邦君诸正乃立幽王之弟余臣于虢，是携惠王"，这里的"邦君诸正"即是《古本竹书纪年》所说的"虢公翰"等人。根据清华简我们可以知道，虢公翰等人拥立余臣的地点是在虢，也就是位于河南三门峡一带的西虢，这就揭开了千百年来关于余臣被拥立地点的谜团，余臣被拥立的地点是在虢而不是"携"，"携"作为地名并不存在，该字很可能是因后来"携王"称谓而致误。"携王"就是清华简《系年》中所说的"携惠王"，其中的"惠"字应当是其支持者给他的谥号，至于"携"，应当是后人出于正统观念对他的称呼，其含义当为"贰"，系对余臣的一种贬称，也就是《左传正义》

---

① 童书业：《春秋左传研究》，上海：上海人民出版社，1980年，第40页。
② （晋）杜预注，（唐）孔颖达正义：《春秋左传正义》卷十六，收入（清）阮元校刻：《十三经注疏》（下册），第123页上栏。
③ （汉）司马迁：《史记》卷三十一，北京：中华书局，1982年，第1453、1456页。

所引用的那样："以本非適，故称携王。"这可能最符合"携王"之称的原义。

第四，平王东迁有一个过程。《史记·周本纪》载周幽王死后，诸侯拥戴太子宜臼即位，这就是周平王。《周本纪》并言："平王立，东迁于洛邑。"① 而《史记·十二诸侯年表》更是在平王元年（公元前770年）下写"东徙洛邑"②，似乎是认为周幽王死后，周平王就紧接着即位，随后东迁洛邑。然而，历史事实可能并非如此简单。依据汲冢所出《纪年》的记载，幽王死后，虢公翰等人拥立王子余臣为王，以与周平王相抗衡，出现了"二王并立"的局面。最后是"二十一年，携王为晋文公所杀"，这一对立局面才得以结束。然而《纪年》此处说的"二十一年"，究竟是携王二十一年抑或是晋文侯二十一年，却引起了长期的热烈讨论。

由于清华简《系年》的面世，这一问题终于得到解决。李学勤先生据清华简《系年》的相关论述，指出："至于余臣，简文说明是'幽王之弟'，立于虢，称'携惠王'，'立廿又一年'，被晋文侯所杀，这同《纪年》的记载一致。《纪年》的'二十一年'，也应是携王的在位年，不是晋文侯的二十一年。"③ 从《系年》的记载可以看出，在二王并立长达二十一年的时间里，周平王是无法东迁的。

携惠王在位二十一年，后来才被晋文侯所杀。依据清华简《系年》的记载，当时周王廷曾出现了"亡王九年，邦君诸侯焉始不朝于周"的严重局面。对于这一记载，学者们的理解有很大的差别。我们认为这里不妨就理解为晋文侯杀携惠王之后，周曾出现了长达九年的无王状况。如果这一解释成立的话，就意味着在携惠王被杀后的很长时间里，太子宜臼（也就是后来的周平王）仍未得到周朝贵族和诸侯们的承认。后来的转机是由于

---

① （汉）司马迁：《史记》卷四，第149页。
② （汉）司马迁：《史记》卷十四，第532页。
③ 李学勤：《清华简〈系年〉及有关古史问题》，《文物》2011年第3期，第71页。

晋文侯[①]的立场转变而出现的，晋文侯先是把周平王迎接到了少鄂[②]，后来又在京师拥立周平王为君[③]。周平王立了三年后，才东迁到了洛邑。如果按照这个时间表，幽王死后，携王在位二十一年，被晋文侯所杀，周无王九年，然后周平王即位，三年后东迁洛邑，前后已经历三十三年。这样推算下来，平王东迁的时间应该是在公元前737年前后，这与我们以往对于周史的认识可谓大相径庭。

平心而论，如果说周平王是在公元前737年左右才东迁，在文献上是可以找到一些相关证据的。《左传·僖公二十二年》载：

> 初，平王之东迁也，辛有适伊川，见被髪而祭于野者，曰："不及百年，此其戎乎！其礼先亡矣。"秋，秦、晋迁陆浑之戎于伊川。[④]

鲁僖公二十二年为公元前638年。按照《左传》的这一叙述，周平王东迁的时候，辛有在伊川看到了一幕不遵循礼仪而祭祀的场景，于是断言不到百年，这一地区将为戎人所有，因为其礼仪已经预先消亡。结果，到了鲁僖公二十二年亦即公元前638年的秋天，秦国和晋国把陆浑之戎迁到了伊川，这一地区果然为戎人所有。如果平王东迁确实是在公元前737年左右，正好就应验了辛有的这个预言。我们都知道，《左传》《国语》中常常记载了一些重要的预言，最后都被历史所证实，比如《国语·郑语》中史伯对于周王室将乱的惊人预见即属于这一情形。[⑤] 这些预言实际上有很多是后人根据历史的发展情况加工而成，反映了历史的发展脉络。辛有的预见也应该属于这一类型，说明周平王东迁很可能要远晚于公元前770年。

不过，清华简《系年》的这一记载也有一些问题，如果周平王是在携

---

[①] 晋文侯的名字叫仇。
[②] 整理报告已经指出，少鄂可能即《左传》隐公六年所提到的晋地鄂，在今山西乡宁。晋孝侯之子被称为鄂侯，即与此地有关。
[③] 整理报告认为，京师即是宗周。
[④] 杨伯峻：《春秋左传注（修订本）》，北京：中华书局，2009年，第393～394页。
[⑤] 参见徐元诰撰，王树民、沈长云点校：《国语集解》，北京：中华书局，2002年，第460～482页。

王二十一年被杀，周无王九年之后被拥戴为王，这一理解又会与其他一些记述相矛盾[①]，因此还只能是一种假设。但可以肯定的是，周幽王死后，周平王是经历了长期的曲折历程，最终才东迁洛邑。

由于二王并立和平王东迁是东周初年持续了长达二三十年的历史事件，它们对于当时历史的影响自然十分深远。如果我们从这个角度来考虑，或许可以对两周之际的历史有一些不一样的认识。

比如，《春秋》和《左传》都记载了周王室向鲁国"求赙""求车"的记载，在《左传》中把它们视为"非礼"的行为。但是现在我们认识到周平王东迁虽然是发生在东周初年，却比我们想象的时间晚了数十年时，我们对这一现象可以有不同的解读。当时周王室刚刚迁到新都后不久，尚未站稳脚跟，百废待兴，一旦发生紧急情况时，仅仅依靠周王室自己有限的财力很难应付，只好出面请诸侯国予以支援，这应该是这些"求赙""求车"的历史背景所在。值得注意的是，这种情况仅是在鲁隐公和鲁桓公时期出现，后来即不再见于历史记载，这或许从一个侧面反映出东迁后的周王室逐渐走向正轨的历程。

又比如，孔子作《春秋》，为什么不从周平王元年即公元前770开始，而是从鲁隐公元年即公元前722年开始？这是一个经学史上争论已久的问题，有种种不同的观点，顾颉刚先生曾把其中最主要的几种观点归纳并评

---

[①] 比如，这一年代与许多传世文献的记载不合。如果平王即位要晚到公元前740年前后，东迁要到公元前737年左右才进行的话，那么秦襄公、卫武公、郑武公等人就不可能拥立周平王并护送平王东迁。据《史记·秦本纪》载，秦"襄公以兵送周平王，平王封襄公为诸侯"。但是《秦本纪》言秦襄公七年时，幽王被杀；襄公十二年，"伐戎而至岐卒"，因此秦襄公辞世应该在公元前766年，显然与《系年》的论述不同。又比如《史记·卫康叔世家》载：卫武公"四十二年，犬戎杀周幽王，武公将兵往佐周平戎，甚有功，周平王命武公为公"。卫武公在位55年，其辞世当在公元前758年，显然年代也不能相符。再比如《国语·晋语四》称郑武公"与晋文侯戮力一心，股肱周室，夹辅平王，平王劳而德之，而赐之盟质，曰：'世相起也。'"而据《史记·郑世家》，郑武公之父桓公死于幽王之难，武公随后即位，共在位27年，其辞世当在公元前744年，也与《系年》所载平王即位时间不合。当然，我们可以把这些互相矛盾的记载理解为幽王死后，周平王虽然尚未被立为王，但曾经积极与众多诸侯接触，许诺给予各种优惠条件，寻求他们的支持。不过，面对这么多相互矛盾的记载，毕竟心有未安。

论如下:

《春秋》何以始自隐公,释者有数说:(一)隐公值平王时,所以自东迁起,纪中兴也。然平王东迁时为鲁孝公,孝公而后惠公,惠公而后始为隐公,故当始于孝公而不当始于隐公也。于是有第(二)说:谓孔子敬隐公之仁而伤其亡也,然何以不自开国之君更可敬者?此亦讲不通。可从者其惟第(三)说:清江永《群经补义》:"疑当时《鲁春秋》惠公以上鲁史不存,夫子因其存者修之,未必有所取义也。"[1]

在关于《春秋》何以始于隐公的问题上,顾颉刚先生否定了两种影响很大的观点,其意见本身是很有说服力的;不过,他所认同的"惠公以上鲁史不存,夫子因其存者修之,未必有所取义"之说,其实也存在很大的问题。《左传·昭公二年》记载晋卿韩宣子出使鲁国,"观书于大史氏,见《易象》与《鲁春秋》,曰:'周礼尽在鲁矣,吾乃今知周公之德,与周之所以王也。'"[2] 在韩宣子所推重的典籍中,记载鲁国历史的《鲁春秋》赫然在列。从韩宣子所说的"吾乃今知周公之德与周之所以王"可以知道,这部《鲁春秋》是从鲁国始封一直记载下来的,并不存在所谓"鲁史不存"的问题。春秋时期,鲁国的政局虽然也有动荡,但是从未有鲁史遭到损毁、破坏的情况发生。孔子作《春秋》的时代,距韩宣子并不远,当时鲁国的公室并未发生大规模的动乱,孔子能够见到《鲁春秋》的全本,应该是可以肯定的。

那么孔子作《春秋》为什么要始于隐公呢?我们可能更多地要从孔子所要表达的微言大义中来理解。我们知道,孔子是非常重视《春秋》的教化作用的,《孟子·滕文公下》载:"孔子曰:知我者,其惟《春秋》乎?罪我者,其惟《春秋》乎?"[3] 又说"孔子成《春秋》而乱臣贼子惧"[4],无不在强

---

[1] 顾颉刚:《顾颉刚古史论文集》卷十一,北京:中华书局,2011年,第554页。其实,关于《春秋》有所残缺的意见,宋代的王安石即已有此意见,并戏称《春秋》为"断烂朝报",其情形见《宋史·王安石传》:"黜《春秋》之书,不使列于学官,至戏目为断烂朝报"(元)脱脱等撰:《宋史》卷三百二十七,北京:中华书局,1985年,第10550页。
[2] 杨伯峻:《春秋左传注(修订本)》,北京:中华书局,2009年,第1226~1227页。
[3] (清)焦循撰,沈文倬点校:《孟子正义》卷十三,北京:中华书局,1987年,第452页。
[4] (清)焦循撰,沈文倬点校:《孟子正义》卷十三,第459页。

调《春秋》的教化意义。孔子本人注重微言大义与维护周代礼仪制度，笔则笔，削则削，强调要为尊者讳，为亲者讳，这是孔子在编写《春秋》时的一个重要原则。在鲁隐公之前，鲁孝公卒于公元前 769 年，而鲁惠公的在位时间是公元前 768 至公元前 723 年，这两任国君的在位时期正好是西周覆亡、二王并立的动荡阶段。我们可以设身处地来考虑一下，孔子要写这一段历史，必然绕不开二王并立之事，但是携惠王本来是合法的继承者，而周平王却是不那么光彩的王位争夺者，经过二十多年的争夺，最终却是以周平王的获胜而结束。对于两周之际的长期动荡和携惠王与周平王争位的历程和结果，孔子肯定是难以下笔的。所以在史事的裁剪与编排上，孔子便对从公元前 770 年至公元前 723 年这近五十年的历史予以忽略与淡化，在作《春秋》时改为从鲁隐公时开始，这很可能才是《春秋》始于鲁隐公的最大原因。前人由于不了解两周之际的这段历史真相，未能从二王并立这个角度来考虑春秋早期错综复杂的历史进程，也未能很好地体味孔子作《春秋》时的苦心孤诣。相应地，清华简《系年》因记载和还原了这段历史而显得极为珍贵，帮助我们更好地揭开《春秋》始于鲁隐公背后的隐情。

从上述的讨论我们可以看出，清华简《系年》中有关西周覆灭、平王东迁的记载确实为我们澄清相关历史带来了极好的机会，但同时它的一些内容又令人十分困惑，怎样理解《系年》的有关论述，更好地还原这段错综复杂的历史，仍然是一项摆在我们面前的艰巨任务。

## 第三节　息妫事迹

河南省东南部的息县，是周代息国的封地。春秋时期息妫与息侯的不幸遭遇千百年来引起了人们深深的慨叹。

根据刘向所编《列女传》的记载，息国是被楚文王所灭。楚文王灭掉息国后，俘虏了息侯，让他做一个看门人。不仅如此，楚文王还要把息侯之妻息妫纳入自己的后宫。息妫有一次趁出游之机，偷偷见到了已成为看门人的息侯，向他表白了自己的心迹：我无时无刻不想念着夫君，人生终究一死而已，与其生离于世间，还不如在地下相聚。于是她吟诵了"榖则异室，死则同穴"（"榖"的意思是"生，活着"，这句诗的意思是活着不能团聚，死了也要在一起）的诗句，自杀身亡，息侯也于同日自杀而死。楚文王被这对夫妇的挚爱深情所感动，于是下令以诸侯的礼节将这对夫妇合葬。

《列女传》的这个记载歌颂了息侯与息妫之间坚贞不渝的爱情，一直为人们所传诵。如唐代诗人宋之问曾作了《息夫人》一诗，其中写道："可怜楚破息，肠断息夫人。仍为泉下骨[①]，不作楚王嫔。楚王宠莫盛，息君情更亲。情亲怨生别，一朝俱杀身。"诗文对息妫与息侯两人感人至深的爱情故事予以了颂扬。

那么，息国又是如何被灭的呢？

根据《吕氏春秋·长攻》的记载，在息国的亡国之祸中，蔡国的蔡哀侯扮演了一个极不光彩的角色。原来，蔡哀侯之妻来自陈国，而息侯的妻子息妫也来自陈国，而且这两人还是姐妹，按理来说两国关系也应该非常亲密。但是，南方的楚文王一直对蔡国和息国怀有觊觎之心。为此，楚文王假装与蔡国交好，与蔡哀侯打得火热，并向蔡哀侯请教消灭息国之策。蔡哀侯竟然向楚文王建议说：息侯之妻是我的小姨，如果我去息国，与息侯夫妇一起宴飨，他们一定不会起疑心。大王如果和我一同前去，就可以趁机灭掉息国。楚文王一听，正中下怀。于是楚文王与蔡哀侯一起，打着举行宴飨之礼的借口，来到了息国，趁机灭掉了息国，俘虏了息君夫妇。随后楚文王又来到蔡国，活捉了蔡哀侯，灭掉了蔡国。[②]息国和蔡国都成了蔡哀侯这一愚蠢无比的阴谋的牺牲品。

---

[①] 在有的版本中，"仍为泉下骨"作"宁为泉下骨"。
[②] 相关记载，参见陈奇猷：《吕氏春秋新校释》卷十四，第797～799页。

不过，关于楚国灭息与蔡的有关情节，《左传》的记载却与《吕氏春秋》有着很大的不同。

据《左传·庄公十年》所记，公元前684年，息妫嫁给了息侯。由于息妫来自陈国，陈国都城位于今天的淮阳一带，蔡国则在今天的上蔡附近，息妫要从陈国去息国，蔡国为其必经之地。蔡哀侯早就听说息妫十分端庄秀丽，因此当息妫路过蔡国时，蔡哀侯以息妫是其小姨为由，一定要息妫在陈国留宿，并行为轻佻。到了息国之后，息妫把蔡哀侯的所作所为告诉了息侯，息侯听后，怒不可遏，一定要报此奇耻大辱。但是息国毕竟是一个小国，无法与蔡国相抗，需要有别国相助。于是，息侯想到了楚国。他派人去找楚文王，建议楚文王假装来攻打息国，息国会向蔡国求救，楚军可以乘机在路上设下埋伏，出其不意，一举击败蔡国。楚文王听从了息侯的建议，命令楚军在莘（今河南汝南附近）设下埋伏，大败蔡军，俘虏了蔡哀侯。①

《左传》中再一次提到息妫，是在公元前680年。据说蔡哀侯意识到自己被息侯出卖后，在楚文王面前不断夸耀息妫的美貌。于是楚文王去了息国，借口与息侯一起宴飨，乘机灭掉息国，携走了息妫。息妫为楚文王生了堵敖和楚成王两个儿子。② 著名学者杨伯峻先生在《春秋左传注》中已经指出，息国被灭是在此数年之前的事情，在公元前680年《左传》第二次提到息妫时，她已经成为楚文王之妇，而且已经是有两个儿子的母亲了。杨先生的这一分析当然是正确的，不过，《左传》中并没有说明息国灭亡的具体时间，至于息侯的命运，《左传》中也没有更多谈及。

据《左传》载，息妫虽然在楚王宫里过着锦衣玉食的生活，但是整天郁郁寡欢，沉默不言。楚文王向她询问缘故，息妫回答说："我是一个妇人，

---

① 相关记载，参见杨伯峻：《春秋左传注（修订本）》，北京：中华书局，2009年，第184页。
② 相关记载，参见杨伯峻：《春秋左传注（修订本）》，第198~199页。

却侍奉过两个夫君，没有能去死也就罢了，还有什么可说的呢？"①从息妫的这番回答中，我们能够体会出她对息侯一直怀着深深的感情。

以上这些涉及息妫的截然不同的记载，哪一个更为可信呢？对此，清华简《系年》可以给我们提供很好的判断依据。

在清华简《系年》的第五章中，详细记载了楚文王灭息国的经过。相关内容如下：

> 蔡哀侯娶妻于陈，息侯亦娶妻于陈，是息妫。息妫将归于息，过蔡，蔡哀侯命止之，曰："以同姓之故，必入。"息妫乃入于蔡，蔡哀侯妻之。息侯弗顺，乃使人于楚文王曰："君来伐我，我将求救于蔡，君焉败之。"文王起师伐息，息侯求救于蔡，蔡哀侯率师以救息，文王败之于莘，获哀侯以归。文王为客于息，蔡侯与从，息侯以文王饮酒，蔡侯知息侯之诱己也，亦告文王曰："息侯之妻甚美，君必命见之。"文王命见之，息侯辞，王固命见之。既见之，还。明岁，起师伐息，克之，杀息侯，取息妫以归，是生堵敖及成王。……

简文中"蔡哀侯妻之"的"妻"字，相当于古籍中"妻略妇女"的"妻"字，元代的胡三省曾解释为"私他人之妇女若己妻然"②，实际就是凌辱之义。"息侯弗顺"，是指息侯心里很不痛快，耿耿于怀。息侯为此向楚国献计攻蔡，楚文王听从了息侯的建议，设伏击败蔡师，俘虏了蔡哀侯。在路过息国时，息侯设宴犒劳楚文王。"息侯以文王饮酒"的"以"字，应该解释为"与"，全句意思是息侯与楚文王一起把酒畅饮。蔡哀侯发现自己受骗上当后，就在楚文王面前盛赞息妫的美艳，怂恿楚文王一睹芳颜，最终为第二年楚文王灭息埋下了伏笔。

《系年》是楚国人自己撰写的历史著作，对于楚国的历史以及楚国如

---

① 原文是：吾一妇人，而事二夫，纵弗能死，其又奚言？见杨伯峻：《春秋左传注（修订本）》，第 199 页。
② 原文和胡三省注见于《资治通鉴·汉纪》汉桓帝和平元年三月甲午条，收入（宋）司马光编著，（元）胡三省音注：《资治通鉴》卷五十三，北京：中华书局，1956 年，第 1717 页。

何灭息的记载自然更为可信。把《系年》上的这段文字与前述各家文献相对比，不难发现，《系年》的记载与《左传》的相关内容基本上是一致的，但是更为具体，特别是补充了两个重要的环节：

第一，息国的灭亡是在蔡哀侯被俘后的第二年亦即公元前683年，楚文王专门出师伐息，灭掉了息国。这就给我们提供了息国灭亡的准确时间。

第二，息国灭亡时，息侯也一起被杀，只有息妫被掳到楚国。这也就证明了《列女传》中有关息妫与息侯被掳后同日自杀身亡之说是不准确的。

虽然息妫并未与息侯一起自杀而死，但从《左传》的记载中我们可以知道，她一直把对息侯的思念之情深深地藏在自己的心上。也许唐代大诗人王维的《息妫怨》一诗更能反映息妫的处境和心情：

莫以今时宠，能忘旧日恩。看花满眼泪，不共楚王言。

这也许就是息妫事迹千百年来一直有强大生命力的重要原因之一。

# 第十二章 《系年》新知（下）

## 第一节　夏姬身份之谜

《诗经·陈风》中有一首名叫《株林》的诗歌。从古至今，学者们多认为它是一首讽刺陈灵公的诗，如《毛诗序》就说该诗是"刺灵公也，淫乎夏姬，驱驰而往，朝夕不休息焉"[1]。文中所提到的夏姬，是春秋时期一位富有传奇色彩的女子，《左传》《国语》《史记》《列女传》等典籍都有关于夏姬的记载，综合诸家所述，其经历大致如下：

夏姬原为郑穆公之女，长得极其艳丽，按照《列女传》的说法，夏姬的相貌是"美好无匹"[2]，没有人能够与她媲美。郑国是一个在男女关系方面比较自由开放的诸侯国，因而在当时就有所谓"郑声淫"的说法。据说夏姬最初嫁给了子蛮（此人身份不详，杜预认为是郑灵公，郑灵公是夏姬之兄），子蛮死后，她又嫁给了陈国大夫御叔，所生的儿子名叫夏徵舒。后来御叔又死，守寡的夏姬竟然又被陈灵公和他的两个权臣孔宁、仪行父看上，君臣三人一有机会就到夏姬家里寻欢作乐。《国语·周语中》称陈灵公"弃其伉俪妃嫔，而帅其卿佐以淫于夏氏"[3]，因此就有了《株林》这些讥讽陈灵公的诗篇。然而陈灵公对自己的行为不仅不以为耻，还与孔宁、仪行父各自穿着夏姬的内衣，在朝廷里开起了轻薄的玩笑。大臣泄冶实在看不下去，就对陈灵公加以规谏，没想到反而惹来杀身之祸。公元前 599 年的一天，陈灵公三人又来到夏姬家，当着夏徵舒的面戏谑说夏徵舒是他们三人的儿子。当时，夏徵舒已经长大成人，且身为卿士，听了这番话以后，非常羞愤，遂将陈灵公射杀，自立为陈侯。孔宁、仪行父逃奔到楚国。

公元前 598 年的冬天，楚庄王乘陈国内乱，攻打陈国，杀死夏徵舒，

---

[1] （汉）毛亨传，郑玄笺，（唐）孔颖达疏：《毛诗正义》卷十二，见（清）阮元校刻：《十三经注疏》（上册），北京：中华书局，1980 年，第 379 页上栏。
[2] （清）王照圆撰，虞思徵点校：《列女传补注》卷七，上海：华东师范大学出版社，2012 年，第 306 页。
[3] 徐元诰撰，王树民、沈长云点校：《国语集解》，北京：中华书局，2002 年，第 68 页。

将孔宁、仪行父二人送回陈国，夏姬则被楚庄王掳走。

楚庄王是一位有着雄才大略的春秋霸主，然而见到了夏姬之后，竟然也为夏姬的美貌所倾倒，想把她纳入自己的后宫。他的大臣申公巫臣劝阻说："大王召集诸侯出兵伐陈，是为了讨伐夏徵舒的罪行，如果您收纳了夏姬，就会使大家觉得你是为了贪恋夏姬的美色而用兵的，这怎么可以呢？！"[①]楚庄王被迫打消了这一念头。

楚国贵族子反也看中了夏姬，想把她娶回，这也遭到了申公巫臣的反对："夏姬是个'不祥之人'，她使子蛮早死，御叔被杀，陈灵公被弑，夏徵舒受诛，孔宁、仪行父被迫逃亡，陈国因此灭亡，可以说她是不祥之甚！天下多的是漂亮女子，为什么非要娶这样一个不吉利的女子呢？"[②]子反也只好放弃了自己的想法。

最后楚庄王把夏姬赐给了贵族连尹襄老，可是没过多久，连尹襄老就战死疆场，连尸骨都未能取回。随后，连尹襄老的儿子黑要又霸占了夏姬。

正在此时，申公巫臣终于露出了他自己的真实目的。他派人偷偷与夏姬联系，说自己要娶她。

为了能娶到夏姬，申公巫臣可谓煞费苦心。他先让夏姬以寻找并接回连尹襄老的尸首为理由，回到了郑国。公元前589年，申公巫臣借楚国派他出使齐国之机，带上自己的家人和资产，途经过郑国，申公巫臣带上夏姬，一起逃奔到了晋国，晋人任命申公巫臣为邢邑大夫。

申公巫臣携夏姬出逃的消息传回楚国，子反才如梦初醒，后悔自己上

---

① 原文出自《左传·成公二年》：庄王欲纳夏姬。申公巫臣曰："不可。君召诸侯，以讨罪也；今纳夏姬，贪其色也。贪色为淫，淫为大罚。《周书》曰：'明德慎罚'，文王所以造周也。明德，务崇之之谓也；慎罚，务去之之谓也。若兴诸侯，以取大罚，非慎之也。君其图之！"王乃止。见杨伯峻：《春秋左传注（修订本）》，北京：中华书局，2009年，第803页。

② 原文出自《左传·成公二年》：子反欲取之，巫臣曰："是不祥人也。是天子蛮，杀御叔，弑灵侯，戮夏南，出孔、仪，丧陈国，何不祥如是？人生实难，其有不获死乎！天下多美妇人，何必是？"子反乃止。见杨伯峻：《春秋左传注（修订本）》，第803~804页。

了申公巫臣的大当。当时楚庄王已死，楚共王在位，楚共王虽然制止了子反报复申公巫臣的念头，但是子反心里一直愤愤不平。最终，子反还是联合另一位痛恨申公巫臣的贵族子重，杀死了申公巫臣在楚国的族人子阎、子荡等人，处死了连尹襄老之子黑要，并瓜分了这些人的财产。对于子反、子重的暴行，申公巫臣怒不可遏，他从晋国给子反、子重写了封信，说："你们用邪恶贪婪事奉国君，而且滥杀无辜，我一定要让你们疲于奔命而死。"[1] 成语"疲于奔命"就是由此而来。

为了报复楚国，申公巫臣向晋国国君建议，联合吴国，共同抗楚。晋景公采纳了申公巫臣的建议，并派他出使吴国。申公巫臣到达吴国后，唆使吴国背叛楚国，与晋国通好。申公巫臣给吴人带去了战车、射手和御者，并教吴人使用战车，学习战阵，吴人的军事实力得到了大幅提高。宋代文学家苏轼在《戏书吴江三贤画像三首》中有"谁将射御教吴儿，长笑申公为夏姬"的诗句，所描写的就是这一情形。申公巫臣还把自己的儿子狐庸留在吴国，让他在吴国做外交官。此后，吴国开始与中原诸国往来，并不断地侵扰楚国及其附属国，攻城略地，实力不断增强，这也为后来吴国的争霸活动埋下了伏笔。

楚国在晋、吴的夹击下，腹背受敌，被迫在两条战线上同时作战，子重、子反甚至要"一岁七奔命"，疲于应付吴军的侵扰，尝尽了晋、吴联盟的苦头。公元前575年，晋、楚爆发鄢陵之战，楚军溃败，子反被迫自杀；公元前570年，子重为了改变被动的局面，经精心准备后出兵攻吴，结果却"所获不如所亡（失）"[2]，楚人归罪于子重，子重又羞又气，发病而死。

事情还没有完全结束。申公巫臣与夏姬到晋国以后，生了一个女儿，她长大以后嫁给了晋国大夫叔向，生了一个儿子，名叫杨食我。公元前

---

[1] 原文出自《左传·成公七年》：巫臣自晋遗二子书，曰："尔以谗慝贪惏事君，而多杀不辜，余必使尔罢（疲）于奔命以死。"参见杨伯峻：《春秋左传注（修订本）》，第834页。
[2] 《春秋左传·襄公三年》传文，参见杨伯峻：《春秋左传注（修订本）》，第926页。

514年，杨食我因为参与作乱，整个家族都被晋顷公诛杀，叔向的家族因此灭亡，后人也把这个结局归罪到了夏姬身上。

古人常常将女子视为红颜祸水，如把西周的灭亡归罪于褒姒，称"赫赫宗周，褒姒灭之"（出自《诗经·小雅·正月》）；吴三桂降清，是"冲冠一怒为红颜"，等等，这是古人的一种偏见。不过能够像夏姬这样在如此长的时间里影响历史进程的女子确不多见。围绕夏姬所发生的种种事件，改变了陈、楚、晋、吴等国的政治与外交，对于春秋中后期的历史产生了深远的影响。《列女传》称"夏姬好美，灭国破陈，走二大夫，杀子之身，殆误楚庄，败乱巫臣，子反悔惧，申公族分"[1]，《左传》则称由于夏姬的缘故而"杀三夫、一君、一子，而亡一国、两卿"[2]，陈、楚等国的国君、卿大夫们都沉迷于她的美色之中不能自拔，这在春秋历史上是罕有其匹的。

不过，这些传世典籍有关夏姬的记载中，最令人困惑的是她的年龄。如果夏姬先后嫁给子蛮和御叔后，又生了夏徵舒，而且夏徵舒已经长大成人，任陈国之卿士，那么此时的夏姬已经应当是30岁至40岁了，这样一个中年女子，竟能让陈、楚等国国君及卿大夫们为之神魂颠倒，确实是不可思议。而申公巫臣费尽心机和她私奔晋国，是在十年之后，此时的夏姬已经接近50岁，两人到晋国之后还生了女儿，这些都让人觉得无法理解。对此，刘向《列女传》只好将此归之于夏姬本人有媚术："（夏姬）内挟技术，盖老而复壮者，三为王后，七为夫人，公侯争之，莫不迷惑失意。"[3] 这种解释当然是十分牵强的。

清华简《系年》中也有关于申公巫臣和夏姬的记载，与传世文献相比，显然要合理得多。

清华简《系年》第15章记载了楚、吴、陈等国关系的变化情况，其

---

[1] （清）王照圆撰，虞思徵点校：《列女传补注》卷七，第307～308页。
[2] （晋）杜预注、（唐）孔颖达正义：《春秋左传正义》卷五十二，收入（清）阮元校刻：《十三经注疏》（下册），1980年，第2118页上栏。
[3] （清）王照圆撰，虞思徵点校：《列女传补注》卷七，第306～307页。

中说道：

> 楚庄王立，吴人服于楚。陈公子徵舒娶妻于郑穆公，是少孔。庄王立十又五年，陈公子徵舒杀其君灵公，庄王率师围陈。王命申公屈巫适秦求师，得师以来。王入陈，杀徵舒，取其室，以予申公。连尹襄老与之争，夺之少孔，连尹止于河雍。其子黑要也又室少孔。庄王即世，共王即位。黑要也死，司马子反与申公争少孔，申公曰："是余受妻也。"取以为妻。司马不顺申公。王命申公聘于齐，申公窃载少孔以行，自齐遂逃适晋，自晋适吴，焉始通吴、晋之路，教吴人叛楚。

篇中的少孔，就是传世文献中所说的夏姬，"少孔"的"少"可能是"小"的意思，《左传》中有"少卫姬""少姜"等名字，所表示的"少"也是指其在家族的兄弟姐妹中年龄较小，史载夏姬是"郑穆少妃姚子之子，子貉之妹"[①]，称之为'少'可能与此有关（整理报告认为夏徵舒是"少西氏"，"少"可能是"少西氏"的省称）；孔应该是夏姬的名字；"申公屈巫"即"申公巫臣"；"夺之少孔"中的"之"是代词，意为"此"，指连尹襄老从申公巫臣那里夺走了这位少孔；"连尹止于河雍"是指连尹襄老在河雍的战役中被俘而死，其中的"止"意为"被俘"；"黑要也"就是"黑要"；"室"义为"娶"；"受妻"指楚庄王曾以夏姬赐给申公巫臣，因此申公巫臣说夏姬是其"受妻"；"不顺"训为"不服"，指子反不甘心申公巫臣娶走夏姬；因此，申公巫臣与夏姬逃离楚国，奔赴晋国，并在晋、吴之间沟通联络，从而开启了晋、吴联合抗楚的新局面。

如果把清华简《系年》的有关记载与传世文献相比较，可以看出二者之间有较大的不同，其中最关键的是以下几个方面：

第一，夏姬并非御叔之妻，而是夏徵舒之妻。这一历史真相可以说是两千多年来人们从来没有想到的。但是只要稍加思考，就会发现这一情况非常合理。因为郑穆公生于公元前649年，他在位的时间是公元前627年

---

① 《春秋左传·昭公二十八年》传文，参见杨伯峻：《春秋左传注（修订本）》，第1492页。

至公元前 606 年。作为郑穆公的小女儿，夏姬的年龄显然并不会太大，而公元前 599 年夏徵舒不仅能射杀陈灵公，而且还能篡取陈国的君位，自立为君，说明夏徵舒本人已是一个血气方刚的年轻人。从时间上来说，夏姬绝不可能会有夏徵舒这样一个儿子，反而是夏徵舒的年纪要比夏姬更大一些。因此，夏徵舒作为夏姬的丈夫，其身份显然是再合适不过的。如果陈灵公被杀时，夏姬只不过是一个二十岁左右的少妇，那么后来历史的发展就全部非常合理了，围绕夏姬的所谓"老而复壮"的传说自然也就是一些荒诞可笑的传闻而已。

第二，楚庄王伐陈时，申公巫臣曾去联系秦国共同出兵，而这一点在传世文献中并无记载。《左传·成公二年》载申公巫臣劝楚庄王不要娶夏姬时，曾说"君召诸侯，以讨罪也"[1]，可见楚庄王伐陈时是召集其他诸侯国共同出兵的，但是当时有什么国家参加了伐陈的军事行动，传世文献中并没有说明，而根据清华简《系年》我们才得以了解，这次伐陈之举，实际上是与秦军共同行动的，这对传世文献是一个很重要的补充。

第三，楚庄王杀死夏徵舒之后，曾把夏姬赐给申公巫臣。实际上这一点在《国语·楚语上》也有反映："庄王既以夏氏之室赐申公巫臣。"[2]但是由于《左传》与此记载全然不同，学者们对《国语》的说法多采取怀疑态度。从清华简《系年》中我们才知道，楚庄王本来就已经将夏姬赐给了申公巫臣（楚庄王的这一举动很可能是因申公巫臣成功地让秦国出兵而对他的犒赏），只是由于连尹襄老横刀夺爱，才使申公巫臣当时未能如愿。

第四，黑要并非被子反、子重所杀。根据清华简《系年》我们可以知道，楚共王即位后不久，黑要就已去世，因此他并非如《左传》所言，是被子反、子重所杀。这一点也很能启发我们，因为按照《左传》所言，夏姬是以去接回连尹襄老的尸首为由回到了郑国，如果黑要当时还活着的话，作为已经霸占了夏姬的黑要竟然不与夏姬一起赶赴郑国，接回自己父亲的尸

---

[1] 杨伯峻：《春秋左传注（修订本）》，第 803 页
[2] 徐元诰撰，王树民、沈长云点校：《国语集解》，第 492 页

首,这显然也是不合情理的。

第五,黑要死后,申公巫臣即已迎娶了夏姬,只是由于担心子反陷害,才借机离开楚国。因此申公巫臣并非是到郑国与夏姬会合后才一起逃奔晋国的,申公巫臣离开楚国时所偷偷带上的家人,实际上就是夏姬。

我们知道,清华简《系年》本身就是楚人所写的一部史书,它关于夏徵舒、夏姬、申公巫臣等人的记载自然更为可信,而且与历史的发展也更为吻合。夏姬本为夏徵舒之妻,夏徵舒被杀后,夏姬被楚庄王赏给了立有大功的申公巫臣,但是却被连尹襄老横刀夺爱。连尹襄老死后,夏姬又被连尹襄老之子黑要所霸占,直到黑要死后,夏姬才真正成为申公巫臣的妻子,但是由于担心司马子反的干涉,两人最后远赴晋国。正是由于清华简《系年》的面世,我们终于能够对这一历史发展过程有了更清楚的了解,而传世典籍中有关夏姬的种种不实传闻,自然也随之烟消云散了。

## 第二节　晋伐中山

中山国是春秋战国时期由白狄建立起来的一个国家,原称鲜虞,至春秋后期改称中山,故当时文献曾以鲜虞与中山并称。战国前期,中山国曾一度被魏国所灭,但不久即复国,并作为一个千乘之国活跃在当时的政治舞台上。公元前323年,中山国曾同燕、韩、赵、魏五国相王,在当时产生了非常大的影响。由于中山国的盛衰兴亡从侧面反映了战国时期各大国间的实力变化与相互关系,清代学者郭嵩焘甚至认为:"战国所以胜衰,中山若隐为之枢辖。"[1]但是由于传世文献中有关中山国的记载十分有限,后人对于中山国的历史文化了解甚少。清代学者王先谦曾费了很大的精力撰写《鲜虞中山国事表疆域图说》一书,搜集文献中的相关材料,所得仍非常简略。

---

[1]　王先谦(撰),吕苏生补释:《鲜虞中山国事表疆域图说补释》,郭嵩焘序,上海:上海古籍出版社,1993年,第1页。

20世纪70年代以来，在河北平山等地发现了大批的中山国文物和遗址，使久已湮没不彰的中山国历史再次引起人们的关注，特别是1978年中山王墓及中山国灵寿城址的发现，为中山国史的研究提供了新的契机，引发了中山国史研究的热潮。1988年以来，在保定的唐县、顺平等地陆续发现了中山国的长城，也是有关中山国史的又一重要考古成果。在考古新发现的有力推动下，20世纪70年代以来，关于中山国史的研究取得了丰硕的成果，已经发表的相关论文约有300多篇，论著数十部，其中光是通论中山国历史的就有《北狄族与中山国》[1]《鲜虞中山国史》[2]等多种，使中山国史的研究不断走向深入。

不过，迄今为止有关中山国的研究，主要集中在战国时期，而涉及春秋时期的研究则显得相对滞后，这主要是由相关的考古发现多集中于战国时代所决定的。由于有关春秋时期中山国的史料鲜有发现，许多问题一直无法厘清，这不能不说是一个很大的遗憾。

令人欣慰的是，在新公布的清华简《系年》中，学者们看到了一些属于春秋时期中山国史的重要材料。

清华简《系年》的第18章论述了公元前546年弭兵之会后的晋、楚等国关系，其中说道：

（晋）遂盟诸侯于召陵，伐中山。晋师大疫，且饥，食人。

关于这段论述的内容，我们需要结合《左传》等史籍的相关论述，才可以很好地理解它的价值。

1. 召陵之会的历史背景

从春秋中期开始，晋、楚两国之间展开了长期的争霸活动，由于势均力敌，两国都没有完全战胜对方的实力。在长期战争与冲突背景下，晋、楚两国都面临着内政和外交的严重危机，而夹在晋、楚之间的宋、郑等国

---

[1] 段连勤：《北狄族与中山国》，桂林：广西师范大学出版社，2007年。
[2] 何艳杰等：《鲜虞中山国史》，北京：科学出版社，2011年。

更因兵连祸结，痛苦不堪，厌战情绪浓厚，因此当时出现了"弭兵"的运动。鲁成公十二年（公元前579年），在宋国华元的斡旋下，晋、楚两国在宋国会盟，约定彼此不相加兵，互通聘使，互救灾难，共同讨伐不听命的诸侯国。可是才过三年，楚国首先撕毁盟约，北侵郑、卫，第一次弭兵运动遂告失败。

到了鲁襄公二十七年（公元前546年），宋国的向戌倡议发起了第二次弭兵之会。当时晋国的六卿之间争权激烈，无暇外顾；楚国则东面受制于吴，不敢北进；其他小国多有内争，自顾不暇，所以这次弭兵之议很快得到各大小诸侯国的积极响应。当年夏天，晋、楚、齐、鲁、郑、许、宋、蔡等14国在宋国举行盟会，共尊晋、楚两国为盟主。这次会盟之后，晋、楚之间维持了约40年比较和平的局面。

向戌弭兵后，随着晋、楚关系的缓和，晋国解除了来自南方的军事压力，可以腾出时间和精力，对付晋国周边的戎狄，特别是其中由鲜虞及肥、鼓等白狄之国结成的以鲜虞为首的部落联盟，更成了晋国的主要攻击目标。

据《春秋》经文，鲁昭公元年（公元前541年）："晋荀吴帅师败狄于大卤。"[①] 根据《左传》所述，在这次战斗中，晋师取得了对无终及群狄的重大胜利。

《春秋》经文又载，昭公十二年（公元前530年），"晋伐鲜虞"。[②] 这也是鲜虞这一国名首次见于《春秋》经传之中。关于这次伐鲜虞的具体情况，《左传》的记载是：

*晋荀吴伪会齐师者，假道于鲜虞，遂入昔阳。秋八月壬午，灭肥，以肥子绵皋归。*[③]

在这次军事行动中，荀吴假装与齐师会盟，向以鲜虞为首的部落联盟提出了借道的要求。晋师在对方毫无防备的情况下发动突然袭击，顺利灭

---

① 杨伯峻：《春秋左传注（修订本）》，第1198页。
② 杨伯峻：《春秋左传注（修订本）》，第1330页。
③ 杨伯峻：《春秋左传注（修订本）》，第1334页。

掉了肥国。晋师在回师的途中，又对鲜虞发起了攻击，即《左传》所谓的"晋伐鲜虞，因肥之役也"。[1]

鲁昭公十三年（公元前529年），荀吴又对鲜虞发起攻击。晋师自著雍侵入鲜虞，与鲜虞战于中人，大胜而归。

鲁昭公十五年（公元前527年），荀吴再次对鲜虞部落联盟发起攻击。这次晋师的主要目标是鼓国。在晋师的长期围困下，鼓人食竭力尽，被迫投降。晋师俘虏了鼓国之君鸢鞮，后来又把他释放。

鲁昭公十七年（公元前525年），荀吴率师灭陆浑之戎。

鲁昭公二十一年（公元前521年），鼓人叛晋，归于鲜虞。

鲁昭公二十二年（公元前520年），荀吴率晋师对鼓国发动攻击。晋师灭掉鼓国后，派涉佗驻守于此，并再次俘虏了鼓国之君鸢鞮。

在晋国征伐的这些戎狄之国中，鲜虞国势最强，也是晋国最希望翦除的目标。虽然其盟国肥、鼓等国都一一为晋所灭，鲜虞不免越来越势单力孤，但它并没有完全屈服于晋。鲁定公三年（公元前507年），晋国对鲜虞用兵，却在平中一带被鲜虞人打败，晋国勇士观虎也成为阶下之囚，即所谓的"鲜虞人败晋师于平中，获晋观虎"[2]。这对晋国而言当然是一个奇耻大辱。晋人不肯善罢甘休，于是又在酝酿对鲜虞用兵。

然而在这个时候，形势发生了变化，一些小国反楚的呼声高涨，这些小国要求晋国出面，带领各国伐楚。

原来，在向戌弭兵之后，晋楚之间虽然一直没有爆发直接的冲突，但是楚国一直没有停止对陈、蔡、许等小国的侵扰和欺凌，这些小诸侯国深受其害。比如蔡昭侯去楚国朝见，楚令尹子常由于向蔡昭侯索取贿赂不成，竟然将蔡昭侯整整扣留了三年。蔡昭侯受此欺辱返回后，发誓再也不赴楚国朝见，并积极联络各国共同伐楚。清华简《系年》第18章所说的"遂

---

[1] 杨伯峻：《春秋左传注（修订本）》，第1341页。
[2] 杨伯峻：《春秋左传注（修订本）》，第1531页。

盟诸侯于召陵",就是指在鲁定公四年(公元前506年)晋、齐、鲁、卫、蔡、许、曹、莒、邾、宋、郑、陈、顿、胡、滕、薛、杞、小邾等国为了共同伐楚而召开的一次会盟活动。

2. 召陵之会与晋伐中山

在召陵之会上,蔡昭侯等人坚决主张伐楚,然而正如上文所说,作为盟主的晋国却另有打算。晋国觉得自己与楚国势均力敌,无法从伐楚中获得太多的利益,不愿重开战端,因此对伐楚兴趣不大。晋人更想做的事情是讨伐鲜虞,以报观虎被俘之耻。另外,当时晋国公室众卿掌权,许多卿大夫时常向各诸侯国索取财物,其中的荀寅即在本次盟会时公然向蔡昭侯"求货"。在遭到蔡昭侯拒绝后,荀寅恼羞成怒,于是向主持会盟的范献子建议说:

> 国家方危,诸侯方贰,将以袭敌,不亦难乎!水潦方降,疾疟方起,中山不服,弃盟取怨,无损于楚,而失中山,不如辞蔡侯。吾自方城以来,楚未可以得志,只取勤焉。①

荀寅以晋国尚处于危急之中,诸侯三心二意,而且"水潦方降,疾疟方起,中山不服"为理由,建议不要撕毁与楚的和平协定,不接受蔡昭侯伐楚的建议。这段话里的"中山不服"一句也是传世史籍中第一次出现以"中山"来指代鲜虞的例子。荀寅的主张得到了范献子的采纳,从而使召陵之会上伐楚的中心议题流产。

需要说明的是,对于这段话中的"中山不服",大部分学者都将之理解为"中山国不顺服",即指中山国与晋人相对抗,并将之与"鲜虞人败晋师于平中,获晋观虎"相联系。但是也有一些学者认为中山和鲜虞不是一回事,如有学者认为:"'中山不服'理应作北方的中山人不习惯南方楚地的潮湿炎热的气候,即水土不服的解释","如果我们在正确理解'中山不服'的基础上,再分析《左传·定公四年》的这则史料,是丝毫看不出

---

① 杨伯峻:《春秋左传注(修订本)》,第1534页。

中山与晋是相抗争的关系，却是附属或者和盟的关系"。① 他们认为，中山和鲜虞是两个不同的国家，与鲜虞反抗晋国不同，中山是晋国的属国。在本句中，荀寅的意思是，如果伐楚，中山国势必要共同出兵，但是中山人肯定会对南方的水土不服，造成不利后果。荀寅正是以此为理由，阻挠伐楚计划。然而，根据我们前面所引清华简《系年》的论述，可以看出这种理解是不正确的，因为《系年》已经明确地说明是晋人要"伐中山"，这显然是因为中山（即鲜虞）不顺服于晋国。因此，《左传》中的"中山不服"应该不能理解为中山为晋国的盟国，荀寅担心伐楚会导致中山人水土不服这样一个别出心裁的结论。

晋人在召陵之会上拒绝了蔡国伐楚的要求，随即开始准备讨伐中山。根据《春秋》经文，当年秋天，"晋士鞅、卫孔圉帅师伐鲜虞"②；到了第二年也就是鲁定公五年（公元前505年），《春秋》言："冬，晋士鞅帅师围鲜虞。"③ 对此，《左传》解释为："晋士鞅围鲜虞，报观虎之败也。"④ 晋国这两年的讨伐鲜虞，实际上也可以说是它对周边戎狄所采取的一系列军事行动的继续。

然而奇怪的是，对于晋国这两次大规模军事行动的过程和结局，《春秋》经、传却只字未提，使人无从知晓其最后的结果。而清华简《系年》恰好有相关情况的明确记载，使我们了解到了晋师的可怕遭遇：

晋师大疫，且饥，食人。

原来，晋师攻打鲜虞时，军队里发生了瘟疫，而且由于后勤供应没有做好，军队发生饥荒，甚至出现人相食的恐怖情景。

现在的问题是，由于公元前506年和公元前505年晋师曾经连续两次攻打鲜虞，清华简《系年》中所载的这种可怕景象究竟是在哪次征伐鲜虞

---

① 路洪昌：《战国中山国若干历史问题考辨》，《河北学刊》1987年第6期，第89~90页。
② 杨伯峻：《春秋左传注（修订本）》，第1533页。
③ 杨伯峻：《春秋左传注（修订本）》，第1549页。
④ 杨伯峻：《春秋左传注（修订本）》，第1554页。

时出现的呢？应该说，从目前的材料来看，这一问题还无法有一个确切的结论。不过，我们更倾向于认为这个事件发生于公元前506年，因为清华简《系年》的前一句是晋人"盟诸侯于召陵，伐中山"，证明是召陵之会结束以后的行动，而且在公元前506年，卫国的孔圉也率师配合晋师围攻中山，可以与简文相互印证。另外，正是由于此年晋师中发生大疫，晋人无功而返的缘故，公元前505年士鞅才又一次率师出征，围攻鲜虞。

如果这一猜测不错的话，我们对荀寅在召陵之会上的那一番言论可能会有一些不一样的看法，也许荀寅当年所说的"水潦方降，疾疟方起"等情况并不完全是晋人的一番推托之词，而应该是有一定的事实依据。因此，晋师在进攻鲜虞时所出现的灾难性后果，实际上早在未用兵之前就已经出现了一些端倪。

3. 晋伐中山的历史影响

召陵之会及此后晋人对中山的讨伐，对于春秋后期的历史造成了很大的影响。

在召陵之会上，蔡昭侯等诸侯国对于晋人伐楚寄予了厚望，希望晋国能够充分发挥盟主的地位和作用，为小国伸张正义。然而事实恰恰相反，晋人不仅没有答应伐楚，反而在会盟时向蔡、郑等国索取各种物资，令各国大失所望。《左传》对此的记载是"晋于是乎失诸侯"[①]。召陵之会是向戌弭兵之后"中原华夏国家第一次会盟伐楚，同时也是春秋时期中原华夏国家最后一次联合起来同楚对抗"[②]。晋国由于在盟会时私心过重，使得这次伐楚的会盟最终流产，晋国也随之丧失了诸侯国对它的信任，同盟关系趋于破裂。关于这一点，清华简《系年》也有很好的论述：

诸侯同盟于鹹泉以反晋，至今齐人以不服于晋，晋公以弱。

鹹泉之盟是指鲁定公七年（公元前503年），齐、郑等国在鹹所举行

---

① 杨伯峻：《春秋左传注（修订本）》，第1534页。
② 段连勤：《北狄族与中山国》，桂林：广西师范大学出版社，2007年，第138页。

的会盟，此后齐、卫等国与晋国关系破裂，晋国尝到了不恤同盟的恶劣行为所带来的苦果。

与此同时，晋人虽然对中山反复用兵，但是似乎并没有达到它预期的目的。晋师的围攻并没有能够消灭鲜虞（中山）国，相反，在鲁哀公元年（公元前494年）晋国发生内乱时，鲜虞还乘机与齐、鲁、卫等国联合攻打晋国，夺取了棘蒲。颇有讽刺意味的是，这次各国对晋国的联合军事行动中，卫师主帅为孔圉，就在数年前的鲁定公四年（公元前506年），此人还曾率领卫师，配合晋国的士鞅，一起围攻鲜虞。

此后，鲜虞还在晋国内乱期间，数次参加了针对晋国的各种行动。也正因为如此，在鲁哀公六年（公元前489年），鲜虞又一次遭到了晋国的报复性进攻。但是，正如杨伯峻先生所指出的那样，虽然晋国多次攻伐鲜虞，但是"终春秋之世未能得之"[1]。

对于春秋时期晋人伐中山的行为，马骕在《绎史》卷八五曾评论说："晋之谋狄，可谓不遗余力哉。惟是灭鼓以后，四伐鲜虞，师出无功，岂一邑之小，反能亢我大国乎？晋霸日衰，专臣擅命，中行、赵氏，贪以自封，故中山用兵以来，远人携贰，是以义弗克胜也。故曰，齐桓纵狄而霸盛，晋人治狄而霸衰。晋之末造，诸夏尽失，而师老鲜虞，平、昭、顷、定之业，所由日蹙而不复起也。"[2] 马氏的评论可谓十分精辟。清华简《系年》的发现，使我们对春秋时期晋人伐中山的过程与得失有了更进一步的深刻认识。

## 第三节　齐长城的修建

提起长城，我们脑海中往往会浮现那西起大漠、东到大海，绵延几万里的长城，这种认识其实并不够全面。实际上，作为我国先民最重要的军

---

[1] 杨伯峻：《春秋左传注（修订本）》，第1633页。
[2] （清）马骕撰，王利器整理：《绎史》卷八十五，北京：中华书局，2002年，第1883～1884页。

事防御工程体系，除了唐代、元代及清代等少数几个朝代外，其他各个历史时期几乎都有大规模修建长城之举。因此，中国的长城文化本身就是一幅内涵丰富、绚丽多姿的历史画卷。本文所要讨论的齐长城，则是先秦时期齐国先民留下的杰作。

春秋战国时期，由于周王室衰微，大国竞相争霸，社会动荡，战争连绵。在这种兵革不息、战火连天的背景下，一些国家为了强化自身的安全保障体系，防范他国的入侵，往往会在国境线一带修筑长城，以便有效抵御外敌。根据史料记载，当时的齐、楚、燕、赵、魏、秦、中山等国都有修建长城的举动。这其中，保存至今的齐长城遗址，西起山东省济南市长清区孝里镇广里村北，沿泰沂山脉绵延而东，然后向东北斜跨胶南高地，终止于黄海之滨，总长度约为1200里（600千米），蔚为壮观。鉴于其重大历史文化价值，齐长城遗址在2001年6月被列入第5批全国重点文物保护单位。

齐国是春秋战国时期的东方大国，定都于临淄。齐国修建长城，有它自身的必然性。淄潍平原是齐国的腹地，淄潍平原的西面和北面是滚滚流淌的济水和黄河，东面是烟波浩渺的渤海、黄海，南面则有逶迤起伏的泰沂山脉横亘东西，战略地理条件可以说是得天独厚，被称为是"四塞之国"[1]。不过，齐国地理环境的不利因素也非常明显，"淄潍平原平衍狭窄，缺少战略纵深，回旋余地不大，一旦外敌突破环绕平原的山水屏障，就可以毫无遮拦地长驱直入淄潍平原，兵临齐都城下"[2]，正是由于这样的地理环境，齐人通过修建长城来加强自身的防御能力，也就不难理解了。

不过，齐国什么时候开始修长城，却是一个长期以来让学者们十分困惑的问题。一般认为，齐长城是分期逐段完成的，西段长城的修建要早于东段，但是学术界对于齐国何时开始修建长城，意见并不一致。有的学者

---

[1] 参见何建章注释：《战国策注释》卷八，北京：中华书局，1990年，第326页。
[2] 张华松：《齐长城》，济南：山东文艺出版社，2004年，第1页。

认为春秋早期的齐桓公时已经修建了长城，其主要依据是《管子·轻重丁》中有"长城之阳，鲁也；长城之阴，齐也"[1]的记载。管仲是齐桓公时的著名大臣，这些学者据此认为齐桓公时期已经修建了长城；有的学者根据公元前555年晋、鲁等国侵齐，齐灵公"御诸平阴，堑防门而守之，广里"[2]的记载，指出这与齐长城的修建有关，因此齐长城在春秋后期已经出现；也有的学者根据《史记·楚世家》的《正义》所引《齐纪》所言"齐宣王乘山岭之上筑长城，东至海，西至济州，千余里，以备楚"[3]等记述，认为齐长城可能是到了战国时期才得以修建。

《管子》一书是战国时的学者依托管子而作，其中的"轻重"诸篇显系晚出，并不能作为齐桓公时代的史料，更不能据此认为齐桓公时期齐长城已经修建，何况齐桓公在位时"九合诸侯，一匡天下"[4]，是当时最强盛的国家，根本不需要修筑长城，因此第一种说法未能获得学术界的公认；第二种意见在学术界比较流行，不过从《左传》的记载来看，公元前555年齐灵公在平阴抵御晋、鲁等国军队，在防门一带深挖壕沟，似乎更可能是权宜之计，不一定能说明当时已经修建齐长城；至于文献中有关于齐威王（公元前356—前320年在位）、齐宣王（公元前319—前301年在位）修建长城之说，则又失之过晚。正因为齐长城的修建时间问题在传世文献中从来没有一个明确的论述，也就难怪千百年来人们一直对此聚讼纷纷了。

近年来，一些学者结合春秋战国时期的政治和军事形势，分析齐长城的修建时间，取得了不少新的进展。如张华松先生指出："齐长城的始筑之年，只能在齐国霸业衰落的春秋后期。那时齐国的主要邻国鲁国、莒国虽

---

[1] 黎翔凤撰，梁运华整理：《管子校注》卷二十四，北京：中华书局，2004年，第1500页。
[2] 杨伯峻：《春秋左传注（修订本）》，第1037页。
[3] （汉）司马迁：《史记》卷四十，北京：中华书局，1982年，第1732页。
[4] 此语初见于《吕氏春秋·勿躬》："（桓公）令五子皆任其事，以受令于管子。十年，九合诸侯，一匡天下，皆夷吾与五子之能也。"见陈奇猷：《吕氏春秋新校释》卷十七，上海：上海古籍出版社，2002年，第1089页。

然国小势弱，但是他们先后援引西方的晋国和东南方的吴越来对抗齐国，齐国在军事上明显处于劣势，因此才需要修筑长城。也就是说，齐长城是齐国在军事上采取守势的结果。"①张华松先生在《齐文化与齐长城》一书中还指出，由于春秋战国时代齐国的主要敌人晋、鲁、莒、吴、越、楚分别位于齐国的南方、西南方和东南方，齐国为防备他们来犯，自然要特别重视南面的山地防御，以及西南方的河防和东南方的海防。②张先生在研究齐长城时视野开阔，新见迭出，特别是在考察齐长城修筑的国际政治军事背景时把吴、越两国也纳入考察的视野，颇能给人以启发。

以往的学术研究中，学者们都强调了齐长城的军事用途，不过在最近一些年，情况有了一些变化，有一些学者认为齐长城之肇建并非出于军事目的，而是齐国为了垄断盐业，防止盐走私而修筑的。比如国光红先生即持这样的观点。他的结论是，齐长城之初建"并非出于战争防御之目的，尔后其战争防御作用也为时甚短暂，与秦始皇长城之出于战争目的、尔后又充分发挥其战争防御作用者完全不是一回事"③。国先生的这一观点得到了一部分学者的支持，但是也有不少学者予以了反驳。因此，有关齐长城的性质和作用问题已成为学术界有待解决的一个课题。

清华简《系年》的发现，使我们对齐长城的修建时间、性质和作用有了新的认识。

清华简《系年》第20章、第22章都涉及齐长城，特别是第20章详细讨论了齐长城的修建经过，内容特别重要，其原文是：

> 越公句践克吴，越人因袭吴之与晋为好。晋敬公立十又一年，赵桓子会 [诸] 侯之大夫，以与越令尹宋盟于郢，遂以伐齐，齐人焉始为长城于济，自南山属之北海。

越公句践即是赫赫有名的越王勾践；晋敬公十一年即公元前441年；

---

① 张华松：《从兵学的角度看齐长城》，《泰山学院学报》2005年第4期，第18页。
② 参见张华松：《齐文化与齐长城》，北京：中国戏剧出版社，2000年，第174～186页。
③ 国光红：《齐长城肇建原因再探》，《历史研究》2000年第1期，第185页。

令尹宋系越国的令尹，名宋；邔为地名，具体地点不详。这段不见于传世文献的史料十分珍贵，它给我们提供了许多重要的信息。

第一，越国曾与晋国结成同盟，即简中所说的"越人因袭吴之与晋为好"，这是我们过去所不知道的。原来，晋景公时，晋国曾派申公巫臣出使吴国，教吴人使用战车，学习战阵，唆使吴国叛楚，从此晋、吴之间结成了同盟。公元前473年，吴国为越王勾践所灭。但是根据《系年》简的内容学者们才得以获知，越灭吴之后，仍然沿袭吴国与晋国结盟的政策。我们知道，越王勾践在灭吴后的一个重要举措，是把都城从会稽北迁到了琅琊。琅琊紧靠齐国的东南边境，晋、越的这种同盟关系以及越国军事政治中心的北移，自然给齐国造成了极大的威胁。

第二，晋敬公十一年，晋国的赵桓子曾与其他诸侯国的大夫们一起，与越国令尹举行会盟。赵桓子是晋国权臣赵襄子之弟，身份非同一般；而这时在位的越王则是朱句（州句），他派越国的令尹参加会盟，也显示出越国对此次活动的高度重视。这次参盟的诸侯国的具体情况，《系年》简中没有记载，但是《国语·吴语》言："越灭吴，上征上国，宋、郑、鲁、卫、陈、蔡执玉之君皆入朝。"[①]可见宋、鲁等国都已经依附于越国。从《系年》所载后来几次的伐齐战争来看，宋、鲁等国都积极参与。因此，此次参与会盟活动的诸侯国中很有可能包括了鲁、宋等国。

第三，本次会盟的目标是攻伐齐国，由于晋、越、鲁等国组成联盟，齐国的西南、南部和东南部面临威胁。

第四，为了有效地抵挡晋、越等国的攻击，齐国开始在西南至东南一线全面修筑长城。这就是简文中所说的"齐人焉始为长城于济，自南山属之北海"。这应该是齐长城最早的修建时间。根据这一论述我们可以知道，齐长城的修建，本身与齐国南部防线面临着晋、鲁、越等国的巨大军事压力密切相关。

第五，齐长城的修建，对齐军抵御晋、越等国的进攻曾起了积极作用。

---

① 徐元诰撰，王树民、沈长云点校：《国语集解》，第562页。

据《系年》第 20 章载，晋幽公四年（公元前 430 年），晋、越、宋等国又一次联合攻打齐国，晋军与齐军在长城一带展开了激战。另外，据《系年》第 22 章，楚声王元年（公元前 407 年），韩、赵、魏等国又与越国一起伐齐，迫使齐国签订城下之盟，其中对齐国的一项重要要求就是"毋修长城"，足见齐长城在协助齐军防御晋、越等国入侵过程中曾发挥了积极作用。此后的齐威王、齐宣王又都重新修建齐长城，这也充分证明了齐长城在军事上的重要意义。

总之，从清华简《系年》来看，齐长城的修建时间可能是在战国初年，其具体时间应该是在公元前 441 年左右，当时齐国正面临着晋、越、鲁等国的军事威胁。齐长城是一项重要的军事防御设施，并在很大程度上有效地帮助齐军抵挡了晋、越等国的进攻。清华简《系年》的发现，使我们对于齐长城的修建时间、性质与作用有了更加明确的认识。

# 第十三章 清华简中的几位政治人物另论

清华简中涉及很多政治人物的生平与活动，其中有的人物在史书中虽已有记载，清华简可以提供新的言行事迹，或者提供新的研究视角，使我们对他们有了新的感知和认识；有些人物在古书中没有任何踪影，需要我们加以勾勒分析。在本章中，我们拟选择三篇文献中的几个政治人物加以讨论。

## 第一节　清华简《傅说之命》梦境试析

2013年12月,《清华大学藏战国竹简》第三辑如期出版,本辑清华简中收录了六种八篇文献,其中的《傅说之命》三篇受到了学者的特别关注。经研究,这三篇简文的内容应该就是久已失传的《尚书》中的《说命》三篇。清华简《傅说之命》三篇的整理公布,对于我们了解《说命》篇的原貌、傅说的事迹,以及商代的历史文化都具有重要的意义。

傅说是殷高宗武丁时期的著名贤臣,因为辅佐武丁中兴而彪炳史册。关于武丁最初获知和寻找傅说的情况,《傅说之命》上篇言:

> 惟殷王赐说于天,用为失仲使人。王命厥百工向,以货徇求说于邑人。……王乃讯说曰:"帝抑尔以畀余,抑非?"说乃曰:"唯。帝以余畀尔,尔左执朕袂,尔右稽首。"王曰:"亶然。"

这篇简文讲述了武丁受天命而得傅说,并描述了武丁派人寻找傅说的经过,以及武丁与傅说初次见面时的对话。虽然这篇简文中并没有提到做梦的情节,不过,众多的传世文献都不约而同地提到,武丁之所以获得傅说,得益于一个奇怪的梦。《尚书·说命序》言:"高宗梦得说,使百工营求诸野,得之傅岩,作《说命》三篇。"[①]有关的情况,《国语·楚语上》曾有所涉及:

> 昔殷武丁能耸其德,至于神明,以入于河,自河徂亳,于是乎三年,默以思道。卿士患之,曰:"王言以出令也,若不言,是无所禀令也。"武丁于是作书,曰:"以余正四方,余恐德之不类,兹故不言。"如是而又使以象梦旁求四方之贤,得傅说以来,升以为公,而使朝夕规谏。[②]

文中的"象梦",很多学者认为是"梦象"之误,如王念孙云:"当为'梦象',谓以所梦见之人作象,而使求之也。《潜夫论·五德志》篇载其事云:

---

[①] (汉)孔安国传,(唐)孔颖达正义:《尚书正义》卷十,收入(清)阮元校刻:《十三经注疏》(上册),北京:中华书局,1980年,第174页中栏。

[②] 徐元诰撰,王树民、沈长云点校:《国语集解》,北京:中华书局,2002年,第503页。

'乃使以梦像求之四方侧陋,得傅说,升以为大公。'即用《国语》之文。"①

关于武丁做梦而得傅说的情况,在司马迁的《史记·殷本纪》中也有详细的记述:

> 帝小乙崩,子帝武丁立。帝武丁即位,思复兴殷,而未得其佐。三年不言,政事决定于冢宰,以观国风。武丁夜梦得圣人,名曰说。以梦所见视群臣百吏,皆非也。于是乃使百工营求之野,得说于傅险中。是时说为胥靡,筑于傅险。见于武丁,武丁曰:"是也。"得而与之语,果圣人,举以为相,殷国大治。②

此后,关于武丁梦得傅说的记载一直不绝于书,如王符的《潜夫论》、皇甫谧的《帝王世纪》等等,其中《帝王世纪》有两段记载均与武丁梦傅说有关,其中的一则为:

> 武丁即位,谅闇,居凶庐,百官总己,听于冢宰,三年不言。既免哀,犹不言。群臣谏武丁,于是思建良辅,梦天赐贤人,姓傅名说,乃使百工写其像,求诸天下,见筑者胥靡,衣褐带索,役于虞、虢之间,傅岩之野,名说,登以为相。③

这则材料同以往的叙述并无二致,不过皇甫谧所述的另外一则材料则详述了武丁的梦境:

> 皇甫谧云:高宗梦天赐贤人,胥靡之衣,蒙之而来,曰云:"我徒也,姓傅名说,天下得我者岂徒也哉!"武丁悟而推之,曰:"傅者,相也;说者,欢悦也。天下当有傅我而说民者哉!"明以梦视百官,百官皆非也。乃使百工写其形象,求诸天下,果见筑者胥靡,衣褐带索,执役于虞、虢之间,傅岩之野,名说,以其得之傅岩,谓之傅说。④

皇甫谧的这一叙述涉及武丁梦境的具体内容,在此之前的文献中均未

---

① (清)王引之撰,钱文忠等整理:《经义述闻》卷二十一,上海:上海书店出版社,2012年,第81页。
② (汉)司马迁:《史记》卷三,北京:中华书局,1982年,第102页。
③ (宋)李昉:《太平御览》卷八十三,台北:商务印书馆,1967年,第521页上栏至下栏。
④ (汉)孔安国传,(唐)孔颖达正义:《尚书正义》,收入(清)阮元校刻:《十三经注疏》(上册),第174页下栏。

见及，故学者们颇怀疑其真实可靠性。比如孔颖达在引用这条材料后就曾做了一个按语，认为："谧言初梦即云姓傅名说，又言得之傅岩，谓之傅说，其言自不相副。谧惟见此书，傅会为近世之语，其言非实事也。"[①] 已说明这一故事不可信，现在核之清华简《傅说之命》，可知孔颖达的怀疑是正确的，皇甫谧所述的梦境内容确非先秦时的原貌。

清华简《傅说之命》上篇虽然没有提到做梦，但是如果把简文一开始所述的"惟殷王赐说于天"与传世文献相对比，显然可知就是指武丁梦见上天把傅说赐给了他。这里的"天"就是后文中所说的"帝"，而傅说所述的"帝以余畀尔，尔左执朕袂，尔右稽首"的情形正是武丁在梦中所见的情形，武丁用"亶然"一语来回答，证实了他所做的这一梦境。这个梦境的惊异之处在于，不仅仅是武丁一人做了这个奇怪的梦，而且傅说也做了同样的一个梦，并且其梦境与武丁密合无间，这可以说是《傅说之命》上篇所告诉我们的一个很有意思的事情。

明白了这一情况之后，我们对于清华简《傅说之命》的结构就会有一些更深入的认识。

我们知道，传世的伪古文《说命》三篇是按时间顺序来编排的，清华简的整理者把《傅说之命》定为上、中、下三篇，也容易使人误认为这三篇是按时间顺序排列，但是如果我们仔细阅读，会发现情况并非如此。由于《傅说之命》的下篇缺失了第一简，全文又都是武丁的命辞，其背景无法获知，这里暂不讨论。单从《傅说之命》的上篇与中篇来看，它们的关系极其密切，而且并非是按时间的先后编排的两篇。

前面我们已经说过，《傅说之命》的上篇叙述了武丁的梦境，而在《傅说之命》中篇的开头，则说："王原比厥梦，曰：'汝来惟帝命？'说曰：'允若时。'"简文此处又提到了武丁的梦，很值得注意，这里所说的"梦"

---

[①] （汉）孔安国传，（唐）孔颖达正义：《尚书正义》，收入（清）阮元校刻：《十三经注疏》（上册），第174页下栏。

与上篇的梦境是否为一事,需要加以讨论。

简文中的"原"字,整理者引用了《尔雅·释言》"再也"的训诂,认为是再一次。不过整理者又引一说,认为此处的"原"或训为"察"。那么究竟该如何训释,我们需要做一些具体分析。

这句话中的"比"字,简文中没有注解,不过已有学者指出,此处的"比"字应当是核对的意思,《周礼·天官·宰夫》有"赞小宰比官府之具"之句,郑注训为"校次之"。[1] 如果把这里的"原"字训为"再",全句的意思是武丁再一次向傅说核对所做的梦的情景,但这种理解从道理上是很难说通的。因为在上篇中,武丁已经与傅说交流过了梦的内容,而且傅说已经正确予以说明,并得到了武丁的首肯;傅说又受命去讨伐失仲,并取得了胜利;各种情况都证明,傅说的身份已经无可置疑。而在上篇简文的最后,已经讲到武丁将傅说任命为公。可见,无论是从语言上还是具体行动上,傅说都已经用事实证明了自己就是上天派来辅佐武丁之人,而且武丁已经任命他为公,对他的身份早已深信不疑,并已予以重用。然而到了中篇,竟然又要重新核实一番傅说的身份,岂非是咄咄怪事?

因此,这里面最合理的解释,就是清华简《傅说之命》的上篇和中篇并非是按时间先后排列的两篇,而是从不同侧重点记载的同一个事件。换句话说,上篇和中篇所记述的武丁与傅说见面的情形,实际上是一件事。只不过上篇是围绕武丁寻找傅说的经过以及傅说讨伐失仲的历程来叙述,而中篇的侧重点则是记录武丁对傅说的告诫。

具体来说,在上篇中,武丁所说的话是"帝抑尔以畀余,抑非?",而在中篇里,武丁的这句话被表述成"汝来惟帝命?",实际上都是围绕着傅说是否确为上帝所派来的人而发问,内容完全一样。而傅说的回答内容,在上篇中是"唯。帝以余畀尔,尔左执朕袂,尔右稽首",在中篇中则成

---

[1] (清)孙诒让撰,汪少华整理:《周礼正义》卷六,北京:中华书局,2015年,第247页。

为"允若时（是）"。前者作了肯定的回答，并讲了梦中的具体情节，而后者则是用三个字进行概括，内容亦完全一样，只不过上篇有较浓厚的口语色彩，而中篇则更像是一个书面语，这是因为中篇重在记录武丁对傅说的训诫，所以对武丁和傅说的对话进行了加工和省略，但是内容和主旨则是完全一样的。因此，我们不能把上篇和中篇的内容看作是两件事情，而是对一件事情的不同记述。

总之，《傅说之命》上篇虽然未讲是梦境，但从传世文献的相关记载来看，商王武丁是梦得傅说，而且相关的内容也只能是发生于梦中，因此上篇涉及帝赐傅说给武丁的记载都是梦境的描述，中篇的"王原比厥梦"的记载也进一步证实了这一点。上篇的梦境与中篇的梦境是对同一个事件的不同表述，《傅说之命》的上篇与中篇并非是按时间顺序编排的两篇，二者有一部分内容是完全重合的，清华简这两篇的这一特点，值得我们注意。

## 第二节　清华简《赤鹄之集汤之屋》与伊尹间夏

清华简整理报告《清华大学藏战国竹简》第三辑收入了一篇有关商汤与伊尹的文献。该篇简文有自己的篇名，叫"赤鹄之集汤之屋"。该篇简文共计15支，三道编绳；简长45厘米，其中第一支和第二支简末端略有缺残，各损失一字，其他各简保存较好；简背有序号，书于竹节处；篇题写于第十五支简的简背下端；整篇竹简背面的上端还有一道斜的刻划痕迹。篇名中的"鹄"字，整理者认为与"鹄"字相通。"赤鹄"可能是指红色的大鸟。

李学勤先生曾经在《新整理清华简六种概述》一文中指出，清华简《赤鹄之集汤之屋》"引人注目的特点，是有浓厚的巫术色彩"[1]，所论十分正确。本篇简文的大致内容是：有一只大鸟"赤鹄"停落在商汤的屋顶上，被商

---

[1] 李学勤：《新整理清华简六种概述》，《文物》2012年第8期，第69页。

汤射获。后来商汤有事要出门，临行前嘱咐小臣伊尹将这只"赤鹄"烹煮作羹，准备好好享用一番。没想到商汤的妻子纴巟也垂涎于这顿美味，强迫伊尹先让她大快朵颐，伊尹只好照办，他自己也借机吃了一些，结果这两个人都具有了一些神奇的能力，能够看见四海之内的物体。商汤回来后，发现美味已经被人享用过，大发雷霆。伊尹见事情败露，惊慌失措，仓皇出逃，准备去投奔夏桀。由于受到商汤的诅咒，伊尹病倒在半路上，无法动弹。这时有一群乌鸦正好飞过，看到了奄奄一息的伊尹，就想吃掉他，幸好领头的那只乌鸦"巫乌"认出了伊尹，及时予以阻止。"巫乌"还透露了一个秘密：上帝由于对夏桀不满，让两条黄蛇、两只白兔等动物在夏桀的屋内作祟，夏桀已被折磨得痛苦不堪，"巫乌"建议乌鸦们去吃夏桀为祛病消灾而摆设的祭品。乌鸦们走后，"巫乌"钻入了伊尹的体内，伊尹随即得以康复，并来到了夏朝，见到了饱受黄蛇、白兔等动物折磨的夏桀，并成功地帮助他除掉了这些作祟不已的动物。

应该说，清华简《赤鹄之集汤之屋》的主要内容都是荒诞不经的，是一篇属于"怪力乱神"的文献。不过，这并不是说这篇简文完全没有史料的价值，它还是有一定的史实背景的。其实，关于如何分析上古时代各种文献的史料价值，王国维先生早在20世纪20年代就已经有很好的论述，他指出：

研究中国古史为最纠纷之问题。上古之事，传说与史实混而不分，史实之中固不免有所缘饰，与传说无异；而传说之中亦往往有史实为之素地，二者不易区别。此世界各国之所同也。[1]

王国维先生所说的"素地"，相当于英文中的"背景"（background）一词。王先生指出，中国古史中传说与史实往往相互混杂，史实之中会有一定的修饰成分，而传说中也包含有一定的史实成分，这对于我们研究和分析上古时代的文献有很好的启发作用。具体到清华简《赤鹄之集汤之屋》

---

[1] 王国维：《古史新证——王国维最后的讲义》，北京：清华大学出版社，1994年，第1页。

而言，我觉得本篇简文的一个重要意义，是可以帮助我们重新反思伊尹到夏朝做间谍的相关情形。

根据一些文献的记载，商汤在灭夏之前，曾经派伊尹去夏朝刺探情报。对于伊尹间夏的情况，李零先生曾做了细心的考证。[1] 据说伊尹在夏朝做间谍，取得了很大的成果，因此《孙子兵法·用间》专门予以表彰："昔殷之兴也，伊挚在夏。"[2] 伊尹名挚，故文献中又称之为"伊挚"。这也是孙武在《用间》篇中所列举的一个重要间谍案例。孙武还总结说："故明君贤将，能以上智为间者，必成大功。此兵之要，三军之所恃而动也。"[3] 这可以说是孙武对伊尹从事间谍工作的极高评价。

从已有文献来看，伊尹确实在夏朝活动了很长时间。关于伊尹如何从商赴夏，古籍中有两种不同的论述。一种说法是商汤多次把伊尹推荐给夏桀，如赵岐给《孟子·公孙丑上》所作的注解中云："伊尹为汤见贡于桀，桀不用而归汤，汤复贡之，如此者五，思济民，冀得施行其道也。"[4] 按照这样的论述，伊尹实际上是被商汤推荐给夏桀的，想让他去辅佐夏桀，并没有让他去从事间谍工作，只是伊尹没有被夏桀重用而已；另一种说法是伊尹是被商汤派去夏朝刺探情报的。由于担心夏桀会怀疑伊尹，商汤还上演了一场苦肉计，亲自对伊尹射箭，欲使夏桀误以为两人之间已经决裂。如《吕氏春秋·慎大》言：汤"忧天下之不宁，欲令伊尹往视旷夏，恐其不信，汤由亲自射伊尹，伊尹奔夏三年，反报于亳……"[5] 高诱在注中解释说："恐夏不信伊尹，故由扬言而亲自射伊尹，示伊尹有罪而亡，令夏信

---

[1] 李零：《读〈孙子〉札记》"'伊挚、吕牙为间'说发微"条，收入《〈孙子〉十三篇综合研究》，北京：中华书局，2006年，第438～440页。

[2] 李零：《孙子译注》，北京：中华书局，2009年，第133页。

[3] 李零：《孙子译注》，第133页。

[4] （清）焦循撰，沈文倬点校：《孟子正义》卷二十四，北京：中华书局，1987年，第829页。

[5] 陈奇猷：《吕氏春秋新校释》卷十五，上海：上海古籍出版社，2002年，第850页。其中的"汤由亲自射伊尹"一句，有的版本中作"汤因亲自射伊尹"。

之也。"①

伊尹在夏朝的间谍活动之所以收获颇丰，与夏桀之妻妹喜（或作末喜、末嬉等）的积极配合有密切关系。《国语·晋语一》言："昔夏桀伐有施，有施人以妹喜女焉，妹喜有宠，于是乎与伊尹比而亡夏。"②但是这一说法也有令人困惑之处。妹喜既然深得夏桀的欢心，为何还要与伊尹相互联合而亡夏呢？在这方面《古本竹书纪年》的说法可能更为可靠，书中言：

> 后桀伐岷山，岷山女于桀二人，曰琬，曰琰。桀受二女，无子，刻其名于苕华之玉，苕是琬，华是琰。而弃其元妃于洛，曰末喜氏。末喜氏以与伊尹交，遂以间夏。③

原来妹喜虽然是夏桀的元妃，但是自从夏桀获得琬、琰二女后，早已冷落了妹喜。妹喜对此怀恨在心，不惜与伊尹勾结，向他提供夏朝的有关情报。

关于妹喜与伊尹往来，透露情报之事，《吕氏春秋·慎大》篇有一个具体的例子："伊尹又复往视旷夏，听于末嬉。末嬉言曰：'今昔天子梦西方有日，东方有日，两日相与斗，西方日胜，东方日不胜。'"④商汤为了顺应这一梦境，命令"师从东方出于国，西以进"⑤，终于灭掉了夏朝。清华简《尹至》篇的发现，印证了商汤确实采用了这一战术。

因此，伊尹到夏朝从事间谍工作，应该说是一个不争的事实。但是这其中也有一些问题，一直以来令学者们难以解释。

第一，伊尹为什么能有机会与妹喜接触？伊尹本来是有侁氏陪嫁给商汤的媵臣，地位卑微，他是如何能有机会接触夏桀和妹喜，又如何能够从他们那里刺探到情报的呢？即使是如《孟子·公孙丑上》赵岐注所说，伊

---

① 陈奇猷：《吕氏春秋新校释》卷十五，第855页。
② 徐元诰撰，王树民、沈长云点校：《国语集解》，北京：中华书局，2002年，第250页。
③ 此条出自《太平御览》卷一百三十五，见方诗铭、王修龄：《古本竹书纪年辑证》，上海：上海古籍出版社，1981年，第16页。
④ 陈奇猷：《吕氏春秋新校释》卷十五，第851页。
⑤ 同上。

尹是被商汤推荐给夏桀的，但是夏桀并没有予以任用。因此，伊尹要与夏桀乃至妹喜取得联系，恐怕有很大的难度。

第二，据说伊尹曾经多次往来于夏、商之间，即《孟子·告子下》所说的"五就汤、五就桀者，伊尹也"[①]。按照赵岐的说法，这是由于商汤反复把伊尹推荐给夏桀，不过这种说法本身是很令人怀疑的。还有一种观点是伊尹多次往返于夏、商之间，是为了传递情报，这也让人不可理解。作为一个"上智"的高级间谍，如此明目张胆地频繁周旋于夏、商之间，难道就不担心被人识破？伊尹往来于夏、商之间，究竟是因为多次被商汤推荐，还是忙于传递情报，抑或是另有隐情？这也是让人觉得很困惑的地方。

第三，传世文献中还隐隐透露出伊尹曾真心想为夏桀效力。如《孟子·公孙丑上》言："治亦进，乱亦进，伊尹也。"[②] 所谓的"治"和"乱"，当然分别指代商汤和夏桀的统治，值得注意的是，文中说伊尹试图"乱亦进"。即便是处于乱世，伊尹仍然热衷于仕途，这也很耐人寻味。赵岐在注解该句时曾引用了伊尹之言，原文是："伊尹曰：事非其君者何伤也，使非其民者何伤也，要欲为天理物，冀得行道而已矣。"[③] 这说明伊尹曾经对于夏朝的政治、对于自己在夏朝的任职充满了期待，也暗示他曾在选择投奔商汤抑或夏桀之间摇摆不定，只是最后才下定决心追随商汤。因此《史记·殷本纪》言："伊尹去汤适夏，既丑有夏，复归于亳。"[④] 可惜具体的细节，文献中并没有更多涉及。

清华简《赤鹄之集汤之屋》的发现，对于我们厘清相关史实，应该说有很好的帮助。

如果撇开清华简《赤鹄之集汤之屋》中的巫术成分，本篇简文共涉及了伊尹、商汤、商汤之妻纴巟和夏桀四人。其中商汤之妻名叫纴巟，这是

---

① （清）焦循撰，沈文倬点校：《孟子正义》卷二十四，第829页。
② （清）焦循撰，沈文倬点校：《孟子正义》卷六，第215页。
③ （清）焦循撰，沈文倬点校：《孟子正义》卷六，第215页。
④ （汉）司马迁：《史记》卷三，第94页。

我们首次获得的知识。我们知道，伊尹来自有侁氏（或作有莘氏），本来是商汤娶妻时的陪嫁奴隶。《吕氏春秋·本味》言："汤闻伊尹，使人请之有侁氏。有侁氏不可。伊尹亦欲归汤。汤于是请取妇为婚。有侁氏喜，以伊尹为媵送女。"[①] 史称伊尹擅长厨艺，并以滋味说汤，得到了商汤的赏识，得以出任小臣一职；但作为媵臣，商汤之妻纴巟同样也是伊尹的主人，同样对他有生杀予夺之权。

因此，当纴巟向伊尹要求品尝赤鹄之羹时，伊尹不敢拒绝。但纴巟与伊尹偷食赤鹄之羹的行为却激怒了商汤，伊尹被迫出奔到夏朝。可以想见，当时伊尹是不可能想着再回到商汤身边的，而是真心想着要离开商汤，到夏朝谋求出路，这说明《孟子·公孙丑上》所说的"治亦进，乱亦进，伊尹也"确实是有依据的。这也告诉我们，商汤和伊尹之间的联盟最初也存在着矛盾，两人之间的关系并非是铁板一块，无懈可击。

伊尹到夏朝之后，正好遇到夏桀生病，伊尹无意之中竟然治愈了夏桀的病，这就为我们揭开了伊尹之所以能够有机会接触到夏桀以及夏桀之妻妹喜的谜团。由于成为夏桀的救命恩人，伊尹当然有机会出入于夏桀的宫廷，也有机会认识夏桀之妻妹喜。然而，伊尹在夏朝目睹了夏桀的种种暴政之后，遂萌生去意，希望重新投奔商汤。伊尹在夏、商之间往来多次的记载可能与伊尹在夏、商之间的取舍有关。经过与商朝的多次接触，伊尹最终下定决心离开了夏朝，重新回到了商汤的身边。因此，《韩非子·难一》曾言"成汤两用伊尹"[②]；《战国策·燕策二》亦称"伊尹再逃汤而之桀，再逃桀而之汤，果与鸣条之战，而以汤为天子"[③]。这些论述应该都反映了伊尹曾经离开商汤投奔夏桀，最后又重新回到商汤身边的历史事实。

---

① 陈奇猷：《吕氏春秋新校释》卷十四，第744页。
② （清）王先慎撰，钟哲点校：《韩非子集解》卷十五，北京：中华书局，1998年，第359页。
③ 何建章：《战国策注释》卷三十，北京：中华书局，1990年，第1139页。

关于伊尹在商汤与夏桀之间的艰难选择，实际上在《鬼谷子·忤合》篇中曾有相关的评论："古之善背向者，乃协四海，包诸侯，忤合之地①而化转之，然后求合。故伊尹五就汤，五就桀，而不能有所明，然后合于汤。"②鬼谷子称赞伊尹是一个"善背向者"，能够见机行事，最终选对了自己的主人，成就了一番千古功业。

据说伊尹本人还有专门的著述，说明自己最终选择归商的缘由。《史记·殷本纪》言："伊尹去汤适夏，既丑有夏，复归于亳。入自北门，遇女鸠、女房，作《女鸠》《女房》。"③《史记集解》引孔安国的话说："鸠、房二人，汤之贤臣也。二篇言所以丑夏而还之意也。"④可惜相关的著述已经失传。

由于伊尹在夏活动了很长时间，又有机会接触到夏桀及妹喜等人，掌握了夏朝大量的重要情报。他回到商汤身边，使得商汤如鱼得水，从而为商汤灭夏提供了极大的便利。

如果我们的推论能够成立的话，对于清华简第一辑整理报告中所收的《尹至》一篇，我们也可以有一些不同的认识。

清华简《尹至》记述了伊尹向汤陈说夏君虐政、民众疾苦的状况，以及天现异象时民众的意愿趋向等内容。其中的许多内容是很令人深思的。

《尹至》篇一开始就说："惟尹自夏徂亳。"这句话点明，伊尹是从夏朝到商朝的亳都的。这意味着伊尹当时已绝非是有侁氏的媵臣身份，他一定是在夏朝长期活动之后，从夏朝回归，而且还掌握了夏朝大量的重要情报。因此，这次伊尹与商汤的见面，肯定不会是两人间的第一次会面，而是两人之间为了共同利益而进行的一次协商和摊牌。

---

① "之地"二字，《鬼谷子集校集注》所引杨氏本、高氏本作"天地"，颇疑"之"字为"天"字之误。见许富宏：《鬼谷子集校集注》，北京：中华书局，2008年，第97页。
② 许富宏：《鬼谷子集校集注》，第95页。
③ （汉）司马迁：《史记》卷三，第94页。
④ （汉）司马迁：《史记》卷三，第95页。

商汤见了伊尹之后，问了一句："汝其有吉志。"整理报告指出，"吉"当训为"善"，"志"当训为"意"，这些意见当然十分正确。在我看来，所谓的"吉志"（释为"很好的意愿"），就是指伊尹愿意重新回到商汤的身边，追随商汤。商汤在询问伊尹是否已经下定了这个决心，伊尹没有正面回答，而是列举了夏朝种种的虐政和百姓对夏桀的种种指责，其意愿已经是不言而喻了。在两人对于伐夏取得共识之后，简文记载了一个重要的活动，即"汤盟誓及尹"，意即商汤和伊尹两人举行了盟誓活动，这个行为特别有意思。我们觉得，这意味着商汤与伊尹之间已经尽释前嫌，准备齐心协力，共同伐夏。如果伊尹仅仅是商汤派出去的一个谍报人员，如果这次会面不过是一次汇报情报的工作会见，这一举行盟誓的活动就会显得非常突兀。但如果把它放在伊尹从出逃到最终回归的历史背景上来看，就可以得到很合理的解释。

简文后面接着说："汤往征弗服，挚度。"意思是商汤开始征伐不服，而伊尹则一直为他出谋划策。这说明两人的关系经过一番波折之后，终于得以步入正轨。商汤和伊尹两人相互配合，亲密无间，最终伐灭夏朝，成就了千古以来君臣合作的一段佳话。

需要附带指出的是，清华简《尹至》的整理报告中把简文中的"帝"理解为是"已即位之汤"，把"帝"等同于国君的称呼"后"，似乎也很合理，但如果结合《赤鹄之集汤之屋》的内容来看，这一理解并不合适。《赤鹄之集汤之屋》提到了"后"，意为国君；同时简文也提到了"帝"，但其中说的"帝"明显就是指天帝，与作为人间统治者的"后"显然不是一回事，二者不可混为一谈。《尹至》中的"帝"和"后"也应该这样来理解。同理，《楚辞·天问》中所说的"后帝是飨"[①]，可能也应该标点为"后、帝是飨"，需要把后、帝二者区分开来。

---

① 此句原文为"缘鹄饰玉，后帝是飨"，参见（战国）屈原著，金开诚等校注：《屈原集校注》，北京：中华书局，1996年，第368页。

总之，清华简《赤鹄之集汤之屋》使我们认识到，商汤和伊尹之间默契的君臣关系并非是一蹴而就的，而是经历了一个磨合的过程。伊尹从归顺商汤，到离开商汤投奔夏桀，最后又重新回到商汤身旁，经历了一个长时间的变化历程。伊尹的所作所为，自然有"识时务者为俊杰"的因素；同时由于他掌握了夏桀大量的情报，故而也为商汤灭夏创造了契机。如果我们能结合这一背景，重新绎读清华简《尹至》，也可以得出一些新的结论。

## 第三节 清华简《厚父》的撰作时代和性质

《清华大学藏战国竹简》第五辑中所公布的《厚父》篇，是一篇久已失传的《尚书》类文献，自从发布之后就引起了学者们的浓厚兴趣，并进行了广泛的讨论，已经有多篇论文正式发表。[①] 另外，网络对于该篇的讨论也十分热烈[②]，除了不少专题论文之外，"简帛网"还专门开辟了"清华五《厚父》初读"的栏目，许多网友也在这些网络论坛上充分发表了自己的意见。

这些讨论对于《厚父》篇的解读，无疑具有很重要的意义，研究工作

---

① 赵平安先生的《〈厚父〉的性质及其蕴含的夏代历史和文化》（《文物》2014年第12期）对本篇简文有详细的讨论；其他的相关文章，可列举李学勤先生的《清华简〈厚父〉与〈孟子〉引〈书〉》（《深圳大学学报》2015年第3期）、赵平安先生《谈谈战国文字中值得注意的一些现象——以清华简〈厚父〉为例》（复旦大学出土文献与古文字研究中心编：《出土文献与古文字研究》第六辑，上海：上海古籍出版社，2015年）、程浩先生《清华简〈厚父〉"周书"说》（李学勤主编：《出土文献》第5辑，中西书局，2014年）、郭永秉先生《论清华简〈厚父〉应为〈夏书〉之一篇》（《出土文献与中国古代文明学术研讨会论文集》，北京：中国社会科学出版社，2017年）、黄国辉先生《清华简〈厚父〉新探——兼谈用字和书写之于古书成篇与流传的重要性》（《清华大学学报》2016年第3期）、杜勇先生《清华简〈厚父〉与早期民本思想》（《西华师范大学学报》2016年第2期）等文。其他关于《厚父》篇断句和字词训诂的讨论还有不少，在此不一一论列。
② 如王坤鹏先生有《简论清华简〈厚父〉的相关问题》（见"复旦大学出土文献与古文字中心网"）、子居先生有《清华简〈厚父〉解析》（见"清华大学出土文献研究与保护中心网"）等文，另外宁镇疆先生《说清华简〈厚父〉"天降下民"句的关联文献问题》虽未见发表，但对相关问题也有很好的讨论。

正在逐步深入。不过该篇简文因有残损，篇中的"厚父"与"王"究竟是谁，学者们一直聚讼不休，概括起来有三种意见：

第一，该篇为夏代文献，篇中的"王"和"厚父"为夏王与其臣厚父；

第二，该篇为商代文献，篇中的"王"和"厚父"是商王与其臣厚父；

第三，该篇为周代文献，篇中的"王"和"厚父"为周王（具体来说为周武王）与其臣厚父。

由于该篇简文是对夏朝执政的得失进行讨论，竹简本身又抄写于周代，可以说，目前关于简文作者和时代的这些意见，已经把这篇文献写作时代的所有可能性都包括在其中了。与此同时，有关本篇文献的时代与性质的巨大分歧也引起了我们的困惑，因为对于一篇文献，如果我们连它的时代都无法弄清，其写作时代的判断竟然可以相差达五六百年之多，这显然是不太正常的，势必会影响到对它的深入研究。

那么，如何来看待学者们的相关意见呢？我们需要做一些具体分析。

在上述三种意见中，关于清华简《厚父》作于夏代的说法，可能会比较牵强一些。因为在简文中已经列举的夏朝人物中，已经明确提到了孔甲，《国语·周语下》有："孔甲乱夏，四世而陨。"[1]（当然简文对于孔甲的认识和《国语》等传世文献颇不相同，对此学者们已有不少讨论）按照《史记·夏本纪》的记载，孔甲之后，尚有帝皋、帝发、帝履癸（即桀）三个王，但他们在治理国家方面都十分昏庸无能，"自孔甲以来而诸侯多畔夏"[2]，尤其是帝桀，"不务德而武伤百姓"[3]，最后导致夏朝的灭亡。这三个国君都是碌碌无为甚至是倒行逆施之辈，与《厚父》中"王"的锐意进取可以说是截然不同，因此他们之间不可能有什么直接的关系；另外，简文中"弗用先哲王孔甲之典型，颠覆厥德，沉湎于非彝，天廼弗若（赦），

---

[1] 徐元诰撰，王树民、沈长云点校：《国语集解》，第130页。
[2] （汉）司马迁：《史记》卷二，第88页。
[3] （汉）司马迁：《史记》卷二，第88页。

廼坠厥命，亡其邦"的论述，很明显是描述夏朝亡国的情景。至于学者们已经指出的一些特征，比如说"《厚父》篇记王言之前冠以'王若曰'，通篇又多称'夏之哲王'、'夏邦'、'夏邑'而不说'我夏之哲王'、'我夏邦'"①，等等，这些地方也可以印证本篇简文并非作于夏代。

简文总结夏朝兴亡的历史经验和教训，使人们很容易联想到它应该是商代的文献。整理小组一开始也是这么考虑的，但是程浩博士在《清华简〈厚父〉"周书"说》一文中，已经从多个角度论证了该篇不太可能是商代文献，其论据是很有说服力的。作者得出的结论是："《厚父》篇无论是语言还是思想都与周初的文献比较接近，而且从简文记载的对话内容来看，其发生在周初的历史背景下也是合情合理的。我们知道，武王克商后曾访'前朝遗老'求治国之道，其中最有名的就是'惟十有三祀，王访于箕子'。商遗民箕子传授武王的'统治大法'——《洪范》今仍可见于《尚书·周书》，另外《逸周书》存有篇名的《箕子》与《耆德》两篇，想必也与之相关。有鉴于此，我们或可以大胆猜想周武王克殷建国后也曾访问了夏朝的遗民厚父，向其请教前贤之明德，遂作成了我们今天见到的这篇《厚父》。"②我们觉得程浩博士的这一观点是可取的，因此，《厚父》篇是商代文献的结论可能也可以被排除。

如果我们排除了《厚父》篇作于夏代和商代的可能性，那么它只可能是周代的文献。由于《孟子》引用的《尚书》佚篇内容同样见于《厚父》篇中，而且指明是周武王时之作，因此这二者之间的异同和相互关系一直引起学者们的普遍重视。李学勤先生曾在《清华简〈厚父〉与〈孟子〉引〈书〉》③一文中详加分析，指出《孟子》一书中的相关引文，实际上即来源

---

① 郭永秉先生指出，这一意见由沈培先生提出。参见郭永秉：《论清华简〈厚父〉应为〈夏书〉之一篇》，收入王子今、孙家洲主编：《出土文献与中国古代文明学术研讨会论文集》，第39页。
② 程浩：《清华简〈厚父〉"周书"说》，收入李学勤主编：《出土文献》第5辑，第147页。
③ 李学勤：《清华简〈厚父〉与〈孟子〉引〈书〉》，《深圳大学学报》2015年第3期。

于《厚父》篇中。李先生的分析非常细致透彻，我们支持这一结论，并想在学者们的有关讨论基础上做一些补充。

我们知道，周武王在取得牧野之战的胜利后，如何巩固克商的成果、有效统治广袤的国土就成为他关注的头等大事。为此他忧心忡忡，常常夜不能眠，《周本纪》载："武王至于周，自夜不寐。"[1]《史记正义》注："武王伐纣，还至镐京，忧未定天之保安，故自夜不得寐也。"[2] 为此他曾经广泛征求贤达之士的意见。实际上，在刚刚取得克殷胜利的时候，周武王就接见了商代的各类王公贵族和社会贤达，征求他们对于治国安邦的看法。《逸周书·度邑》言："维王克殷，邦君诸侯及厥献民徵主九牧之师，见王于殷郊。"[3] 根据《吕氏春秋·慎大》篇的记载，周武王在克商胜利后，除了立即分封一些帝王的后人为诸侯外，另外一个重要的工作就是与这些商朝遗老相谈，总结借鉴商朝灭亡的经验："武王乃恐惧，太息流涕，命周公旦进殷之遗老，而问殷之亡故，又问众之所说，民之所欲。"[4] 这一记叙与《史记》的记载应该说是一回事。

由于夏、商兴亡的经验教训始终是周武王刻意关注的问题，因此才有了"惟十三祀，王访于箕子"[5] 而形成的《洪范》之篇。值得注意的是，周武王访箕子，本来是要讨论商朝亡国的教训，只是由于箕子作为一个亡国之人，不忍心谈故国兴灭这个敏感问题，最后才变成了双方讨论"天地之大法"的《洪范》之篇。对此，《史记·周本纪》有明确记载：

武王已克殷，后二年，问箕子殷所以亡。箕子不忍言殷恶，以存亡国宜告。武王亦丑，故问以天道。[6]

---

[1] （汉）司马迁：《史记》卷四，第128页。
[2] （汉）司马迁：《史记》卷四，第129页。
[3] 黄怀信等撰：《逸周书汇校集注（修订本）》卷五，上海：上海古籍出版社，2007年，第465页。标点有改动。
[4] 陈奇猷：《吕氏春秋新校释》卷十五，第851页。
[5] 此句出自《尚书·洪范》，参见（汉）孔安国传，（唐）孔颖达正义：《尚书正义》卷十二，收入（清）阮元校刻：《十三经注疏》，北京：中华书局，1980年，第187页中栏。
[6] （汉）司马迁：《史记》卷四，第131页。

对此《史记正义》解释说:"箕子殷人,不忍言殷恶,以周国之所宜言告武王,为《洪范》九类,武王以类问天道。"①

可见,在周武王与箕子的这次会见当中,周武王最初的本意是要向箕子询问商朝亡国的教训,只是由于箕子羞于讨论这一话题,最后只好避实击虚,讨论起"天地之大法"了。如果箕子当年很配合周武王的咨询,也许我们所看到的《洪范》就不是现在这个面貌了。总之,为了治国安邦的需要,周武王非常迫切地想了解夏、商两朝的兴亡之道,这种心情是完全可以理解的。

从清华简《厚父》可知,周武王除了向箕子等人咨询外,还向厚父询问夏朝兴亡的经验教训,这一点是我们过去所不知道的。那么厚父又是谁,他为什么也会成为周武王的咨询对象呢?

厚父之名并不见于传世典籍,但他是夏人的后裔这一点则毫无疑问,而且他在夏人后裔中,身份和地位一定非常之高。在此,我们对他的身份可以作一些推测。

我们知道,夏为姒姓,其后裔颇多。《史记·夏本纪》云:"禹为姒姓,其后分封,用国为姓,故有夏后氏、有扈氏、有男氏、斟寻氏、彤城氏、褒氏、费氏、杞氏、缯氏、辛氏、冥氏、斟戈氏。"②在这些国之中,最为人熟悉的当然是杞国,其事迹在《史记·陈杞世家》中有专门记载。杞国相传为周武王所封,《礼记·乐记》称:"武王克殷反商,未及下车,而封黄帝之后于蓟,封帝尧之后于祝,封帝舜之后于陈;下车而封夏后氏之后于杞……"。③《吕氏春秋·慎大》篇则言:"武王胜殷,入殷,未下舆,命封黄帝之后于铸,封帝尧之后于黎,封帝舜之后于陈;下舆,命封夏后之

---

① (汉)司马迁:《史记》卷四,第131页。
② (汉)司马迁:《史记》卷二,第89页。
③ (清)孙希旦撰,沈啸寰、王星贤点校:《礼记集解》卷三十八,北京:中华书局,1989年,第1025页。

后于杞，立成汤之后于宋以奉桑林。"①《史记·周本纪》则言："武王追思先圣王，乃褒封神农之后于焦，黄帝之后于祝，帝尧之后于蓟，帝舜之后于陈，大禹之后于杞。"②虽然有关周武王这次分封的情况，文献记载相互之间颇有一些出入，但是，在封夏人之后于杞方面，各种记载则完全一致。

不过，根据另外一些史料的记载可以发现，封夏之后于杞，可能实际上并不始于周武王，而是在商汤灭夏之后即已有此行举。《大戴礼记·小辨·少问》篇言：

> 成汤卒受天命，不忍天下粒食之民刈戮，不得以疾死，故乃放移夏桀，散亡其佐。乃迁姒姓于杞，发厥明德，顺民天心毒地，作物配天，制典慈民。咸合诸侯，作八政，命于总章。服禹功以修舜绪，为副于天。③

如果《大戴礼记》的这一说法可信，则杞国之封在商代已经出现。在这一问题上，《史记·陈杞世家》的记载是："杞东楼公者，夏后禹之后苗裔也。殷时或封或绝。周武王克殷纣，求禹之后，得东楼公，封之于杞，以奉夏后氏祀。"④司马迁的这一记述，肯定了杞国在殷商时已经受封的事实，同时也说明在殷商数百年的历史进程中，这一分封曾经历了"或封或绝"的变动，当属可信。因此杞国的分封很可能始于商代，但后来曾发生变故，到周武王灭商后，又重新将夏人的后裔封于杞国，这是我们从现有文献的记述中所得到的认识。

周武王对夏人后裔的重新分封，是杞国发展过程中的一件大事，不过《史记·陈杞世家》也一再说"杞小微，其事不足称述"，"至禹，于周则杞，微甚，不足数也"，可见杞国由于国小势微，不受重视，以致后世有

---

① 陈奇猷：《吕氏春秋新校释》卷十五，第851页。
② （汉）司马迁：《史记》卷四，第127页。
③ 方向东：《大戴礼记汇校集解》卷十一，北京：中华书局，2008年，第1158页。
④ （汉）司马迁：《史记》卷三十六，第1583页。

关杞国的记述寥寥无几。① 在春秋时期，孔子即已经有了"夏礼，吾能言之，杞不足征也"②的感慨。我们可以看到，虽然周武王亲自分封了杞国国君，但是关于这位杞国国君，史籍中亦失其名。《史记·陈杞世家》称第一代杞国国君为东楼公，第二代杞国国君为西楼公，第三代杞国国君为题公，这些称呼均非杞君的原名，对此《史记索隐》已有说明："东楼公，号谥也。不名者，史先失耳。"③ 如果我们把清华简《厚父》的内容与西周初年的这段历史相对照的话，我们很怀疑简文中的"厚父"此人很可能就是杞国的第一代国君东楼公。因为在商、周鼎革的历史过程中，能够与周武王有这样密切的接触，又熟悉夏朝历史，声名最显赫、地位又最高的夏人当属杞国国君，因此厚父此人最大的可能性就是杞国的国君。这位国君名叫厚父，应该说也符合这一时期的人名习惯。我们知道，纣的儿子武庚名叫禄父，即与"厚父"之名非常相像。虽然我们不排除周武王还有可能接触过其他一些夏人的后裔，并亲自咨询过有关夏代兴亡的历史，但是厚父作为杞国国君的可能性应该说是最大，同时也是最合理的。

在清华简《厚父》篇里，厚父对周武王陈述的内容中，最引人注目的地方在于厚父对于德的重视和对于禁酒的建议，而这二者都与周代的历史相关，并对周人产生了很大的影响。

《厚父》与《尚书·酒诰》篇有密切的关系，这一点学者都有深刻的体会，但是关于这二者孰先孰后，学者们多认为《厚父》篇是受《酒诰》的影响而形成，认为《厚父》的有关内容抄自《酒诰》。不过，如果我们承认《厚父》篇是周武王与厚父对话的原始记录的话，这二者的关系可能应该倒过来——是《厚父》中所体现的禁酒思想对于周人产生了影响，并最终导致了周人的禁酒和《酒诰》的出现。

---

① 参见（汉）司马迁：《史记》卷三十六，第 1585～1586 页。
② （清）刘宝楠撰，高流水点校：《论语正义》卷三，北京：中华书局，1990 年，第 91 页。
③ （汉）司马迁：《史记》卷三十六，第 1583 页。

以往学者在讨论周初禁酒时，一般都认为是商朝的纵饮使周人转而实行禁酒[①]，这当然是不错的，但并不全面。实际上夏人与酒的关系也非常密切，"仪狄作酒""太康造秫酒""杜康造酒""少康作秫酒"等各种关系交织在一起的传说，都把夏朝和酒紧密联系起来；而在河南偃师二里头等地遗址中发现的众多酒器，也印证了饮酒之风在夏代的盛行，可以佐证酒在这个时期贵族生活中的重要性。厚父正是看到了饮酒对于夏代政治的负面影响，因而向周武王提倡禁酒，而周初统治者也目睹了商朝纵酒所造成的种种乱象，最终下了禁酒的决心。如果我们把《厚父》篇放在这样的背景下认识，可能更为符合相关的历史脉络，也更能体现本篇的学术价值及其与《酒诰》的关系。

另外，厚父在总结夏代历史的过程中，对于德政的推崇和提倡，可能也直接影响到了周人的治国思想，并直接影响了周人对于夏代的认识。《厚父》篇中非常强调德，提出要"保教明德"，这一思想与西周的德治思想完全契合，如果我们承认《厚父》是周初的文献，自然可以看到该篇在对周人相关政治理念形成过程中所发挥的作用。

《厚父》篇的另外一个作用，很可能是影响了周人对于夏代历史的认识。本篇简文对夏代先哲王德政的推崇，与后来周人对夏代的认识非常吻合，如《尚书·吕刑》篇强调"德威惟畏，德明惟明"时，所引用的一个事例就是"禹平水土，主名山川"，[②]足见夏代的有关历史在周人心目中的深刻影响。在这一方面更为显著的例子，是2002年由保利艺术博物馆入藏的燹公盨铭文。燹公盨上铸有98字的铭文，除了记载大禹治水的故事外，还以大段文字阐述德与德政，教诲民众以德行事。李学勤先生已经指出，

---

[①] 今文《尚书》中的《微子》篇叙述了商末时殷人"沉酗于酒，用乱败厥德于下"的触目惊心的景象，已经在深刻反思纵酒对殷商王朝腐化崩溃所起的重要影响。参见（汉）孔安国传，（唐）孔颖达正义：《尚书正义》卷十，收入（清）阮元校刻：《十三经注疏》，第177页中栏。

[②] （汉）孔安国传，（唐）孔颖达正义：《尚书正义》卷十九，收入（清）阮元校刻：《十三经注疏》，第284页中栏至下栏。

燹公盨铭文"所以要讲述禹的事迹,是以禹作为君王的典范,说明治民者应该有德于民,为民父母"①。朱凤瀚先生也指出:"铭文全篇重点在于阐述德对于治国、社会安宁的重要性,是了解与研究西周政治思想史弥足珍贵的资料。"②李零先生亦言:"如果我们把这篇铭文当文章读,它最好的题目就是'好德'或'明德'。"③如果我们把燹公盨与清华简《厚父》篇联系起来,可以发现二者对于夏朝大禹治水等事迹的阐述并进而提倡德政的思想,几乎是完全一致的。我们觉得,燹公盨中对夏代的认识和对德政的提倡,很可能是在清华简《厚父》篇的影响下形成的。如果这一推测不误,我们对于西周时期德政思想的发展又可以有新的认识。

总之,笔者同意清华简《厚父》篇作于周初的见解,认为它是周武王时的作品,是西周初年借鉴夏、商治政得失而广泛咨询遗老的产物,并主张篇中的厚父很可能与周代杞国的始封君东楼公有关。清华简《厚父》的学术价值,体现在它对于后来的《酒诰》和周初禁酒的影响上面,也体现在它对于周人的夏代史观和德政思想的影响上面。如果我们这样来看待和研究清华简《厚父》篇,或许更能理解它的写作时代和学术价值。

---

① 李学勤:《论燹公盨及其重要意义》,《中国历史文物》2002年第6期,第4~12页。
② 朱凤瀚:《燹公盨铭文初释》,《中国历史文物》2002年第6期,第28~34页。
③ 李零:《论燹公盨发现的意义》,《中国历史文物》2002年第6期,第35~45页。

# 第十四章 清华简中的科技与思想

清华简的各篇虽以儒家和历史著作为主，但其中仍不乏有许多深刻的思想论述。随着整理工作的深入，我们发现，清华简中还有多篇诸子一类的文献，对先秦"子"学的研究有独特的贡献。特别是其中的《算表》篇，使我们对先秦的数学成就刮目相看。在本章中，我们来管窥一下清华简中的相关内容。

## 第一节　神奇的《算表》[①]

2017年4月23日，清华园早已是春意盎然，繁花似锦，一场学术盛会正在清华大学主楼隆重举行。这一天是《清华大学藏战国竹简》第七辑整理报告发布日，与会的专家学者和媒体记者都喜气洋洋。在欢声笑语之余，细心的人们发现，虽然清华简的出版发布已经成为一年一次的学术活动，但今年的发布会却与以往有所不同，因为这次活动增加了一个新的重头戏，那就是：在此次的清华简成果会现场，要同时举行清华简《算表》吉尼斯世界纪录（Guinness World Records）认证仪式发布会。

在一般人的印象里，吉尼斯世界纪录的认证内容往往是与一些娱乐性活动联系在一起，这次竟然要对一个严谨的学术成果进行论证，似乎有些出乎意料。其实，吉尼斯世界纪录认证过许多文化与科技方面的重要成果，在此次认证清华简《算表》之前，其在中国已经有过不少类似的认证活动。比如2015年11月1日，重庆邮电大学研发的四足机器人——"行者一号"以134.03公里的成绩，荣获"四足式机器人行走的最远距离"吉尼斯世界纪录荣誉，打破了由美国康奈尔大学"游侠"机器人保持了4年的世界纪录；2016年5月6日，吉尼斯世界纪录认证仪式在北京举行，经最终确认，由陕西省考古研究院于西汉阳陵挖掘的茶叶距今约2100年，是迄今为止发现的"最古老的茶叶"；2016年9月27日，坐落于山西省应县县城西北隅佛宫寺内的释迦塔（又称应县木塔）由54种斗拱铆榫垒叠而成，全塔无一颗铁钉，塔高67.31米，被吉尼斯世界纪录认证为"世界上最高的木塔"。这一次吉尼斯世界纪录要认证的清华简《算表》又是一个什么样的学术成果呢？

清华简《算表》一共由21支竹简组成，入藏时其次序已经散乱，与

---

[①] 本章内容可参考李均明、冯立昇两位先生的《清华简〈算表〉概述》（《文物》2013年第8期，第73~75页）以及李学勤先生《释"肍"为四分之一》（收入《初识清华简》一书，上海：中西书局，2013年）等文。

其他竹简完全混淆在一起。不过，由于这篇竹简的形制很特殊，很容易把它们从其他两千多枚竹简中挑选出来。我们现在所看到的简文是整理者根据竹简形制与内容编排复原而成。简文原无篇题，整理者根据其内容与功能，听取了数学史专家们的意见，将之命名为《算表》。

《算表》的完整竹简有 17 支（其中有 4 支系经缀合而成），另外有 4 支上端残缺，不过残缺的内容可以根据这个表格的规律加以补充还原。完整的简长 43.5～43.7 厘米，宽 1.2 厘米左右（这是清华简中最宽的简），厚度约为 0.13 厘米，目前竹简呈黄褐色。

《算表》以三道编绳编联，原编绳已不复存在，仅存有编痕。上编痕距顶端约 2 厘米，中编痕居中，下编痕距下端约 2 厘米。除这三道编绳外，全篇简文还有 18 条红色栏线横穿于上述 21 枚简的简面。这些栏线的制作，是先用刀在竹简上面刻出槽线（系编绳的地方也经过同样的处理），除最上端及最下端一次性画上红色栏线外，其他栏线要经过二次描画，即先画墨色细线，再在墨线上面画出红色线。表上红色线所使用的颜料，经检测为朱砂。三道编绳与这些红色栏线一起，也同样起着栏线的作用。我们推测，这三道编绳所使用的丝线应该也是红色的。[①] 这样整齐划一的表格配上红色的丝线，可以想见当时一定是一卷极其艳丽而且美观大方的竹简。

《算表》简面上朱红色的横贯栏线与每支竹简的左右两边结合在一起，从而把这篇竹简分割成了整齐的表格，红色的栏线划出了行，每支简的左右两边则形成列，两者相结合后，就形成了一个个的单元格。另外，每支简的上端第一个数字下都有一个圆形穿孔，而且这 21 支简中，有一支简是没有字的，在它上面的每个单元格中都有一个圆形穿孔。这些简上的一些穿孔里面至今还能看到朽烂的丝织品，而且在简的背面也还残附有一些朽烂的丝带，证明当时这些穿孔里曾穿系有长条的丝带。除了这些特殊

---

① 2015 年 1 月，安徽大学曾入藏了一批战国楚简（通称"安大简"），时代与清华简大致相当。据介绍，那批简上面就使用红色的丝线，可见战国中期确实有红色丝线存在

的单元格外，其他每个单元格中基本上都填有数字。这些数字均以战国楚文字书写，多异体、合文（包括合文符）。如廿=，为二十合文。卅=，为三十合文。仐=，为八十合文。《算表》分数以单个文字表示，如二分之一写作"肕"（即"半"字）、四分之一写作"釳"等。

如果把这些数字转换成阿拉伯数字，可以得到这样一个表格：

| (1/2) | 1 | 2 | 3 | (4) | (5) | 6 | 7 | 8 | 9 | 10 | 20 | 30 | 40 | 50 | 60 | 70 | 80 | 90 | | |
|---|---|---|---|---|---|---|---|---|---|---|---|---|---|---|---|---|---|---|---|---|
| ● | ● | ● | ● | ● | ● | ● | ● | ● | ● | ● | ● | ● | ● | ● | ● | ● | ● | ● | | |
| 45 | 90 | 180 | 270 | (360) | 450 | 540 | 630 | 720 | 810 | 900 | 1800 | 2700 | 3600 | 4500 | 5400 | 6300 | 7200 | 8100 | ● | 90 |
| 40 | 80 | 160 | 240 | (320) | 400 | 480 | 560 | 640 | 720 | 800 | 1600 | 2400 | 3200 | 4000 | 4800 | 5600 | 6400 | 7200 | ● | 80 |
| 35 | 70 | 140 | 210 | 280 | 350 | 420 | 490 | 560 | 630 | 700 | 1400 | 2100 | 2800 | 3500 | 4200 | 4900 | 5600 | 6300 | ● | 70 |
| 30 | 60 | 120 | 180 | 240 | 300 | 360 | 420 | 480 | 540 | 600 | 1200 | 1800 | 2400 | 3000 | 3600 | 4200 | 4800 | 5400 | ● | 60 |
| 25 | 50 | 100 | 150 | 200 | 250 | 300 | 350 | 400 | 450 | 500 | 1000 | 1500 | 2000 | 2500 | 3000 | 3500 | 4000 | 4500 | ● | 50 |
| 20 | 40 | 80 | 120 | 160 | 200 | 240 | 280 | 320 | 360 | 400 | 800 | 1200 | 1600 | 2000 | 2400 | 2800 | 3200 | 3600 | ● | 40 |
| 15 | 30 | 60 | 90 | 120 | 150 | 180 | 210 | 240 | 270 | 300 | 600 | 900 | 1200 | 1500 | 1800 | 2100 | 2400 | 2700 | ● | 30 |
| 10 | 20 | 40 | 60 | 80 | 100 | 120 | 140 | 160 | 180 | 200 | 400 | 600 | 800 | 1000 | 1200 | 1400 | 1600 | 1800 | ● | 20 |
| 5 | 10 | 20 | 30 | 40 | 50 | 60 | 70 | 80 | 90 | 100 | 200 | 300 | 400 | 500 | 600 | 700 | 800 | 900 | ● | 10 |
| 4.5 | 9 | 18 | 27 | 36 | 45 | 54 | 63 | 72 | 81 | 90 | 180 | 270 | 360 | 450 | 540 | 630 | 720 | 810 | ● | 9 |
| 4 | 8 | 16 | 24 | 32 | 40 | 48 | 56 | 64 | 72 | 80 | 160 | 240 | 320 | 400 | 480 | 560 | 640 | 720 | ● | 8 |
| 3.5 | 7 | 14 | 21 | 28 | 35 | 42 | 49 | 56 | 63 | 70 | 140 | 210 | 280 | 350 | 420 | 490 | 560 | 640 | ● | 7 |
| 3 | 6 | 12 | 18 | 24 | 30 | 36 | 42 | 48 | 54 | 60 | 120 | 180 | 240 | 300 | 360 | 420 | 480 | 540 | ● | 6 |
| 2.5 | 5 | 10 | 15 | 20 | 25 | 30 | 35 | 40 | 45 | 50 | 100 | 150 | 200 | 250 | 300 | 350 | 400 | 450 | ● | 5 |
| 2 | 4 | 8 | 12 | 16 | 20 | 24 | 28 | 32 | 36 | 40 | 80 | 120 | 160 | 200 | 240 | 280 | 320 | 360 | ● | 4 |
| 1.5 | 3 | 6 | 9 | 12 | 15 | 18 | 21 | 24 | 27 | 30 | 60 | 90 | 120 | 150 | 180 | 210 | 240 | 270 | ● | 3 |
| 1 | 2 | 4 | 6 | 8 | 10 | 12 | 14 | 16 | 18 | 20 | 40 | 60 | 80 | 100 | 120 | 140 | 160 | 180 | ● | 2 |
| 1/2 | 1 | 2 | 3 | 4 | 5 | 6 | 7 | 8 | 9 | 10 | 20 | 30 | 40 | 50 | 60 | 70 | 80 | 90 | ● | 1 |
| 1/4 | 1/2 | 1 | 1.5 | 2 | 2.5 | 3 | 3.5 | 4 | 4.5 | 5 | 10 | 15 | 20 | 25 | 30 | 35 | 40 | 45 | ● | 1/2 |

这篇《算表》由于结构特殊，为传世文献及以往出土材料所未见，故见者无不啧啧称奇。杨振宁先生在2009年看到清华简中竟然有这样写满数字的竹简时，非常感兴趣，一再催促整理团队尽早把这篇竹简整理出来。清华大学出土文献研究与保护中心的李均明先生对这篇竹简进行了精心的

整理复原，并与清华大学科技史与古文献研究所的冯立昇先生一起研究，最后获得的结果出乎人们的意料。这是一篇具有计算功能的竹简书籍，其核心内容为九九乘法表的扩大，在实际操作中具备乘、除以至乘方、开方等功能，堪称中国数学史方面的惊人发现。

2010年7月12日，清华大学邀请国内研究数学史的权威专家，对本篇竹简进行鉴定。专家们一致认为："这21支竹简不仅具有数字特质，更具有运算功能，是一份实用的运算表。"因此专家们建议将它命名为《算表》。《算表》为我国现存最早的数学文献实物，是研究中国古代数学的珍贵史料。它的发现，填补了先秦数学文献实物的空白，在数学史上具有重要意义。

下面我们以乘法为例，来看看这篇《算表》的神奇之处。

《算表》最上端的数字和最右边的数字可以看作是乘数和被乘数，比如要计算 $80\times90$ 的乘积，可以找到有一支简的最上端上写有"80"，然后在最右侧的那支简上找到数字"90"，把这两处数字对应的丝带分别向下和向左拉伸，两条丝带会有一个交汇点，其数字是7200，这个数字就是 $80\times90$ 的乘积。

至于那些不能在这上面找到的数字，则可以通过对数字进行拆分来完成。比如我们要计算 $81\times72$，则可以把81拆分为80+1，72可以拆分成70+2，把这4个数字对应的丝带分别向下和向左拉伸，就分形成4个交汇点，把这4个交汇点上的数字加起来5600+160+70+2=5832，所得的结果就是 $81\times72$ 的乘积（参见图一）。

《算表》不仅可以做整数的运算，还可以做分数的运算。我们可以再举一个例子，求 $71\frac{1}{2}\times92\frac{1}{2}$ 的乘积。方法也是一样的，$71\frac{1}{2}$ 可以拆分为 $70+1+\frac{1}{2}$，$92\frac{1}{2}$ 可以拆分为 $90+2+\frac{1}{2}$，把这6个数字对应的丝带按同样的办法拉伸，可以形成9个交汇点，把这9个交汇点的数字加起来，就是 $71\frac{1}{2}\times92\frac{1}{2}$ 的乘积 $6613\frac{3}{4}$（参见图二）。

那些大于100的数字，也可以用同样的办法拆分，如127可以拆分为

**以81×72的运算为例**

$$5600+160+70+2=5832$$

图一

$$71\frac{1}{2} \times 92\frac{1}{2} = ?$$

$$6300+90+45+140+2+1+35+\frac{1}{2}+\frac{1}{4}=6613\frac{3}{4}$$

图二

90+30+7，$259\frac{1}{2}$可以拆分为$90+80+60+20+\frac{1}{2}$……。运用这个《算表》，乘数或被乘数的最大值可以达到：$90 + 80 + 70 + 60 + 50 + 40 + 30 + 20 + 10 + 9 + 8 + 7 + 6 + 5 + 4 + 3 + 2 + 1 + \frac{1}{2} = 495\frac{1}{2}$，而乘积最大数当为$495\frac{1}{2} \times 495\frac{1}{2} = 245520\frac{1}{4}$。

《算表》也同样可以做除法运算，只是步骤会更复杂一些，这里不再一一介绍。

从《算表》的内容可以发现，它应用了十进制计数方法，算表的设计要直接用到乘法的交换律，在进行任意两位数或数值为$495\frac{1}{2}$以下的百位数的乘法时要用到乘法的分配律，并且用到了分数等数学原理和概念。它不仅能直接用于两位数或数值为$495\frac{1}{2}$以下的百位数的乘法运算，亦可用于除法运算，并能对分数 $\frac{1}{2}$ 或含有 $\frac{1}{2}$ 的分数进行某些运算。此表操作便捷，携带方便，实用性强，是当时实用的运算工具。其用法为认识先秦数学的应用与普及提供了重要且直接的史料和丰富的信息。

《算表》不仅比目前能够见到的古代十进制乘法表年代都早，而且其数学与计算功能也超过了以往中国发现的里耶秦简九九表和张家界汉简九九表等古代乘法表。它的发现，表明先秦数学水平特别是计算技术达到了相当高的水平。

《算表》的另外一个意义，是学者们从中发现先秦时期的人们已经有了 $\frac{1}{4}$ 的概念，而且有了专门的词汇。过去学者们已经了解，先秦时期的人们已经具有 $\frac{1}{2}$ 的概念，当时称之为"半"，也有 $\frac{1}{3}$ 和 $\frac{2}{3}$ 的概念，当时称之为"小半"和"大半"，但是先秦时期的人们是否有 $\frac{1}{4}$ 的概念，过去的学者根本无从获知。从《算表》中可以看到，当时已经确确实实有了 $\frac{1}{4}$ 的概念，而且把 $\frac{1}{4}$ 称为鈈，也就是"锱铢必较"的"锱"字，这对先秦数学史的认识也是很大的突破。

清华简《算表》的发现，引起了数学史界的极大重视。前国际数学史学会主席道本周（J.W.Dauben）教授指出："这一发现意义非凡，它是世界上最早的十进制乘法表实物。"国际数学大师丘成桐教授以及诺贝尔物理学奖得主杨振宁先生也参观并研讨了《算表》的性质、功能。

《算表》被确定为世界上最早的十进制乘法表。作为世界数学史上的一项重大发现，2017 年 4 月 23 日，清华简《算表》获得了吉尼斯世界纪录称号。

## 第二节　清华简《命训》与中国古代的命论

一

清华简《命训》一共由 14 支简组成，原三道编绳，全篇各简均有不同程度的残损，估计完简的长度约为 49 厘米，其中第一、二、三、七、九、

十二、十四、十五诸简的文字受到一定损毁。除最后一支简外，每支简的简背应均有次序编号，书于竹节处。①全篇原无篇题，经核对，其内容与《逸周书》的《命训》篇大致相合，当系《命训》篇的战国写本，因此整理者径以"命训"来命名本篇。这是继《程寤》《皇门》《祭公》诸篇之后，在清华简中发现的又一篇《逸周书》文献②，意义十分重大。

《命训》在传世的《逸周书》一书中，地位特别重要。我们知道，《逸周书》一书一开头就是《度训》《命训》《常训》三篇，这三篇文献常被合称为"三《训》"，它们的内容和地位都极为特殊。学者们曾评论说："三《训》居《逸周书》之首，述治政之法，开为王者立言之宗，主领全书之旨。"③清代学者孙诒让甚至以为三《训》可能是《汉书·艺文志》所载《周训》一书的孑遗："《汉书·艺文志》道家有《周训》十四篇，此（引者按：指《度训》篇）与下《命训》《常训》三篇义恉与道家亦略相近，此书如《官人》《职方》诸篇，多摭取古经典，此三篇或即《周训》遗文仅存者。"④足见这三篇文献的重要地位。

由于《逸周书》在历史上长期湮没不彰，久无善本，在辗转传抄过程中，文字的讹脱现象十分严重。清华简第一辑整理报告出版之后，学者们已利用收入于第一辑中的《皇门》《祭公》诸篇来校正《逸周书》中的同篇文字，取得了丰硕的成果。《命训》篇的情况同样如此，对照简文，可知传世的《命训》文本存在诸多的文字错讹之处。因此，本篇简文可在很大程度上帮助我们复原《命训》篇的原貌，对于我们解读传世本《命训》具有十分重要的意义。以下我们可以举一些实例来加以说明。

---

① 其中第四简的竹节处残断缺失，情况不明；第十四简的"十"字亦缺损，仅残留"四"字。
② 清华简的《保训》篇，学者们已经指出其与《逸周书》关系密切，不过《保训》篇本身并不在《逸周书》的篇目之内。
③ 王连龙：《逸周书研究》，北京：社会科学文献出版社，2010年，第93页。
④ 孙诒让：《周书斠补》卷一，见《大戴礼记斠补》一书所附，济南：齐鲁书社，1988年，第61页。

传世本《命训》的开头有"大命有常，小命日成。成则敬，有常则广，广以敬命，则度至于极"①的论述，这段话的前几句多为四字一句，只有"成则敬"是三字一句，显得非常突兀，以往已经有一些学者怀疑此处有脱字，但苦于没有版本方面的证据。现在我们看清华简的抄写本，在"日""成"二字下各有重文符号，因此"成则敬"一句显然本应该作"日成则敬"，这样正好也是四字一句，与前后文句式一致，而且内容衔接非常紧密，显然要优于传世本。

传世本《命训》有"夫司德司义，而赐之福禄。福禄在人，能无惩乎？若惩而悔过，则度至于极"②之说，接着又言："夫或司不义，而降之祸；在人，能无惩乎？若惩而悔过，则度至于极。"③两句话内容一正一反，然而句式之间也是不太对应，而正反二者都是"若惩而悔过，则度至于极"，更为奇怪。现在我们看到竹简本后，对于其中的疑问就可释然了。原来，传世本的"夫司德司义，而赐之福禄"一句，在清华简《命训》中作"夫司德司义，而赐之福"，少了一个"禄"字。对比后文的"或司不义，而降之祸"句，一为赐福，一为降祸，二者对应紧密，句式整齐，可知传世本此处的"禄"字当为衍文。再如传世本前一句说是"福禄在人"，而与之对应的后一句仅有"在人"二字；在清华简《命训》中，前一句内容相同，后一句则作"祸过在人"，二者完全对应，显然也优于今本。④至于传世本有两句相同的"若惩而悔过，则度至于极"之论，学者们早已指出，第一句与福禄对应的"若惩而悔过"有误，但对原句的内容，大家猜测不一。丁宗洛怀疑"悔过"二字当为"迁善"之误；唐大沛也主张"惩而悔

---

① 黄怀信等撰：《逸周书汇校集注（修订本）》卷一，上海：上海古籍出版社，2007年，第21～22页。
② 黄怀信等撰：《逸周书汇校集注（修订本）》卷一，第22页。
③ 黄怀信等撰：《逸周书汇校集注（修订本）》卷一，第23页。
④ 丁宗洛也注意到这二句的不对应，但他不是怀疑后一句有脱文，反而主张"福禄在人"的"福禄"二字为衍文，在思路方面存在错误。关于丁宗洛的观点，参见黄怀信等撰：《逸周书汇校集注（修订本）》卷一，第22页。

过"一句系涉下文而误，但认为原句应当是"劝而为善"。① 这些学者的怀疑是很有道理的，但由于他们没有更好的版本，所以无法获知原句的真实情况。现在我们在清华简中终于可以了解这句话的原始面貌，简文此句全文是："福禄在人，人能居，如不居而圣义，则度至于极。"与传世本对照，该句内容有较大的不同。整理报告指出，"居"应当训为安处；"圣"字从又，主声，属章母侯部字，可读为定母东部之"重"字，其说可从。简文的大意是说，当福禄降临到人的身上，人都会安处于其中。如果能不安处于福禄之中而去重视道义，则法度就能够中正。

传世本《命训》有"夫天道三，人道三：天有命，有祸，有福；人有丑，有绋絻，有斧钺"②的记载。如果按照天道的顺序，是"命""祸""福"，而人道的顺序却是"丑""绋絻""斧钺"，其顺序不能完全对应。现在看清华简《命训》，该句作："夫天道三，人道三：天有命，有福，有祸；人有侮，有巿冕，有斧钺。""巿冕"即今本的"绋絻"，竹简本"有福"与"有祸"分别对应的是"有巿冕"和"有斧钺"，次序非常合理，可见今本的"有祸"与"有福"二字应当对调。"丑"即"侮"字，说详后。

从以上这些例子可以看出，清华简《命训》的文字内容在很多方面都要优于今本，可以校正今本中的很多讹误，值得我们认真加以探究。

清华简《命训》的问世，其意义是多方面的。其中还有一个特别的作用，是有助于我们重新判断三《训》的写作时代。

《度训》《命训》《常训》关系十分密切，学者们早已指出，这三篇文献具有"均以'训'名，同讲为政牧民之道，性质相同，文气相类，内容相贯"③的特点，王连龙先生曾从三《训》"均以'训'命名""重复词语习见""所用句式多相同""篇章结构相类""主题思想一致"等五个方面，

---

① 关于丁、唐二氏的观点，参见黄怀信等撰：《逸周书汇校集注（修订本）》卷一，第22页。
② 黄怀信等撰：《逸周书汇校集注（修订本）》卷一，第28页。标点有改动。
③ 黄怀信：《逸周书源流考辨》，西安：西北大学出版社，1992年，第91页。

详细论证了它们之间的密切关系[①];清人唐大沛甚至根据这三篇文献"脉络相连,义理贯通"的特点,怀疑它们本为一篇文献,"而后人分为三篇"[②]。现在清华简《命训》的发现,证明唐大沛认为三《训》本为一篇的说法显然不确,不过三《训》应属同一时期的作品,却是毫无疑问的事实。

然而,三《训》究竟写成于何时,学术界以往存在很大的分歧。《周书序》言:"昔在文王,商纣并立,困于虐政,将弘道以弼无道,作《度训》。殷人作教,民不知极,将明道极,以移其俗,作《命训》。纣作淫乱,民散无性习常,文王惠和化服之,作《常训》。"[③]认为这三篇序是商末时周文王所作。朱右曾据此《序》,认为三《训》应当是文王任商朝的"三公"一职时所作:"文王出为西伯,入为三公,陈善纳诲,固其职分。然以纣之昏闇,犹惓惓乎欲牖其明,则忠之至也,三《训》盖皆为三公时所作。"[④]按照此说,三《训》应当是商末的文献。不过现代学者多怀疑这种看法。黄怀信先生通过三《训》文气及前人征引情况,断定"三《训》有可能出自西周,不过以文字观之,似当为春秋早期的作品"[⑤];罗家湘先生也认为三《训》等以数为纪的篇章"写定于春秋早期"[⑥];李学勤先生则指出"《度训》《命训》等多篇文例相似,可视为一组,而《左传》《战国策》所载春秋时荀息、狼瞫、魏绛等所引《武称》《大匡》《程典》等篇,皆属于这一组。由此足见在书中占较大比例的这一组,时代也不很迟"[⑦],但对于这一组文献的大致写作年代,李先生没有给出具体的意见。这些学者都倾向于三《训》写作时代较早。与此同时,也有许多学者认为三《训》时代较晚,如王连龙

---

① 王连龙:《逸周书研究》,第94~95页。
② (清)唐大沛《逸周书分篇句释》一书,转引自黄怀信等撰:《逸周书汇校集注(修订本)》,上海:上海古籍出版社,2005年,第41页。
③ 黄怀信等撰:《逸周书汇校集注(修订本)》卷十,第1117~1118页。
④ (清)朱右曾:《逸周书集训校释》,转引自黄怀信等撰:《逸周书汇校集注(修订本)》卷十,第1118页。
⑤ 黄怀信:《逸周书源流考辨》,第92页。
⑥ 罗家湘:《逸周书研究》,上海:上海古籍出版社,2006年,第12页。
⑦ 李学勤:《逸周书汇校集注·序言》,上海:上海古籍出版社,2007年,第3页。

主张"三《训》文辞不古，思想、主张多与战国诸子相仿佛，成书于战国时期更为可能"[1]。有的学者甚至认为三《训》写成于汉代，如明代的方孝孺、日本学者津田左右吉等[2]；明代的郑瑗在《井观琐言》卷一中甚至怀疑《逸周书》是"东汉魏晋间诡士所作"[3]，按照此说，三《训》自然也属于这一时期的伪作。这种种看法之间，对于三《训》时代的判定竟然相差了一千多年，令人无所适从。

清华简《命训》的发现，为我们考察《命训》篇的写作时代提供了重要证据。清华简的抄写时代是公元前305年左右，证明当时已有该篇的写本流传，这已经是该篇写作时代的下限。那么，《命训》篇是否就是战国时代的作品，抑或还能追溯到更早？这一问题值得我们做进一步的讨论。

主张本篇写于战国时代的学者，他们坚持自己的论断有两个很重要的理由：《命训》篇中包含了性恶论的成分；《命训》等诸篇所使用的顶针格的修辞方法是战国时代的特色。但在笔者看来，这两个理由并不是那么充分。

《命训》有"夫民生而丑不明，无以明之，能无丑乎？若有丑而竞行不丑，则度至于极"的论述，理解这句话的最关键之字是"丑"字，但对于此"丑"字，学者们理解有很大的分歧，主要有三说：

第一种观点，是把"丑"字训为"恶"。潘振即持此说，他认为："丑，恶也。言民生而恶，其德不明，民不能自明也。司德者能无著其恶乎？民知有恶，而强行于善，斯不恶矣。"[4]按照这一理解，《命训》的这句话就是在论述人性本恶。我们知道，与孟子同时的告子曾提出人性恶的主张，但

---

[1] 王连龙：《逸周书研究》，第93页。
[2] 参见（明）方孝孺著，徐光大校点：《逊志斋集》卷五《读汲冢周书》，宁波：宁波出版社，1996年，第107~108页。另见津田左右吉的《儒教的研究》等书中的相关讨论。他们都不约而同地主张《逸周书》是汉人的伪作。
[3] （明）郑瑗撰：《井观琐言》卷一，北京：中华书局，1985年，第8页。
[4] （清）潘振：《周书解义》，转引自黄怀信等撰：《逸周书汇校集注（修订本）》卷一，第24页。标点略有改动。

直至荀子才把性恶论最后确立，如果《命训》此处是在说明人性本恶，自然不可能早于战国中期。一些学者认为《命训》的时代很晚，与此处性恶论的理解有很大的关系。[1]

第二种观点，是把"丑"字理解为"类"，指善恶。唐大沛即有此论，他的解释是："丑，类也，指善恶言。不明，言善恶易淆，真知者鲜。分辨善恶，即所谓明丑。民愚职暗，不能自明也，君上能无彰善瘅恶以明其丑乎？民虽有善有恶，而争自琢磨，同归于善，是竞行不丑矣，是则治法尽善。"[2] 这种理解也有其训诂的依据。"丑"可训为"恶"，也可训为"类"，如《国语·楚语下》："官有十丑。"韦昭注："丑，类也。"[3] 而"类"又可训为"善"，如《诗经·大雅·皇矣》有"克明克类"，郑笺："类，善也。"[4] 因此，唐大沛认为此处的"丑"训为"善恶"，也有其一定的道理。但是这一理解仍然是从人性论的角度来考虑的，认为人性有善有恶。

第三种观点，是把"丑"训为"耻"。如陈逢衡云："丑，耻也。言民生而为气所拘、物欲所蔽，举凡可耻之事无以涤其旧染而明之，则必自陷于罪矣，在上者能无激发其耻乎？若人皆知有耻而至于无耻可耻，则竞行不耻矣。故民协于度。"[5] "丑"训为"耻"，这一训诂也有先例，如《战国策·秦策》有"皆有诟丑"，高诱注为"丑，耻"[6]，即为其例。

以上三说中，除第二种意见略嫌迂曲外，第一种和第三种观点都有各

---

[1] 近年来王连龙先生对《逸周书》做了很多研究，取得了很好的成果。在关于三《训》的写作时代分析方面，他即认为三《训》"主张人性为'丑'的观点，基本属于以荀子为代表的儒家性恶论。……三《训》所主张的人性论当为性恶论的初级发展阶段，与荀子等性恶论相衔接"（王连龙《〈周书〉三〈训〉人性观考论》，《辽东学院学报》2009年第1期，第80~84页）
[2] （清）唐大沛：《逸周分篇句释》，转引自黄怀信等撰：《逸周书汇校集注（修订本）》卷一，第24页
[3] 徐元浩撰，王树民、沈长云点校：《国语集解》，北京：中华书局，2002年，第520页
[4] （汉）毛亨传、郑玄笺，（唐）孔颖达疏：《毛诗正义》卷十六，收入《十三经注疏》，北京：中华书局，1980年，第520页中栏
[5] （清）陈逢衡：《逸周书补注》，转引自黄怀信等撰：《逸周书汇校集注（修订本）》卷一，第24页
[6] 何建章《战国策注释》卷七，北京：中华书局，1990年，第288、293页

自的道理，但是哪种理解更符合其原意，在传世本中并不易做出明确的判断，而清华简《命训》的公布，使我们可以在这些不同的训释中做出明确的选择。

在清华简《命训》中，与传世本对应的全句是："夫民生而佴不明，上以明之，能亡佴乎？如有丑而恒行，则度至于极。"传世本与竹简本两种版本体系的异文中，有的可以互通，如"无"与"亡"，"若"与"如"，一些不能互通的文字，也有其重要意义，如传世本的"无以明之"，清华简本作"上以明之"，简本显然更为准确。推测传世本的"无"字本应作"亡"，"亡"字古文字写法与"上"较接近，遂致发生讹误。

不过，在这两种版本的异文中，最关键的差异是：与传世本"丑"字相对应的文字，在清华简中作"佴"。"佴"即"耻"字，司马迁《报任安书》有"而仆又佴之蚕室"[①]之文，此处的"佴"也训为耻，即是说司马迁遭受了去蚕室受宫刑之耻。从清华简《命训》中可以看出，传世本《命训》中的"丑"都应当训为"耻"，才符合原义。而以往有些学者把"丑"训为"恶"，并进而从人性为恶的角度来总结相关的讨论，显然是不确的。可见，《命训》篇并没有人性恶的观点，更不能据此来讨论《命训》篇的写作年代。

《命训》等篇中另外一个很引人注目的现象，是大量运用了顶针格的修辞手法。所谓"顶针格"，亦称"顶真格""联珠格"，就是以前一句末尾的词语作为后一句开头的词语，上递下接，紧凑相连，生动畅达，读起来抑扬顿挫，缠绵不绝。在《命训》篇中，这种顶针格的使用随处可见，如：

极命则民堕，民堕则旷命，旷命以诫其上，则殆于乱；

极福则民禄，民禄则干善，干善则不行；

极祸则民鬼，民鬼则淫祭，淫祭则罢家；

---

[①] （清）严可均：《全汉文》卷二十六，收入《全上古三代秦汉三国六朝文》，北京：中华书局，1958年，第543页。不过，《汉书·司马迁传》所引《报任安书》作"而仆又茸以蚕室"，师古曰："茸，推也。谓推致蚕室之中也。"见（汉）班固：《汉书》卷六十二，北京：中华书局，1962年，第2730页和第2732页。

极丑则民叛，民叛则伤人，伤人则不义；

极赏则民贾其上，贾其上则民无让，无让则不顺；

极罚则民多诈，多诈则不忠，不忠则无报。

凡此六者，政之殆也。

《命训》等篇中大量使用顶针格的特点，早已受到学者的关注[1]，不少学者还根据《逸周书》多用顶针格的特点，断定该书的这些篇章是战国时代的作品[2]。这种观点现在看来还可以商榷，因为在春秋时期的许多文献中都已有顶针格使用的情况，如《左传·文公十八年》有"则以观德，德以处事，事以度功，功以食民"[3]的论述，并说这是周公制作周礼时的教诲。如果此说可信，则在西周时期已经有顶针格的使用。而在《左传》中，这种顶针格的句式颇为常见，如：

夫名以制义，义以出礼，礼以体政，政以正民，是以政成而民听。（《左传·桓公二年》）[4]

闰以正时，时以作事，事以厚生，生民之道于是乎在矣。（《左传·文公六年》）[5]

服以旌礼，礼以行事，事有其物，物有其容。（《左传·昭公九年》）[6]

味以行气，气以实志，志以定言，言以出令。（《左传·昭公九年》）[7]

而在其他一些与春秋时代有关的文献中，这种顶针格的使用亦能常常见到。如《国语·晋语八》有"图在明训，明训在威权，威权在君"[8]的论述；

---

[1] 黄沛荣：《周书研究》，台湾大学博士论文，1976年。
[2] 周玉秀的《逸周书的语言特点及其文献学价值》（中华书局，2005年）第五章的第二节《逸周书的顶真格及其文献学分析》对此有专门讨论，作者认为，顶真格的盛行是在战国时代；《逸周书》中运用顶真格的各篇，还可以依据其特点的差异，区分战国早期与中晚期的不同。
[3] 杨伯峻：《春秋左传注（修订本）》，北京：中华书局，2009年，第633~634页。
[4] 杨伯峻：《春秋左传注（修订本）》，第92页。
[5] 杨伯峻：《春秋左传注（修订本）》，第553页。
[6] 杨伯峻：《春秋左传注（修订本）》，第1312页。
[7] 杨伯峻：《春秋左传注（修订本）》，第1312页。
[8] 徐元诰撰，王树民、沈长云点校：《国语集解》，第419页。

《老子》第 25 章有"人法地，地法天，天法道，道法自然"①的见解；而在《论语·子路》篇中，孔子则有"名不正则言不顺，言不顺则事不成，事不成则礼乐不兴，礼乐不兴则刑罚不中，刑罚不中则民无所措手足"②的名言；而《左传·成公二年》也曾引用孔子"名以出信，信以守器，器以藏礼，礼以行义，义以生利，利以平民，政之大节也"③的高论。从这些记载来看，春秋时期，顶针格的句式已存在，并得到较广泛的运用，如果仅依据顶针格手法的运用，判断文献的写作时代为战国时代，不免失之偏颇。

既然三《训》作于战国的观点不能成立，那么三《训》的成书年代大致在什么时候呢？实际上传世文献中也有一些重要的线索。

《左传》襄公二十五年载卫大叔文子引《书》曰："慎始而敬终，终以不困。"④前人已经指出，这句话见于三《训》中的《常训》篇："慎微以始而敬，终乃不困。"⑤可见《常训》篇当时已经成书，而鉴于三《训》之间的紧密关系，可以推定《命训》篇当时也应该已经成书。不仅如此，《左传·襄公十一年》魏绛所引《书》的"居安思危"一句⑥，出自《逸周书》的《程典》篇；而《左传·文公二年》记载狼瞫所引《周志》的"勇则害上，不登于明堂"⑦，则源于《逸周书》的《大匡》篇，而这些篇章都与三《训》十分密切。因此，也可以说，至迟在春秋中期，《命训》及其他一批过去认为较晚的《逸周书》篇章已经出现。清华简《命训》篇的发现，为这一结论提供了重要的依据。

清代学者朱右曾在《逸周书集训校释序》中曾言："愚观此书，虽未必

---

① （魏）王弼注，楼宇烈校释：《老子道德经校释》，北京：中华书局，2008 年，第 64 页。
② （清）刘宝楠撰，高流水点校：《论语正义》卷十六，北京：中华书局，1990 年，第 521 页。
③ 杨伯峻：《春秋左传注（修订本）》，第 788～789 页。
④ 杨伯峻：《春秋左传注（修订本）》，第 1109 页。
⑤ 黄怀信等撰：《逸周书汇校集注（修订本）》卷一，第 49 页。该书"困"作"因"，注文引诸家观点指出往各本均作"困"。
⑥ 杨伯峻：《春秋左传注（修订本）》，第 994 页。
⑦ 杨伯峻：《春秋左传注（修订本）》，第 520 页。

果出文、武、周、召之手，要亦非战国秦汉人所能伪托。"① 从清华简《逸周书》诸篇的面世来看，朱氏此说可谓至当。

二

从清华简《命训》中可以看出，《命训》全篇结构严谨，前后呼应，是一篇非常重要的论文。《命训》的全篇围绕着"天生民而成大命"而展开，是先秦时期专论"命"的特征、意义的一篇专题论文。

清华简《命训》篇开头就说："[天]生民而成大命，命司德正以祸福。"对于其中的第一句话，我们当时做整理报告时，曾引用了《左传》及郭店简《性自命出》等材料来加以说明，自然是正确的；但是对于第二句的解释和断句，现在看来有一些问题。我们当时将它断句为"命司德，正以祸福"，并引用了孔晁的注来说明："司，主也。以德为主，有德正以福，无德正以祸。"② 按照这种理解，"司"训为"主"，是作为动词来使用，然而这一理解非常突兀，而且与前后文不能协调。现在看来，这句话中的"命"才是全句的动词，它所缺的主语正是前一句的"天"。"司德"当如陈逢衡所说，是天神，"如司命、司中之类"③。全句的意思是："（上天）命令司德用祸福来加以修正。"天生民而成就的是"大命"，而司德"正以祸福"的则是小命。大命的特点是"有常"，始终如一；而小命的特点则是"日成"，日有所成。"司德"这一神灵能够根据民众的行为而分别赐之以福或者是降之以祸。

那么司德又是按照什么标准来给民众赐福或者降祸呢？简文后面说得很清楚，"司德"是以"义"来作为评判的标准："夫司德司义而赐之福""或司不义而降之祸"。这两句话中，"司义"和"司不义"的"司"都是动词，训为"主"，司德正是根据民众的行为是否符合"义"的标准而分别予以

---

① （清）朱右曾：《逸周书集训校释序》，转引自黄怀信等撰：《逸周书汇校集注（修订本）》附录，第1229页。
② 黄怀信等撰：《逸周书汇校集注（修订本）》卷一，第21页。
③ （清）陈逢衡：《逸周书补注》，转引自黄怀信等：《逸周书汇校集注》卷一，上海：上海古籍出版社，2005年，第21页。

赐福或降祸。因此，从天道的角度来说，上天成就了人的大命，而司德则决定了人的福或者是祸，后者在《命训》中被称之为人的小命。这就是简文中所说的三个天道："天有命、有祸、有福。"

在人世间，民众受自身的局限，往往无法认识天道，因此上天给人间设置了"明王"来加以训诫和治理，普通的民众并不知道他们自己的大命是由上天所成就，因此没有羞耻之心，而明王所做的一个重要工作，就是要让民众"明耻"。关于"明耻"的重要性，《逸周书·常训》有详细的说明："明王自血气耳目之习以明之丑[①]，丑明乃乐义，乐义乃至上，上贤而不穷。"如果没有耻，则会"轻其行"[②]。因此，简文强调要"有耻而恒行"，正是从这个意义上强调了"明耻"对于民众行为的约束作用。

明王是代表上天来统治人世间的，除了训教民众要明耻之外，他还有一个重要的职责：相对于司德在天上对民众的赐福或是降祸，明王掌握着人间的权力，也可以对民众进行赏罚的处置。按照清华简《命训》的说法，市冕（今本作"绋絻"）代表了明王的赏，斧钺代表了明王的罚。因此简文说，人道也有三个："人有耻，有市冕，有斧钺。"

这里需要说明的是，在编写本篇整理报告过程中，我们对于简文中"夫民生而乐生榖，上以榖之"这一句作注释时，当时的想法，是把这句话与文中常提到的"市冕"加以对应，认为应该是表示"禄"的含义，因此我们曾据《诗·天保》的毛传，把句中的"榖"字训为"禄"。现在看来，这种理解还是不尽妥当。实际上，这句话所表达的是明王对民众的奖赏，因此"榖"字还是应按照更常见的训诂，释为"养"，这样文句的训读会更为贴切一些。

《命训》篇全文的前半部分，实际上就是围绕着"命、福、祸"这三

---

[①] "丑"与"耻"义通，学者们有过很多的讨论。具体参见黄怀信等撰：《逸周书汇校集注（修订本）》卷一，第45页。
[②] 《逸周书·程典》："无丑，轻其行。"黄怀信等撰：《逸周书汇校集注（修订本）》卷二，第175页。

个"天道"和"耻、市冤、斧鉞"而层层展开所作的论述。明白了这个结构，再细读简文，可以看出全篇文章布局整齐，论述严谨，是一篇极为深刻的论说文。反过来再研读传世本的《命训》篇，由于内容错讹之处太多，不容易看出《命训》篇里面的内在逻辑性关系，从而影响了学者们对它的释读。

在《命训》全篇的论述中，对于"命"的阐发无疑是全篇的核心，而《命训》篇把命区分为大命和小命的做法，在中国思想史上具有很重要的意义。

对于"命"，先秦的思想家们有很多的论说。孔子曾断言："不知命，无以为君子也。"[1] 孔子本人即相信命的存在，他说："道之将行也与，命也；道之将废也与，命也。"但是孔子本人却很少讨论命。[2] 儒家的许多学者都相信命的存在，比如子夏的"死生有命，富贵在天"、孟子的"莫之为而为者，天也；莫之致而至者，命也"、荀子的"死生者，命也""知命者不怨天"等论述，都可以看出儒家对于命的敬畏[3]；道家的《庄子》一书中也有许多关于命的论述，如《达生》篇言："不知吾所以然而然，命也。"《庄子》书中还认为在命运跟前，只能"知其不可奈何而安之若命"，有着很强的宿命论色彩。

在先秦思想家中，墨子对于命的理论曾进行了猛烈的抨击，独树一帜。《墨子》一书中专门有《非命》三篇，批判命运的观念，如《非命上》认为："执有命者之言曰：命富则富，命贫则贫，命众则众，命寡则寡，命治则治，命乱则乱，命寿则寿，命夭则夭。命虽强劲，何益哉！上以说王公大人，下以沮百姓之从事，故执有命者不仁。"[4] 因此他强烈反对有命之说：

今用执有命者之言，则上不听治，下不从事。上不听治则刑政乱，

---

[1] 见《论语·尧曰》篇载。
[2] 《论语·子罕》："子罕言利与命与仁。"
[3] 当然，荀子并没有屈服于命的主宰作用，而是提出了要"制天命而用之"（《荀子·天论》）的响亮口号。
[4] （清）孙诒让撰，孙启治点校：《墨子间诂》卷九，北京：中华书局，2001年，第264页。"命虽强劲"的"命"后疑有脱文。

下不从事则财用不足，上无以共粢盛酒醴，祭祀上帝鬼神，下无以降绥天下贤可之士，外无以应待诸侯之宾客，内无以食饥衣寒，将养老弱。故命上不利于天，中不利于鬼，下不利于人，而强执此者，此特凶言之所自生，而暴人之道也。是故子墨子言曰：今天下之士君子，忠实欲天下之富而恶其贫，欲天下之治而恶其乱，执有命者之言，不可不非，此天下之大害也。[①]

细味墨子之所以反对有命之说，实际上正是因为传统的论命之说否定了人的主观能动性，走向了宿命论，从而成为暴君和没有出息的人腐化堕落的借口：因为命运由天而定，人在命运面前无论如何努力，都不可能改变命运。这样的宿命论正是传统论命之说消极性的重要体现，会导致人们不思进取、自甘堕落。

把《命训》篇放在这样的思想史背景下来考察，就可以看出它十分积极的思想意义。《命训》把"命"区分为"大命"和"小命"，其中既表明了"大命有常"不可改变的一方面，同时也强调了人的具体行为对"小命"的直接影响和作用，强调了人的主观能动性。《命训》已经指出，由于小命直接与人的日常行为息息相关，必然会迫使民众要注意自己的所作所为，对自己的行为怀有敬畏之心，即所谓的"日成则敬"。对此，孙诒让曾解释说："日成，谓日计其善恶而降之祸福也，与大命有常终身不易异也。"[②] 因此，小命完全可以通过人的积德累功而改变。这种认识相对于传统的宿命论来说，无疑是一个很大的进步。

另外，《命训》中关于大命、小命的论述，也是我们了解《庄子》中一句话的钥匙。《庄子·列御寇》言："达大命者随，达小命者遭。"[③] 以往的注释和研究者对于这句话的解释和理解甚多，但似乎还没有学者将它与《命

---

[①] （清）孙诒让撰，孙启治点校：《墨子间诂》卷九，第 272 页。
[②] （清）孙诒让：《周书斠注》，转引自黄怀信等：《逸周书汇校集注》，上海：上海古籍出版社，2005 年，第 21 页。
[③] （清）王先谦撰，沈啸寰点校：《庄子集解》卷八，第 285 页。

训》篇联系起来。如果我们按照《命训》大命有常、小命日成的论述，再来体味《庄子·列御寇》中的这句话，应该说还是很容易理解的，正因为大命有常，所以通晓大命者能够旷达；而由于小命日成，因此通晓小命者自然会留意自己的所作所为。这里的"遭"应当训为"遇"，指平日的遭遇。这样来理解，有可能更为合乎原文的含义。我们推测，《列御寇》篇的作者应该是读过了《命训》篇，所以才会在文中有关于大命和小命的相关论述。

最后还需要指出，《命训》篇对于大命和小命的区分和不同作用的界定，实际上直接开启了后世命理学说中关于"命"与"运"的相关理论。在命理学家眼中，"命"是不可改变的，但是"运"则可以随着时间、环境和人的行为而有所变化。我们认为，《命训》篇中所说"有常"的大命，相当于后世命理学家们所说的"命"，而命理学家所说的"运"，则很可能是由"日成"的"小命"发展而来。这样来读《命训》篇，或许更能看出本篇在后世的深刻影响力。

## 三

在《命训》全篇的论述中，对于"命"的阐发无疑是全篇的重点内容之一，《命训》篇把命区分为大命和小命的做法，在中国思想史上具有很重要的意义。《命训》既表明了"大命有常"不可改变的一方面，同时也强调了人的具体行为对"小命"的直接影响和作用，强调了人的主观能动性。[①] 这种认识相对于传统的宿命论来说，无疑是一个很大的进步。

令人困惑的是，从传世的先秦两汉文献来看，《命训》这一套把命划分为大命和小命的做法似乎在当时并没有太大的影响。除了《命训》之外，传世的先秦两汉文献很少关注大命、小命的问题，它们感兴趣的是所谓的三命之说，并就此展开了热烈的讨论，王充的《论衡·命义》甚至还称之

---

① 刘国忠：《清华简〈命训〉中的命论补正》，《中国史研究》2016年第1期，第25～28页。

为"儒者三命之说"[1]，可见这些观点与儒家密切相关。我们来具体看一下有关的讨论。

《礼记·祭法》言："王为群姓立七祀，曰司命，曰中溜，曰国门，曰国行，曰泰厉，曰户，曰灶。"对于其中的"司命"，郑玄注言："司命，主督察三命。"[2]但没有列举三命的具体名称。《孝经援神契》言："命有三科：有受命以保庆，有遭命以谪暴，有随命以督行。"[3]明确提出了受命、遭命和随命这三种命。不过，关于这三命的具体内容，不同的文献理解也存在较大的歧异。

《孝经援神契》认为："受命，谓年寿也；遭命，谓行善而遇凶也；随命，谓随其善恶而报之。"[4]按照这种理解，受命即是人正常的年寿，遭命是行善却未得善报，随命是根据人的善恶之行而获得相应的报应。

《春秋元命苞》则谓："命者，天之命也。所受于帝，行正不过，得寿命。寿命，正命也。有随命，随命者，随行为命也。有遭命，遭命者，行正不误，逢世残贼，君上逆乱，辜咎下流，灾谴并发，阴阳散忤，暴气雷至，灭曰动地，绝人命，沙尘袭邑是。"[5]这一说法称"受命"为"寿命"，认为它是正命。我们知道，受、寿二字均属禅母幽部字，[6]在读音上是可以相通的。至于将"随命"解释为"随行为命"，即是指根据人的行为而有相应的命，与《孝经援神契》所说的"谓随其善恶而报之"一致。文中对"遭命"的解释虽然很长，但其实际内容就是《孝经援神契》所归纳的"行善而遇凶"。因此，《春秋元命苞》对三命的称谓虽然略有区别（将"受命"称为"寿命"），

---

[1] （汉）王充著，黄晖撰：《论衡校释》卷二，北京：中华书局，1990年，第52页。
[2] （清）孙希旦撰，沈啸寰、王星贤点校：《礼记集解》卷四十五，北京：中华书局，1989年，第1202～1203页。
[3] 见《礼记·祭法》注疏所引。（清）孙希旦撰，沈啸寰、王星贤点校：《礼记集解》卷四十五，第1203页。
[4] 《礼记·祭法》注疏所引。（清）孙希旦撰，沈啸寰、王星贤点校：《礼记集解》卷四十五，第1203页。
[5] （宋）李昉等撰：《太平御览》卷三百六十，北京：中华书局，1960年，第1656页。
[6] 陈复华、何九盈：《古韵通晓》，北京：中国社会科学出版社，1987年，第145页。

但是对于三命的理解与《孝经援神契》基本相合。

《孟子·尽心上》载孟子之言曰："莫非命也，顺受其正"，对此赵岐注云："命有三名：行善得善曰受命，行善得恶曰遭命，行恶得恶曰随命。"[①] 这种对受命、遭命、随命的理解与上述《孝经援神契》《春秋元命苞》的说法显然很不相同。本来按照《孝经援神契》和《春秋元命苞》的说法，行善得善、行恶得恶均是"随命"的特征，但是赵岐将它们区别开来，分别置于"受命"和"随命"的名下；只有"遭命"的"行善得恶"，与《孝经援神契》所说的"行善而遇凶"相同。因此赵岐的注解与《孝经援神契》及《春秋元命苞》存在较大的差异。

《左传·成公十七年》述范文子因晋君无道，忧惧晋国动乱，自己会被牵连，使其祝宗帮助祈求速死。对此孔颖达《正义》引何休《左氏膏肓》言："人生有三命，有寿命以保度，有随命以督行，有遭命以摘暴，未闻死可祈也。"[②] 何氏此处所论三命，其中的"寿命以保度"稍微费解，"寿命"当即"受命"；但"保度"一词是何含义，学者们不太能够解释清楚；至于"有随命以督行，有遭命以摘暴"，应该与《春秋元命苞》所讲的随命为"随行为命"和《孝经援神契》所说的遭命为"行善而遇凶"相同。

除了上述各种经典的注释以及纬书材料外，关于三命的讨论还多见于汉代学者的各种著述之中，如《春秋繁露·重政》言："人始生有大命，是其体也；有变命存其间者，其政也。"[③] 董仲舒此处所言的"大命"和"变命"，我们怀疑很可能与《命训》的大命与小命之说有关。按照《命训》所言："大命有常，小命日成。"大命虽然恒常不变，小命却是日有所成，处在不断的变化之中，因此，如果把"小命"称之为"变命"，应该说还是很贴

---

① （清）焦循撰，沈文倬点校：《孟子正义》卷二十六，第879页。
② （晋）杜预注，（唐）孔颖达正义：《春秋左传正义》卷二十八，收入（清）阮元校刻：《十三经注疏》，北京：中华书局，1980年，第1921页中栏。
③ （清）苏舆撰，钟哲点校：《春秋繁露义证》卷五，北京：中华书局，1992年，第149页。

切的。如果这一理解成立的话，这也是我们在秦汉时期的文献中所见与《命训》内容比较一致的一段论述。不过《重政》篇后面又说"而时有随、遭者，神明之所接，绝属之符也"，以往学者们倾向于把此处提到的随、遭理解为随命、遭命，按照这一认识，变命又可分为随命和遭命，如果根据这一理解，此处所讨论的内容，仍然是三命。

关于三命的叙述，更有代表性的论述是《白虎通》和《论衡》中的相关内容。

《白虎通·寿命》曰：

命者何谓也？人之寿也，天命已使生者也。命有三科，以记验。有寿命以保度，有遭命以遇暴，有随命以应行。寿命者，上命也。若言文王受命唯中身，享国五十年。随命者，随行为命。若言怠弃三正，天用剿绝其命矣。又欲使民务仁立义，无滔天。滔天则司命举过言，则用以弊之。遭命者，逢世残贼，若上逢乱君，下必灾变，暴至，天绝人命，沙鹿崩于受邑是也。[①]

而《论衡·命义》则言：

传曰："说命有三：一曰正命，二曰随命，三曰遭命。"正命，谓本禀之自得吉也。性然骨善，故不假操行以求福而吉自至，故曰正命。随命者，戮力操行而吉福至，纵情嗜欲而凶祸到，故曰随命。遭命者，行善得恶，非所冀望，逢遭于外而得凶祸，故曰遭命。[②]

《白虎通》与《论衡》中对于"受命"的称谓有所不同，一个称之为"寿命"，一个称之为"正命"。"受"与"寿"可以通假，已见前述；"正命"之称，疑与《孟子·尽心上》所说的"莫非命也，顺受其正"有关。至于"随命"和"遭命"二命，二书不仅称呼相同，而且对其阐释也比较接近，总体上看与《孝经援神契》《春秋元命苞》所述大致相类。

此外，《潜夫论·论荣》篇有"夫令誉从我兴，而二命自天降之"的

---

① （清）陈立疏证，吴则虞点校：《白虎通疏证》卷八，北京：中华书局，1997年，第391～392页。
② （汉）王充著，黄晖撰：《论衡校释》卷二，第49～50页。

论述，其中的"二命"，汪继培的笺认为是指遭命和随命，由于没有把"受命"计入，故仅剩二命[①]；而《潜夫论·卜列》篇中有"行有招召，命有遭、随"的叙述[②]，也可印证二命应该是指遭命和随命。

从以上这些讨论来看，当时学者们对于三命之说的讨论，可谓是非常热烈，不过对于三命的具体名称，大家的理解并不统一。其中的遭命和随命二者，各书的名称都完全一致，但是对其具体含义，理解并不相同；至于受命，则不仅有不同的叫法，如受命、寿命、正命等，而且对其实际含义也是众说纷纭。这就给我们带来了一系列问题：受命、遭命和随命这三命究竟是指什么？它们与《逸周书·命训》篇中的大命、小命之说有没有什么关系？如果有，又应该是什么样的一种关系？

接下来，我们拟对这些问题做一些分析。

首先，《命训》篇中的大命、小命，看似与三命中的"随命"和"遭命"风马牛不相及，实际上它们却存在着密切的关系，并且在传世文献中也有关于它们关系的重要论述。《庄子·列御寇》言："达大命者随，达小命者遭。"以往的注释和研究者对于这句话的解释甚多，但似乎还没有学者将它与《命训》篇联系起来。如果我们按照《命训》"大命有常、小命日成"的论述，再来体味《庄子·列御寇》中的这句话，就能感觉《庄子》中的"大命""小命"和《命训》中的大、小命有着相同的内涵，而"随""遭"后来就发展成为文献中反复提到的"随命"和"遭命"。按照《广雅·释诂》，"随"可训为"顺"[③]，或者也可依《说文》训为"从"[④]。所谓的"达大命者随"，应该是说由于大命有常，所以通晓大命者能够旷达；而《庄子·列御寇》所说的"遭"应当训为"遇"或者是"逢"，由于小命日成，人的所

---

① （清）汪继培笺，彭铎校正：《潜夫论笺校正》卷一，北京：中华书局，1985年，第34页
② （清）汪继培笺，彭铎校正：《潜夫论笺校正》卷六，第291页
③ （清）王念孙：《广雅疏证》卷一，南京：江苏古籍出版社，2000年，第9页
④ （清）段玉裁：《说文解字注》卷二，上海：上海古籍出版社，2009年，第70页

作所为时时刻刻都影响着小命的境况，因此通晓小命者自然会留意自己的所作所为。这样来理解，有可能更合乎原文的含义。我们推测，《列御寇》篇的作者应该是读过了《命训》篇，所以才会在文中出现关于大命和小命的相关论述。这个意见我们在前面曾经有所讨论。

如果按照这种思路来看的话，我们觉得，尽管汉代的经学家们对"随命"和"遭命"有很多的讨论，而且提出了不同的理解意见，但是他们的解释都没有真正理清楚"随命"和"遭命"的真实含义。实际上，"随命"就是《命训》中的"大命"，也就是《春秋繁露·重政》所说的"人始生有大命，是其体也"；而"遭命"（或可称为"变命"），则是《命训》中的"小命"，其特点是"小命日成"，或者说是"随行为命"，人的日常行为可以决定小命的吉凶。因此，《春秋繁露·重政》所说的"大命"和"变命"，以及《潜夫论·论荣》所提到的"二命自天降之"，都可以理解为是"大命"和"小命"，也就是"随命"和"遭命"。

其次，对于三命中的"受命"（或称"寿命""正命"），现有文献中对其理解也五花八门，但是也并没有能够从根本上解决有关问题。这其中，前面所引的《白虎通·寿命》篇所举的例子对我们很有启发："寿（按：'寿'字实际应作'受'）命者，上命也。若言文王受命唯中身，享国五十年。"班固把这段话的阐释重点放在了"享国五十年"上，进而强调这是"寿命"的含义，这其实是不正确的。这段话的重点，是在强调"文王受命"，所谓的"上命"，实际是指上天之命。文王获得了上天之命来治理人间，在位时间长达五十年，取得了"三分天下有其二"的优势，从而为周人的发展壮大及灭商奠定了基础。

实际上，关于什么是受命，什么是文王受命，学者们曾作过长期的讨论[①]，在这其中，王国维的意见最值得重视，他根据《尚书·酒诰》"惟天降命，肇我民，惟元祀"的记载，敏锐地指出，所谓的"受命"其实就是受天命。

---

① 参见刘国忠：《周文王称王史事辨》，《中国史研究》2009年第3期，第25~30页。

他在《周开国年表》一文中言："降命之命，即谓天命。自人言之，谓之受命；自天言之，谓之降命。"[①] 王氏此论，与传世及出土文献中有关"文王受命"的论述完全符合，因此现代学者多赞同王氏的观点，认为"文王受命"就是受天命。

为什么国君的受命也属于"命"的一种呢？这是因为国君本身有着极其特殊的身份，所以他所获得的天命具有极为重要的意义，因此被列为三命之首。另外，国君本人是受天命来治理民众的，代替上天来行使赏罚之权，进而决定民众"小命"的吉凶，从这个意义上来说，国君的"受命"所影响的就不仅仅是他本人，还影响着民众的命运。因此，"受命"在三命中居于首位，也就是再自然不过的事了。

最后，了解"受命"的真实含义后，我们再返回来重新读清华简《命训》，就可以发现，其实《命训》篇虽然没有提到"受命"，但是全篇最重要的内容，就是讲上天要立明王来教化百姓，"立明王以训之"，因此《命训》虽然表面上只讲了"二命"，但是其内容却是涵盖了"三命"，而且对于其中"受命"的阐释是最为具体而深刻的。

前面我们已经说过，关于"受命"的论述中，曾提到了"有寿命以保度"（班固《白虎通·寿命》、何休《左氏膏肓》）的论述，"寿命"即"受命"，不需多说。但是"受命"如何保度，却让人百思不得其解，所以有些文献中把"度"字写作"庆"，这实际上是一个误解而造成的讹字。这个问题只要联系到《命训》就可以找到答案。《命训》篇开头反复强调依据大命、小命的特点，确立明王的作用，发挥福、祸、赏、罚等的引导功能，就能够做到"度至于极"。这里所说的"度"，正好就是"有寿命以保度"的"度"。这也从另一个侧面证明了"受命"必须要联系《命训》篇中"以明王以训之"的叙述，才能够真正理解它的含义。

---

① 王国维：《观堂别集》卷一，收入《王国维遗书》第 3 册，上海：上海古籍书店，1983 年，第 37 页。

《命训》篇的后半部分，其实就是围绕着明王应如何依天之命来治理国家而展开的。作者从正、反两个方面入手，说明了明王治国对于民众"小命"的重要影响，其中说道：

> 抚之以惠，和之以均，敛之以哀，娱之以乐，训之以礼，教之以艺，正之以政，动之以事，劝之以赏，畏之以罚，临之以中，行之以权。

> 权不法，中不忠，罚｜不服｜，｜赏｜不从劳，事不震，政不成，艺不淫，礼有时，乐不伸，哀不至，均不一，惠必忍人。凡此，物厥权之属也。

这两段话的内容尚不能完全理解，有些还需要仔细探究，但它们是从一正一反的角度，讨论明王治国的方式，则是可以肯定的。明王的治国得失，直接影响着民众的命运。因此，受命的重要性，也就于此显得越发突出了。

总之，根据我们的理解，《命训》篇的内容虽然看起来似乎只提到了"大命""小命"这二命，但是只要联系到三命的具体内容，不难发现，除了大命与随命、小命与遭命的对应关系之外，《命训》中实际上也包括了"受命"的内容，而且是有关"受命"最全面、最生动的阐释。"三命"之说，很明显是从《命训》发展而来的。这样，我们对于清华简《命训》思想史价值的认识，自然又可以再深入一步。

## 第三节 清华简《管仲》与阴阳五行思想

《清华大学藏战国竹简》第六辑中收入了一篇与管仲、齐桓公有关的文献，整理者将之命名为《管仲》。清华简《管仲》简长44.5厘米、宽0.6厘米，三道编，现存简30支。全篇原无篇题，每支简的简背亦无次序编号。竹简保存大体完好，但是第28支简下半段缺失，第29支的上半段亦已不存，这两支简之间是否还有缺失的其他竹简，尚不易断定。另外，第29简与30简之间内容不相衔接，也应该缺失了一支简。因此，整篇简文总共缺失了1～2支简，还有2支简有残损。

传世文献中有关管仲与齐桓公的记载，内容最为丰富的当为《管子》一书。该书著录于《汉书·艺文志》的道家类中，据刘向《别录》言："所校雠中管子书三百八十九篇、大中大夫卜圭书二十七篇、臣富参书四十一篇、射声校尉立书十一篇、太史书九十六篇，凡中外书五百六十四，以校除复重四百八十四篇，定著八十六篇。"① 可见汉代这种八十六篇本的《管子》系经刘向整理而成，今存七十五篇，另有十一篇则在历史上陆续佚亡，有目无书。它们分别是《王言》《谋失》《正言》《封禅》②《言昭》《修身》《问霸》《牧民解》《问乘马》《轻重丙》《轻重庚》。

20世纪以来简牍帛书的大发现，对于《管子》的研究有很大的推动作用。银雀山汉简《王兵》篇的内容，即分见于《管子》。另外，同墓出土的《四时令》《迎四时》《三十时》《禁》等篇，在《管子》的《幼官》《四时》《五行》等篇中也有相同或相似的内容。③ 马王堆帛书《黄帝书》也有一些与《管子》很相近的文句。④ 学者们已经根据这些新的线索，对照《管子》一书做出了诸多的新研究，成绩斐然。

清华简《管仲》篇的发现，无疑将会对《管子》的研究有更大的推动作用。《韩非子·五蠹》篇曾说："今境内之民皆言治，藏商、管之法者家有之。"⑤ 司马迁在《史记》的《管晏列传》中亦说："至其书，世多有之。"⑥ 清华简《管仲》篇的发现，印证了有关管子事迹的文献在战国时期的盛行。本篇简文与《管子》一书的《中匡》《小匡》《四称》《小问》《桓公问》《度地》

---

① 见于"刘向叙录"，收入黎翔凤撰，梁运华整理：《管子校注》，北京：中华书局，2004年，第3页。
② 今本的《封禅》篇内容系后人据《史记·封禅书》补入，非原文之旧。
③ 参银雀山汉墓竹简整理小组编《银雀山汉墓竹简（贰）》（北京：文物出版社，2010年），以及裘锡圭《出土文献与古典学重建》（《出土文献》第4辑，上海：中西书局，2013年）等文。
④ 可参唐兰《马王堆出土〈老子〉乙本卷前古佚书的研究》，《考古学报》1975年第1期，第7～38页。
⑤ （清）王先慎撰，钟哲点校：《韩非子集解》卷十九，北京：中华书局，1998年，第451页。
⑥ （汉）司马迁：《史记》卷六十二，北京：中华书局，1982年，第2136页。

等篇的体例比较接近，系以齐桓公问、管仲答的形式而成篇，思想方面也与《管子》一书有不少相通之处，但具体的讨论内容则完全不同，应当是属于《管子》一书的佚篇。考虑到传世的《管子》一书系刘向"校除复重"而成，而从篇名上看，《管子》一书已佚亡的11篇也应该与清华简《管仲》的内容无关，因此，我们倾向于认为清华简的《管仲》篇可能是刘向本人未曾见过的一篇文献。

简文以对话的形式来展现管仲和齐桓公的治国理念，有些内容非常有意思。如在简文的最后一段中，齐桓公与管仲深入讨论了"为君与为臣孰劳"的问题，分析国君与大臣谁更辛劳。管仲主张是大臣辛劳，然而齐桓公不同意管仲的意见，并以自己为例予以反驳。由于简文的这部分内容有不少缺损，齐桓公本人的话语有很多未能保存，非常可惜，不过基本的内容还是比较清楚的。据齐桓公言，在治理齐国的过程中，他本人是"日三陞之，夕三陞之"，非常劳苦。此处的"陞"疑读为"怵"，《说文》训为"恐也"①，在此意为戒惧。在齐桓公说明情况之后，管仲的回答是："汝果若氏（是），则为君劳哉。"可见管仲最终同意了齐桓公的意见，赞成为君比为臣更为辛劳，简文全篇至此结束。

齐桓公与管仲所讨论的君臣之间谁更辛劳的内容，在传世文献中并不多见。值得注意的是，《管子》一书中的《七臣七主》篇曾分析了七种大臣和七种君主的情形，其中有所谓的"劳主"。对于"劳主"的含义，尹知章在注释中称："言失任臣之理，劳而无功，故曰劳主"②，按《七臣七主》所言，"劳主"的主要问题是"不明分职，上下相干，臣主同则。刑振以丰，丰振以刻，去之而乱，临之而殆"③。因此，《七臣七主》篇对于"劳主"显然是抱着否定的态度；而在清华简《管仲》篇中，齐桓公对于自己的辛劳则是予以充分的肯定。这里有一个问题很值得讨论，即《七臣七主》篇的"劳

① （汉）许慎：《说文解字》卷十，北京：中华书局，1963年，第223页上栏。
② 黎翔凤撰，梁运华整理：《管子校注》，北京：中华书局，2004年，第982页。
③ 黎翔凤撰，梁运华整理：《管子校注》，第982页。

主"和清华简《管仲》中所说的"君劳"是不是讲的同一回事。

从现有文献来看,《七臣七主》篇的"劳主"可能与伊尹所说的"劳君"内涵比较一致。"劳君"是所谓的"九主"之一,据《史记·殷本纪》,伊尹追随商汤之后,"言素王及九主之事"[1]。对此《史记集解》言:"刘向《别录》曰,九主者,有法君、专君、授君、劳君、等君、寄君、破君、固君、三岁社君。"[2] 但因这一段话语焉不详,过去对"九主"的具体情况一直无法认识。1973年马王堆三号汉墓出土了帛书《九主》等篇[3],对于"九主"问题提供了很好的材料[4]。所谓的"九主",原来是"法君、专授之君、劳君、半君、寄主、破邦之主二、灭社之主二",而刘向《别录》中关于"九主"的记载则有不少讹误之处[5]。

帛书《九主》中的"劳君",与《七臣七主》的"劳主"有着许多共同之处,这一部分的帛书内容虽然有缺损,但是意思还是比较显豁的。所谓的"劳君",即"自为其邦者,主劳臣佚"[6],这种国君对臣下有着较多的戒备心理,担心大权旁落,于是国君本人主动承担了许多本应是大臣分内的工作,结果就是国君辛劳而大臣安逸。《管子·七臣七主》所批评的"劳主"也是"不明分职,上下相干,臣主同则",与"劳君"的情况是一致的,也就是《慎子·民杂》中所说的"人君自任而务为善以先下,则是代下负任蒙劳也,臣反逸矣"。[7] 因此,"劳主"或者"劳君"实际上涉及了对国君的定位和君臣之间的分工问题。由于"劳主"("劳君")不能很好地定位自己的角色,

---

[1] (汉)司马迁:《史记》卷三,第94页。
[2] (汉)司马迁:《史记》卷三,第94页。
[3] 马王堆帛书中还有《九主图》篇,可惜已残,相关的图版见裘锡圭主编:《长沙马王堆汉墓简帛集成(壹)》,北京:中华书局,2014年,第118~119页。
[4] 裘锡圭主编:《长沙马王堆汉墓简帛集成(肆)》,北京:中华书局,2014年,第97~106页。
[5] 参见李家浩《座谈长沙马王堆汉墓帛书》,《文物》1974年第9期,第45~57页;凌襄《试论马王堆汉墓帛书〈伊尹·九主〉》,《文物》1974年第11期,第21~27页。
[6] 裘锡圭主编:《长沙马王堆汉墓简帛集成(肆)》,北京:中华书局,2014年,第98页。
[7] 参见许富宏:《慎子集校集注》,北京:中华书局,2013年,第33页。

承担了太多本应是大臣所要承担的工作，导致了"主劳臣佚"情形的出现，这是"劳君"所面临的最主要问题。

我们再反过来看清华简《管仲》篇中齐桓公与管仲的讨论，可以发现它与"劳主"或"劳君"存在一定的距离。清华简《管仲》中齐桓公所表达的"君劳"，则更多地体现了国君对国事的操劳和责任心，而不涉及君臣之间的具体分工，也看不出国君代臣下任职操劳的意味。因此，清华简《管仲》所说的"君劳"，与《七臣七主》篇所说的"劳主"，以及伊尹等人所说的"劳君"显然不尽相同，这是我们阅读时需要注意的。

清华简《管仲》中包含了较多的阴阳五行思想，对于阴阳学说的研究也有重要作用。其中特别重要的一点，是清华简《管仲》与《尚书·洪范》篇直接相关。

清华简《管仲》中的五行思想颇为浓厚，如简文中强调要"正五纪，慎四称，执五度，修六政，文之以色，均之以音，和之以味，行之以行，匡之以三，度之以五"。其中的"文之以色，均之以音，和之以味，行之以行"之说，显然对应的是五色、五音、五味和五行[①]，而简文中"五纪"的说法，也见于《尚书·洪范》的"协用五纪"。五纪的具体内容，据《洪范》所言，分别是："一曰岁，二曰月，三曰日，四曰星辰，五曰历数。"[②] 因此，清华简《管仲》不仅有丰富的五行内容，而且与《尚书·洪范》有着直接的联系。

不仅如此，在清华简《管仲》篇中还有如下的记载：

君当岁，大夫当月，师尹当日，焉知少多。

这句话显然是袭用了《洪范》的"王省惟岁，卿士惟月，师尹惟日，岁月日时无易，百谷用成"一句。把二者进行比较，其中的对应关系应该

---

[①] 《左传·昭公元年》有"天有六气，降生五味，发为五色，徵为五声"之说；在《左传·昭公二十年》中，晏子也说："先王之济五味、和五声也，以平其心，成其政也。"见杨伯峻：《春秋左传注（修订本）》，第1222页和第1420页。

[②] 《管子·幼官》有"五纪不解，庶人之守也"之说，其中的"五纪"，我们怀疑很可能也是受到《尚书·洪范》的影响。参见黎翔凤撰，梁运华整理：《管子校注》卷三，第140页。

说是很清楚的。

另外，传世的《管子·君臣下》篇也提出，英明的国君应该"厉之以八政，旌之以衣服"，尹知章的注解已经指出："八政，谓《洪范》之八政。"① 所谓的八政，是《洪范》篇中一段非常重要的记述，八政的内容，"一曰食，二曰货，三曰祀，四曰司空，五曰司徒，六曰司寇，七曰宾，八曰师"。② 清华简《管仲》和传世本《管子》中的这些论述，使我们看到了《尚书·洪范》篇对于《管子》一书所产生的影响。

《洪范》是《尚书》中的重要一篇，历来受到学者们的重视，先秦时期的《左传》《墨子》《荀子》《韩非子》《吕氏春秋》等书已有不少引用，尤其是这一篇与五行学说关系密切，更是为大家所熟知。《洪范》的作者，前人多以为是商末周初的箕子，但是在1927年，刘节先生发表了《洪范疏证》一文③，断定它是"秦统一中国以前，战国以后阴阳五行家托古之说"，从而揭开了学者们对《洪范》篇的时代和作者所展开的持续讨论。④

我们知道，《洪范》中"王省惟岁，卿士惟月，师尹惟日"这句话，曾是有关《洪范》写作时代争辩过程中的一个焦点问题。刘节《洪范疏证》即认为："周初卿士与尹氏、大师，同为三公之官。而《洪范》置之卿士之下，《周礼》大师为下大夫之职，亦可证二书皆非殷周间之作。"⑤ 这一观点引起了学术界的长期讨论，不少学者著文反驳，其中论述最为深刻有力的，

---

① 黎翔凤撰，梁运华整理：《管子校注》卷十一，第569页
② （汉）孔安国传，（唐）孔颖达正义：《尚书正义》卷十二，收入阮元校刻：《十三经注疏》（上册），第189页上栏
③ 刘节：《洪范疏证》，收入曾宪礼编《刘节文集》，广州：中山大学出版社，2004年，第12页
④ 近百年来，关于《洪范》的研究取得了许多重要的成果，比较有代表性的论作，有刘起釪《〈洪范〉成书时代考》（《中国社会科学》1980年第3期），徐复观《〈洪范〉的成立时代及其中的五行问题》（《徐复观全集·中国思想史论集续编》，北京：九州出版社，2014年），李学勤《帛书〈五行〉与〈尚书·洪范〉》（《学术月刊》1986年第11期）。从学术史的角度总结《洪范》篇的研究历程，有丁四新《近九十年〈尚书·洪范〉作者及著作时代考证与新证》（《中原文化研究》2013年第5期），李若晖《〈尚书·洪范〉时代补证》（《中原文化研究》2014年第1期）等文。
⑤ 刘节：《洪范疏证》，收入曾宪礼编：《刘节文集》，第6页。

当属李学勤先生。他在《帛书〈五行〉与〈尚书·洪范〉》《〈洪范〉卜筮考》《叔多父盘与〈洪范〉》等文①中举出了许多重要的证据，其中特别指出："金文有卿士、师尹并列的，有叔多父盘，系西周晚期器，铭云'利于辟王、卿士、师尹'，恰与《洪范》相合。这证明《洪范》肯定是西周时期的文字。"②这一证据已从根本上证明了刘说的不确。

近年来保利博物馆入藏的燹公盨对于《洪范》的研究也有很好的推动作用，如裘锡圭先生在《燹公盨铭文考释》中指出："铭中的一些词语和思想需要以《洪范》为背景来加以理解。这说明在铸造此盨的时代（大概是恭、懿、孝时期），《洪范》已是人们所熟悉的经典了。由此看来，《洪范》完全有可能在周初就已基本写定。"③据此，《洪范》的写作时代问题应该说已经得到了很好的解决。

现在，在清华简《管仲》中又有"君当岁，大夫当月，师尹当日"的论述，进一步为《洪范》篇早出提供了一个佐证。清华简《管仲》抄写于战国中期，这已经是该篇写就时代的下限，它的发现，也为《管子》一书的内容和成书年代提供了新的材料。另外，清华简《管仲》篇也使我们认识到，《管子》一书中的五行思想，很可能是在《尚书·洪范》篇的影响下发展而来。这对于深入理解《管子》一书的思想和中国古代阴阳五行思想的发展历程，具有重要的意义。

## 第四节 清华简《治邦之道》与治国理政

《清华大学藏战国竹简》第八辑已于2018年11月正式面世。本辑整理报告收入了7篇清华简文献，全部都是久已佚失的珍本秘籍，具有重要的

---

① 见李学勤《帛书〈五行〉与〈尚书·洪范〉》(《学术月刊》1986年第11期)，《〈洪范〉卜筮考》(《周易溯源》，成都：巴蜀书社，2006年)，《叔多父盘与〈洪范〉》(《华学》第5辑，广州：中山大学出版社，2001年)。
② 李学勤：《帛书〈五行〉与〈尚书·洪范〉》，《学术月刊》1986年第11期，第40页。
③ 裘锡圭：《燹公盨铭文考释》，《中国历史文物》2002年第6期，第13～27页。

学术价值。其中有一篇整理者题名为《治邦之道》的文献，对于先秦思想史的研究意义非凡。

《治邦之道》现存简27支，简长约44.6厘米，原有三道编绳。简文原无篇题，无序号，内容系围绕如何治国安邦而展开，其中的第22支简上有"此治邦之道，智者智（知）之"之语，整理者遂取此句中的"治邦之道"四字来命名本篇。

应该说明的是，这篇简文的整理工作的进行是十分困难的。从形制上来看，这27支竹简分别选取了3个竹简用以书写，但由于该篇简文的开头和中间部分可能都有竹简缺失，而且部分竹简的简首或简尾有所残损，或者其字不可辨识，使得竹简的编联工作非常棘手。每组简的简背虽然有划痕，对于全篇的编联有一定的参考作用，但是如果完全按照这些划痕来进行排序的话，一些文句又扞格难通，因此也无法完全以划痕为依据来给竹简排序。再加上简文的字迹比较潦草模糊，一些文字难以隶定，有些字形是第一次在楚简中出现，目前尚未能全部辨识。这些情况都给本篇简文的整理造成了很大困难。因此，整理者主要从竹简的内容出发，并参考了形制和划痕等信息，来进行本篇简文的编联复原。不过，由于上述原因，本篇简文的编排和整理工作可能仍存在一些问题，有待于今后做进一步的修订。

从现存的简文来看，清华简《治邦之道》全篇都在围绕如何治国安邦而展开。简文作者从其自身的视角，对国家的治理方案提出了中肯的建议。简文中的许多论述与《墨子》一书的思想关系密切，许多内容需要结合《墨子》的相关部分才可以有较好的把握，我们可以在此举一些具体的例子。比如简文第20至22简中有这样一段话：

其正（政）事（使）叞（贤）、甬（用）能，则民允。男女不遊（失）其旹（时），则民众。泊（薄）閒（关）市，则䝿（货）遥（归），民有甬（用）。不厚椇（葬），祭以豊（礼），则民厚。不起事于戎（农）之厽（三）时，则多稺（穫）。各堂（当）弋（一）官，则事宵（靖），民不援（缓）。怣（爱）民则民考（孝），智（知）臤（贤）则民懽（劝），伥（长）乳则［畜］①蕃，民有甬（用）。敌（谨）逡（路）室，墅（摄）洰（汜）梁，坙（修）浴（谷）濇（澨），䶊（顺）舟航，则远人至，商遴（旅）週（通），民有利。此絧（治）邦之道，智者智（知）之，愚者曰："才（在）命。"……

这段文字的内涵十分丰富，我们先将一些文字上不太好理解的内容梳理一下。"允"，《尔雅·释诂》："信也。"邢昺疏："谓诚实不欺也。"② 全句是说，如果在政治上能够任用贤能之士的话，民众就会诚实。

男女不失其时，指青年男女均能在适婚年龄顺利嫁娶，这对人口的增加显然有利。

薄关市，指减少关卡、市场的征税行为，这样便于货物的流通。

"不厚葬，祭以礼"则是主张节葬，根据礼仪规定来举行祭祀活动，反对丧葬礼仪方面的铺张浪费，以便民众积累财富。

"起事"一词，见于《管子·形势》："解惰简慢，以之事主则不忠，以之事父母则不孝，以之起事则不成。"③ "农之三时"，谓春、夏、秋三个务农时节。本句的意思是不要在民众务农时节另外滋事，影响农业生产，以便庄稼能有好收成。

"当"，《玉篇》有"任也"的解释。"靖"，《国语·晋语六》有"则怨靖"，韦昭注："安也。"④ "援"疑读为"缓"，训为怠慢，本句言官吏能够恪守本职，则地方就会安定，民众不会懈怠。

"长乳则[畜]蕃"，"乳"疑指幼小的动物，《文选·东征赋》之注引

---

① 该字的上部已缺损，仅存下部的"田"字。结合上下文来看，该字疑为"畜"字之残。
② （晋）郭璞注，（宋）邢昺疏：《尔雅注疏》卷一，收入（清）阮元校刻：《十三经注疏》（下册），北京：中华书局，1980年，第2569页中栏。
③ 黎翔凤撰，梁运华整理：《管子校注》卷二十，第1179页。
④ 徐元诰撰，王树民、沈长云点校：《国语集解》，第391页。

《尸子》言:"卵生曰琢,胎生曰乳。"[1]"长乳"应指饲养动物,这样六畜就会繁衍,可以提供百姓所需。

"敷(谨)洛(路)室"中的"敷"可读为"谨"或"墐",指清扫干净;"路室"一词见于《周礼·地官·遗人》:"凡国野之道,十里有庐,庐有饮食,三十里有宿,宿有路室,路室有委。"[2]"路室,汉时野路候迎宾客之处。"[3]此句及后面的"竖(摄)溰(氾)梁,坚(修)浴(谷)潽(潫),紎(顺)舟航,则远人至,商遮(旅)迴(通)",都是围绕着要努力吸引商旅往来而改善交通设施和住宿条件。"摄"训为整饬,氾梁指在一些水域上所修的桥梁。修谷潫,指疏通水道,以利于舟船的行驶。这些措施的最终目标,都是要方便商旅的贸易往来,民众也可以从中获利。

该段文字中最后一句"此絤(治)邦之道,智者智(知)之,愚者曰:'才(在)命。'"也颇值得玩味。简文作者强调通过这些措施可以实现国治民安,但又认为,这是智者才可以认识和实现的;那些愚者,他们非但不知道国家兴衰治乱的根源,反而把这一切都归为是由"命"来决定。由此可见,作者对当时社会上流行的有"命"之论持否定的态度。

从这段简文中可以看出,简文作者在这里所表达的思想,与墨家的尚贤、节用、节葬、非命等主张是完全相通的。相关的内容在《墨子》一书中的《尚贤》《节用》《节葬》《非命》各篇中有系统的阐述,读者可以参看。

简文作者在强调选拔贤能之士治国的论述中,一方面强调了贤能之士对于国家长治久安的重要作用,另一方面也强调在选拔人才时需要十分谨慎,需要通过长时期的考核来确定他们的真实能力。在本篇简文第16、17

---

[1] 参见《大戴礼记汇校集解》戴礼注,转引自方向东:《大戴礼记汇校集解》卷十三,北京:中华书局,2008年,第1320页
[2] (清)孙诒让撰,汪少华整理:《周礼正义》卷二十五,北京:中华书局,2015年,第1192页
[3] (宋)王应麟著,张三夕、杨毅点校:《汉制考》卷一,北京:中华书局,2011年,第24页

简中有这样的话：

> 今夫逾人于其睓（胜），不可不懃（慎），非一人是爲，万民是爲。塁（舉）而厇（度），以可士𢍆，塁（舉）而不厇（度），以可士坍（崩）。……

"逾"，《说文》有："越进也。"[①] 朱骏声《说文通训定声》解释为"超越而进"。[②] "胜"，指胜任。所谓"逾人于其胜"，即不顾对方的实际能力而过度提拔。作者认为，要根据一个人的专长来委以官职，不能随意任命，更不能超越其能力而提拔，因为这涉及万民的利益。"举而度"，意谓选任人才得当，则可以获得士大夫的支持；如果"举而不度"的话，则会出现"士崩"的后果。这里的"崩"疑读为"背"，《墨子·非命上》有"守城则不崩叛"，其中的"崩叛"即意为"背叛"[③]。

不过，要了解一个人的真实能力，并非是一件易事，简文作者强调要对其进行长期的考察，然后试加任用，根据其能力情况，再进一步加以任命：

> 古（故）＜興＞（举）善人，必簹（熟）餂（闻）其行，女（焉）蘿（观）其覡（貌），女（焉）聖（听）其訇（辞）。既餂（闻）其訇（辞），女（焉）少（小）毂（穀）其事，以程（程）其攻（功）。女（如）可，以差（佐）身相豪（家）。

> 古（故）求善人，必从身訇（始），诘其行，攴（辨）其正（政），则民改。皮（彼）善与不善，幾（岂）有㤔（恒）稙（种）才（哉），唯上之流是从。……

善人，指品行高洁者。《论语·述而》："善人，吾不得而见之矣，得见有恒者，斯可矣。""穀"，原指官俸，这里指给予官职。"小穀其事"，

---

① （汉）许慎：《说文解字》卷二，第40页上栏。
② （清）朱骏声：《说文通训定声》，北京：中华书局，2016年，第365页下栏。
③ 孙诒让《墨子间诂》言："'崩'，当为'倍'之叚字。《尚贤中》篇云'守城则倍畔'，犹此下文云'守城则崩叛'也。'倍'与'背'同。《逸周书·时训》篇云'远人背叛'。'倍'与'崩'一声之转，古字通用。"见（清）孙诒让撰，孙启治点校：《墨子间诂》，北京：中华书局，1986年，第269页。

指试探性地给予一个官职，以考察其能力。"程"，训为考核。"以程其功"，意即察其所能。只有通过考核之后，才可以委以要职，"以佐身相家"。"诘"，训为正。

简文作者的这个意见，与《墨子》的思想完全一致。《墨子·贵义》言："世之君子，使之为一犬一彘之宰，不能则辞之。"①《墨子·尚贤中》亦谓："故可使治国者，使治国；可使长官者，使长官；可使治邑者，使治邑。"②又说："然后圣人听其言，迹其行，察其所能，而慎予官，此谓事能。"③均强调在尚贤的同时注重对贤能之士的考核。

另外，文中所说的"彼善与不善，岂有恒种哉"之语，颇值得我们留意，该句与后来秦末时陈涉所说的"王侯将相，宁有种乎"颇为呼应。作者在此处否定了人的身份、地位与人的能力有直接的对应关系，主张人才的选拔完全要以其能力来作为衡量的标准。在另一处简文中，作者也表达了类似的见解：

> 貴俴（贱）之立（位），幾（岂）或才（在）刐（它）？贵之则贵，俴（贱）之则俴（贱），可（何）懸（宠）於贵，可（何）懸（羞）於俴（贱）？唯（虽）贫以俴（贱），而訐（信）有道，可以駇（驭）众、綯（治）正（政）、临事、伥（长）官。……

这种不拘一格任用人才的思想，在《墨子》一书的《尚贤》等篇中也有众多的讨论，如《尚贤上》言："古者圣王之为政，列德而尚贤，虽在农与工肆之人，有能则举之，高予之爵，重予之禄，任之以事，断予之令。"④这一意见与简文的论述显然也是相吻合的。

作者强调，无论是国君还是一般的民众，都要各司其职，各尽其能，才能使国家处于一种有序的状态，作者称之为"攸"。

---

① （清）孙诒让撰，孙启治点校：《墨子间诂》卷十二，第443页。
② （清）孙诒让撰，孙启治点校：《墨子间诂》卷二，第50页。
③ （清）孙诒让撰，孙启治点校：《墨子间诂》卷二，第50页。
④ （清）孙诒让撰，孙启治点校：《墨子间诂》卷二，第46页。

君歌（守）器，卿夫=（大夫）歌（守）正（政），士歌（守）敔（教），攻（工）歌（守）丂（巧），價（賈）歌（守）賈（價）①，賨（鬻）聚賜（貨）②，戎（农）歌（守）豪（稼）房（穡），此之曰攸。……

简文的作者期盼能有"明王圣君"来治理国家，以便对国家进行有效的治理。作者一再强调，国君需要对国家的治乱兴衰有清醒的认识：

皮（彼）上有所可感，有所可憙（喜），可感弗感，可憙（喜）弗憙（喜），古（故）陞（墜）迷（失）社稷，子孙=（子孙）不逗（属）。可感乃感，可憙（喜）乃憙（喜），古（故）棠（常）正亡（无）弋（忒）。……

这里的"感"，意为担忧；"属"，意为连续。简文作者认为，国君在国家治理方面一定是有喜有忧。正确的态度，应当是该喜的情况要喜，该忧的情况要忧。如果该忧的不忧，该喜的不喜，就会导致社稷不保，子孙无法延续。国君该感到欣喜的情况自然是国治民安，那么国君应该担忧什么样的情形呢？简文作者说：

皮（彼）上之所感，邦又（有）剄（疠）迓（疫），水旱不𦣞（时），兵虡（甲）聚（骤）起，眺（盗）悤（贼）不翮（弭），忎（仁）圣不出，譏（谗）人在吴（侧）弗智（知）……上乃惪（忧）感。……

我们知道，《墨子》一书中有《尚同》三篇，强调要"选择天下贤良、圣知、辩慧之人，立以为天子，使从事乎一同天下之义"③，主张"知者之事，必计国家百姓所以治者而为之，必计国家百姓之所以乱者而辟之"（《尚同

---

① 價，即贾人，《周礼·天官·序官》有"贾八人"，郑注："贾主市买，知物贾。"贾，《左传·昭公二十九年》："平子每岁贾马，具从者之衣履，而归之于乾侯。"杜注："贾，买也。"（清）孙诒让撰，汪少华整理：《周礼正义》卷一，第32页；杨伯峻：《春秋左传注（修订本）》，第1499页。
② 賨（賣），字形多见于包山简，即古文鬻字，《左传·昭公三年》："有鬻踊者"，杜注："卖也。"賜，古货字，聚货，见《易·系辞下》："聚天下之货，交易而退"。杨伯峻：《春秋左传注（修订本）》，第1238页；（唐）李鼎祚撰：王丰先点校：《周易集解》卷十五，北京：中华书局，2016年，第453页。
③ （清）孙诒让撰，孙启治点校：《墨子间诂》卷三，第77页。

下》）①。简文所论，可以说是对《墨子·尚同》诸篇思想的具体发挥。

另外，简文中还提到，要"敷均于百姓之兼利而爱者"，这也与《墨子·天志上》"故天意曰：'此之我所爱，兼而爱之；我所利，兼而利之'"②以及《墨子·法仪》"奚以知天之欲人之相爱相利，而不欲人之相恶相贼也？以其兼而爱之，兼而利之也。奚以知天兼而爱之、兼而利之也？以其兼而有之、兼而食之也"③的思想是相一致的。

从清华简《治邦之道》的这些内容来看，这篇文献应该是一篇与墨学有关的佚文。众所周知，墨子是战国初年的著名思想家，墨家学说在战国时期曾为显学，但是此前与墨学相关的出土材料是比较有限的。除了信阳长台关出土的竹简书籍和上博简《鬼神之明》篇外，银雀山汉简的一些内容与《墨子》的城守各篇关系密切，学者们已经做了不少研究。在已经公布的清华简中，《汤处于汤丘》和《系年》中的一些故事与《墨子》一书也有密切的关系④，此外就少有墨家文献的发现。本篇简文的面世，对于我们理解墨家的学说及其在战国时期的传播均有积极的作用。

---

① （清）孙诒让撰，孙启治点校：《墨子间诂》卷三，第89页。
② （清）孙诒让撰，孙启治点校：《墨子间诂》卷七，第193页。
③ （清）孙诒让撰，孙启治点校：《墨子间诂》卷一，第22页。
④ 沈建华：《清华简〈汤处于汤丘〉与〈墨子·贵义〉文本》，《中国史研究》2016年第1期，第19～23页。

# 第十五章 仅仅是开始

在上述章节中，我们把清华简的情况走马观花地介绍了一下。由于我们目前的认识还很肤浅，清华简的整理、考释陆续公布也才刚刚过半，我们以上的介绍只能说是一个简单的开场白。现在讨论清华简的出现对先秦历史文化研究会带来哪些重大影响，恐怕还为时过早，但是仅从我们目前所能了解的这些情况，通过以上扼要的介绍，我想读者朋友已经可以感受到它们的重要意义了。

## 第一节　清华简的学术价值

很多朋友常常询问，清华简的重要价值究竟体现在哪些方面。我的回答是，这一问题的答案本身是在不断变化的。随着我们对清华简认识的不断深入，其学术价值也会不断地体现出来。从我们目前已经了解的情况来看，清华简的重要价值主要是：

第一，时代很早。清华简各篇的抄写时间大约在公元前305年左右，属于战国中期（相当于孟子、庄子等思想家生活的时代），由于这批竹简很早即已埋入地下，因而没有遭遇秦始皇焚书之厄，保存了先秦古籍的原貌，属于国宝级的奇珍。

第二，数量众多。清华简总数达2388枚，再加上后来发现的100多枚有字残片，其总数已接近2500枚，这是迄今发现的战国竹简中数量最大的一批，内容非常丰富。

第三，意义重大。清华简全部都是古书，经过编排，总共有近70篇文献，内容都极其重要，许多书籍的价值可谓空前重大，它们将产生的影响也至为深远：

一是重现了众多久已失传的古代典籍。特别是《尚书》和与《尚书》体裁类似的文献，例如《尹诰》《程寤》《保训》《金縢》《皇门》《祭公》等，对中国学术史、历史文献学等许多学科将有重大推动作用。例如，传世本古文《尚书》的真伪问题，两千多年来一直聚讼不休，而清华简中古文《尚书》的原本，可以据以判定传世的古文《尚书》系后人伪作，仅此一项，即可在历史上大书特书。至于它们在复原《尚书》本来面目中所将起到的重要作用，目前还难以估计。

二是揭示了大量前所未知的历史真相。清华简的内容以经、史类的书籍为主，其中有一部编年体史书《系年》，记事始于西周初年，终于战国前期，不少记载为传世文献所未有，或与传统看法不同。另外，清华简中还有多部历史著作。它们对于研究中国上古史有极重要价值，可以在很大程度上改变人们对夏、商、周历史的原有认识。

三是极大地推动楚文字乃至古文字的研究。清华简所用文字系战国时期的楚文字，由于数量庞大，将会为楚文字的深入研究起到重要的推动作用。特别是清华简的内容皆为古书，学者们可以通过与传世本对照，对相关文献进行深入研究，从而识读出许多过去不认识或者误识的楚文字。另外，在清华简中，有许多新出现的楚文字字形，一旦学者们对它们识读成功，将有效推动古文字学的深入发展。如果能够在此基础上再进一步与甲骨文、金文等材料进行对比研究，还可以进一步解决甲骨文、金文中的许多疑难问题，从而在古文字研究方面大放异彩。过去人们研究古文字，最主要的依据是《说文解字》，但《说文解字》所载的主要是秦代的小篆，与商、周文字相距较远，现在有了清华简、郭店简、上博简等众多战国简帛资料，再加上铜器、陶器、玺印、货币等器物上的铭文，战国文字尤其是楚文字的这一环节，已经可以建立起来。如果我们能以战国文字为基点，往上追溯商、西周时期的文字发展历程，向下考查秦、汉文字的演变脉络，就可以对古文字的研究有更深入的把握。因此，以清华简的整理为契机，可以把古文字学的研究发展到一个崭新的阶段。

四是深化了我们对于楚国历史和文化的认识。清华简的《楚居》篇记载了楚国起源的各种传说，并记载了楚国历代迁都的情况，对于我们了解楚国的兴起、迁移和发展的历史极有帮助。清华简从文字特点分析，肯定是楚简，在此之前发现的郭店简和上博简也都是楚简，而且它们均属于公元前300年左右的战国中期后段。这使我们看到，自西周以来被贬斥为蛮夷的楚国，战国时也已深受中原华夏文化的影响，并且对这一文化传统做出了自己的贡献。应该说，这是当时中国各个民族互相融合，文化彼此交流的结果，这也进一步证明，中国自古以来是多民族、多地区的统一国家，灿烂辉煌的文明传统是由各民族、各地区人民共同缔造的。

五是加深了我们对于古书典籍整理工作的理解。清华简中的许多古书都涉及中国文化的核心内容，这些经典书籍的传世本千百年来经过了无数学者的精心整理，凝聚着众多学者的心血和汗水。现在我们看到了这些经典的原来面貌，自然可以对历代学者整理工作的艰辛有更多的体会，也能够更好地指出他们整理工作的得失情况，总结经验教训，为将来的古籍整理工作提供更好的借鉴。因此，清华简的整理工作也可以很好地推动古籍文献整理研究工作的发展。

由于清华简的篇目太多，很多篇目现在还没有来得及细读，相信它们还有许多重要价值有待于今后做进一步的阐发，一些学术价值可能还需要相当长的时间后才可以显现出来。

## 第二节　清华简：未来的显学

鉴于清华简的重大学术意义，我们可以大胆地推测，清华简将是未来相当长一段时间内古代文史研究领域的"显学"，而它也将会在很大程度上推动古代文史研究的深入发展。

国际汉学界也十分关注清华简的研究。2010年3月20日，美国达特茅斯学院在艾兰教授的主持下，即已召开了"清华简《保训》研讨会"，来自中国、美国、英国、加拿大、德国、匈牙利等国的30多位学者围绕清华简《保训》展开了热烈的讨论。随着清华简整理报告的陆续出版，一系列的学术会议已经、正在、将要举行；与此同时，对于清华简的研究工作也进行得如火如荼。

清华简的内容古奥费解，需要长期的钻研探讨，绝非少数人在短时间内所能全部通晓。简帛研究是十分务实的学问，一支简、一片帛的缀合，一个字、一句话的解释，每每要耗费很大的功夫。清华简第一册整理报告的出版就已经凝聚了众多学者的精力心血，更不要说深入研究了。因此，整理报告的出版，只标志研究的一个阶段，甚至是刚刚开始。这就需要更多的学者参加进来，作群策群力的研究。希望能有更多的朋友关心清华简的研究，加入到清华简的研究队伍中来。

著名学者周汝昌先生听说清华简入藏的消息之后，欣喜异常，特地写了一首《清华简赞》[1]，十分真切感人。这里将之抄录如下，就以此作为本篇的结束吧。

> 清华宝简，邦国奇珍。
> 三生至幸，躬及知闻。
> 二千累百，历劫方新。
> 武王八年，判定古今。
> 马迁无记，秦火未焚。
> 楚帛多异，孔壁证真。
> 周公诗在，姜父韵存。
> 郁郁乎哉，仲尼语亲。
> 岂有虚传，史无妄云。
> 疑古奈何，自扰自纷。
> 全殊断烂，足解丝棼。
> 天惊石破，麟趾凤雲。
> 赵璧右弃，隋珠任沉。
> 惟此简书，文化之魂。
> 民族命脉，神州典坟。
> 篆籀增迹，文采溢芬。
> 古称六艺，源归一尊。
> 邀集群贤，宣惠兆民。
> 再拜心诵，目会手扪。
> 喜不能寐，由夕达晨。
> 俚歌献颂，国庆良辰。
> 岁欣己丑，日企庚寅。
> 祥和建业，学术树勋。
> 人天际会，万象同春。

---

[1] 周汝昌：《清华简赞》（一首），《清华大学学报》（哲学社会科学版）2009年第5期，第163页。

# 附录

## 李学勤先生与清华简的入藏

刘国忠

　　2018 年 11 月 17 日，"纪念清华简入藏暨清华大学出土文献研究与保护中心成立十周年国际学术研讨会"在清华大学主楼隆重举行，来自海内外的 130 多位专家学者汇聚一堂，见证并庆祝这一特殊的历史时刻。中心主任李学勤先生由于患病住院，未能亲临现场。在致辞时，清华大学校长邱勇院士除了对中心取得的成绩表示热烈祝贺之外，还动情地说："在这里，我本人和我们大家，还要向李学勤先生表达特别的敬意、特别的感激、特别的祝福！大家都知道，学勤先生今天不在现场，他是最应该在现场的人！……我相信学勤先生一定能听到我们今天的欢声笑语和我们对他的祝福。"听到邱校长这些情真意切的话语，我不禁泪流满面。清华简的入藏和出土文献研究与保护中心之所以能有今天，是与李学勤先生所付出的心血密不可分的。李学勤先生几乎已经成为清华简和清华大学出土文献研究与保护中心的代名词了。由于篇幅的原因，在这篇小文中，我们拟根据所掌握的材料，简单回顾一下清华简的入藏经过。

　　清华简是由于盗掘而重见天日的，并且很快被走私到了香港，其时间大约是在 2006 年的年末。当时流散至香港的竹简共有两批，一批是秦简，一批是战国楚简，也就是后来的清华简。在获知相关信息时，中国文物研究所和湖南大学岳麓书院两家单位曾计划分别收购这两批简，但是由于中国文物研究所的收购计划未能实现，最后仅由岳麓书院购回秦简，这就是后来蜚声海内外的岳麓秦简。至于那批战国简则一直处于流散状态，处境十分危险。

岳麓秦简入藏后，湖南大学曾在2007年年底召开了一个专家鉴定会，李学勤先生就是专家鉴定组的组长。不过，当时由于南方地区发生雪灾，交通阻断，他当时未能成行。到了2008年4月，李学勤先生赶赴长沙，目验了秦简原物，并在专家鉴定意见书上补签了名字。

在长沙时，李学勤先生听岳麓书院的学者们说，香港古董商手中还有另外一批战国简，这一信息马上引起了李学勤先生的密切关注。

2008年，清华大学聘请中华书局原总编辑傅璇琮先生来校工作。6月4日，学校有关领导宴请傅璇琮夫妇，并邀请杨振宁、李学勤等先生作陪。大家共话清华文科发展之大计，气氛十分热烈。借此机会，李学勤先生向校领导汇报说，曾有人在香港见到一批流散的竹简，尽管内容和年代尚不详，但可能有重要价值，"一旦能够确定是真的话，那就是连司马迁也没有看过的材料"。校领导们听说这一消息后，非常震惊，深觉此事重大，不可忽视，要尽快查清情况，并有所行动。于是校领导即请李学勤先生与香港方面进行联系，摸清情况。

李学勤先生接受学校领导的委托后，马上积极开展工作。

由于这批战国竹简在流散期间，曾有8支简的资料在学术圈里流传，清华大学历史系的廖名春教授也有这些资料。李学勤先生所做的第一件事情，就是立即与廖名春教授联系，请他提供相关的材料。

6月5日，李先生获得了这8支简的资料后，立即开始研究。这8支简全部都是用战国时期的楚文字书写而成，极难识读，但对于古文字造诣深厚的李先生来说，释读这些文字并不困难。8支简中，有关于易卦的内容，有关于历史的记载，其中有一支简的内容一下子就吸引了李先生的目光。

这一支简的内容首尾并不全，是关于两周之际的历史记载，其中提到

"晋文侯仇乃杀惠王于虢",涉及两周之际发生的"二王并立"的历史,这一事件只在已经失传的《古本竹书纪年》一书中有过记载,其他古籍根本没有记录。光凭这一简,李先生立即判断,这批简中一定有后人绝不可能伪造出来的内容,具有极高的史料价值;事不宜迟,需要马上与香港方面联系。

当时在香港中文大学任教的张光裕教授不仅学术精湛,而且与香港古董界有很多友好往来。6月6日,深感这批竹简重要性的李学勤先生紧急联系张先生,请他帮忙。可是不巧的是,张先生在日本出差,要到6月16日才能从日本返回。于是,这一工作只能暂缓进行。不过,即便是张先生在日本期间,李先生也与张先生保持着密切的电话联系,不断获得这批竹简的有关信息。

6月16日,李学勤先生又给张光裕先生写了一封信,信中说:

光裕先生道席:

> 前央就竹简事襄助,幸蒙俞允,现初有头绪,惟须急办。先生何时返港,盼即赐告为感,以便请教。……

在接受了李先生的委托之后,张先生回到香港,立即与古董商联系,冒着酷暑往返周旋,对古董商提供的一些竹简实物进行前期的观察鉴定,并开始摹写一些竹简的样本。

2008年6月24日,在清华大学甲所多功能厅,学校核心领导小组召开紧急会议,讨论战国竹简的相关问题。在会上,李学勤先生向校领导们介绍了所了解的8支竹简的重要内容,以及张光裕先生在香港的联络沟通情况,提议学校尽快决策购买。李学勤先生还对竹简到来之后的保护、整理和工作安排提出了设想。校领导立即决定,要尽快行动,进一步了解竹简的情况,做好购买准备。

为确保万无一失,学校领导决定请李学勤先生亲自去香港,目验竹简实物。为稳妥起见,李学勤先生建议请经验丰富的资深简牍专家李均明研究员一同前往。学校各部门开始了紧张而有条不紊的工作安排。

6月30日下午，张光裕先生临摹完成了第一批共53枚竹简的写本，通过传真发给了李学勤先生。李先生仔仔细细地阅读了全部材料，为其中内容的丰富和珍贵而震惊。李先生还把其中有关战国初年历史的3枚简编联在一起，勾勒出了一段早已湮没不闻的越、齐、鲁三国历史，再次确认这批竹简中有丰富的历史著作。另外，李先生还惊奇地发现，这批简中竟然有一支是属于《尚书·金滕》篇的内容，竹简中竟然有重要的《尚书》文献，这可是两千多年来学者们苦苦追寻不已的历史典籍，内容太重要了！李学勤先生立即把有关情况向校领导做了汇报。

7月9日，李学勤先生、李均明先生和清华大学的两位部门领导一起抵达香港，和张光裕教授一起去观摩了竹简实物，对竹简为真形成了共同意见。清华大学的领导也与古董商进行了友好沟通，古董商同意了清华大学的方案，即：先把竹简交给清华大学，等确认内容为真之后，再由清华大学付款购买。

于是，这批竹简在历经重重劫难后，终于在2008年7月15日由香港出发，运抵清华大学入藏。从清华校领导获知这批竹简的消息，到它们正式入藏清华，前后只用了40天的时间。

竹简抵达后，清华大学立即开展了对清华简的紧急抢救性保护工作，确定这批竹简有两千余枚，其中没有任何可疑的假简。得知这批竹简具有收藏价值后，清华大学电子系1985级校友、健坤集团董事长赵伟国先生慷慨出资，买下了这批竹简，并无偿捐给了清华大学，最终完成了所有的流程。

9月9日，张光裕先生又寄来了他临摹的第二批竹简，一共有86枚，并附有他写的《又见荆楚遗珍》一文，和一首他临摹竹简感受的七言诗。当时清华大学正在紧张地开展对竹简的抢救性保护工作。张先生的此文和诗歌，后来在《清华大学学报》2009年第5期上正式发表。

2008年10月14日，清华大学召开了"清华大学所藏竹简鉴定会"，邀请历史学、考古学、古文字学领域11位资深专家学者，对清华简的真伪和学术价值加以鉴定，张光裕教授也是鉴定专家之一。专家们经过认真考察和讨论，最后得出结论："这批竹简应是楚地出土的战国时代简册，是十分珍贵的历史文物，涉及中国传统文化的核心内容，是一项罕见的重大发现，必将受到国内外学者重视，对历史学、考古学、古文字学、文献学等许多学科将会产生广泛深远的影响。"这一结论全部被后来的历史发展所证实。

回顾清华简这段高效而紧张的收藏历程，我们可以深深体会到，没有清华大学校领导的远见卓识，没有李学勤先生的慧眼独具和高效工作，没有张光裕先生的大力协助，没有学校各部门的紧密配合，清华简是不可能在如此短的时间内完成入藏工作的，这项被张光裕先生誉为是"厚德荣光"的盛事如果没有能够实现，那将是祖国文化事业的一个惨痛损失。

如今，李学勤先生虽然已经永远离开了我们，但是由他一手开创的清华简整理、保护与研究事业一定能够不断发展，再创辉煌。

（原载《书与画》2019年第5期，有修订）

# 记在美国举行的清华简《保训》研讨会

刘国忠

2010年3月20日，我受美国达特茅斯学院艾兰教授的邀请，参加了在美国达特茅斯学院举办的清华简《保训》研讨会。达特茅斯学院位于新罕布什尔州，是美国的一所名校，为常春藤联盟学校之一。该校的亚洲和中东语言文学系在古代中国研究方面有很强的实力，艾兰教授是国际著名的汉学家，现任美国古代中国研究会的会长，《古代中国》（Early China）杂志的主编，对于甲骨、青铜器及出土简帛都有精深的研究，有很多高质量的论著问世。同在达特茅斯学院工作的邢文教授则是《古代中国》杂志的编委，长期致力于马王堆汉墓帛书、郭店楚墓竹简及上博简的研究工作，对于简帛学的研究做出了诸多贡献，其成绩亦为海内外学者所瞩目。

参加本次研讨会的学者的有30人，主要是来自欧美各高校的教授，如加拿大麦吉尔大学的叶山（Robin D.S. Yates）教授，英国牛津大学的麦迪教授，德国海德堡大学的瓦格纳（Rudolf G. Wagner）教授、吕德凯（Michael Lüdke）教授，匈牙利考文纽斯大学的贝山（P. Szabó Sándor）教授，美国达特茅斯学院的艾兰（Sarah Allan）教授、邢文教授，乔治城大学的罗凤鸣（Susan Roosevelt Weld）教授，哥伦比亚大学的李峰教授，郡礼大学顾史考（Scott Cook）教授，耶鲁大学金安平（Annping Chin）教授，里海大学柯鹤立（Constance A. Cook）教授，堪萨斯大学魏克彬（Crispin Williams）教授等，他们都是目前在国际上从事古代中国研究的活跃学者。达特茅斯学院亚洲和中东语言文学系主任白素贞（Susan Blade）教授、前系主任李华元教授、《光明日报》国学版主任梁枢先生，以及哈佛大学、宾夕法尼亚大学和清华大学、北京师范大学在美访学的部分研究生也参加了本次学术研讨会。

为举办此次研讨会，达特茅斯学院做了周到的安排。在研讨会召开的两个多月前，艾兰教授就已经将与清华简有关的一些重要材料，如《文物》

2009年第6期上刊登的《保训》简图版和释文、李学勤教授的《论清华简〈保训〉的几个问题》、《中国史研究》2009年第3期上有关清华简的系列文章、《光明日报》国学版"解读清华简"专栏所登的相关文章等资料都发给了与会的各位学者。因此专家们都非常熟悉本次会议所要讨论的问题，可以说都是有备而来。另外，在研讨会上，艾兰教授又把她自己与几个学生一起完成的《清华简〈保训〉集释》打印版发给与会学者。该文附有《保训》简所有文字的放大照片，在每个文字的后面则详细罗列了散见于报刊和网上的各位学者的已有考释成果，编排科学，一目了然，也十分便于研讨会的开展。

研讨会从3月20日早上8点半开始，一直持续到下午6点才圆满结束。会议开始时，达特茅斯学院安排我向各位专家介绍了清华简整理、保护和研究工作的情况，以及《保训》简的整理过程。紧接着由《光明日报》国学版主任梁枢先生介绍了国学版"解读清华简"栏目的设立过程及刊登文章的情况。随后在艾兰教授等人的主持下，与会专家开始逐字逐句对清华简《保训》进行了详细的讨论。

研讨会过程中可谓精彩纷呈，专家们对于《保训》简的释文、含义及内容进行了热烈的讨论，对于一些疑难的文字及句子，专家们也纷纷提出了自己的见解。特别是《保训》简中的"中"字，更是引起了与会专家的极大关注。艾兰教授比较赞同李零教授的观点，同时指出，《保训》简的"中"字具有地理上和宇宙上的含义，地之"中"意味着可以很方便地与天或上帝进行交流，而天下之"中"则是指现在河南登封的嵩山一带。作为天子，必须统治这一区域，才真正拥有天下，而伦理上的中道也是由此引申而来。邢文教授则认为不妨把"中"理解为"数"——"天之数"，就是孔子所传帝尧所说的"天之历数在尔躬"的"天数"，也是传说中舜得河图的河图之数，《保训》简中的"假中于河""归中于河"，并不是向河伯借兵、还兵。古有"舜得河图""禹得洛书"之说，上甲微兵力不足以伐有易，于是，"假中于河"，凭借天之数，不仅让"有易服厥罪"，而且自己在战争中也免灾"无害",因此,战后上甲微必然要去谢天还愿。还愿者,"归"也,这就是所谓的"归中于河"。艾兰教授与邢文教授的观点引起了与会学者的浓厚兴趣,并就此展开了热烈的讨论。

这次研讨会虽然仅有一天的时间,但是由于时间安排非常紧凑,内容异常丰富,与会的各位专家普遍感到收获很大。艾兰教授对本次研讨会非常满意,认为是她在1998年5月举办的"郭店老子国际学术研讨会"和2000年8月举办的"新出简帛国际学术研讨会"之后又一个成功的研讨会,这也是与会专家的共同感受。对于参加本次研讨会的我来说,另外一个很深的感触是:国际汉学界对于清华简的关注程度超出了我的想象。清华简入藏一年多以来,海内外的媒体曾做过广泛的报道,但是海外汉学家们对清华简的态度过去我还不太了解,本次会议可以说是海外汉学界第一次对清华简《保训》进行全面系统的讨论。专家们对于《保训》简做了细致入微的研究,其成果可以为今后《保训》简的深入探讨提供很好的借鉴。另外,汉学家们对于清华简的入藏、整理和出版工作的关心也非常让我感动,这对我们正在进行的清华简第一册整理报告的编写既是很大的鼓舞,也是很好的鞭策。从这次研讨会中可以看到,汉学家们普遍对清华简非常关注,并表达了要加强与清华大学出土文献研究与保护中心进一步展开合作的愿望。我相信,在中外学者的共同努力下,清华简的整理、研究和保护工作一定可以取得很好的成绩。

研讨会之后,根据艾兰教授的安排,我还参加了3月26—28日在费城举办的美国亚洲学会的年会,并在其中有关中国古代简帛的分组讨论会上做了有关"清华简《保训》简与文王时期的商周关系"的发言,与许多汉学家就清华简的有关问题进行了进一步的交流。另外,我还有机会参观了波士顿、费城等地的多家博物馆,对这些博物馆丰富的馆藏有了更多的了解。因此,这次十多天的美国之行可以说是收获甚丰,满载而归。

(原载《水木清华》2010年第4期,有修订)

# 流散简帛资料的整理及其学术价值

刘国忠

20 世纪以来，战国至魏晋时期的简牍帛书不断出土，为中国的历史研究增添了大量珍贵资料，并促使简帛研究成为一门当代显学。然而，由于盗墓活动猖獗，许多重要的简帛资料，如楚帛书、上博简、岳麓简、清华简、北大简、安大简等，都非通过正式的考古发掘而获得，而是出自盗墓贼之手，并经过古董商人的多次转手倒卖，辗转播迁，历经坎坷。这些简帛材料在流散过程中受到了很大的破坏，简帛上的许多珍贵信息也因此遗失，甚至连这些简帛的真伪也一度成了学术界讨论的重要话题。与此同时，一些不法之徒则利用学术界重视简帛资料学术价值之机，大肆仿制伪造简帛（主要以简牍为主，也包括一部分帛书），到处兜售。一时之间，文物市场上假简充斥，不少学术机构和收藏家纷纷上当，不仅遭受了惨重的经济损失，而且自身的学术声誉也深受影响。如何看待盗掘出土的简帛资料，怎样充分认识这些非发掘出土的简帛资料的学术价值？如何从事流散简帛资料的整理和研究？这些是摆在学者们面前的重要课题。对于这些问题，我想可以从以下几个方面来加以考虑：

首先，我们应该注意到，由于盗墓活动的盛行，中国古代的许多珍贵文物已经和正在流散到世界各地。特别是最近三十多年来，盗掘活动的猖獗和文物流失的严重程度让人瞠目结舌，比如盗墓者在 20 世纪 90 年代对甘肃礼县秦公大墓的洗劫、对山西曲沃晋侯墓地的盗掘等，都造成了无法挽回的巨大损失，让学者们痛心疾首。近年来广受海内外关注的江西南昌海昏侯墓地，就曾在 2011 年春天遭到盗掘，据说当时的盗洞已经深达 14.8 米，当地的一个电工上山检查线路时，偶然间发现了盗洞，村民随即向当地公安机关报案。由于发现及时，海昏侯墓地才得以幸免于难。据主持海昏侯墓地发掘工作的杨军先生说，当时如果是再晚一天接到当地群众的报告，海昏侯墓很可能就要遭到盗墓贼的洗劫①，如果那样的话，该墓中的大批竹简和众多的精美文物又不知要流散到何方。这是一个比较幸运的例子。但是中国还有众多的墓葬和遗址，则遭到了盗墓贼的频繁光顾和疯狂洗劫。实际上，如果我们回顾历史，包括商代的甲骨文、商周时期的众多青铜器，如后母戊鼎、𠫑其卣、毛公鼎、散氏盘等，无不是因为盗掘才重现人间。文物的盗掘和走私行为造成了巨大的破坏，是一种可耻的行径，理应受到学者们的谴责与唾弃；不过，对于因盗掘而流散出来的文物，我们则应该理性看待。如果我们因为它们不是考古发掘品而一味拒之门外，采取不闻不问的态度，或者轻率地否认它们的真实性和学术价值，那显然也是不可取的，因为这会使许多珍贵的材料置身于我们的研究范围之外，学者们研究成果的科学性也势必会大受影响。在20世纪上半叶，章太炎等几位著名学者曾怀疑甲骨文的真实性，对甲骨文等资料摒弃不用，使得其研究受到了很大的局限，殊为可惜。当然，在利用这些流散文物之前，它们的真实性首先需要得到证实。因此，对流散文物的鉴别工作一直是学术界一个沉重的话题。

其次，墓葬或遗址中有简帛材料的出现，概率其实并不大。据湖南、湖北等地的考古工作者介绍，他们平均要挖一千座左右的战国至汉晋时期墓葬或遗址，才有可能发现一个含有简帛的墓葬或遗址。但是近年来随着中国经济建设的发展和土地开发工作的不断加大，简帛的出土频率也大大加快，而盗墓贼的疯狂盗掘，又使得简帛的流散越来越多。同时，一些不法之徒的制造和贩卖假简，又使流散简牍的真伪鉴别成为一件很重要的工作。以清华大学出土文献研究与保护中心为例，在清华简入藏之后，不少收藏家或机构曾经与我们联系，希望把他们收藏的简牍转手给我们，这样的事情已经发生了数十次之多，然而经过仔细辨认，那些收藏家手中众多

---

① 参见搜狐网的报道：《海昏侯墓考古领队杨军：再晚一天墓葬就被洗劫》（http://cul.sohu.com/20151217/n431658593.shtml）。

的"简牍"没有一批是真简,而是出自今人的伪造。由于简牍造假泛滥成灾,对于简牍真伪的鉴别方法也亟待加以总结。在中国,比较早就已从事简牍帛书辨伪工作的学者,当属中国文化遗产研究院的胡平生先生,他于1998年曾在《中国文物报》发表论文,对于香港中文大学文物馆所藏王杖简的真伪进行了鉴别;后来在《收藏家》1999年第2期上发表《古代简牍的作伪与识别》一文,归纳了辨别伪简的四原则,即"质材与形制,书法与书风,文字与文章,来路与出处"。他还就有关问题于2008年10月在美国芝加哥大学国际简牍论坛、2009年3月在日本出土资料研究会山梨会议上做过专题讲演;后来又写成专文《论简帛辨伪与流失简牍抢救》,发表于《出土文献研究》第九辑(中华书局2010年出版),对有关问题进行了进一步的总结和阐发。此后还有一些关于简牍真伪的讨论文章,不过其深入程度尚不及胡先生的有关论作。

再次,对于非发掘品的简帛资料,其辨伪工作应当严格遵循科学的理论和方法。比如对于简帛材料年代和材质的测定,对于简牍的契口、编绳等痕迹的观察,对于简帛上面所写墨迹的检测,对于简帛书写特点和字体特征的辨识,对于简帛正面和背面各种信息的分析,以及对于简帛内容的全面研读等,都是我们判别简帛真伪的重要依据。最重要的是,简帛材料是以文字内容为主的资料,造伪者想要以假乱真,编写出两千多年以前的文献或档案资料而不露出任何马脚,其实是根本不可能的。目前所见的伪简,其造伪方法不外是抄写古书、抄写已出土的各种文字材料,或者是对上述两者进行一些拙劣的改窜,仅此而已。伪简所使用的简牍材料、笔墨,以及书写文字的特征等,也会露出破绽,根本无法与真简相提并论。因此,伪简和真正的古代简帛之间,其实是存在着天壤之别的,比较容易做出正确的判断。正如胡平生先生所指出的那样:"从专业的眼光来审视,简牍的作伪一般并不很高明。"[1] 只要具备简帛学的相关素养和细致分析,假简还

---

[1] 胡平生:《古代简牍的作伪与识别》,《收藏家》1999年第2期,第46~49页。

是能够得到辨识。特别是到了今天，随着学者们认识水平的大幅提高和科技检测手段的不断深入，造假的简帛材料在相关领域的专家眼里，基本上是无法遁形的。

最后，作为非发掘品的简帛材料，一旦经过学者们的细致分析和认真甄别，确定是真实可靠的材料之后，它们就具有了与正式发掘的简帛材料一样的重要性，需要进行细致的整理与研究。近年来几批非发掘品的简帛资料，最后是由数家高校和博物馆入藏，特别是相关高校入藏简帛资料后，往往利用和发挥高校学科众多、相关人才集中的优势，在简帛资料的整理和研究方面开展了卓有成效的工作。我们可以清华简为例，具体分析流散简帛的整理方法。

清华简于 2008 年 7 月入藏清华大学。经科研人员检测，竹简在流散期间由于没有得到科学的保护，已经出现了菌害霉变的现象，处境十分危险，科研人员随即展开了紧急的抢救性保护工作。这一抢救性保护工作的目标，是对清华简进行清洗、去污、去霉、杀菌，使清华简摆脱危险的处境，消除可能存在的隐患，从而为此后竹简的照相和日常保养打下坚实的基础。由于清华简距今已经两千三百多年，在墓葬中一直被水浸泡，在地下水、微生物、酸、碱等共同作用下，竹简吸饱了水分，强度降低，竹材内的纤维素、半纤维素大部分降解，竹简朽软脆弱。不过由于水的存在，竹简仍能保持着完整的外形，但是轻轻一碰就有可能毁坏断裂。另外，竹简在墓内浸泡过程中，内部及其表面积累了很多无机物和有机物，一些污物甚至已经在竹简表面形成一层坚硬的外壳，很难去除。清洗工作既要去除竹简表面的污物甚至是污物结成的硬壳，又不能让字迹损坏，加上竹简本身又极度朽烂，用力不当就会受损，因此这一清洗工作要求工作人员精力高度集中，不能有任何的疏忽或闪失，否则就会出现灾难性的后果。在科研人员的精心努力下，经过三个多月的努力，竹简的抢救性保护工作最终顺利完成。

由于清华简在盗掘和流散过程中,绝大部分竹简早已散乱无序,基本上已经无法提供竹简排序的参考价值,只有后来被命名为《筮法》的一卷还保持着成卷的状态,十分珍贵。因此科研人员对《筮法》卷的揭剥工作进行了全程摄像,保存了珍贵的一手资料。对于其他已经没有排序意义的竹简,科研人员不仅很好地在不损坏竹简的前提下完成了对它们的清洗保护,而且对于竹简上的一些特殊现象,如残留的丝线、朽烂的丝带和编绳的痕迹等,也都想方设法地予以保护,从而留下了许多珍贵的原始信息,为此后的竹简照相和编排整理打下了坚实的基础。

竹简的整理与研究有赖于高质量的竹简照片。为了拍好清华简的图片,科研人员走访了国内多家高校及考古文博机构,了解当前竹简拍照的主要方法和存在的问题,在此基础上与清华大学美术学院摄影实验室合作,创造性地采用了一种新的饱水竹简拍摄法,圆满解决了长期以来一直困扰学者的竹简拍摄中的光斑问题。拍摄好的清华简照片不仅颜色饱和艳丽,而且竹简与文字的颜色反差显著,从而完美地展现了清华简的效果,获得了学术界的交口称赞。清华简拍摄过程中总结出来的经验,后来在出土简帛的拍照工作中得到了普遍的推广。

在随后进行的清华简整理工作中,最关键的环节是清华简的编联与排序。科研人员在充分了解清华简的特点之后,试图通过对清华简中的各种信息进行综合分析,从而来编联竹简[①]。这些信息主要有:

(1)简的长短和宽窄。"清华简"最长的 46 厘米左右,最短的才 10 厘米,就像书本有 16 开、32 开一样,同一篇文章,简的长、宽会基本一致,因此可以先根据竹简的长短、宽窄等信息进行大致的归类。

---

① 相关内容可参看本书第四、五、六章,以及孙沛阳《简册背划线初探》(《出土文献与古文字研究》第 4 辑,上海古籍出版社,2011 年),李均明与赵桂芳《清华简文本复原——以〈清华大学藏战国竹简〉第一、二辑为例》(《出土文献》第 3 辑,中西书局,2013 年),肖芸晓《清华简〈算表〉首简简序及收卷形式小议》(《简帛》第 10 辑,上海古籍出版社,2015 年),贾连翔《战国竹书形制及相关问题研究——以清华大学藏战国竹简为中心》(中西书局,2015 年)等相关论著。

（2）契口和编绳的位置。契口和编绳类似于书本的装订点，不同的书籍编绳位置也会有所不同，找到编绳位置，进行对比研究，也有助于竹简的编排。

（3）版式。清华简出自多位抄写者之手，不同的抄写者风格不太一样，有些抄写者喜欢"顶天立地"，不留页眉页脚；有些抄写者则偏爱留白，天头地脚空白较多，这些特点也可以帮助工作人员进行分类。

（4）字体和字符间距。清华简的不同抄写者书法也很不一样，有的简极其工整，有的则较为随意；有的简字写得很大，有的则写得非常纤细；有的简字与字的间距较大，有的则十分紧密。这些风格也是分类的重要依据。

（5）篇题和次序编号。清华简的背面常常保存有一些篇题，比如有一篇在简背题名为"周武王有疾周公所自以代王之志"，其内容则是《尚书》的《金縢》篇。篇题往往书写在简文最后一支简的简背，竹简的抄写者往往会先对书写篇题的位置进行刮削处理，以便于书写。清华简中也发现了较多的竹简次序编号，绝大部分都在竹简背面，这些次序编号一般都被写在竹节处，书写之前已将竹节做了刮削。这些信息对于竹简的分篇、排序起了重要的作用。

（6）刻划痕迹。以往的简牍整理报告很少提供竹简的背面信息，因此竹简的背面情况学者们很少能够了解。北京大学的学者最早发现北大简背面往往有一些刻划的斜线，后来，我们在清华简中也发现同样的现象，竹简背面的划痕问题才第一次为学者们所获知，并已成为竹简编排时最重要的依据之一。

（7）竹节位置和竹简粘附物。竹简加工时，同一个竹简加工出来的竹片一般都在一起，因此抄写竹简时，同一篇简文所用的竹片往往关系非常密切。由于竹简的背面正好是竹子篾青的那一面，可以很好地体现竹子的本来面目，因此，科研人员可以通过观察竹简的背面特征来更好地看出各支竹简之间的相互关联。有时候竹简背面的粘附物也会对竹简编联起很好的帮助作用。比如在清华简《算表》编联过程中，科研人员发现在简背粘有很多已朽烂的丝带，并在多枚简上留下了痕迹。由于清洗过程中科研人员非常细心，这些朽烂的丝线都得以完好保存。后来，科研人员根据这些丝带残留物在各枚竹简中的相互位置，重新将其编联，取得了圆满成功。这一成功案例，更使我们认识到竹简各种信息所蕴含的重大价值。

（8）竹简收卷方式和反印墨迹。竹简用丝线编联，为便于携带或存放，往往需要收卷起来。收卷的方法，一般是以首简或尾简为中轴向另一端卷起，有时候也采用一种两侧先分别对折，再向中间对折的收卷方式。不同的收卷方式会使简上的墨迹反印在竹简的不同位置上，这些信息也非常有利于竹简的编联和复原。另外，还有学者指出，竹简背面的水渍形状等现象，也有助于我们判断竹简在墓葬中的相互关系。

（9）竹简内容。竹简内容是最重要的判断标准之一，以上所有对竹简信息的搜集分类，最后都要根据内容来进行调整、印证，判断归类、编排、缀合是否正确。

当前通过整理流散简帛资料而总结出来的简帛整理方法，比以往的简帛整理工作在质量和效率上有了很大的提高，这一方面有赖于新的科技手段的运用，另一方面得利于充分重视对简帛各种信息的综合利用。清华大学出土文献研究与保护中心主任李学勤教授一再强调，竹简既是古代的文字载体，同时也是考古学的遗物。竹简的整理编联应当借鉴考古学中对出土文物的修复方法，综合出土遗物中的各种信息加以进行。这些年流散简帛材料整理研究的工作中，最为基本的一点，就是将简帛材料作为特殊的文物看待，对流散简帛材料的信息予以全面的提取和细致的分析。这种对简帛材料认识的进步，很好地推动了流散简帛整理工作的发展。北京大学的胡东波等先生曾发表了《简牍发掘方法浅说——以北京大学藏秦简牍室内发掘为例》（《文物》2012年第6期），提出了对流散简帛资料进行"室内发掘整理"的概念，从中也可以看出考古学的方法和理论对于流散简帛整理工作的重要意义。

包括流散简帛材料在内的出土文献研究已经成为当今古代文史研究的显学，但是我们对于当前研究工作的水平还要有清醒的定位和估计。每一批简帛材料都具有其独特的学术价值，而且由于简帛材料是以文字为主，更容易与传世古书相对照印证，对于历史学、古文字学、古文献学、学术史等学科的直接作用也会更加显著。但是我们目前对这些流散简帛材料的研究，还只是处在初级阶段。已经公布的几批非发掘品简帛中，楚帛书虽然在 20 世纪 40 年代即已出土，但其研究工作远远没有结束，一直到今天，学者们还在不断推出新的研究成果，这篇帛书对于战国时代数术的研究发挥了重要的作用；上博简的儒家著作、岳麓简的法制史材料、清华简的经史类文献、北大简的《老子》等书都是近些年才刚刚整理公布，研究工作才刚刚启动，还需要进行长期深入的研究，不能指望在短期内完成。

近年来流散简帛材料的整理和研究工作，有力推动了简帛学学科的深入发展。当前，清华大学、北京大学、湖南大学、安徽大学等高校都抢救性地购买和收藏了竹简，这些珍贵出土材料对于这些学校人文学科的发展起到了重要的推动作用。由于上述高校汇聚了各个学科的众多人才，在整理和研究这些非发掘品的简帛资料过程中，这些机构推陈出新，在简帛的整理与研究方面取得了许多突破。比如在竹简信息的提取方面，兼顾了竹简背面信息的提取，并注重将竹简背面信息的分析与竹简的整理、缀合和研究工作结合起来；在竹简的拍照、扫描和整理工作中逐步形成了一套行之有效的规范和方法；在人才培养方面开始形成了新的机制和培养模式，等等。更为重要的是，在推进非发掘品简帛资料的研究过程中，清华大学和北京大学、复旦大学、吉林大学、中国人民大学、中山大学、湖南大学、首都师范大学、安徽大学以及中国文化遗产研究院、中国社会科学院历史研究所等 11 家高校和科研机构，联合建立了"出土文献与中国古代文明研究协同创新中心",开展了众多协同研究创新的工作,比如对马王堆帛书、银雀山汉简的重新整理,长沙五一广场东汉简牍的合作整理研究,等等。该协同创新中心的建立,极大地改变了中国简帛资料研究的面貌和格局,将对这一学科的建设和培养发挥重大的作用。

(原载《郑州大学学报》2017年第5期,有修订)

# 清华简研究所见论著目录

本目录仅收入我们目前知见的报刊中有关清华简的报道和论著，收录的范围截至 2019 年 9 月。目录中所收论著大致按发表时间排序，同一时间则按作者姓名首字母或原书目录排序。另外，有关清华简的众多报道广见于各种报刊，这里仅斟酌收入一部分。网络上有关清华简的讨论也十分热烈，其中也有许多重要的意见，但由于网上的讨论文章属尚未正式发表的成果，而且主要集中于几个专业的学术网站，查找较易，在此也暂不收入，有兴趣的读者可以到简帛网（http://www.bsm.org.cn）、复旦大学出土文献与古文字研究中心网站（http://www.gwz.fudan.edu.cn）、清华大学出土文献研究与保护中心网站（http://www.ctwx.tsinghua.edu.cn）等网站浏览相关讨论成果。由于我们见闻有限，目录中一定有不少疏漏之处，希望将来进一步补充。

## 一、采访、报道、讲话

丰捷：《清华简整理，〈尚书〉露真容》，《光明日报》2011 年 1 月 6 日。

赵婀娜、刘思思：《失传两千多年〈尚书〉遗篇现世》，《人民日报》（海外版）2011 年 1 月 7 日。

黄德宽：《在首批清华简出版新闻发布会上的讲话——略说清华简的重大学术价值》，清华大学出土文献研究与保护中心编、李学勤主编：《出土文献》第二辑，上海：中西书局，2011 年 11 月。

张建松：《"清华简"重现失传多年〈尚书〉真面目，传世古文〈尚书〉确系"伪书"》，《人民日报》（海外版）2012 年 1 月 5 日。

邓晖：《专家指出："清华简"证实〈尚书〉确系后人伪作》，《光明日报》2013 年 1 月 5 日。

邓晖：《世界汉学家聚首美国共读清华简》，《光明日报》2013 年 9 月 12 日。

邓晖：《追索中华文明的根脉——记"清华简"研究保护团队》，《光明日报》2014 年 1 月 7 日。

赵晓霞：《"清华简"新成果发布：发现最早实用算具》，《人民日报》（海外版）2014 年 1 月 8 日。

邓晖：《清华简最新研究成果——我国迄今最古老"计算表"露真容》，《光明日报》2014 年 1 月 8 日。

邓晖：《清华简〈算表〉或为"九九"表延伸》，《光明日报》2014 年 3 月 26 日。

邓晖：《清华简再现〈尚书〉佚篇》，《光明日报》2015 年 2 月 26 日。

叶小文：《从"清华简"校出孟子的"笔误"说起》，《光明日报》2015 年 4 月 20 日。

邓晖：《11本"古史新探"丛书再揭清华简〈系年〉面纱》，《光明日报》2015年11月4日。

贾连翔：《实物所见：一部两千多年前的长篇史书》，《光明日报》2015年12月10日。

李守奎：《清华简〈系年〉与古史新探》，《光明日报》2015年12月10日。

李学勤：《从历史深处走来——写在"清华简〈系年〉与古史新探研究丛书"出版之际》，《光明日报》2015年12月10日。

李守奎：《一部古史探新知——清华简〈系年〉的价值及意义》，《人民日报》2016年1月24日。

邓晖：《"清华简"发布最新成果——揭示早期郑国历史》，《光明日报》2016年4月16日。

吴振武：《在〈清华大学藏战国竹简（陆）〉发布会上的致辞》，清华大学出土文献研究与保护中心编、李学勤主编：《出土文献》第九辑，上海：中西书局，2016年10月。

晋浩天：《清华简〈算表〉为最早十进制计算器》，《光明日报》2017年4月24日。

李学勤：《在〈清华大学藏战国竹简（柒）〉成果发布会上的讲话》，清华大学出土文献研究与保护中心编、李学勤主编：《出土文献》第十一辑，上海：中西书局，2017年10月。

黄德宽：《在清华简〈算表〉吉尼斯世界纪录认证仪式暨〈清华简（柒）〉成果发布会上的讲话》，清华大学出土文献研究与保护中心编、李学勤主编：《出土文献》第十一辑，上海：中西书局，2017年10月。

李学勤口述，杨雪梅整理：《清华简，让我们重新审视文化渊源》，《人民日报》2018年1月24日。

## 二、整理报告、研究专著、论文集

**整理报告**

清华大学出土文献研究与保护中心编，李学勤主编：《清华大学藏战国竹简》（壹），上海：中西书局，2010年12月。

清华大学出土文献研究与保护中心编，李学勤主编：《清华大学藏战国竹简》（贰），上海：中西书局，2011年12月。

清华大学出土文献研究与保护中心编，李学勤主编：《清华大学藏战国竹简》（叁），上海：中西书局，2012年12月。

清华大学出土文献研究与保护中心编，李学勤主编：《清华大学藏战国竹简》（肆），上海：中西书局，2013年12月。

清华大学出土文献研究与保护中心编，李学勤主编：《清华大学藏战国竹简》（伍），上海：中西书局，2015年4月。

清华大学出土文献研究与保护中心编，李学勤主编：《清华大学藏战国竹简》（陆），上海：中西书局，2016年4月。

清华大学出土文献研究与保护中心编，李学勤主编：《清华大学藏战国竹简》（柒），上海：中西书局，2017年4月。

清华大学出土文献研究与保护中心编，李学勤主编：《清华大学藏战国竹简》（捌），上海：中西书局，2018年11月。

**专著**

刘国忠：《走近清华简》，北京：高等教育出版社，2011年4月。

李学勤：《初识清华简》，上海：中西书局，2013年6月。

季旭昇主编：《清华大学藏战国竹简（壹）读本》，台北：艺文印书馆，2013年11月。

苏建洲、吴雯雯、赖怡璇：《清华二〈系年〉集解》，台北：万卷楼图书，2013年12月。

魏慈德：《新出楚简中的楚国语料与史料》，台北：五南图书出版股份有限公司，2014年1月。

李学勤主编，沈建华、贾连翔编：《清华大学藏战国竹简（壹—叁）文字编》，上海：中西书局，2014年5月。

陈美兰：《战国竹简东周人名用字现象研究：以郭店简、上博简、清华简为范围》，台北：艺文印书馆，2014年10月。

侯文学、李明丽：《清华简〈系年〉与〈左传〉叙事比较研究》，上海：中西书局，2015年10月。（"清华简《系年》与古史新探研究丛书"）

贾连翔：《战国竹书形制及相关问题研究：以清华大学藏战国竹简为中心》，上海：中西书局，2015年10月。（"清华简《系年》与古史新探研究丛书"）

李守奎：《古文字与古史考：清华简整理研究》，上海：中西书局，2015年10月。（"清华简《系年》与古史新探研究丛书"）

李守奎、肖攀：《清华简〈系年〉文字考释与构形研究》，上海：中西书局，2015年10月。（"清华简《系年》与古史新探研究丛书"）

李松儒：《清华简〈系年〉集释》，上海：中西书局，2015年10月。（"清华简《系年》与古史新探研究丛书"）

刘光胜：《清华简〈系年〉与〈竹书纪年〉比较研究》，上海：中西书局，2015年10月。（"清华简《系年》与古史新探研究丛书"）

马楠：《清华简〈系年〉辑证》，上海：中西书局，2015年10月。（"清华简《系年》与古史新探研究丛书"）

孙飞燕：《清华简〈系年〉初探》，上海：中西书局，2015年10月。（"清华简《系年》与古史新探研究丛书"）

邢文：《楚简书法探论：清华简〈系年〉书法与手稿文化》，上海：中西书局，2015 年 10 月。（"清华简《系年》与古史新探研究丛书"）

许兆昌：《〈系年〉〈春秋〉〈竹书纪年〉的历史叙事》，上海：中西书局，2015 年 10 月。（"清华简《系年》与古史新探研究丛书"）

冯远、李学勤主编：《竹简上的经典：清华简文献展》，北京：清华大学出版社，2016 年 8 月。

李充、钟周鸣、张相森：《清华简〈系年〉所见春秋战事考释》，成都：四川辞书出版社，2016 年 7 月。

刘光胜：《〈清华大学藏战国竹简（壹）〉整理研究》，上海：上海古籍出版社，2016 年 9 月。

刘成群：《清华简与古史甄微》，上海：上海古籍出版社，2016 年 12 月。

李学勤主编，贾连翔、沈建华编：《清华大学藏战国竹简（肆—陆）文字编》，上海：中西书局，2017 年 10 月。

李学勤：《清华简及古代文明》，南昌：江西教育出版社，2017 年 12 月。

杜勇：《清华简与古史探赜》，北京：科学出版社，2018 年 3 月。

路懿菡：《清华简与西周史研究》，西安：三秦出版社，2018 年 9 月。

胡宁：《楚简逸诗：〈上博简〉〈清华简〉诗篇辑注》，上海：上海古籍出版社，2018 年 11 月。

刘丽：《清华简〈保训〉集释》，上海：中西书局，2018 年 12 月。

季旭昇主编：《清华大学藏战国竹简（肆）读本》，台北：万卷楼图书，2019 年 3 月。

**论文集**

清华大学出土文献研究与保护中心编：《清华简研究（第一辑）：清华大学藏战国竹简（壹）国际学术研讨会论文集》，上海：中西书局，2012 年 12 月。

李学勤主编，清华大学出土文献研究与保护中心、北京大学出土文献研究所、荆州文物保护中心编：《古代简牍保护与整理研究》，上海：中西书局，2012 年 1 月。

清华大学出土文献研究与保护中心编：《清华简研究（第二辑）："清华简与〈诗经〉研究"国际学术研究会论文集》，上海：中西书局，2015 年 8 月。

姚小鸥主编：《清华简与先秦经学文献研究》，北京：生活·读书·新知三联书店，2016 年 10 月。

李学勤主编、清华大学出土文献研究与保护中心编：《清华大学藏战国竹简书法选编》（第一辑～第八辑），北京：文物出版社，2016 年 12 月。

李守奎主编：《清华简〈系年〉与古史新探》，上海：中西书局，2017 年 2 月。（"清华简《系年》与古史新探研究丛书"）

李学勤主编、清华大学出土文献研究与保护中心编：《出土简帛与古史再建》，北京：经济科学出版社，2017年7月。

江林昌、孙进主编：《清华简与儒家经典：国际学术研讨会论文集》，上海：上海古籍出版社，2017年10月。

## 三、研究论文

学术论文

### 2010

刘洋：《〈保训〉之"中"与儒家中道观再认识》，《德州学院学报》2010年第5期。

姚小鸥：《"保训"释疑》，《中州学刊》2010年第5期。

张崇礼：《清华简〈保训〉解诂（四则）》，《山东教育学院学报》2010年第5期。

廖名春：《清华简与〈尚书〉研究》，《文史哲》2010年第6期。

周同科：《清华简〈保训〉之"中"关与婚事说》，《南京大学学报（哲学、人文科学、社会科学版）》2010年第6期。

黄怀信：《清华简〈保训〉篇的性质、时代及真伪》，中国历史文献研究会编：《历史文献研究》第二十九辑，上海：华东师范大学出版社，2010年9月。

王辉：《也说清华楚简〈保训〉的"中"字》，中国古文字研究会、中华书局编辑部：《古文字研究》第二十八辑，北京：中华书局，2010年10月。

沈建华：《清华战国楚简〈保训〉所见商代先祖史迹传说》，中国古文字研究会、中华书局编辑部：《古文字研究》第二十八辑，北京：中华书局，2010年10月。

徐义华：《清华简〈保训〉"假中于河"解》，中国古文字研究会、中华书局编辑部：《古文字研究》第二十八辑，北京：中华书局，2010年10月。

房振三：《清华简〈保训〉篇"咸顺不成"解》，中国古文字研究会、中华书局编辑部：《古文字研究》第二十八辑，北京：中华书局，2010年10月。

张卉：《清华简〈保训〉"中"字浅析》，《史学月刊》2010年第12期。

### 2011

伏俊琏、冷江山：《清华简〈耆夜〉与西周时期"饮至"典礼》，《西北师大学报（社会科学版）》2011年第1期。

李均明：《清华简〈皇门〉之君臣观》，《中国史研究》2011年第1期。

李学勤：《论清华简〈楚居〉中的古史传说》，《中国史研究》2011年第1期。

李学勤：《论清华简〈耆夜〉的〈蟋蟀〉诗》，《中国文化》2011年第1期。

刘光胜：《清华简〈耆夜〉考论》，《中州学刊》2011年第1期。

刘国忠：《〈尚书·酒诰〉"惟天降命肇我民惟元祀"解》，《中国史研究》2011年第1期。

马楠：《清华简第一册补释》，《中国史研究》2011年第1期。

曹建国：《论清华简中的〈蟋蟀〉》，《江汉考古》2011年第2期。

李锐：《〈金縢〉初探》，《史学史研究》2011 年第 2 期。

李锐：《清华简〈保训〉与中国古代"中"的思想》，《孔子研究》2011 年第 2 期。

李学勤：《清华简〈楚居〉与楚徙鄀郢》，《江汉考古》2011 年第 2 期。

李学勤：《清华简与〈尚书〉〈逸周书〉的研究》，《史学史研究》2011 年第 2 期。

廖名春：《清华简〈保训〉篇"中"字释义及其他》，《孔子研究》2011 年第 2 期。

廖名春：《清华简〈尹诰〉研究》，《史学史研究》2011 年第 2 期。

王连龙：《清华简〈保训〉篇真伪讨论中的文献辨伪方法论问题：以蒋光辉先生〈《保训》疑伪新证五则〉为例》，《古代文明》2011 年第 2 期。

王志平：《清华简〈保训〉"叚中"臆解》，《孔子研究》2011 年第 2 期。

孙飞燕：《清华简〈皇门〉管窥》，《清华大学学报（哲学社会科学版）》2011 年第 2 期。

邢文：《〈保训〉之"中"与天数"五"》，《清华大学学报（哲学社会科学版）》2011 年第 2 期。

虞万里：《清华简〈尹诰〉"隹尹既及汤咸有一德"解读》，《史林》2011 年第 2 期。

于振波：《关于周文王的即位与称王：读清华简〈保训〉札记》，《湖南大学学报（社会科学版）》2011 年第 2 期。

黄怀信：《清华简〈金縢〉校读》，《古籍整理研究学刊》2011 年第 3 期。

李学勤：《清华简〈系年〉及有关古史问题》，《文物》2011 年第 3 期。

梁立勇：《试解〈保训〉"逌"及〈尚书·金縢〉"滋攸俟"》，《孔子研究》2011 年第 3 期。

王连龙：《清华简〈皇门〉篇"惟正月庚午，公格在耉门"刍议：兼谈周公训诰的时间及场所问题》，《孔子研究》2011 年第 3 期。

魏衍华：《清华简〈保训〉的材料来源与性质》，《华夏文化》2011 年第 3 期。

陈民镇：《清华简〈尹诰〉释文校补》，《中华文化论坛》2011 年第 4 期。

高崇文：《清华简〈楚居〉所载楚早期居地辨析》，《江汉考古》2011 年第 4 期。

黄怀信：《清华简〈程寤〉解读》，《鲁东大学学报（哲学社会科学版）》2011 年第 4 期。

李学勤：《〈系年〉出版的重要意义》，《邯郸学院学报》2011 年第 4 期。

廖名春：《清华简〈金縢〉篇补释》，《清华大学学报（哲学社会科学版）》2011 年第 4 期。

刘国忠：《从清华简〈金縢〉看传世本〈金縢〉的文本问题》，《清华大学学报（哲学社会科学版）》2011 年第 4 期。

王瑞雪：《清华简"保训"之"中"的思想含义与价值取向论析》，《西南农业大学学报（社会科学版）》2011 年第 4 期。

庄乾震：《〈清华大学藏战国竹简（壹）〉国际学术研讨会综述》，《史林》2011 年第 4 期。

袁金平：《利用清华简考证古文字二例》，《清华大学学报（哲学社会科学版）》2011 年第 4 期。

赵平安：《"三楚先"何以不包括季连》，《邯郸学院学报》2011 年第 4 期。

罗新慧：《读〈清华大学藏战国竹简（壹）〉》，《中国史研究动态》2011 年第 5 期。

牛鹏涛：《"〈清华大学藏战国竹简（壹）〉国际学术研讨会"综述》，《中国史研究动态》2011 年第 5 期。

曹峰：《〈保训〉的"中"即"公平公正"之理念说：兼论"三降之德"》，《文史哲》2011 年第 6 期。

丁进：《清华简〈耆夜〉篇礼制问题述惑》，《学术月刊》2011 年第 6 期。

康少峰：《读简札记两则》，《河南社会科学》2011 年第 6 期。

王进锋：《刘国忠教授〈走近清华简〉评介》，《中国史研究动态》2011 年第 6 期。

李学勤：《释清华简〈金縢〉通假为"穫"之字》，中国文化遗产研究院编：《出土文献研究》第十辑，北京：中华书局，2011 年 7 月。

李均明：《周书〈皇门〉校读记》，中国文化遗产研究院编：《出土文献研究》第十辑，北京：中华书局，2011 年 7 月。

李守奎：《〈楚居〉中的楚先祖与楚族姓氏》，中国文化遗产研究院编：《出土文献研究》第十辑，北京：中华书局，2011 年 7 月。

沈建华：《清华简〈祭公之顾命〉与〈逸周书〉校记》，中国文化遗产研究院编：《出土文献研究》第十辑，北京：中华书局，2011 年 7 月。

孙飞燕：《读〈尹至〉〈尹诰〉札记》，中国文化遗产研究院编：《出土文献研究》第十辑，北京：中华书局，2011 年 7 月。

李学勤：《清华简关于秦人始源的重要发现》，《光明日报》2011 年 9 月 8 日。

陈民镇、江林昌：《"西伯戡黎"新证：从清华简〈耆夜〉看周人伐黎的史事》，《东岳论丛》2011 年第 10 期。

刘彬徽：《关于清华简〈楚居〉的思考（之一）》，楚文化研究会编：《楚文化研究论集》第十辑，武汉：湖北美术出版社，2011 年 10 月。

[日] 谷口满：《试论清华简〈楚居〉对于楚国历史地理研究的影响》，楚文化研究会编：《楚文化研究论集》第十辑，武汉：湖北美术出版社，2011 年 10 月。

院文清：《〈楚居〉世系疏证》，楚文化研究会编：《楚文化研究论集》第十辑，武汉：湖北美术出版社，2011 年 10 月。

晏昌贵：《清华简〈楚居〉所见季连徙居地及相关问题》，楚文化研究会编：《楚文化研究论集》第十辑，武汉：湖北美术出版社，2011 年 10 月。

凡国栋：《清华简〈楚居〉中与季连有关的几个地名》，楚文化研究会编：《楚文化研究论集》第十辑，武汉：湖北美术出版社，2011 年 10 月。

张硕、肖洋：《从〈楚居〉看楚昭王时代楚国都城的迁徙》，楚文化研究会编：《楚文化研究论集》第十辑，武汉：湖北美术出版社，2011 年 10 月。

守彬：《从清华简〈楚居〉谈"×郢"》，楚文化研究会编：《楚文化研究论集》第十辑，武汉：湖北美术出版社，2011年10月。

袁金平：《"〈清华大学藏战国竹简（壹）〉国际学术研讨会"纪要》，《文物》2011年第11期。

李学勤：《从清华简谈到周代黎国》，《三代文明研究》，北京：商务印书馆，2011年11月。

李学勤：《论清华简〈保训〉的几个问题》，《三代文明研究》，北京：商务印书馆，2011年11月。

李学勤：《清华简中的周文王遗言〈保训〉》，《三代文明研究》，北京：商务印书馆，2011年11月。

李学勤：《简介清华简〈耆夜〉》，《三代文明研究》，北京：商务印书馆，2011年11月。

李学勤：《清华简〈保训〉释读补正》，《三代文明研究》，北京：商务印书馆，2011年11月。

李学勤：《清华简整理工作的第一年》，《三代文明研究》，北京：商务印书馆，2011年11月。

李学勤：《"国学热"中谈清华简》，《三代文明研究》，北京：商务印书馆，2011年11月。

李学勤：《清华简九篇综述》，《三代文明研究》，北京：商务印书馆，2011年11月。

李学勤：《〈程寤〉〈保训〉"日不足"等语的读释》，《三代文明研究》，北京：商务印书馆，2011年11月。

李学勤：《论清华简〈楚居〉中的古史传说》，《三代文明研究》，北京：商务印书馆，2011年11月。

李学勤：《谈秦人初居"邾虚"的地理位置》，清华大学出土文献研究与保护中心编、李学勤主编：《出土文献》第二辑，上海：中西书局，2011年11月。

罗琨：《读〈尹至〉"自夏徂亳"》，清华大学出土文献研究与保护中心编、李学勤主编：《出土文献》第二辑，上海：中西书局，2011年11月。

裘锡圭：《说"夜爵"》，清华大学出土文献研究与保护中心编、李学勤主编：《出土文献》第二辑，上海：中西书局，2011年11月。

孙家洲：《清华简〈耆夜〉篇读书札记》，清华大学出土文献研究与保护中心编、李学勤主编：《出土文献》第二辑，上海：中西书局，2011年11月。

蒋玉斌、周忠兵：《据清华简释读西周金文一例——说"沈子"、"沈孙"》，清华大学出土文献研究与保护中心编、李学勤主编：《出土文献》第二辑，上海：中西书局，2011年11月。

单育辰：《谈清华简中的"舭舟"》，清华大学出土文献研究与保护中心编、李学勤主编：《出土文献》第二辑，上海：中西书局，2011年11月。

陈颖飞：《清华简井利与西周井氏之井公、井侯、井伯》，清华大学出土文献研究与保护中心编、李学勤主编：《出土文献》第二辑，上海：中西书局，2011年11月。

李家浩：《谈清华战国竹简〈楚居〉的"夷宅"及其他——兼谈包山楚简的"垭人"等》，清华大学出土文献研究与保护中心编、李学勤主编：《出土文献》第二辑，上海：中西书局，2011年11月。

沈建华：《从清华简〈楚居〉看丹淅人文区位形成》，清华大学出土文献研究与保护中心编、李学勤主编：《出土文献》第二辑，上海：中西书局，2011年11月。

张显成、王玉蛟：《〈清华大学藏战国竹简（壹）〉虚词研究》，清华大学出土文献研究与保护中心编、李学勤主编：《出土文献》第二辑，上海：中西书局，2011年11月。

赵桂芳、贾连翔：《清华大学入藏战国彩绘漆笥的保护》，清华大学出土文献研究与保护中心编、李学勤主编：《出土文献》第二辑，上海：中西书局，2011年11月。

吴良宝：《读清华简〈楚居〉劄记》，武汉大学简帛研究中心主编：《简帛》（第六辑），上海：上海古籍出版社，2011年11月。

高中华：《读清华简札记二则》，《文艺评论》2011年第12期。

李学勤：《清华简〈系年〉"奴虘之戎"试考》，《社会科学战线》2011年第12期。

刘光胜、李亚光：《清华简〈耆夜〉与周公酒政的思想意蕴》，《社会科学战线》2011年第12期。

刘国忠：《从清华简〈程寤〉看〈大诰〉篇的一处标点》，《社会科学战线》2011年第12期。

袁金平：《利用清华简〈系年〉校正〈国语〉韦注一例》，《社会科学战线》2011年第12期。

苏建洲：《〈语丛二〉〈保训〉〈凡物流形〉考释四篇》，《楚文字论集》，台北：万卷楼图书，2011年12月。

苏建洲：《〈楚居〉简9"塁"字及其相关诸字考释》，《楚文字论集》，台北：万卷楼图书，2011年12月。

苏建洲：《〈清华简（壹）〉考释十一则》，《楚文字论集》，台北：万卷楼图书，2011年12月。

苏建洲：《利用〈清华简（壹）〉字形考释楚简疑难字》，《楚文字论集》，台北：万卷楼图书，2011年12月。

裘锡圭：《说清华简〈程寤〉篇的"敓"》，复旦大学出土文献与古文字研究中心编：《出土文献与古文字研究》第四辑，上海：上海古籍出版社，2011年12月。

陈剑：《清华简〈金縢〉研读三题》，复旦大学出土文献与古文字研究中心编：《出土文献与古文字研究》第四辑，上海：上海古籍出版社，2011年12月。

陈剑：《清华简〈皇门〉"䚻"字补说》，复旦大学出土文献与古文字研究中心编：

《出土文献与古文字研究》第四辑，上海：上海古籍出版社，2011年12月。

晏昌贵：《从楚简看〈尚书·金縢〉》，见刘玉堂主编：《楚学论丛》第一辑，武汉：湖北人民出版社，2011年12月。

## 2012

陈民镇：《清华简〈保训〉疑牾举例（三则）》，《四川文物》2012年第1期。

陈颖飞：《清华简〈程寤〉〈保训〉文王纪年探研》，《中国文化研究》2012年第1期。

陈颖飞：《清华简祭公与西周祭氏》，《江汉考古》2012年第1期。

黄怀信：《清华简〈耆夜〉句解》，《文物》2012年第1期。

刘光胜：《清华简与先秦〈书〉经流传》，《史学集刊》2012年第1期。

刘云：《清华简文字考释四则》，《考古与文物》2012年第1期。

马智全：《清华简〈尹至〉商克夏史事考》，《西北成人教育学报》2012年第1期。

田旭东：《清华简〈耆夜〉中的礼乐实践》，《考古与文物》2012年第1期。

赵平安：《清华简〈楚居〉妣隹、妣䋣考》，《中国文化研究》2012年第1期。

宋华强：《清华简〈皇门〉"嚻"、"舣"二字考释》，《中国文字》编辑委员会：《中国文字》新三十七期，台北：艺文印书馆，2012年1月。

高荣鸿：《〈清华简·程寤〉4号简释读》，《中国文字》编辑委员会：《中国文字》新三十七期，台北：艺文印书馆，2012年1月。

李学勤：《从〈系年〉看〈纪年〉》，《光明日报》2012年2月27日。

陈民镇：《〈系年〉"故志"说：清华简〈系年〉性质及撰作背景刍议》，《邯郸学院学报》2012年第2期。

程薇：《清华简〈系年〉与晋伐中山》，《深圳大学学报（人文社会科学版）》2012年第2期。

杜勇：《清华简〈金縢〉有关历史问题考论》，《古籍整理研究学刊》2012年第2期。

何志虎：《关于〈尚书〉的几个问题：与刘国忠博士商榷》，《宝鸡文理学院学报（社会科学版）》2012年第2期。

胡凯、陈民镇：《从清华简〈系年〉看晋国的邦交：以晋楚、晋秦关系为中心》，《邯郸学院学报》2012年第2期。

黄甜甜：《〈系年〉第三章"成王屎伐商邑"之"屎"字补论》，《深圳大学学报（人文社会科学版）》2012年第2期。

黄锡全：《"朋郢"新探：读清华简〈楚居〉札记》，《江汉考古》2012年第2期。

李学勤：《由清华简〈系年〉论〈纪年〉的体例》，《深圳大学学报（人文社会科学版）》2012年第2期。

刘丽：《重耳流亡路线考》，《深圳大学学报（人文社会科学版）》2012年第2期。

刘全志：《清华简〈保训〉"假中于河"新论》，《北京师范大学学报（社会科学版)》2012 年第 2 期。

刘涛:《清华简〈楚居〉中所见巫风考》,《船山学刊》2012 年第 2 期。

马楠:《据〈清华简〉释读金文、〈尚书〉两则》,《深圳大学学报(人文社会科学版)》2012 年第 2 期。

牛鹏涛:《清华简〈系年〉与铜器铭文互证二则》,《深圳大学学报(人文社会科学版)》2012 年第 2 期。

孙飞燕:《释〈左传〉的"厉之役"》,《深圳大学学报(人文社会科学版)》2012 年第 2 期。

王锦城:《〈清华大学藏战国竹简(一)〉介词考察》,《四川职业技术学院学报》2012 年第 2 期。

许兆昌、齐丹丹:《试论清华简〈系年〉的编纂特点》,《古代文明》2012 年第 2 期。

杨朝明:《"清华简"〈保训〉与"文武之政"》,《管子学刊》2012 年第 2 期。

虞万里:《由清华简〈尹诰〉论〈古文尚书·咸有一德〉之性质》,《史林》2012 年第 2 期。

袁金平:《〈左传〉"夕室"考辨:读清华简〈楚居〉小札》,《深圳大学学报(人文社会科学版)》2012 年第 2 期。

赵平安:《谈谈出土文献整理过程中有关文字释读的几个问题:以清华简的整理为例》,《深圳大学学报(人文社会科学版)》2012 年第 2 期。

钟之顺:《由清华简〈楚居〉再论楚文化与商文化的关系:兼及对楚人始居地的思考》,《邯郸学院学报》2012 年第 2 期。

周宏伟:《楚人源于关中平原新证:以清华简〈楚居〉相关地名的考释为中心》,《中国历史地理论丛》2012 年第 2 期。

陈伟:《读清华简〈系年〉札记》,《江汉考古》2012 年第 3 期。

程浩:《清华简〈耆夜〉篇礼制问题释惑:兼谈如何阅读出土文献》,《社会科学论坛》2012 年第 3 期。

崔永东:《〈清华大学藏战国竹简〉所见古代法中的司法理念与道德精神》,《湖北大学学报(哲学社会科学版)》2012 年第 3 期。

邓少平:《清华简〈系年〉与两周之际史事综考》,《深圳大学学报(人文社会科学版)》2012 年第 3 期。

范学谦:《"西伯戡黎"之我见》,《内蒙古农业大学学报(社会科学版)》2012 年第 3 期。

房相楠:《〈清华大学藏战国竹简(壹)〉形容词语法功能探析》,《攀枝花学院学报》2012 年第 3 期。

葛志毅:《释中:读清华简〈保训〉》,《邯郸学院学报》2012 年第 3 期。

李锐:《"阴阳"与"中"》,《深圳大学学报(人文社会科学版)》2012 年第 3 期。

梁立勇：《读〈系年〉札记》，《深圳大学学报（人文社会科学版）》2012年第3期。

廖名春：《清华简〈系年〉管窥》，《深圳大学学报（人文社会科学版）》2012年第3期。

乔松林：《对清华简〈保训〉篇思想的三层解读：由〈保训〉篇"中"的含义说起》，《船山学刊》2012年第3期。

单育辰：《由清华简释解古文字一例》，《史学集刊》2012年第3期。

杨振红：《从清华简〈金縢〉看〈尚书〉的流传及周公历史记载的演变》，《中国史研究》2012年第3期。

袁金平：《清华简〈金縢〉校读一例》，《古代文明》2013年第3期。

季旭昇：《〈清华简（壹）·耆夜〉研究》，李宗焜主编：《古文字与古代史》第三辑，台北："中央研究院"历史语言研究所，2012年3月。

刘彬徽：《关于清华简〈楚居〉的思考之二：楚族起源及其地域变迁》，陈建明主编：《湖南省博物馆馆刊》第八辑，长沙：岳麓书社，2012年3月。

刘成群：《毕公事迹及毕公世系初探：基于清华简的研究》，《上海交通大学学报（哲学社会科学版）》2012年第4期。

王红亮：《清华简〈系年〉中周平王东迁的相关年代考》，《史学史研究》2012年第4期。

王连龙：《清华简〈皇门〉篇"耆门"解》，《考古与文物》2012年第4期。

吴新勇：《清华简〈蟋蟀〉及其所见周公无逸思想》，《史学月刊》2012年第4期。

邓宏亚：《从清华简〈楚居〉探楚王"徙郢"原因》，《郧阳师范高等专科学校学报》2012年第5期。

高飞：《由清华简〈祭公之顾命〉再论西周"三公"》，《廊坊师范学院学报（社会科学版）》2012年第5期。

刘光胜：《真实的历史，还是不断衍生的传说：对清华简文王受命的再考察》，《社会科学辑刊》2012年第5期。

马智全：《清华简〈尹至〉字体散论》，张显成主编：《简帛语言文字研究》第六辑，成都：巴蜀书社，2012年5月。

王向辉：《清华简〈皇门〉篇主旨新读》，《宝鸡文理学院学报（社会科学版）》2012年第5期。

卢中阳：《从清华简〈楚居〉篇多郢看先秦时期的异地同名现象》，张显成主编：《简帛语言文字研究》第六辑，成都：巴蜀书社，2012年5月。

王玉蛟：《〈清华大学藏战国竹简（壹）〉人称代词研究》，张显成主编：《简帛语言文字研究》第六辑，成都：巴蜀书社，2012年5月。

李烨：《〈清华简（壹）〉"厥"和"其"的用法及其时代性初探》，张显成主编：《简帛语言文字研究》第六辑，成都：巴蜀书社，2012年5月。

汪颖：《〈清华简（壹）〉名词研究》，张显成主编：《简帛语言文字研究》第六辑，成都：巴蜀书社，2012 年 5 月。

李迎莉：《〈清华简（壹）〉复音词研究》，张显成主编：《简帛语言文字研究》第六辑，成都：巴蜀书社，2012 年 5 月。

陈颖飞：《清华简毕公高、毕桓与西周毕氏》，《中国国家博物馆馆刊》2012 年第 6 期。

黄怀信：《由清华简〈尹诰〉看〈古文尚书〉》，《鲁东大学学报（哲学社会科学版）》2012 年第 6 期。

彭裕商：《〈尚书·金縢〉新研》，《历史研究》2012 年第 6 期。

虞万里：《出土文献与学术公案——以清华简〈尹诰〉"隹尹既及汤咸有一悳"之解读为例》，王沛主编：《出土文献与法律史研究》第一辑，上海：上海人民出版社，2012 年 6 月。

李守奎：《清华简〈周公之琴舞〉与周颂》，《文物》2012 年第 8 期。

李学勤：《新整理清华简六种概述》，《文物》2012 年第 8 期。

田旭东：《清华简〈系年〉与秦人西迁新探》，梁安和主编：《秦汉研究》第六辑，西安：陕西人民出版社，2012 年 8 月。

杨善群：《清华简〈尹诰〉引发古文〈尚书〉真伪之争：〈咸有一德〉篇名、时代与体例辨析》，《学习与探索》2012 年第 9 期。

刘建明：《〈系年〉的史料价值和学术价值》，《绵阳师范学院学报》2012 年第 10 期。

李锐：《读清华简〈保训〉札记（三则）》，中国古文字研究会、复旦大学出土文献与古文字研究中心编：《古文字研究》第二十九辑，北京：中华书局，2012 年 10 月。

刘信芳：《清华藏简（壹）试读》，中国古文字研究会、复旦大学出土文献与古文字研究中心编：《古文字研究》第二十九辑，北京：中华书局，2012 年 10 月。

沈建华：《秦族西迁"朱圉"原因及有关地理》，中国古文字研究会、复旦大学出土文献与古文字研究中心编：《古文字研究》第二十九辑，北京：中华书局，2012 年 10 月。

王伟、王辉：《清华简鄀国与甲骨文中的䖙和金文中的㭉（楷）氏》，中国古文字研究会、复旦大学出土文献与古文字研究中心编：《古文字研究》第二十九辑，北京：中华书局，2012 年 10 月。

赵平安：《"文王受命惟中身"新解》，中国古文字研究会、复旦大学出土文献与古文字研究中心编：《古文字研究》第二十九辑，北京：中华书局，2012 年 10 月。

黄锡全：《清华简〈系年〉"閟"字简议》，武汉大学简帛研究中心主编：《简帛》（第七辑），上海：上海古籍出版社，2012 年 10 月。

颜世铉：《清华竹书〈系年〉札记二则》，武汉大学简帛研究中心主编：《简帛》（第七辑），上海：上海古籍出版社，2012 年 10 月。

苏建洲：《〈清华大学藏战国竹简（贰）·系年〉考释四则》，武汉大学简帛研究中心主编：《简帛》（第七辑），上海：上海古籍出版社，2012年10月。

黄人二：《清华简〈宝训〉校读》，《战国楚简研究》，上海：上海古籍出版社，2012年11月。

黄人二：《清华简〈周武王有疾周公所自以代王之志（誌）〉通释》，《战国楚简研究》，上海：上海古籍出版社，2012年11月。

黄人二：《清华简〈尹至〉余释》，《战国楚简研究》，上海：上海古籍出版社，2012年11月。

黄人二：《读清华简（壹）书后》（一）（二）（三）（四），《战国楚简研究》，上海：上海古籍出版社，2012年11月。

黄人二：《读清华简（贰）书后》（一）（二）（三），《战国楚简研究》，上海：上海古籍出版社，2012年11月。

黄人二：《清华简〈宝训〉通解——兼谈其在中国经学史上"道统说"建立之重要性》，《战国楚简研究》，上海：上海古籍出版社，2012年11月。

于薇：《清华简〈耆夜〉时、地问题辨正》，《中国国家博物馆馆刊》2012年第12期。

李家浩：《清华战国竹简〈楚居〉中的郫脾、郫执、郫綎》，清华大学出土文献研究与保护中心编、李学勤主编：《出土文献》第三辑，上海：中西书局，2012年12月。

罗琨：《〈保训〉"求中"、"得中"解》，清华大学出土文献研究与保护中心编、李学勤主编：《出土文献》第三辑，上海：中西书局，2012年12月。

彭裕商：《清华简〈系年〉札记二则》，清华大学出土文献研究与保护中心编、李学勤主编：《出土文献》第三辑，上海：中西书局，2012年12月。

王伟：《清华简〈系年〉"奴虘之戎"再考》，清华大学出土文献研究与保护中心编、李学勤主编：《出土文献》第三辑，上海：中西书局，2012年12月。

陈致：《清华简〈周公之琴舞〉中"文文其有家"试解》，清华大学出土文献研究与保护中心编、李学勤主编：《出土文献》第三辑，上海：中西书局，2012年12月。

刘国忠：《清华简〈傅说之命〉别解二则》，清华大学出土文献研究与保护中心编、李学勤主编：《出土文献》第三辑，上海：中西书局，2012年12月。

马楠：《清华简〈说命〉补释三则》，清华大学出土文献研究与保护中心编、李学勤主编：《出土文献》第三辑，上海：中西书局，2012年12月。

程薇：《清华简〈芮良夫毖〉与周厉王时期的外患》，清华大学出土文献研究与保护中心编、李学勤主编：《出土文献》第三辑，上海：中西书局，2012年12月。

李均明、赵桂芳：《清华简文本复原——以〈清华大学藏战国竹简〉第一、二辑为例》，清华大学出土文献研究与保护中心编、李学勤主编：《出土文献》第三辑，上海：中西书局，2012年12月。

沈培：《谈谈清华简用为"五行相胜"的"胜"字》，清华大学出土文献研究与保护中心编、李学勤主编：《出土文献》第三辑，上海：中西书局，2012年12月。

李学勤：《论清华简〈周公之琴舞〉"麎天之不易"》，中国文化遗产研究院编：《出土文献研究》第十一辑，上海：中西书局，2012年12月。

李守奎：《〈周公之琴舞〉补释》，中国文化遗产研究院编：《出土文献研究》第十一辑，上海：中西书局，2012年12月。

苏建洲：《据清华简〈祭公〉校读〈逸周书·祭公解〉札记》，《中国文字》编辑委员会：《中国文字》新三十八期，台北：艺文印书馆，2012年12月。

王瑜桢：《从〈清华三〉谈敚与敗的字形讹混》，《中国文字》编辑委员会：《中国文字》新三十八期，台北：艺文印书馆，2012年12月。

李学勤：《论清华简〈说命〉中的卜辞》，张福贵主编：《华夏文化论坛》第八辑，长春：吉林大学出版社，2012年12月。

李守奎、肖攀：《清华简〈系年〉中的"自"字及"自"之构形》，张福贵主编：《华夏文化论坛》第八辑，长春：吉林大学出版社，2012年12月。

侯文学、李明丽：《清华简〈系年〉的叙事体例、核心与理念》，张福贵主编：《华夏文化论坛》第八辑，长春：吉林大学出版社，2012年12月。

梁涛：《清华简〈保训〉与儒家道统说再检讨——兼论荀子在道统中的地位问题》，孙熙国、李翔海主编：《北大中国文化研究》第二辑，北京：社会科学文献出版社，2012年12月。

陈良武：《"清华简"〈耆夜〉与〈西伯戡黎〉》，《兰台世界》2017年第27期。

## 2013

陈伟：《清华大学藏竹书〈系年〉的文献学考察》，《史林》2013年第1期。

程浩：《君陈、君牙臆解》，《深圳大学学报（人文社会科学版）》2013年第1期。

黄怀信：《清华简〈蟋蟀〉与今本〈蟋蟀〉对比研究》，《诗经研究丛刊》2013年第1期。

李军政：《〈保训〉之"中"应训为"常"》，《中国哲学史》2013年第1期。

李学勤：《论清华简〈周公之琴舞〉的结构》，《深圳大学学报（人文社会科学版）》2013年第1期。

梁涛：《清华简〈保训〉与儒家道统说：兼论荀子在道统中的地位问题》，《邯郸学院学报》2013年第1期。

刘光胜：《礼与刑：〈保训〉文王传"中"的两个维度》，《江汉论坛》2013年第1期。

刘国忠：《清华简〈赤鹄之集汤之屋〉与伊尹间夏》，《深圳大学学报（人文社会科学版）》2013年第1期。

刘洪涛：《清华简补释四则》，《考古与文物》2013年第1期。

刘建明：《清华简〈系年〉周年研究综述》，《安徽广播电视大学学报》2013年第 1 期。

刘信芳：《竹书〈楚居〉"问期"、"胁出"、"熊达"的释读与史实》，《江汉考古》2013 年第 1 期。

马楠：《〈芮良夫毖〉与文献相类字句分析及补释》，《深圳大学学报（人文社会科学版）》2013 年第 1 期。

申超：《清华简〈程寤〉主旨试探》，《管子学刊》2013 年第 1 期。

王洪军：《清华简〈系年〉与少皞"西迁"之谜》，《北方论丛》2013 年第 1 期。

邢文：《清华简〈金縢〉与"三监"》，《深圳大学学报（人文社会科学版）》2013 年第 1 期。

杨蒙生：《楚惠王居"宛郊"试释：兼谈古文字中的几个相关字》，《深圳大学学报（人文社会科学版）》2013 年第 1 期。

姚苏杰：《论〈尚书·金縢〉中的"穆卜"》，《安徽大学学报（哲学社会科学版）》2013 年第 1 期。

袁金平：《清华简〈系年〉"徒林"考》，《深圳大学学报（人文社会科学版）》2013 年第 1 期。

赵平安：《战国文字𢆶的来源考辨》，《深圳大学学报（人文社会科学版）》2013 年第 1 期。

陈颖飞：《清华简〈程寤〉与文王受命》，《清华大学学报（哲学社会科学版）》2013 年第 2 期。

黄怀信：《清华简〈保训〉补释》，《考古与文物》2013 年第 2 期。

李锐：《由清华简〈系年〉谈战国初楚史年代的问题》，《史学史研究》2013 年第 2 期。

李学勤：《由清华简〈系年〉论〈文侯之命〉》，《扬州大学学报（人文社会科学版）》2013 年第 2 期。

梁涛：《清华简〈保训〉与儒家道统说再检讨（下）：兼论荀子在道统中的地位问题》，《国学学刊》2013 年第 2 期。

廖名春、赵晶：《清华简〈说命（上）〉考释》，《史学史研究》2013 年第 2 期。

刘娇：《据清华简〈皇门〉校读〈管子〉一则》，《中华文史论丛》2013 年第 2 期。

陶兴华：《从清华简〈系年〉看"共和"与"共和行政"》，《古代文明》2013 年第 2 期。

禤健聪：《清华藏简异文释读二题》，《江汉考古》2013 年第 2 期。

姚苏杰：《清华简〈尹诰〉"一德"论析》，《中华文史论丛》2013 年第 2 期。

陈民镇：《齐长城新研：从清华简〈系年〉看齐长城的若干问题》，《中国史研究》2013 年第 3 期。

陈晓丽、万德良：《清华简〈系年〉所见息国史事小札》，《枣庄学院学报》2013 年第 3 期。

杜勇：《从清华简〈金縢〉看周公与〈鸱鸮〉的关系》,《理论与现代化》2013年第3期。

欧阳祯人：《从〈周易〉的角度看〈保训〉〈中庸〉的"中"》,《深圳大学学报（人文社会科学版）》2013年第3期。

申超：《清华简〈皇门〉句义商兑》,《西北大学学报（哲学社会科学版）》2013年第3期。

王红亮：《清华简〈系年〉中的虘羌钟相关史事发覆》,《古代文明》2013年第3期。

姚小鸥、卢翮：《〈清华简·赤鹄〉篇与"后土"人格化》,《民俗研究》2013年第3期。

于文哲：《清华简〈楚居〉中的山与神》,《中国文化研究》2013年第3期。

陈絜：《清华简札记二则》,《中原文化研究》2013年第4期。

陈民镇：《上甲微史迹传说钩沉：兼说清华简〈保训〉"微假中于河"》,《史学月刊》2013年第4期。

程浩：《清华简〈金縢〉性质与成篇辨证》,《上海交通大学学报（哲学社会科学版）》2013年第4期。

杜勇：《从清华简〈说命〉看古书的反思》,《天津师范大学学报（社会科学版）》2013年第4期。

韩宇娇：《清华简〈皇门〉篇研究现状》,《管子学刊》2013年第4期。

黄德宽：《清华简〈赤鹄之集汤之屋〉与先秦"小说"：略说清华简对先秦文学研究的价值》,《复旦学报（社会科学版）》2013年第4期。

姜广辉、付赞、邱梦燕：《清华简〈耆夜〉为伪作考》,《故宫博物院院刊》2013年第4期。

刘雯：《传闻异辞与文献性质、叙述目的关系考论：以"商汤灭夏"为例》,《北京理工大学学报（社会科学版）》2013年第4期。

路懿菡：《从清华简〈系年〉看康叔的始封》,《西北大学学报（哲学社会科学版）》2013年第4期。

梅显懋、于婷婷：《论两〈蟋蟀〉源流关系及其作者问题》,《辽宁师范大学学报（社会科学版）》2013年第4期。

王红亮：《清华简〈系年〉第十二章及相关史事考》,《文史》2013年第4期。

王沛：《刑名学与中国古代法典的形成：以清华简、〈黄帝书〉资料为线索》,《历史研究》2013年第4期。

谢维扬：《〈楚居〉中季连年代问题小议》,《社会科学》2013年第4期。

陈松长：《〈清华大学藏战国竹简（壹）〉书体特征探析》,陈建明主编：《湖南省博物馆馆刊》第九辑,长沙：岳麓书社,2013年4月。

李玉洁：《〈清华简·楚居〉记载的夏商之际楚人活动地域》,《郑州大学学报（哲学社会科学版)》2013年第5期。

路懿菡：《从清华简〈系年〉看"武庚之乱"》，《齐鲁学刊》2013年第5期。

陶兴华：《摄政未必便称王 当国未必是僭越：从出土文献看共伯和摄政称王问题》，《西北师大学报（社会科学版）》2013年第5期。

王晖：《春秋早期周王室王位世系变局考异：兼说清华简〈系年〉"周无王九年"》，《人文杂志》2013年第5期。

郭伟川：《从清华简〈楚居〉论荆楚之立国：兼论夏商周时期对南方之经略》，中国历史文献研究会编：《历史文献研究》第三十二辑，上海：华东师范大学出版社，2013年5月。

晁福林：《清华简〈系年〉与两周之际史事重构》，《历史研究》2013年第6期。

陈剑：《简谈〈系年〉的"蔵"和楚简部分"菨"字当释读为"捷"》，《安徽大学学报（哲学社会科学版）》2013年第6期。

程浩：《清华简〈筮法〉与周代占筮系统》，《周易研究》2013年第6期。

杜勇：《从清华简〈耆夜〉看古书的形成》，《中原文化研究》2013年第6期。

房德邻：《清华简〈周武王有疾周公所自以代王之志（金縢）〉是伪作》，《故宫博物院院刊》2013年第6期。

韩宇娇：《清华简〈良臣〉的性质与时代辨析》，《中国高校社会科学》2013年第6期。

黄甜甜：《〈周公之琴舞〉初探》，《深圳大学学报（人文社会科学版）》2013年第6期。

江林昌、孙进：《由清华简论"颂"即"容"及其文化学意义》，《中国高校社会科学》2013年第6期。

李锐：《清华简〈傅说之命〉研究》，《深圳大学学报（人文社会科学版）》2013年第6期。

李尚信：《论清华简〈筮法〉的筮数系统及其相关问题》，《周易研究》2013年第6期。

李守奎：《清华简中的诗与〈诗〉学新视野》，《中国高校社会科学》2013年第6期。

李学勤：《由清华简〈系年〉释读沬司徒疑簋》，《中国高校社会科学》2013年第6期。

李永娜：《二重证据视野下的先秦经学文献研究：〈清华大学藏战国竹简〉与先秦经学文献国际学术研讨会综述》，《文艺研究》2013年第6期。

李煜：《清华简与〈左传〉合证综述》，《深圳大学学报（人文社会科学版）》2013年第6期。

廖名春：《清华简〈周公之琴舞〉与〈周颂·敬之〉篇对比研究》，《深圳大学学报（人文社会科学版）》2013年第6期。

刘全志：《论清华简〈系年〉的性质》，《中原文物》2013 年第 6 期。

路懿菡：《从清华简〈系年〉看周初的"三监"》，《辽宁师范大学学报（社会科学版）》2013 年第 6 期。

马楠：《清华简〈良臣〉所见〈三晋〉书学》，《中国高校社会科学》2013 年第 6 期。

牛鹏涛：《清华简〈楚居〉与"迁郢于鄀"考辨》，《深圳大学学报（人文社会科学版）》2013 年第 6 期。

钟涛、刘彩凤：《从政治象征到文学意象：清华简〈程寤〉"梦见商廷惟棘"》，《青海师范大学学报（哲学社会科学版）》2013 年第 6 期。

马卫东：《清华简〈系年〉项子牛之祸考》，张福贵主编：《华夏文化论坛》第九辑，长春：吉林文史出版社，2013 年 6 月。

姚小鸥、杨晓丽：《〈周公之琴舞·孝享〉篇研究》，《中州学刊》2013 年第 7 期。

方铭：《清华简与周代德治文化的渊源》，《文艺研究》2013 年第 8 期。

傅刚：《出土文献给我们的启示：以清华简〈尚书·说命〉为例》，《文艺研究》2013 年第 8 期。

江林昌：《清华简〈保训〉与先秦诗乐舞传统》，《文艺研究》2013 年第 8 期。

李均明、冯立昇：《清华简〈算表〉概述》，《文物》2013 年第 8 期。

李学勤：《清华简的文献特色与学术价值》，《文艺研究》2013 年第 8 期。

李学勤：《清华简〈筮法〉与数字卦问题》，《文物》2013 年第 8 期。

廖名春：《清华简〈筮法〉篇与〈说卦传〉》，《文物》2013 年第 8 期。

姚小鸥：《〈清华大学藏战国竹简〉与〈诗经〉学史的若干问题》，《文艺研究》2013 年第 8 期。

赵敏俐：《〈周公之琴舞〉的组成、命名及表演方式蠡测》，《文艺研究》2013 年第 8 期。

李守奎：《清华简〈系年〉中的"𡃁"字与陈氏》，华东师范大学语言文字工作委员会编：《中国文字研究》第十八辑，上海：上海书店出版社，2013 年 8 月。

陈民镇：《〈蟋蟀〉之"志"及其诗学阐释：兼论清华简〈耆夜〉周公作〈蟋蟀〉本事》，赵敏俐主编：《中国诗歌研究》第九辑，北京：社会科学文献出版社，2013 年 9 月。

李锐：《读清华简札记（五则）》，卜宪群、杨振红主编：《简帛研究二〇一二》，桂林：广西师范大学出版社，2013 年 10 月。

谭生力：《由清华简〈赤鸠之集汤之屋〉看伊尹传说：兼论该篇传说的文化内涵》，《文艺评论》2013 年第 10 期。

高江涛：《清华战国竹简〈楚居〉中的"夷屯"的一些思考》，中国社会科学院考古研究所夏商周考古研究室《三代考古（五）》，北京：科学出版社，2013 年 10 月。

杜勇：《清华简〈楚居〉所见楚人早期居邑考》，《中国国家博物馆馆刊》2013 年第 11 期。

夏麦陵：《初读清华简〈楚居〉的古史传说：对有关〈楚居〉古史传说研究的一点思考》，《中国国家博物馆馆刊》2013年第11期。

邢文：《达慕思～清华"清华简"国际学术研讨会综述》，《文物》2013年第12期。

李家浩：《清华竹简〈耆夜〉的饮至礼》，清华大学出土文献研究与保护中心编、李学勤主编：《出土文献》第四辑，上海：中西书局，2013年12月。

李均明：《〈蟋蟀〉诗主旨辨——由清华简"不喜不乐"谈起》，清华大学出土文献研究与保护中心编、李学勤主编：《出土文献》第四辑，上海：中西书局，2013年12月。

罗琨：《〈楚居〉"柰必夜"与商代的"夕"祭》，清华大学出土文献研究与保护中心编、李学勤主编：《出土文献》第四辑，上海：中西书局，2013年12月。

刘丽：《谈〈楚居〉中"及"字的一个特殊用法》，清华大学出土文献研究与保护中心编、李学勤主编：《出土文献》第四辑，上海：中西书局，2013年12月。

李学勤：《读〈系年〉第三章及相关铭文札记》，清华大学出土文献研究与保护中心编、李学勤主编：《出土文献》第四辑，上海：中西书局，2013年12月。

彭裕商：《清华简〈说命〉与〈礼记·缁衣〉》，清华大学出土文献研究与保护中心编、李学勤主编：《出土文献》第四辑，上海：中西书局，2013年12月。

程薇：《清华简〈说命上〉札记（二则）》，清华大学出土文献研究与保护中心编、李学勤主编：《出土文献》第四辑，上海：中西书局，2013年12月。

王志平：《清华简〈周公之琴舞〉乐制探微》，清华大学出土文献研究与保护中心编、李学勤主编：《出土文献》第四辑，上海：中西书局，2013年12月。

陈鹏宇：《周代古乐的歌、乐、舞相关问题探讨——兼论清华简〈周公之琴舞〉》，清华大学出土文献研究与保护中心编、李学勤主编：《出土文献》第四辑，上海：中西书局，2013年12月。

马楠：《试说〈周公之琴舞〉"右帝在路"》，清华大学出土文献研究与保护中心编、李学勤主编：《出土文献》第四辑，上海：中西书局，2013年12月。

贾连翔：《清华简壹—叁辑字形校补札记》，清华大学出土文献研究与保护中心编、李学勤主编：《出土文献》第四辑，上海：中西书局，2013年12月。

程浩：《略论〈筮法〉的解卦原则》，清华大学出土文献研究与保护中心编、李学勤主编：《出土文献》第四辑，上海：中西书局，2013年12月。

赵桂芳：《清华战国竹简〈筮法〉卷册的揭取保护》，清华大学出土文献研究与保护中心编、李学勤主编：《出土文献》第四辑，上海：中西书局，2013年12月。

李均明：《清华简〈算表〉的文本形态与复原依据》，中国文化遗产研究院编：《出土文献研究》第十二辑，上海：中西书局，2013年12月。

杨蒙生：《清华简〈祭公之顾命〉"康靳之，保伾之，肰母夕要"句解》，中国文化遗产研究院编：《出土文献研究》第十二辑，上海：中西书局，2013年12月。

吴洋：《从〈周颂·敬之〉看〈周公之琴舞〉的性质》，中国文化遗产研究院编：《出土文献研究》第十二辑，上海：中西书局，2013 年 12 月。

苏建洲：《清华三〈周公之琴舞〉〈良臣〉〈祝辞〉研读札记》，《中国文字》编辑委员会编：《中国文字》新三十九期，台北：艺文印书馆，2013 年 12 月。

郭永秉：《释清华简中倒山形的"覆"字》，《中国文字》编辑委员会编：《中国文字》新三十九期，台北：艺文印书馆，2013 年 12 月。

谭生力：《也谈楚"敊"》，张福贵主编：《华夏文化论坛》第十辑，长春：吉林文史出版社，2013 年 12 月。

孙航：《清华简〈筮法〉刍议》，张涛主编：《周易文化研究》第五辑，北京：社会科学文献出版社，2013 年 12 月。

## 2014

陈魏俊：《楚简"为位"新解》，《文献》2014 年第 1 期。

程浩：《〈筮法〉占法于"大衍之数"》，《深圳大学学报（人文社会科学版）》2014 年第 1 期。

江林昌：《由先秦历史文化的承传论清华简〈保训〉有关问题》，《绍兴文理学院学报（哲学社会科学版）》2014 年第 1 期。

李炳海：《清华简〈耆夜〉与〈诗经〉相关词语的考释：兼论〈诗经〉科学阐释体系的建立》，《文史哲》2014 年第 1 期。

李均明、冯立昇：《清华简〈算表〉的性质特征与运算方法》，《自然科学史研究》2014 年第 1 期。

李守奎：《清华简〈筮法〉文字与文本特点略说》，《深圳大学学报（人文社会科学版）》2014 年第 1 期。

李守奎：《清华简〈系年〉中的"䌛"字与西申》，《历史语言学研究》2014 年第 1 期。

李学勤：《重说〈保训〉》，《深圳大学学报（人文社会科学版）》2014 年第 1 期。

李学勤：《〈归藏〉与清华简〈筮法〉〈别卦〉》，《吉林大学社会科学学报》2014 年第 1 期。

李学勤：《再读清华简〈周公之琴舞〉》，《绍兴文理学院学报（哲学社会科学版）》2014 年第 1 期。

刘丽：《清华简〈保训〉篇释读》，《深圳大学学报（人文社会科学版）》2014 年第 1 期。

吕庙军：《由清华简载梦谈先秦赵氏梦文化渊源问题》，《邯郸学院学报》2014 年第 1 期。

马楠：《清华简〈筮法〉二题》，《深圳大学学报（人文社会科学版）》2014 年第 1 期。

马卫东：《清华简〈系年〉三晋伐齐考》，《晋阳学刊》2014 年第 1 期。

孙合肥：《清华简"堵"字补释》，《淮南师范学院学报》2014年第1期。

王屹堃：《出土简帛史料价值刍议：以清华简〈系年〉为例》，《常熟理工学院学报》2014年第1期。

徐在国：《利用清华简考释楚玺一则》，《历史语言学研究》2014年第1期。

徐正英、马芳：《清华简〈周公之琴舞〉组诗的身份确认及其诗学史意义》，《复旦学报（社会科学版）》2014年第1期。

杨善群：《清华简〈说命〉考论》，《淮阴师范学院学报（哲学社会科学版）》2014年第1期。

董珊：《清华简〈系年〉所见的"卫叔封"》，《简帛文献考释论丛》，上海：上海古籍出版社，2014年1月。

董珊：《从出土文献谈曾分为三》，《简帛文献考释论丛》，上海：上海古籍出版社，2014年1月。

董珊：《清华简〈系年〉与𩵦羌钟对读》，《简帛文献考释论丛》，上海：上海古籍出版社，2014年1月。

董珊：《读清华简〈系年〉》，《简帛文献考释论丛》，上海：上海古籍出版社，2014年1月。

苏建洲：《〈清华大学藏战国竹简（贰）·系年〉考释七则》，华东师范大学语言文字工作委员会编：《中国文字研究》第十九辑，上海：上海书店出版社，2014年1月。

黄杰：《再议清华简〈皇门〉"耆门"及相关问题》，华东师范大学语言文字工作委员会编：《中国文字研究》第十九辑，上海：上海书店出版社，2014年1月。

吴铭：《"育"、"驿"之位移动词义探诂：兼议清华简"娩冀羊"》，华东师范大学语言文字工作委员会编：《中国文字研究》第十九辑，上海：上海书店出版社，2014年1月。

蔡丽利、谭生力：《清华简〈说命〉相关问题初探》，《古籍整理研究学刊》2014年第2期。

陈鹏宇：《清华简〈芮良夫毖〉套语成分分析》，《深圳大学学报（人文社会科学版）》2014年第2期。

程燕：《谈清华简〈筮法〉中的"坤"字》，《周易研究》2014年第2期。

房德邻：《清华简注释之商榷》，《中国高校社会科学》2014年第2期。

方建军：《清华简"作歌一终"等语解义》，《中国音乐学》2014年第2期。

高华平：《清华简"诎"字解》，《华中学术》2014年第2期。

胡宁：《清华简〈祝辞〉弓名和射姿考论》，《古代文明》2014年第2期。

江林昌：《清华简〈祝辞〉与先秦巫术咒语诗》，《深圳大学学报（人文社会科学版）》2014年第2期。

李锐：《清华简〈耆夜〉续探》，《中原文化研究》2014年第2期。

李守奎：《清华简〈系年〉"莫嚻易为"考论》，《中原文化研究》2014年第2期。

林忠军：《清华简〈筮法〉筮占法探微》，《周易研究》2014年第2期。

鲁普平：《清华简〈尹诰〉篇名拟定之商榷》，《哈尔滨学院学报》2014年第2期。

罗新慧：《〈尚书·金縢〉篇刍议》，《史学史研究》2014年第2期。

马卫东：《清华简〈系年〉与郑子阳之难新探》，《古代文明》2014年第2期。

马文增：《清华简〈保训〉新释新解》，《古籍整理研究学刊》2014年第2期。

单周尧：《清华简〈说命上〉笺识》，《扬州大学学报（人文社会科学版）》2014年第2期。

王长华：《关于新出土文献进入文学史叙述的思考：以清华简〈周公之琴舞〉为例》，《河北师范大学学报（哲学社会科学版）》2014年第2期。

吴勇：《清华简〈筮法〉两点疑问》，《华中学术》2014年第2期。

杨蒙生：《清华简（叁）〈良臣〉篇管见》，《深圳大学学报（人文社会科学版）》2014年第2期。

姚小鸥：《清华简〈赤鹄〉篇与中国早期小说的文体特征》，《文艺研究》2014年第2期。

姚小鸥、孟祥笑：《清华简〈赤鹄之集汤之屋〉开篇"曰"字的句读问题》，《中国文化研究》2014年第2期。

张龚：《清华简〈楚居〉与楚族起源》，《中原文物》2014年第2期。

张龚：《清华简〈楚居〉篇与楚族起源研究新探》，《云南社会主义学院学报》2014年第2期。

张克宾：《论清华简〈筮法〉卦位图与四时吉凶》，《周易研究》2014年第2期。

张天恩：《清华简〈系年（三）〉与秦初史事略析》，《考古与文物》2014年第2期。

赵平安：《再论所谓倒山形的字及其用法》，《深圳大学学报（人文社会科学版）》2014年第2期。

周宝宏：《清华简〈耆夜〉没有确证证明为伪作：与姜广辉诸先生商榷》，《中原文化研究》2014年第2期。

程浩：《清华简〈说命〉研究三题》，《古代文明》2014年第3期。

程薇：《试释清华简〈筮法〉中的"𠁥"字》，《深圳大学学报（人文社会科学版）》2014年第3期。

冯立昇：《清华简〈算表〉的功能及其在数学史上的意义》，《科学》2014年第3期。

贾连翔：《清华简〈筮法〉与楚地数字卦演算方法的推求》，《深圳大学学报（人文社会科学版）》2014年第3期。

姜广辉、付赞：《清华简〈尹诰〉献疑》，《湖南大学学报（社会科学版）》2014年第3期。

刘震：《清华简〈筮法〉中的"象""数"与西汉易学传承》，《周易研究》

2014年第3期。

罗小华：《试说熊胜之"胜"当为"䏦"之讹》，《深圳大学学报（人文社会科学版）》2014年第3期。

王化平：《读清华简〈筮法〉随札》，《周易研究》2014年第3期。

夏大兆、黄德宽：《关于清华简〈尹至〉〈尹诰〉的形成和性质：从伊尹传说在先秦传世和出土文献中的流变考察》，《文史》2014年第3期。

章水根：《清华简〈程寤〉"果拜不忍"新解》，《鲁东大学学报（哲学社会科学版）》2014年第3期。

笪浩波：《从清华简〈楚居〉看季连族的南迁路线》，刘玉堂主编：《楚学论丛》第三辑，武汉：湖北人民出版社，2014年3月。

熊贤品：《试论清华简〈系年〉所见平王东迁的年代及相关问题》，刘玉堂主编：《楚学论丛》第三辑，武汉：湖北人民出版社，2014年3月。

蔡先金：《清华简〈周公之琴舞〉的文本与乐章》，《西北师大学报（社会科学版）》2014年第4期。

崔广洲：《"清华简"〈系年〉研究概述》，《大众文艺》2014年第4期。

杜勇：《清华简〈祭公〉与西周三公制》，《历史研究》2014年第4期。

方建军：《论清华简"琴舞九絉"及"启、乱"》，《音乐研究》2014年第4期。

冯小红：《由清华简〈系年〉所见赵襄子至赵献侯世系新说》，《邯郸学院学报》2014年第4期。

韩立秋：《清华简〈系年〉新兴凝固结构研究》，《古籍整理研究学刊》2014年第4期。

雷晓鹏：《从清华简〈系年〉看周宣王"不籍千亩"的真相》，《农业考古》2014年第4期。

雷晓鹏：《清华简〈系年〉与周宣王"不籍千亩"新研》，《中国农史》2014年第4期。

梁韦弦：《有关清华简〈筮法〉的几个问题》，《周易研究》2014年第4期。

李学勤：《由〈系年〉第二章论郑国初年史事》，《湖南大学学报（社会科学版）》2014年第4期。

廖名春：《清华简〈说命中〉的内容与命名》，《扬州大学学报》2014年第4期。

刘彬：《清华简〈筮法〉筮数的三种可能演算》，《周易研究》2014年第4期。

刘刚：《从清华简谈〈老子〉的"万物将自宾"》，《文史》2014年第4期。

马智全：《从清华简〈保训〉看"训"文体特征》，《鲁东大学学报（哲学社会科学版）》2014年第4期。

牛鹏涛：《清华简〈楚居〉的记史特征》，《古籍整理研究学刊》2014年第4期。

徐正英：《清华简〈周公之琴舞〉组诗对〈诗经〉原始形态的保存及被楚辞形式的接受》，《文学评论》2014年第4期。

姚小鸥、李文慧：《〈周公之琴舞〉诸篇释名》，赵敏俐主编：《中国诗歌研究》第十辑，北京：社会科学文献出版社，2014年4月。

李颖：《清华简〈周公之琴舞〉与楚辞"九体"》，赵敏俐主编：《中国诗歌研究》第十辑，北京：社会科学文献出版社，2014年4月。

王克家：《清华简〈敬之〉篇与〈周颂·敬之〉的比较研究》，赵敏俐主编：《中国诗歌研究》第十辑，北京：社会科学文献出版社，2014年4月。

吴万钟：《〈清华简·周公之琴舞〉之启示》，赵敏俐主编：《中国诗歌研究》第十辑，北京：社会科学文献出版社，2014年4月。

李凯：《说清华简〈程寤〉"攻于商神"》，《云南社会科学》2014年第5期。

刘丽文：《清华简〈周公之琴舞〉与孔子删〈诗〉说》，《文学遗产》2014年第5期。

苏建洲：《也论清华简〈系年〉"莫嚣昜为"》，《中原文化研究》2014年第5期。

吴霞：《"二雅"及清华简〈耆夜〉所见宴飨诗酒意象研究》，《大庆师范学院学报》2014年第5期。

徐正英：《清华简〈周公之琴舞〉与孔子删〈诗〉相关问题》，《文学遗产》2014年第5期。

张国安：《清华简〈耆夜〉成篇问题再论》，《江苏师范大学学报（哲学社会科学版）》2014年第5期。

杜锋：《清华简〈赤鹄之集汤之屋〉与巫医交合》，《兰台世界》2014年第6期。

贾连翔：《试论出土数字卦材料的用数体系》，《周易研究》2014年第6期。

李祖敏：《从清华简〈系年〉看祭祀权于武王克商的重要性》，《牡丹江大学学报》2014年第6期。

汤漳平：《也谈〈清华简·楚居〉与楚族之渊源》，《中州学刊》2014年第6期。

王新春：《清华简〈筮法〉的学术史意义》，《周易研究》2014年第6期。

魏宜辉：《古文字中用作"伊"之字考释》，《中山大学学报（社会科学版）》2014年第6期。

肖锋：《再看〈春秋〉笔法：以清华简〈系年〉与〈春秋〉经传对国君死亡事件的记录为视角》，《西南交通大学学报（社会科学版）》2014年第6期。

许兆昌：《试论清华简〈系年〉的人文史观》，《吉林师范大学学报（人文社会科学版）》2014年第6期。

杨桦：《清华简〈周公之琴舞〉及其德政思想》，《长江大学学报（社科版）》2014年第6期。

姚小鸥、孟祥笑：《试论清华简〈周公之琴舞〉的文本性质》，《文艺研究》2014年第6期。

张少筠、代生：《清华简〈系年〉与晋灵公被立史事研究》，《山西师大学报（社会科学版）》2014年第6期。

子居：《清华简〈筮法〉解析（修订稿上）》，《周易研究》2014年第6期。

陈伟：《清华简〈金縢〉零释》，卜宪群、杨振红：《简帛研究二〇一三》，桂林：广西师范大学出版社，2014年7月。

熊贤品：《论清华简〈系年〉与战国楚、宋年代问题》，卜宪群、杨振红：《简帛研究二〇一三》，桂林：广西师范大学出版社，2014年7月。

袁金平、张慧颖：《清华简〈系年〉"析"地辨正》，卜宪群、杨振红：《简帛研究二〇一三》，桂林：广西师范大学出版社，2014年7月。

程燕：《说"樊"》，中国文字学会编：《中国文字学报》第五辑，北京：商务印书馆，2014年7月。

刘刚：《清华叁〈良臣〉为具有晋系文字风格的抄本补证》，中国文字学会编：《中国文字学报》第五辑，北京：商务印书馆，2014年7月。

张富海：《清华简〈尹至〉字词补释二则》，中国文字学会编：《中国文字学报》第五辑，北京：商务印书馆，2014年7月。

季旭昇：《〈清华三·周公之琴舞·成王敬毖〉第五篇研究》，《中国文字》编辑委员会编：《中国文字》新四十期，台北：艺文印书馆，2014年7月。

侯乃峰：《读清华简〈说命〉胜录》，《中国文字》编辑委员会编：《中国文字》新四十期，台北：艺文印书馆，2014年7月。

陈美兰：《〈清华大学藏战国竹简（叁）·周公之琴舞〉"××其有×"句式研究》，《中国文字》编辑委员会编：《中国文字》新四十期，台北：艺文印书馆，2014年7月。

苏建洲：《〈清华三·芮良夫毖〉研读札记》，《中国文字》编辑委员会编：《中国文字》新四十期，台北：艺文印书馆，2014年7月。

陶兴华：《从清华简看周代"三公"与"共和行政"》，西北师范大学历史文化学院、甘肃简牍博物馆编：《简牍学研究》第五辑，兰州：甘肃人民出版社，2014年8月。

白于蓝、段凯：《清华简〈保训〉篇竹简编连问题刍议》，中国古文字研究会、中山大学古文字研究所编：《古文字研究》第三十辑，北京：中华书局，2014年9月。

季旭昇：《〈清华简·周公之琴舞·成王敬毖〉第四篇研究》，中国古文字研究会、中山大学古文字研究所编：《古文字研究》第三十辑，北京：中华书局，2014年9月。

顾史考：《清华简〈周公之琴舞〉成王首章初探》，中国古文字研究会、中山大学古文字研究所编：《古文字研究》第三十辑，北京：中华书局，2014年9月。

刘刚：《据清华简考释新蔡简二则》，中国古文字研究会、中山大学古文字研究所编：《古文字研究》第三十辑，北京：中华书局，2014年9月。

李守奎：《清华简〈系年〉"也"字用法与攻吾王光剑、繠书缶的释读》，中国古文字研究会、中山大学古文字研究所编：《古文字研究》第三十辑，北京：中华书局，2014年9月。

李天虹：《由清华简〈皇门〉"耆门"谈上博简〈姑成家父〉的"强门"》，中国古文字研究会、中山大学古文字研究所编：《古文字研究》第三十辑，北京：中华书局，2014年9月。

邬可晶：《读清华简〈芮良夫毖〉札记三则》，中国古文字研究会、中山大学古文字研究所编：《古文字研究》第三十辑，北京：中华书局，2014年9月。

张富海：《说清华简〈系年〉之"襺"及其他》，中国古文字研究会、中山大学古文字研究所编：《古文字研究》第三十辑，北京：中华书局，2014年9月。

张连航：《清华简〈傅说之命〉的撰述年代》，中国古文字研究会、中山大学古文字研究所编：《古文字研究》第三十辑，北京：中华书局，2014年9月。

朱歧祥：《由"于、於"用字评估清华简（贰）〈系年〉：兼谈"某之某"的用法》，中国古文字研究会、中山大学古文字研究所编：《古文字研究》第三十辑，北京：中华书局，2014年9月。

[日] 广濑熏雄：《释清华大学藏楚简（叁）〈良臣〉的"大同"：兼论姑冯句鑃所见的"昏同"》，中国古文字研究会、中山大学古文字研究所编：《古文字研究》第三十辑，北京：中华书局，2014年9月。

吕庙军：《清华简〈程寤〉与文王占梦、解梦研究》，《先秦历史思想文化新探》，北京：新华出版社，2014年10月。

吕庙军：《清华简〈说命上〉篇失仲探微》，《先秦历史思想文化新探》，北京：新华出版社，2014年10月。

吕庙军：《清华简〈系年〉与赵盾史事新识》，《先秦历史思想文化新探》，北京：新华出版社，2014年10月。

袁金平：《从〈尹至〉篇"播"字的讨论谈文义对文字考释的重要性》，清华大学出土文献研究与保护中心编、李学勤主编：《出土文献》第五辑，上海：中西书局，2014年10月。

郭伟川：《清华简〈楚居〉丽季段考释》，清华大学出土文献研究与保护中心编、李学勤主编：《出土文献》第五辑，上海：中西书局，2014年10月。

贾连翔：《从清华简〈筮法〉看〈说卦〉中〈连山〉〈归藏〉的遗说》，清华大学出土文献研究与保护中心编、李学勤主编：《出土文献》第五辑，上海：中西书局，2014年10月。

程浩：《清华简〈厚父〉"周书"说》，清华大学出土文献研究与保护中心编、李学勤主编：《出土文献》第五辑，上海：中西书局，2014年10月。

李守奎：《据清华简〈系年〉"克反邑商"释读小臣单觯中的"反"与包山简中的"钣"》，武汉大学简帛研究中心主编：《简帛》（第九辑），上海：上海古籍出版社，2014年10月。

孟蓬生：《清华简（叁）"屋"字补释——兼说战国文字中的"虎"字异构》，武汉大学简帛研究中心主编：《简帛》（第九辑），上海：上海古籍出版社，2014年10月。

王志平：《清华简〈说命〉中的几个地名》，武汉大学简帛研究中心主编：《简帛》

（第九辑），上海：上海古籍出版社，2014 年 10 月。

白于蓝：《〈清华大学藏战国竹简（三）〉拾遗》，华东师范大学语言文字工作委员会编：《中国文字研究》第二十辑，上海：上海书店出版社，2014 年 10 月。

代生：《清华简〈系年〉所见两周之际史事说》，《学术界》2014 年第 11 期。

吴晓欣：《试论清华简〈筮法〉篇的"数"》，丁四新主编，王巧生副主编：《楚地简帛思想研究》第五辑，长沙：岳麓书社，2014 年 11 月。

冯鹏：《清华大学藏战国竹简〈保训〉集释》，丁四新主编，王巧生副主编：《楚地简帛思想研究》第五辑，长沙：岳麓书社，2014 年 11 月。

李均明：《清华简〈殷高宗问于三寿〉概述》，《文物》2014 年第 12 期。

赵平安：《〈厚父〉的性质及其蕴含的夏代历史文化》，《文物》2014 年第 12 期。

李松儒：《清华简书法风格浅析》，中国文化遗产研究院编：《出土文献研究："简帛文字与书法国际研讨会"特辑》第十三辑，上海：中西书局，2014 年 12 月。

李守奎：《说清华简〈系年〉中的装饰性笔划"一"：兼谈汉字演变中求美动力与汉字构形中的饰符》，中国文化遗产研究院编：《出土文献研究："简帛文字与书法国际研讨会"特辑》第十三辑，上海：中西书局，2014 年 12 月。

[日] 福田哲之，白雨田：《清华简〈保训〉与三体诗经古文：科斗体的渊源》，中国文化遗产研究院编：《出土文献研究："简帛文字与书法国际研讨会"特辑》第十三辑，上海：中西书局，2014 年 12 月。

罗运环：《清华简（壹—叁）字体分类研究》，中国文化遗产研究院编：《出土文献研究："简帛文字与书法国际研讨会"特辑》第十三辑，上海：中西书局，2014 年 12 月。

贾连翔：《谈清华简文字的基本笔画及其书写顺序》，中国文化遗产研究院编：《出土文献研究："简帛文字与书法国际研讨会"特辑》第十三辑，上海：中西书局，2014 年 12 月。

程浩：《清华简〈别卦〉卦名补释》，杨振红、邬文玲主编：《简帛研究二〇一四》，桂林：广西师范大学出版社，2014 年 12 月。

孙飞燕：《清华简〈周公之琴舞〉与〈诗经·周颂〉的性质新论》，杨振红、邬文玲主编：《简帛研究二〇一四》，桂林：广西师范大学出版社，2014 年 12 月。

朱新林：《清华简〈保训〉"中"字解》，杨振红、邬文玲主编：《简帛研究二〇一四》，桂林：广西师范大学出版社，2014 年 12 月。

陈勤香：《读〈清华简·系年〉札记》，《语文学刊》2014 年第 13 期。

魏忠强：《清华简〈保训〉篇研究简评》，《兰台世界》2014 年第 26 期。

宋雨婷：《清华简〈系年〉考校七则》，《文教资料》2014 年第 29 期。

## 2015

程薇：《传世古文尚书〈说命〉篇重审：以清华简〈傅说之命〉为中心》，《中原文化研究》2015 年第 1 期。

笪浩波：《从清华简〈楚居〉看楚史的若干问题》，《中国史研究》2015 年第 1 期。

代生：《清华简〈系年〉所见齐国史事初探》，《烟台大学学报》2015 年第 1 期。

孔德凌：《清华简〈蟋蟀〉与〈唐风·蟋蟀〉异同考论：兼论清华简〈蟋蟀〉的主题》，《北方论丛》2015 年第 1 期。

罗强：《从〈清华简·系年〉看中原文化对楚文化的影响》，《中州大学学报》2015 年第 1 期。

马智全：《清华简〈程寤〉与〈书〉类文献"寤"体略探》，《鲁东大学学报（哲学社会科学版）》2015 年第 1 期。

邢文：《清华简与国家精神》，《管子学刊》2015 年第 1 期。

熊贤品：《清华简〈系年〉"陈淏"即〈吕氏春秋〉"鹝子"补论》，《中原文物》2015 年第 1 期。

熊贤品：《清华简〈系年〉与墨子行年问题试论》，《管子学刊》2015 年第 1 期。

虞万里：《清华简〈说命〉"鹝肩女惟"疏解》，《文史哲》2015 年第 1 期。

张岩：《清华简〈咸有一德〉〈说命〉真伪考辨》，《山东青年政治学院学报》2015 年第 1 期。

郑杰祥：《清华简〈楚居〉所记楚族起源地的探讨》，《中国国家博物馆馆刊》2015 年第 1 期。

子居：《清华简〈筮法〉解析（修订稿下）》，《周易研究》2015 年第 1 期。

季旭昇：《〈清华四〉刍议：闻问，凡是（征），昭穆》，复旦大学出土文献与古文字研究中心编：《出土文献与古文字研究：复旦大学出土文献与古文字研究中心成立十周年纪念文集》第六辑，上海：上海古籍出版社，2015 年 1 月。

李守奎：《楚文献中的教育与清华简〈系年〉性质初探》，复旦大学出土文献与古文字研究中心编：《出土文献与古文字研究：复旦大学出土文献与古文字研究中心成立十周年纪念文集》第六辑，上海：上海古籍出版社，2015 年 1 月。

赵平安：《谈谈战国文字中值得注意的一些现象：以清华简〈厚父〉为例》，复旦大学出土文献与古文字研究中心编：《出土文献与古文字研究：复旦大学出土文献与古文字研究中心成立十周年纪念文集》第六辑，上海：上海古籍出版社，2015 年 1 月。

周鹏：《〈清华大学藏战国竹简（叁）〉补说二则》，陈伟武主编：《古文字论坛：曾宪通教授八十庆寿专号》第一辑，广州：中山大学出版社，2015 年 1 月。

蔡飞舟：《清华简〈筮法〉补释》，《周易研究》2015 年第 2 期。

晁福林：《从清华简〈说命〉看〈尚书〉学史的一桩公案》，《人文杂志》2015 年第 2 期。

程浩：《辑本〈归藏〉源流蠡测》，《周易研究》2015 年第 2 期。

代生：《〈清华大学藏战国竹简〉与儒家经典专题国际学术研讨会综述》，《周易研究》2015 年第 2 期。

杜勇：《清华简与伊尹传说之谜》，《中原文化研究》2015年第2期。

谷继明：《清华简〈筮法〉偶识》，《周易研究》2015年第2期。

侯乃峰：《释清华简〈筮法〉的几处文字与卦爻取象》，《周易研究》2015年第2期。

黄甜甜：《试论清华简〈周公之琴舞〉与〈诗经〉之关系》，《中原文化研究》2015年第2期。

孔华、杜勇：《清华简〈皇门〉与五门三朝考异》，《天津师范大学学报（社会科学版）》2015年第2期。

罗小华：《试论清华简〈良臣〉中的"大同"》，《管子学刊》2015年第2期。

吕庙军、刘聪颖：《清华简与〈荀子〉语言文字关联研究》，《河北经贸大学学报（综合版）》2015年第2期。

鹏宇：《〈清华大学藏战国竹简（伍）〉文字训释三则》，《管子学刊》2015年第2期。

王红亮：《由清华简〈系年〉论两周之际的历史变迁》，《史学月刊》2015年第2期。

王永：《〈清华大学藏战国竹简〉与〈古文尚书〉〈说命〉篇文体比较》，《古籍整理研究学刊》2015年第2期。

吴良宝：《再论清华简〈书〉类文献〈郘夜〉》，《扬州大学学报（人文社会科学版）》2015年第2期。

熊贤品：《据清华简〈系年〉释读〈论语〉〈孟子〉两则》，《古籍研究》2015年第2期。

许可：《清华简〈系年〉第五章与楚顿关系新证》，《管子学刊》2015年第2期。

徐少华：《"平王走（奔）西申"及相关史地考论》，《历史研究》2015年第2期。

赵平安：《"地真""女真"与"真人"》，《管子学刊》2015年第2期。

晁福林：《两周之际史事新认识：学习清华简〈系年〉札记》，《春秋战国史丛考》，苏州：苏州大学出版社，2015年2月。

马芳：《从清华简〈周公之琴舞〉〈芮良夫毖〉看"毖"诗的两种范式及其演变轨迹》，《学术研究》2015年第2期。

马卫东：《"周公居东"与〈金縢〉疑义辨析》，《史学月刊》2015年第2期。

季旭昇：《〈毛诗·周颂·敬之〉与〈清华三·周公之琴舞·成王作敬毖〉首篇对比研究》，李宗焜主编：《古文字与古代史》第四辑，台北："中央研究院"历史语言研究所，2015年2月。

赵平安：《清华简〈说命〉"燮邦"考》，李宗焜主编：《古文字与古代史》第四辑，台北："中央研究院"历史语言研究所，2015年2月。

苏建洲：《〈清华二·系年〉中的"申"及相关问题讨论》，李宗焜主编：《古文字与古代史》第四辑，台北："中央研究院"历史语言研究所，2015年2月。

晁福林：《观念史研究的一个标本：清华简〈保训〉补释》，《文史哲》2015年第3期。

代生、张少筠：《清华简〈系年〉所见郑国史事初探》，《中南大学学报（社会科学版）》2015年第3期。

董志翘、洪晓婷：《〈清华大学藏战国竹简（壹、贰）〉中的介词"于"和"於"：兼谈清华简的真伪问题》，《语言研究》2015年第3期。

杜勇：《清华简〈皇门〉的制作年代及相关史事问题》，《中国史研究》2015年第3期。

韩慧英：《试析清华简〈筮法〉中的卦气思想》，《周易研究》2015年第3期。

李学勤：《清华简〈厚父〉与〈孟子〉引〈书〉考》，《深圳大学学报（人文社会科学版）》2015年第3期。

李守奎：《汉代伊尹文献的分类与清华简中伊尹诸篇的性质》，《深圳大学学报（人文社会科学版）》2015年第3期。

刘国忠：《清华简〈命训〉初探》，《深圳大学学报（人文社会科学版）》2015年第3期。

刘信芳、王箐：《〈系年〉"屎伐商邑"与〈天问〉"载尸集战"》，《江汉考古》2015年第3期。

刘震：《清华简〈筮法〉与〈左传〉〈国语〉筮例比较研究》，《周易研究》2015年第3期。

罗运环：《清华简〈系年〉体裁及相关问题新探》，《湖北社会科学》2015年第3期。

吕庙军：《清华简〈金縢〉与武王克殷在位年数研究》，《中原文化研究》2015年第3期。

吕庙军：《清华简〈系年〉与赵盾史事新识：兼谈〈系年〉版本源流问题》，《邯郸学院学报》2015年第3期。

吕庙军：《泰山学术论坛："清华简与儒家经典专题"国际学术研讨会综述》，《高校社科动态》2015年第3期。

王坤鹏：《清华简〈系年〉相关春秋霸政史三考——兼说〈左传〉"艳而富"》，《殷都学刊》2015年第3期。

王立增：《清华简〈周公之琴舞〉〈耆夜〉中的音乐信息》，《交响（西安音乐学院学报）》2015年第3期。

魏晓立、钱宗范：《清华简〈保训〉"中"字再辨》，《古籍整理研究学刊》2015年第3期。

夏含夷：《是筮法还是释法：由清华简〈筮法〉重新考虑〈左传〉筮例》，《周易研究》2015年第3期。

熊贤品：《从清华简〈系年〉看常州武进淹城非奄族南迁所建》，《常州大学学报（社会科学版）》2015 年第 3 期。

赵平安：《释清华简〈命训〉中的"耕"字》，《深圳大学学报（人文社会科学版）》2015 年第 3 期。

赵庆淼：《〈楚居〉"为郢"考》，《古籍整理研究学刊》2015 年第 3 期。

陈民镇：《清华简〈系年〉虚词初探》，张玉金主编：《出土文献语言研究》第二辑，广州：暨南大学出版社，2015 年 3 月。

魏慈德：《〈上博〉与〈清华〉简中的楚国史事辑补》，张玉金主编：《出土文献语言研究》第二辑，广州：暨南大学出版社，2015 年 3 月。

武家璧：《清华简〈系年〉"𢁉幕"》，张玉金主编：《出土文献语言研究》第二辑，广州：暨南大学出版社，2015 年 3 月。

魏宜辉：《清华简〈系年〉篇研读四题》，张玉金主编：《出土文献语言研究》第二辑，广州：暨南大学出版社，2015 年 3 月。

高华平、李璇：《由楚地出土简帛文献看"六经"在楚国的传播》，《文献》2015 年第 4 期。

郭丽：《清华简〈良臣〉文本结构与思路考略》，《山东理工大学学报（社会科学版）》2015 年第 4 期。

侯文学、宋美霖：《〈左传〉与清华简〈系年〉关于夏姬的不同叙述》，《吉林师范大学学报（人文社会科学版）》2015 年第 4 期。

李均明：《清华简〈殷高宗问于三寿〉"利"说解析：与荀子义利观的比较》，《国学学刊》2015 年第 4 期。

马芳：《从清华简〈芮良夫毖〉看"毖"诗及其体式特点》，《江海学刊》2015 年第 4 期。

王红亮：《清华简〈系年〉与〈左传〉互证二则》，《文史》2015 年第 4 期。

秦中悦：《清华简编纂活动中的编辑学解读》，《盐城工学院学报（社会科学版）》2015 年第 4 期。

曾振宇：《清华简〈保训〉"测阴阳之物"新论》，《中原文化研究》2015 年第 4 期。

张富海：《读清华简〈说命〉小识》，复旦大学历史学系、复旦大学出土文献与古文字研究中心编：《简帛文献与古代史：第二届出土文献青年学者国际论坛论文集》，上海：中西书局，2015 年 4 月。

金城未来：《清华简〈说命〉文献特质：以天的思想为中心》，复旦大学历史学系、复旦大学出土文献与古文字研究中心编：《简帛文献与古代史：第二届出土文献青年学者国际论坛论文集》，上海：中西书局，2015 年 4 月。

陈立：《清华简〈系年〉与〈竹书纪年〉所载相关史料的异同》，复旦大学历史学系、复旦大学出土文献与古文字研究中心编：《简帛文献与古代史：第二届出土文献青年学者国际论坛论文集》，上海：中西书局，2015 年 4 月。

李锐：《由清华简〈系年〉谈战国初楚史年代的问题》，复旦大学历史学系、复旦大学出土文献与古文字研究中心编：《简帛文献与古代史：第二届出土文献青年学者国际论坛论文集》，上海：中西书局，2015年4月。

李守奎：《"屎"与"徙之古文"考》，清华大学出土文献研究与保护中心编、李学勤主编：《出土文献》第六辑，上海：中西书局，2015年4月。

肖攀：《清华简〈系年〉中的讹书问题》，清华大学出土文献研究与保护中心编、李学勤主编：《出土文献》第六辑，上海：中西书局，2015年4月。

罗琨：《〈说命〉"生二牡豕"解——兼说"失仲"故事的可信性》，清华大学出土文献研究与保护中心编、李学勤主编：《出土文献》第六辑，上海：中西书局，2015年4月。

刘国忠：《清华简〈傅说之命〉梦境试析》，清华大学出土文献研究与保护中心编、李学勤主编：《出土文献》第六辑，上海：中西书局，2015年4月。

王瑜桢：《〈清华大学藏战国竹简（叁）·芮良夫毖〉释读》，清华大学出土文献研究与保护中心编、李学勤主编：《出土文献》第六辑，上海：中西书局，2015年4月。

侯乃峰：《〈赤鹄之集汤之屋〉的"赤鹄"或当是"赤鸠"》，清华大学出土文献研究与保护中心编、李学勤主编：《出土文献》第六辑，上海：中西书局，2015年4月。

罗小华：《试论清华简〈良臣〉中的"子刺"》，清华大学出土文献研究与保护中心编、李学勤主编：《出土文献》第六辑，上海：中西书局，2015年4月。

李均明：《清华简〈三寿〉音说解析——与〈荀子·乐论〉的比较》，清华大学出土文献研究与保护中心编、李学勤主编：《出土文献》第六辑，上海：中西书局，2015年4月。

沈建华：《楚简"唐丘"与晋南夏商遗迹考》，清华大学出土文献研究与保护中心编、李学勤主编：《出土文献》第六辑，上海：中西书局，2015年4月。

程薇：《"民人皆督禹麗"补说》，清华大学出土文献研究与保护中心编、李学勤主编：《出土文献》第六辑，上海：中西书局，2015年4月。

程浩：《释清华简〈命训〉中对应今本"震"之字——兼谈〈归藏〉〈筮法〉的"震"卦卦名》，清华大学出土文献研究与保护中心编、李学勤主编：《出土文献》第六辑，上海：中西书局，2015年4月。

马楠：《清华简第五册补释六则》，清华大学出土文献研究与保护中心编、李学勤主编：《出土文献》第六辑，上海：中西书局，2015年4月。

贾连翔：《反印墨迹与著述编连的再认识》，清华大学出土文献研究与保护中心编、李学勤主编：《出土文献》第六辑，上海：中西书局，2015年4月。

赵桂芳：《清华大学入藏战国饱水竹简的预防性保护》，清华大学出土文献研究与保护中心编、李学勤主编：《出土文献》第六辑，上海：中西书局，2015年4月。

陈剑：《清华简"戾灾皋蠱"与〈诗经〉"烈假"、"罪罟"合证》，陈致主编：《饶宗颐国学院院刊》第二期，香港：中华书局（香港）有限公司，2015年4月。

季旭昇：《〈周公之琴舞·周公作多士儆毖〉小考》，陈致主编：《饶宗颐国学院院刊》第二期，香港：中华书局（香港）有限公司，2015年4月。

晁福林：《从商王大戊说到商周时代祖宗观念的变化——清华简〈说命〉补释》，《学术月刊》2015年第5期。

韩高年：《丧礼临终之仪与周代遗训遗言：以〈尚书·顾命〉、春秋"遗训"及清华简〈保训〉为中心》，《西北师大学报（社会科学版）》2015年第5期。

韩兴波：《清华简〈系年〉"女（焉）"字类释》，《岭南师范学院学报》2015年第5期。

刘光胜：《从清华简〈筮法〉看早期易学转进》，《历史研究》2015年第5期。

刘光胜：《清华简〈耆夜〉礼制解疑》，《陕西师范大学学报（哲学社会科学版）》2015年第5期。

徐在国、李鹏辉：《谈清华简〈别卦〉中的"泰"字》，《周易研究》2015年第5期。

杨栋、刘书惠：《由〈吕氏春秋·尊师〉论清华简〈良臣〉中的"世系"》，《四川文物》2015年第5期。

袁金平、李伟伟：《清华简〈筮法·祟〉与睡虎地秦简〈日书甲种·诘〉对读札记》，《周易研究》2015年第5期。

张文智：《从出土文献看京房"六十律"及"纳甲"说之渊源》，《周易研究》2015年第5期。

张新俊：《清华简〈系年〉"曾人乃降西戎"新诂》，《中国语文》2015年第5期。

徐少华：《季连早期居地及相关问题考析：关于楚族源讨论的回顾与反思》，《简帛文献与早期儒家学说谈论》，北京：商务印书馆，2015年5月。

徐少华：《从〈楚居〉说"丹阳"：兼论芈姓族人南迁的时间和路线》，《简帛文献与早期儒家学说谈论》，北京：商务印书馆，2015年5月。

徐少华：《清华简〈系年〉第十九章补说：兼论楚县唐、县蔡的有关问题》，《简帛文献与早期儒家学说谈论》，北京：商务印书馆，2015年5月。

沈培：《谈谈清华简〈傅说之命〉和传世文献相互对照的几个"若"字句》，武汉大学简帛研究中心主编：《简帛》（第十辑），上海：上海古籍出版社，2015年5月。

肖芸晓：《清华简〈算表〉简首简序及收卷形式小议》，武汉大学简帛研究中心主编：《简帛》（第十辑），上海：上海古籍出版社，2015年5月。

侯乃峰：《清华简〈保训〉篇"命未有所次"解义》，《古籍研究》编辑委员会编：《古籍研究》第61卷，南京：凤凰出版社，2015年5月。

陈民镇：《鷹羌钟与清华简〈系年〉合证》，《考古与文物》2015年第6期。

程平山：《两周之际"二王并立"历史再解读》，《历史研究》2015年第6期。

何艳杰：《试论清华简"中"·禹会祭祀台基遗址·河图洛书》，《中原文化研究》2015年第6期。

[美]柯鹤立：《巽之祟》，《文史哲》2015年第6期。

王少林：《清华简〈耆夜〉所见饮至礼新探》，《郑州大学学报（哲学社会科学版）》2015年第6期。

王伟：《清华简〈系年〉"周亡王九年"及其相关问题研究》，《中原文化研究》2015年第6期。

谢炳军：《清华简〈筮法〉理论性与体系性新探》，《理论月刊》2015年第6期。

谢炳军：《再议"孔子删〈诗〉"说与清华简〈周公之琴舞〉：与徐正英、刘丽文、马银琴商榷》，《学术界》2015年第6期。

张崇依：《清华简释文补正五则》，《古籍整理研究学刊》2015年第6期。

崔存明：《试说清华简〈周公之琴舞〉"日内皋鼉不窢，是佳尾"》，杨振红、邬文玲主编：《简帛研究二〇一五·春夏卷》，桂林：广西师范大学出版社，2015年6月。

贾连翔：《清华简〈筮法〉与楚地数字卦实占筮例分析》，杨振红、邬文玲主编：《简帛研究二〇一五·春夏卷》，桂林：广西师范大学出版社，2015年6月。

曾振宇：《清华简〈保训〉"测阴阳之物"新论》，杜泽逊主编：《儒家文明论坛》第1期，济南：山东人民出版社，2015年6月。

夏麦陵：《〈楚居〉的古史传说与早期楚文化》，西安半坡博物馆编：《史前研究·2013：纪念半坡遗址发现六十周年暨石兴邦先生九十华诞国际学术研讨会论文集》，西安：西北大学出版社，2015年6月。

李锐：《由清华简〈金縢〉谈武王在位四年说》，《学术交流》2015年第7期。

谢乃和、付瑞珣：《从清华简〈系年〉看"千亩之战"及相关问题》，《学术交流》2015年第7期。

张璐：《释读竹简〈楚居〉"季繂鼉亓又鸣，從，及之盤"之句》，《文教资料》2015年第7期。

程少轩：《清华简〈筮法〉"坎离易位"试解》，《中国文字》编辑委员会编：《中国文字》新四十一期，台北：艺文印书馆，2015年7月。

吴雪飞：《清华简（三）〈周公之琴舞〉"彝畏在上，敬顯在下"句解》，《中国文字》编辑委员会编：《中国文字》新四十一期，台北：艺文印书馆，2015年7月。

徐少华：《从〈楚居〉析楚先族南迁的时间与路线》，楚文化研究会编：《楚文化研究论集》第十一集，上海：上海古籍出版社，2015年7月。

牛鹏涛：《清华简〈楚居〉武王、文王徙郢考》，楚文化研究会编：《楚文化研究论集》第十一集，上海：上海古籍出版社，2015年7月。

蒋鲁敬：《清华简〈说命上〉发微》，楚文化研究会编：《楚文化研究论集》第十一集，上海：上海古籍出版社，2015年7月。

[日]藤田胜久：《〈史记〉的年代学与清华简〈楚居〉〈系年〉》，《史林挥麈：纪念方诗铭先生学术论文集》，上海：上海古籍出版社，2015年1月。

郭永秉：《清华简〈系年〉"嚪"字别解》，《古文字与古文献论集续编》，上海：

上海古籍出版社，2015年8月。

郭永秉：《清华简〈尹至〉"𩁹至在汤"解》，《古文字与古文献论集续编》，上海：上海古籍出版社，2015年8月。

郭永秉：《清华简〈耆夜〉诗试解二则》，《古文字与古文献论集续编》，上海：上海古籍出版社，2015年8月。

郭永秉：《释清华简中倒山形的"覆"字》，《古文字与古文献论集续编》，上海：上海古籍出版社，2015年8月。

朱新林：《清华简〈保训〉"中"字解》，《〈淮南子〉征引先秦诸子文献研究》，杭州：浙江大学出版社，2015年8月。

白于蓝：《释"烏"》，华东师范大学语言文字工作委员会编：《中国文字研究》第二十一辑，上海：上海书店出版社，2015年8月。

陈才：《清华简〈耆夜〉拾遗》，中国历史文献研究会编：《历史文献研究》第三十五辑，上海：华东师范大学出版社，2015年8月。

刘成群：《清华简〈汤处于汤丘〉与商汤始居地考辨》，《人文杂志》2015年第9期。

郭丽：《清华简与〈管子〉研究》，《简帛文献与〈管子〉研究》，北京：方志出版社，2015年9月。

魏慈德：《从出土的〈清华简·皇门〉来看清人对〈逸周书·皇门〉篇的校注》，清华大学出土文献研究与保护中心编、李学勤主编：《出土文献》第七辑，上海：中西书局，2015年10月。

罗运环：《清华简〈系年〉前四章发微》，清华大学出土文献研究与保护中心编、李学勤主编：《出土文献》第七辑，上海：中西书局，2015年10月。

石小力：《清华简〈周公之琴舞〉"文非易币"解》，清华大学出土文献研究与保护中心编、李学勤主编：《出土文献》第七辑，上海：中西书局，2015年10月。

宁镇疆：《清华简〈厚父〉"天降下民"句的观念源流与豳公盨铭文再释——兼说先秦"民本"思想的起源问题》，清华大学出土文献研究与保护中心编、李学勤主编：《出土文献》第七辑，上海：中西书局，2015年10月。

郭永秉：《论清华简〈厚父〉应为"夏书"之一篇》，清华大学出土文献研究与保护中心编、李学勤主编：《出土文献》第七辑，上海：中西书局，2015年10月。

沈建华：《论清华简〈汤处于唐丘〉中"设九事之人"》，清华大学出土文献研究与保护中心编、李学勤主编：《出土文献》第七辑，上海：中西书局，2015年10月。

李均明：《揆中水衡——清华简〈殷高宗问于三寿〉之中道观》，清华大学出土文献研究与保护中心编、李学勤主编：《出土文献》第七辑，上海：中西书局，2015年10月。

苏建洲：《清华简第五册字词考释》，清华大学出土文献研究与保护中心编、李学勤主编：《出土文献》第七辑，上海：中西书局，2015年10月。

肖芸晓：《清华简收卷研究举例》，清华大学出土文献研究与保护中心编、李学勤主编：《出土文献》第七辑，上海：中西书局，2015年10月。

鹏宇：《知微亦知彰 精深而宏富——〈初识清华简〉评述》，清华大学出土文献研究与保护中心编、李学勤主编：《出土文献》第七辑，上海：中西书局，2015年10月。

黄杰：《清华简〈芮良夫毖〉补释》，杨振红、邬文玲主编：《简帛研究二〇一五·秋冬卷》，桂林：广西师范大学出版社，2015年10月。

马楠：《〈系年〉第七章与城濮之战史事补证》，杨振红、邬文玲主编：《简帛研究二〇一五·秋冬卷》，桂林：广西师范大学出版社，2015年10月。

杨鹏桦：《清华简（叁）断读献疑三则》，杨振红、邬文玲主编：《简帛研究二〇一五·秋冬卷》，桂林：广西师范大学出版社，2015年10月。

贾连翔：《谈清华简所见书手字迹和文字修改现象》，杨振红、邬文玲主编：《简帛研究二〇一五·秋冬卷》，桂林：广西师范大学出版社，2015年10月。

侯乃峰：《清华简〈程寤〉篇句读商兑一则》，西南大学出土文献综合研究中心、西南大学汉语言文献研究所主编：《出土文献综合研究集刊》第二辑，成都：巴蜀书社，2015年10月。

黄可佳、李彦平：《清华简〈系年〉"千亩"的记载与商周上帝观念转变》，《兰台世界》2015年第11期。

黄怀信：《由清华简看〈书〉：兼说关于古史资料的可信性问题》，谢维扬、赵争主编：《出土文献与古书成书问题研究："古史史料学研究的新视野研讨会"论文集》，上海：中西书局，2015年11月。

罗运环：《清华简〈系年〉体例及相关问题发微》，谢维扬、赵争主编：《出土文献与古书成书问题研究："古史史料学研究的新视野研讨会"论文集》，上海：中西书局，2015年11月。

亓晴：《〈诗经·豳风·鸱鸮〉与周公关系考论》，中国诗经学会、河北师范大学合编：《诗经研究丛刊》第二十六辑，北京：学苑出版社，2015年11月。

孙世洋：《周代史官的"类诗家"功能与〈诗经〉早期传述状态初探》，中国诗经学会、河北师范大学合编：《诗经研究丛刊》第二十六辑，北京：学苑出版社，2015年11月。

徐正英：《清华简〈周公之琴舞〉与孔子删〈诗〉相关问题》，中国诗经学会、河北师范大学合编：《诗经研究丛刊》第二十六辑，北京：学苑出版社，2015年11月。

陈民镇：《"惟尹既及汤咸有一德"解》，《文艺评论》2015年第12期。

张峰：《清华简〈周公之琴舞〉研究述论》，《文艺评论》2015年第12期。

侯乃峰：《清华简〈保训〉篇"命未有所次"解义》，《古籍研究》编辑委员会编：《古籍研究》总第六十二卷，南京：凤凰出版社，2015年12月。

高崇文：《清华简〈楚居〉所载楚早期居地辨析》，《古礼足征：礼制文化的考古学研究》，上海：上海古籍出版社，2015年12月。

刘传宾：《读简札记三则》，华东师范大学语言文字工作委员会编：《中国文字研究》第二十二辑，上海：上海书店出版社，2015年12月。

曹峰：《读〈殷高宗问于三寿〉上半篇一些心得》，丁四新主编，王巧生副主编：《楚地简帛思想研究》第六辑，长沙：岳麓书社，2015年12月。

叶小文：《从"清华简"校出孟子笔误说起》，《当代贵州》2015年第13期。

马坤、王苗：《〈唐风·蟋蟀〉考论》，《兰台世界》2015年第33期。

2016

沈建华：《清华楚简〈说命〉与有关卜辞史迹考》，清华大学出土文献研究与保护中心编：《出土文献与中国古代文明：李学勤先生八十寿诞纪念论文集》，上海：中西书局，2016年1月。

黄锡全：《清华简〈系年〉"厥貉"字形补议》，清华大学出土文献研究与保护中心编：《出土文献与中国古代文明：李学勤先生八十寿诞纪念论文集》，上海：中西书局，2016年1月。

陈颖飞：《清华简〈耆夜〉辛公䛊甲与西周辛氏》，清华大学出土文献研究与保护中心编：《出土文献与中国古代文明：李学勤先生八十寿诞纪念论文集》，上海：中西书局，2016年1月。

单周尧：《读清华简〈说命上〉小识》，清华大学出土文献研究与保护中心编：《出土文献与中国古代文明：李学勤先生八十寿诞纪念论文集》，上海：中西书局，2016年1月。

谢维扬：《由清华简〈说命〉三篇论古书成书与文本形成二三事》，清华大学出土文献研究与保护中心编：《出土文献与中国古代文明：李学勤先生八十寿诞纪念论文集》，上海：中西书局，2016年1月。

艾兰：《〈赤鸠之集汤之屋〉：战国时期一则有关伊尹神灵附体和房屋建造的故事》，清华大学出土文献研究与保护中心编：《出土文献与中国古代文明：李学勤先生八十寿诞纪念论文集》，上海：中西书局，2016年1月。

陈松长：《〈清华大学藏战国竹简（壹）〉书体特征探析》，清华大学出土文献研究与保护中心编：《出土文献与中国古代文明：李学勤先生八十寿诞纪念论文集》，上海：中西书局，2016年1月。

沈培：《试说清华简〈芮良夫毖〉跟"绳准"有关的一段话》，清华大学出土文献研究与保护中心编：《出土文献与中国古代文明：李学勤先生八十寿诞纪念论文集》，上海：中西书局，2016年1月。

辛德勇：《〈楚居〉与楚都》，清华大学出土文献研究与保护中心编：《出土文献与中国古代文明：李学勤先生八十寿诞纪念论文集》，上海：中西书局，2016年1月。

陈伟武：《战国简牍所见君王名号浅说》，清华大学出土文献研究与保护中心编：《出土文献与中国古代文明：李学勤先生八十寿诞纪念论文集》，上海：中西书局，2016年1月。

陈剑：《清华简与〈尚书〉字词合证零札》，清华大学出土文献研究与保护中心编：《出土文献与中国古代文明：李学勤先生八十寿诞纪念论文集》，上海：中西书局，2016年1月。

罗运环：《清华简〈系年〉楚文王史事考论》，清华大学出土文献研究与保护中心编：《出土文献与中国古代文明：李学勤先生八十寿诞纪念论文集》，上海：中西书局，2016年1月。

黄怀信：《清华简〈金縢〉校读》，清华大学出土文献研究与保护中心编：《出土文献与中国古代文明：李学勤先生八十寿诞纪念论文集》，上海：中西书局，2016年1月。

冯胜君：《读清华三〈赤鹄之集汤之屋〉札记》，清华大学出土文献研究与保护中心编：《出土文献与中国古代文明：李学勤先生八十寿诞纪念论文集》，上海：中西书局，2016年1月。

田旭东：《〈程寤〉"六木"寓意另解》，清华大学出土文献研究与保护中心编：《出土文献与中国古代文明：李学勤先生八十寿诞纪念论文集》，上海：中西书局，2016年1月。

姚小鸥：《〈清华大学藏战国竹简〉与〈诗经〉学史的若干问题》，清华大学出土文献研究与保护中心编：《出土文献与中国古代文明：李学勤先生八十寿诞纪念论文集》，上海：中西书局，2016年1月。

李天虹：《小议〈系年〉"先建"》，清华大学出土文献研究与保护中心编：《出土文献与中国古代文明：李学勤先生八十寿诞纪念论文集》，上海：中西书局，2016年1月。

廖名春：《清华简〈说命（上）〉初探》，清华大学出土文献研究与保护中心编：《出土文献与中国古代文明：李学勤先生八十寿诞纪念论文集》，上海：中西书局，2016年1月。

胡敕瑞：《读〈清华大学藏战国竹简（叁）〉札记》，清华大学出土文献研究与保护中心编：《出土文献与中国古代文明：李学勤先生八十寿诞纪念论文集》，上海：中西书局，2016年1月。

陶磊：《清华简〈保训〉浅识》，清华大学出土文献研究与保护中心编：《出土文献与中国古代文明：李学勤先生八十寿诞纪念论文集》，上海：中西书局，2016年1月。

杨朝明：《从"清华简"〈保训〉看"文武之政"》，清华大学出土文献研究与保护中心编：《出土文献与中国古代文明：李学勤先生八十寿诞纪念论文集》，上海：中西书局，2016年1月。

季旭昇：《从清华简谈"仁"的源起》，清华大学出土文献研究与保护中心编：《出土文献与中国古代文明：李学勤先生八十寿诞纪念论文集》，上海：中西书局，

2016年1月。

李玉洁：《从〈清华简·尹至〉探讨商民族的发祥地》，清华大学出土文献研究与保护中心编：《出土文献与中国古代文明：李学勤先生八十寿诞纪念论文集》，上海：中西书局，2016年1月。

李均明：《伍子胥的军事谋略与运动战理论：从清华简〈系年〉及张家山汉简〈盖庐〉谈起》，清华大学出土文献研究与保护中心编：《出土文献与中国古代文明：李学勤先生八十寿诞纪念论文集》，上海：中西书局，2016年1月。

赵平安：《〈楚居〉"秦溪"考》，清华大学出土文献研究与保护中心编：《出土文献与中国古代文明：李学勤先生八十寿诞纪念论文集》，上海：中西书局，2016年1月。

刘光胜：《清华简〈耆夜〉礼制解疑》，清华大学出土文献研究与保护中心编：《出土文献与中国古代文明：李学勤先生八十寿诞纪念论文集》，上海：中西书局，2016年1月。

牛鹏涛：《清华简〈楚居〉"㷭郢"、"鄂郢"考》，清华大学出土文献研究与保护中心编：《出土文献与中国古代文明：李学勤先生八十寿诞纪念论文集》，上海：中西书局，2016年1月。

程薇：《清华简倒"山"字形试论》，清华大学出土文献研究与保护中心编：《出土文献与中国古代文明：李学勤先生八十寿诞纪念论文集》，上海：中西书局，2016年1月。

陈鹏宇：《清华简〈赤鸠之集汤之屋〉神话元素疏证》，清华大学出土文献研究与保护中心编：《出土文献与中国古代文明：李学勤先生八十寿诞纪念论文集》，上海：中西书局，2016年1月。

程浩：《清华简零识二则》，清华大学出土文献研究与保护中心编：《出土文献与中国古代文明：李学勤先生八十寿诞纪念论文集》，上海：中西书局，2016年1月。

杨蒙生：《读清华简〈赤鸠之集汤之屋〉笔记》，清华大学出土文献研究与保护中心编：《出土文献与中国古代文明：李学勤先生八十寿诞纪念论文集》，上海：中西书局，2016年1月。

罗新慧：《清华简〈祝辞〉研究》，清华大学出土文献研究与保护中心编：《出土文献与中国古代文明：李学勤先生八十寿诞纪念论文集》，上海：中西书局，2016年1月。

李尚信：《清华简〈筮法〉筮例并非实占例》，《深圳大学学报（人文社会科学版）》2016年第2期。

刘光胜：《清华简〈系年〉与"周公东征"相关问题考》，《中原文化研究》2016年第2期。

王红亮：《由清华简〈系年〉论"共和行政"的相关问题》，《史学史研究》2016年第3期。

季旭昇：《〈清华三·周公之琴舞·成王敬毖〉第七篇研究》，《中国文字》编辑委员会编：《中国文字》新四十二期，台北：艺文印书馆，2016年3月。

黄甜甜：《清华简〈芮良夫毖〉补释四则》，《中国文字》编辑委员会编：《中国文字》新四十二期，台北：艺文印书馆，2016年3月。

骆珍伊：《读〈清华五·殷高宗问于三寿〉劄记四则》，《中国文字》编辑委员会编：《中国文字》新四十二期，台北：艺文印书馆，2016年3月。

石帅帅：《清华简劄记两则》，《中国文字》编辑委员会编：《中国文字》新四十二期，台北：艺文印书馆，2016年3月。

杨博：《"晋伐中山"与春秋鲜虞相关历史问题》，清华大学出土文献研究与保护中心编、李学勤主编：《出土文献》第八辑，上海：中西书局，2016年4月。

魏栋：《清华简〈系年〉与许迁容城事发微》，清华大学出土文献研究与保护中心编、李学勤主编：《出土文献》第八辑，上海：中西书局，2016年4月。

陈鸿超：《从清华简〈系年〉看〈左传〉的传书性质及特征》，清华大学出土文献研究与保护中心编、李学勤主编：《出土文献》第八辑，上海：中西书局，2016年4月。

颜世铉：《说清华简〈周公之琴舞〉"甬启"——兼释两则与"庸"音义相关的释读》，清华大学出土文献研究与保护中心编、李学勤主编：《出土文献》第八辑，上海：中西书局，2016年4月。

罗小华：《试论清华简〈良臣〉中的"黶人"》，清华大学出土文献研究与保护中心编、李学勤主编：《出土文献》第八辑，上海：中西书局，2016年4月。

石小力：《谈谈清华简第五辑中的讹字》，清华大学出土文献研究与保护中心编、李学勤主编：《出土文献》第八辑，上海：中西书局，2016年4月。

王逸清：《清华简〈命训〉中的"勑"字》，清华大学出土文献研究与保护中心编、李学勤主编：《出土文献》第八辑，上海：中西书局，2016年4月。

申超：《清华简〈金縢〉与周公居东问题新探》，西南大学出土文献综合研究中心、西南大学汉语言文献研究所主编：《出土文献综合研究集刊》第三辑，2016年4月。

刘成群：《清华简〈封许之命〉"侯于许"初探》，《中原文化研究》2016年第5期。

白光琦：《清华简〈系年〉与平王东迁》，《先秦年代续探》，北京：首都师范大学出版社，2016年5月。

谢明文：《读〈清华简（叁）〉札记二则》，武汉大学简帛研究中心主编：《简帛》（第十二辑），上海：上海古籍出版社，2016年5月。

孙合肥：《清华简"满"字补说》，武汉大学简帛研究中心主编：《简帛》（第十二辑），上海：上海古籍出版社，2016年5月。

杨博：《清华简〈系年〉简文"京师"解》，武汉大学简帛研究中心主编：《简帛》（第十二辑），上海：上海古籍出版社，2016年5月。

李守奎：《说清华简〈系年〉中的装饰性笔画"一"：兼谈汉字演变中求美动力与汉字构形中的饰符》，《汉字学论稿》，北京：人民美术出版社，2016年6月。

［美］柯鹤立：《试用清华简〈筮法〉解读包山占卜记录中的卦义》，杨振红、邬文玲主编：《简帛研究二〇一六·春夏卷》，桂林：广西师范大学出版社，2016年6月。

蔡一峰：《〈清华简（伍）〉字词零释四则》，杨振红、邬文玲主编：《简帛研究二〇一六·春夏卷》，桂林：广西师范大学出版社，2016年6月。

杨博：《清华简〈系年〉所涉周初处置殷遗史事疏证》，杨振红、邬文玲主编：《简帛研究二〇一六·春夏卷》，桂林：广西师范大学出版社，2016年6月。

郑伊凡：《清华简〈系年〉地理辨正三则》，刘玉堂主编：《楚学论丛》第五辑，武汉：湖北人民出版社，2016年6月。

陈美兰：《〈清华简（叁）·周公之琴舞〉札记三则》，中国文化遗产研究院编：《出土文献研究》第十五辑，上海：中西书局，2016年7月。

李锐：《读清华简〈筮法〉札记》，中国文化遗产研究院编：《出土文献研究》第十五辑，上海：中西书局，2016年7月。

杨蒙生：《学字小记二札》，中国文化遗产研究院编：《出土文献研究》第十五辑，上海：中西书局，2016年7月。

白于蓝、段凯：《清华简〈说命〉三篇校释》，华东师范大学语言文字工作委员会编：《中国文字研究》第二十三辑，上海：上海书店出版社，2016年8月。

李尚信：《关于清华简〈筮法〉的几处困惑》，涂可国主编：《中国文化论衡》第一期，北京：社会科学文献出版社，2016年8月。

吕庙军：《清华简〈金縢〉与传世本语法比较研究》，西南大学出土文献综合研究中心、西南大学汉语言文献研究所主编：《出土文献综合研究集刊》第四辑，成都：巴蜀书社，2016年9月。

祝永新：《文王受命与称王补议：由清华简〈保训〉谈起》，西南大学出土文献综合研究中心、西南大学汉语言文献研究所主编：《出土文献综合研究集刊》第四辑，成都：巴蜀书社，2016年9月。

邬可晶：《〈尹至〉"惟截虐德暴疆亡典"句试解》，清华大学出土文献研究与保护中心编、李学勤主编：《出土文献》第九辑，上海：中西书局，2016年10月。

姚道林：《读清华（壹）〈保训〉篇札记一则》，清华大学出土文献研究与保护中心编、李学勤主编：《出土文献》第九辑，上海：中西书局，2016年10月。

吴良宝：《清华简地名"鄍"、"邲"小考》，清华大学出土文献研究与保护中心编、李学勤主编：《出土文献》第九辑，上海：中西书局，2016年10月。

赵平安：《清华简第六辑文字补释六则》，清华大学出土文献研究与保护中心编、李学勤主编：《出土文献》第九辑，上海：中西书局，2016年10月。

石小力：《清华简第六辑中的讹字研究》，清华大学出土文献研究与保护中心编、李学勤主编：《出土文献》第九辑，上海：中西书局，2016 年 10 月。

王挺斌：《清华简第六辑研读札记》，清华大学出土文献研究与保护中心编、李学勤主编：《出土文献》第九辑，上海：中西书局，2016 年 10 月。

单育辰：《由清华四〈别卦〉谈上博四〈柬大王泊旱〉的"庚"字》，中国古文字研究会、清华大学出土文献研究与保护中心、中国社会科学院甲骨文殷商史研究中心、首都师范大学甲骨文研究中心编：《古文字研究》第三十一辑，北京：中华书局，2016 年 10 月。

罗运环：《清华简〈系年〉"彪"字考》，中国古文字研究会、清华大学出土文献研究与保护中心、中国社会科学院甲骨文殷商史研究中心、首都师范大学甲骨文研究中心编：《古文字研究》第三十一辑，北京：中华书局，2016 年 10 月。

田旭东、路懿菡：《〈系年〉所记"录子圣"与周初"武庚之乱"》，中国古文字研究会、清华大学出土文献研究与保护中心、中国社会科学院甲骨文殷商史研究中心、首都师范大学甲骨文研究中心编：《古文字研究》第三十一辑，北京：中华书局，2016 年 10 月。

冯胜君：《清华简〈说命〉"圖水"解》，中国古文字研究会、清华大学出土文献研究与保护中心、中国社会科学院甲骨文殷商史研究中心、首都师范大学甲骨文研究中心编：《古文字研究》第三十一辑，北京：中华书局，2016 年 10 月。

黄甜甜：《清华〈周公之琴舞〉"不易"新释》，中国古文字研究会、清华大学出土文献研究与保护中心、中国社会科学院甲骨文殷商史研究中心、首都师范大学甲骨文研究中心编：《古文字研究》第三十一辑，北京：中华书局，2016 年 10 月。

白于蓝：《清华简〈芮良夫毖〉6～8 号简校释》，中国古文字研究会、清华大学出土文献研究与保护中心、中国社会科学院甲骨文殷商史研究中心、首都师范大学甲骨文研究中心编：《古文字研究》第三十一辑，北京：中华书局，2016 年 10 月。

张富海：《清华简字词补释三则》，中国古文字研究会、清华大学出土文献研究与保护中心、中国社会科学院甲骨文殷商史研究中心、首都师范大学甲骨文研究中心编：《古文字研究》第三十一辑，北京：中华书局，2016 年 10 月。

王辉：《一粟居读简记（八）》，中国古文字研究会、清华大学出土文献研究与保护中心、中国社会科学院甲骨文殷商史研究中心、首都师范大学甲骨文研究中心编：《古文字研究》第三十一辑，北京：中华书局，2016 年 10 月。

罗小华：《试论清华简〈良臣〉中的"咎犯"》，中国古文字研究会、清华大学出土文献研究与保护中心、中国社会科学院甲骨文殷商史研究中心、首都师范大学甲骨文研究中心编：《古文字研究》第三十一辑，北京：中华书局，2016 年 10 月。

程燕：《清华五札记二则》，中国古文字研究会、清华大学出土文献研究与保护中心、中国社会科学院甲骨文殷商史研究中心、首都师范大学甲骨文研究中心编：《古文字研究》第三十一辑，北京：中华书局，2016 年 10 月。

贾连翔：《释〈厚父〉中的"我"字》，中国古文字研究会、清华大学出土文献研究与保护中心、中国社会科学院甲骨文殷商史研究中心、首都师范大学甲骨文研究中心编：《古文字研究》第三十一辑，北京：中华书局，2016 年 10 月。

苏建洲：《谈谈〈封许之命〉的几个错别字》，中国古文字研究会、清华大学出土文献研究与保护中心、中国社会科学院甲骨文殷商史研究中心、首都师范大学甲骨文研究中心编：《古文字研究》第三十一辑，北京：中华书局，2016 年 10 月。

夏含夷：《清华五〈命训〉简传本异文考》，中国古文字研究会、清华大学出土文献研究与保护中心、中国社会科学院甲骨文殷商史研究中心、首都师范大学甲骨文研究中心编：《古文字研究》第三十一辑，北京：中华书局，2016 年 10 月。

曹方向：《清华简〈汤处于汤丘〉"绝芳旨而滑"试解》，中国古文字研究会、清华大学出土文献研究与保护中心、中国社会科学院甲骨文殷商史研究中心、首都师范大学甲骨文研究中心编：《古文字研究》第三十一辑，北京：中华书局，2016 年 10 月。

刘传宾：《清华五〈殷高宗问于三寿〉简 1～8 浅析》，中国古文字研究会、清华大学出土文献研究与保护中心、中国社会科学院甲骨文殷商史研究中心、首都师范大学甲骨文研究中心编：《古文字研究》第三十一辑，北京：中华书局，2016 年 10 月。

李松儒：《清华简残泐字辨析三则》，中国古文字研究会、清华大学出土文献研究与保护中心、中国社会科学院甲骨文殷商史研究中心、首都师范大学甲骨文研究中心编：《古文字研究》第三十一辑，北京：中华书局，2016 年 10 月。

程浩：《清华简同简同字异构例》，中国古文字研究会、清华大学出土文献研究与保护中心、中国社会科学院甲骨文殷商史研究中心、首都师范大学甲骨文研究中心编：《古文字研究》第三十一辑，北京：中华书局，2016 年 10 月。

蔡哲茂：《读清华简〈祭公之顾命〉札记五则》，武汉大学简帛研究中心主编：《简帛》（第十三辑），上海：上海古籍出版社，2016 年 11 月。

蔡一峰：《读清华简〈命训〉札记三则》，武汉大学简帛研究中心主编：《简帛》（第十三辑），上海：上海古籍出版社，2016 年 11 月。

孟跃龙：《清华简〈命训〉"少命＝身"的读法——兼论古代抄本文献中重文符号的特殊用法》，武汉大学简帛研究中心主编：《简帛》（第十三辑），上海：上海古籍出版社，2016 年 11 月。

李松儒：《清华五字迹研究》，武汉大学简帛研究中心主编：《简帛》（第十三辑），上海：上海古籍出版社，2016 年 11 月。

金宇祥：《清华简〈系年〉"颈之师"相关问题初探》，武汉大学简帛研究中心主编：《简帛》（第十三辑），上海：上海古籍出版社，2016 年 11 月。

周宝宏、刘杨：《论清华简〈皇门〉篇写成年代》，武汉大学简帛研究中心主编：《简帛》（第十三辑），上海：上海古籍出版社，2016 年 11 月。

石小力：《清华简（伍）〈封许之命〉名物补释二则》，陈伟武主编：《古文字论坛：中山大学古文字学研究室成立六十周年纪念专号》第二辑，上海：中西书局，2016年11月。

周鹏：《清华简〈芮良夫毖〉"訧訨"与"柔訨"解》，陈伟武主编：《古文字论坛：中山大学古文字学研究室成立六十周年纪念专号》第二辑，上海：中西书局，2016年11月。

蔡一峰：《读清华简第六辑零劄（五则）》，陈伟武主编：《古文字论坛：中山大学古文字学研究室成立六十周年纪念专号》第二辑，上海：中西书局，2016年11月。

王占奎：《清华简〈系年〉随札：文侯仇杀携王与平王、携王纪年》，北京大学中国考古学研究中心、北京大学震旦古代文明研究中心编：《古代文明》第10卷，上海：上海古籍出版社，2016年11月。

侯乃峰：《也说清华简〈赤鹄之集汤之屋〉篇的"洀"》，华东师范大学语言文字工作委员会编：《中国文字研究》第二十四辑，上海：上海书店出版社，2016年12月。

## 2017

蔡先金：《清华简〈耆夜〉古小说与古小说家"拟古诗"》，《济南大学学报（社会科学版）》2017年第1期。

顾王乐：《〈吕氏春秋·下贤〉与清华简〈系年〉互证一则》，《中国史研究》2017年第1期。

韩高年：《〈诗〉〈骚〉"求女"意象探源——从清华简〈楚居〉说开来》，《学术论坛》2017年第1期。

李玉洁：《从〈清华简·尹至〉质疑"商族源于西方说"》，《中原文化研究》2017年第1期。

刘光：《春秋末期吴楚"鸡父之战"考析》，《烟台大学学报（哲学社会科学版）》2017年第1期。

牛清波：《清华简〈耆夜〉研究述论》，《文艺评论》2017年第1期。

孙合肥：《清华简〈子产〉简19～23校读》，《淮南师范学院学报》2017年第1期。

魏栋：《论清华简"汤丘"及其与商汤伐葛前之亳的关系》，《中华文史论丛》2017年第1期。

张安：《上古"养老乞言"咨政的典型——清华简〈厚父〉谟体性质初探》，《甘肃广播电视大学学报》2017年第1期。

张溯、梁洪燕：《清华简〈系年〉与齐长城考》，《中国国家博物馆馆刊》2017年第1期。

白于蓝、吴祺：《清华简〈厚父〉校释四则》，杨振红、邬文玲主编：《简帛研究二○一六·秋冬卷》，桂林：广西师范大学出版社，2017年1月。

罗小华：《试论清华简〈系年〉中的几个多字谥》，杨振红、邬文玲主编：《简帛研究二〇一六·秋冬卷》，桂林：广西师范大学出版社，2017年1月。

熊贤品：《清华简六〈郑文公问太伯〉与〈左传〉"郑伯克段于鄢"新识》，杨振红、邬文玲主编：《简帛研究二〇一六·秋冬卷》，桂林：广西师范大学出版社，2017年1月。

吴良宝：《清华简〈系年〉"女阳"及相关问题研究》，《历史地理》编辑委员会编：《历史地理》第三十四辑，上海：上海人民出版社，2017年1月。

熊贤品：《〈清华简（伍）〉"汤丘"即〈系年〉"康丘"说》，《历史地理》编委员会编：《历史地理》第三十四辑，上海：上海人民出版社，2017年1月。

黄杰：《清华简〈筮法〉补释》，《周易研究》2017年第2期。

李守奎：《清华简中的伍之鸡与历史上的鸡父之战》，《中国高校社会科学》2017年第2期。

刘光胜：《同源异途：清华简〈书〉类文献与儒家〈尚书〉系统的学术分野》，《中国高校社会科学》2017年第2期。

王坤鹏：《论清华简〈厚父〉的思想意蕴与文献性质》，《史学集刊》2017年第2期。

于芈：《清华简〈赤鹄之集汤之屋〉补释》，《北方论丛》2017年第2期。

张中一：《〈清华简〉出土地点考证》，《岳阳职业技术学院学报》2017年第2期。

晁福林：《谈清华简〈郑武夫人规孺子〉的史料价值》，《清华大学学报（哲学社会科学版）》2017年第3期。

王坤鹏：《从竹书〈金縢〉看战国时期的古史述作》，《史学月刊》2017年第3期。

杨博：《裁繁御简：〈系年〉所见战国史书的编纂》，《历史研究》2017年第3期。

张伦敦：《〈清华简·说命〉所载傅说事迹史地钩沉：兼论卜辞中的"云奠河邑"》，《古代文明》2017年第3期。

赵平安、石小力：《成鱄及其与赵简子的问对——清华简〈赵简子〉初探》，《文物》2017年第3期。

李美辰：《清华简〈说命（上）〉"伐失仲"句试解》，西南大学出土文献综合研究中心、西南大学汉语言文献研究所主编：《出土文献综合研究集刊》第五辑，成都：巴蜀书社，2017年3月。

马文增：《〈保训〉九题》，《古籍整理研究学刊》2017年第4期。

腾兴建：《清华简与〈书序〉研究》，《孔子研究》2017年第4期。

王坤鹏：《清华简〈芮良夫毖〉学术价值新论》，《孔子研究》2017年第4期。

王挺斌：《〈说命〉"生二牡豕"与〈洹宝〉238号甲骨合读》，《中原文化研究》2017年第4期。

谢乃和：《从新出楚简看〈诗经·雨无正〉的诗旨：兼论东周时期的"周亡"与"周衰"观念》，《史学集刊》2017年第4期。

邬可晶：《谈谈清华简〈程寤〉的"望承"》，清华大学出土文献研究与保护中心编、李学勤主编：《出土文献》第十辑，上海：中西书局，2017年4月。

何有祖：《读清华简六札记（二则）》，清华大学出土文献研究与保护中心编、李学勤主编：《出土文献》第十辑，上海：中西书局，2017年4月。

尉侯凯：《读清华简六札记（五则）》，清华大学出土文献研究与保护中心编、李学勤主编：《出土文献》第十辑，上海：中西书局，2017年4月。

程浩：《清华简第七辑整理报告拾遗》，清华大学出土文献研究与保护中心编、李学勤主编：《出土文献》第十辑，上海：中西书局，2017年4月。

赵平安：《清华简第七辑字词补释》，清华大学出土文献研究与保护中心编、李学勤主编：《出土文献》第十辑，上海：中西书局，2017年4月。

王刚：《从清华简〈系年〉看早期中国的历史书写》，《古文献与学术史论稿》，北京：中国社会科学出版社，2017年5月。

夏含夷：《〈郑文公问太伯〉与中国古代文献抄写的问题》，武汉大学简帛研究中心主编：《简帛》（第十四辑），上海：上海古籍出版社，2017年5月。

吴良宝：《清华简〈郑文公问太伯〉"鄪"国补考》，武汉大学简帛研究中心主编：《简帛》（第十四辑），上海：上海古籍出版社，2017年5月。

段凯：《〈清华藏简（伍）〉拾遗》，武汉大学简帛研究中心主编：《简帛》（第十四辑），上海：上海古籍出版社，2017年5月。

Joern Peter Grundmann：The Concept of min in Documents—style Warring States Manuscripts—The "Yin gao" Chapter as an Example，陈致主编：《饶宗颐国学院院刊》第四期，香港：中华书局（香港）有限公司，2017年5月。

张瀚墨：《〈汤在啻门〉、十月怀胎与早期中国术数世界观》，陈致主编：《饶宗颐国学院院刊》第四期，香港：中华书局（香港）有限公司，2017年5月。

姚小鸥、高中华：《清华简〈芮良夫毖〉疏证（上）》，赵敏俐主编：《中国诗歌研究》第十四辑，北京：社会科学文献出版社，2017年5月。

陈颖飞：《论清华简〈子犯子余〉的几个问题》，《文物》2017年第6期。

李守奎：《〈越公其事〉与句践灭吴的历史事实及故事流传》，《文物》2017年第6期。

石小力：《上古汉语"兹"用为"使"说》，《语言科学》2017年第6期。

王坤鹏：《清华简〈金縢〉与战国古史重构》，《近出古书与早期史学源流》，长春：吉林大学出版社，2017年6月。

王坤鹏：《清华简〈厚父〉与君臣问答体例》，《近出古书与早期史学源流》，长春：吉林大学出版社，2017年6月。

王坤鹏：《清华简〈芮良夫毖〉与歌以载史》，《近出古书与早期史学源流》，长春：吉林大学出版社，2017年6月。

刘成群：《清华简〈殷高宗问于三寿〉"揆中"思想与战国时代的政治化儒学》，

《史学月刊》2017 年第 7 期。

段凯：《〈清华大学藏战国竹简（六）〉补释》，华东师范大学语言文字工作委员会编：《中国文字研究》第二十五辑，上海：上海书店出版社，2017 年 7 月。

赵平安：《〈子仪〉歌、隋与几个疑难字的释读：兼及〈子仪〉的文本流传（初稿）》，复旦大学出土文献与古文字研究中心主编：《战国文字研究的回顾与展望》，上海：中西书局，2017 年 8 月。

陈剑：《清华简字义零札两则》，复旦大学出土文献与古文字研究中心主编：《战国文字研究的回顾与展望》，上海：中西书局，2017 年 8 月。

侯乃峰：《释清华简（伍）〈命训〉篇的"耒"字》，复旦大学出土文献与古文字研究中心主编：《战国文字研究的回顾与展望》，上海：中西书局，2017 年 8 月。

杨泽生：《谈清华简〈厚父〉篇比较特殊的斜画饰笔》，复旦大学出土文献与古文字研究中心主编：《战国文字研究的回顾与展望》，上海：中西书局，2017 年 8 月。

李松儒：《再论〈祭公〉与〈尹至〉等篇的字迹》，复旦大学出土文献与古文字研究中心主编：《战国文字研究的回顾与展望》，上海：中西书局，2017 年 8 月。

魏栋：《清华简〈说命〉补说》，刘玉堂主编：《楚学论丛》第六辑，武汉：湖北人民出版社，2017 年 8 月。

祝秀权：《从〈诗经〉早期诗歌的创作方式看清华简〈周公之琴舞〉的创作性质》，《诗经考论》，长沙：湖南人民出版社，2017 年 8 月。

熊贤品：《清华简〈系年〉所见东周晋国世系及年代》，《战国王年问题研究》，北京：中国社会科学出版社，2017 年 9 月。

曹锦炎：《"夜爵"补说》，中国文化遗产研究院编：《出土文献研究》第十六辑，上海：中西书局，2017 年 9 月。

陈美兰：《近出战国西汉竹书所见人名补论》，中国文化遗产研究院编：《出土文献研究》第十六辑，上海：中西书局，2017 年 9 月。

冯胜君：《也说清华简〈保训〉篇的"中"》，中国文化遗产研究院编：《出土文献研究》第十六辑，上海：中西书局，2017 年 9 月。

单育辰：《清华六〈子仪〉释文商榷》，中国文化遗产研究院编：《出土文献研究》第十六辑，上海：中西书局，2017 年 9 月。

李春桃：《古文字中"閈"字解诂：从清华简〈子犯子余〉篇谈起》，中国文化遗产研究院编：《出土文献研究》第十六辑，上海：中西书局，2017 年 9 月。

张曼迪：《清华简〈子产〉篇"郑令"、"野令"、"郑刑"、"野刑"等相关史事探讨》，中国文化遗产研究院编：《出土文献研究》第十六辑，上海：中西书局，2017 年 9 月。

罗小华：《清华简〈封许之命〉简 6 中的"攸豢"》，西南大学出土文献综合研究中心、西南大学汉语言文献研究所主编：《出土文献综合研究集刊》第六辑，成都：巴蜀书社，2017 年 9 月。

李美妍：《论清华简〈系年〉中承接关系词"乃"和"焉"》，清华大学出土文献研究与保护中心编、李学勤主编：《出土文献》第十一辑，上海：中西书局，2017年10月。

刘光：《清华简〈系年〉第二十章所见晋、赵纪年新识》，清华大学出土文献研究与保护中心编、李学勤主编：《出土文献》第十一辑，上海：中西书局，2017年10月。

邓佩玲：《清华简（伍）〈殷高宗问于三寿〉有关"智"、"利"、"信"三段简文考释》，清华大学出土文献研究与保护中心编、李学勤主编：《出土文献》第十一辑，上海：中西书局，2017年10月。

陈伟武：《读清华简第六册小札》，清华大学出土文献研究与保护中心编、李学勤主编：《出土文献》第十一辑，上海：中西书局，2017年10月。

单育辰：《清华六〈子产〉释文商榷》，清华大学出土文献研究与保护中心编、李学勤主编：《出土文献》第十一辑，上海：中西书局，2017年10月。

蒋琼杰：《试说清华六〈子产〉中的"砫"》，清华大学出土文献研究与保护中心编、李学勤主编：《出土文献》第十一辑，上海：中西书局，2017年10月。

王辉：《说"越公其事"非篇题及其释读》，清华大学出土文献研究与保护中心编、李学勤主编：《出土文献》第十一辑，上海：中西书局，2017年10月。

石小力：《清华简第七册字词释读札记》，清华大学出土文献研究与保护中心编、李学勤主编：《出土文献》第十一辑，上海：中西书局，2017年10月。

郑邦宏：《读清华简（柒）札记》，清华大学出土文献研究与保护中心编、李学勤主编：《出土文献》第十一辑，上海：中西书局，2017年10月。

姚小鸥、高中华：《清华简〈芮良夫毖〉疏证（下）》，赵敏俐主编：《中国诗歌研究》第十五辑，北京：社会科学文献出版社，2017年10月。

张伯元：《清华简（陆）〈子产〉篇"法律"一词考》，王捷主编：《出土文献与法律史研究》第六辑，北京：法律出版社，2017年11月。

刘光胜：《礼与刑：〈保训〉文王传"中"的两个维度》，王捷主编：《出土文献与法律史研究》第六辑，北京：法律出版社，2017年11月。

王捷：《清华简〈子产〉篇与"刑书"新析》，王捷主编：《出土文献与法律史研究》第六辑，北京：法律出版社，2017年11月。

## 2018

曹娜：《试论清华简〈尹诰〉篇研究中的两个问题》，《史学史研究》2018年第1期。

程浩：《困兽犹斗：新史料所见战国前期的郑国》，《殷都学刊》2018年第1期。

代生：《清华简（六）郑国史类文献初探》，《济南大学学报（社会科学版）》2018年第1期。

段颖龙：《从清华简〈耆夜〉看毛诗〈蟋蟀〉之成因与〈诗经〉早期的流传》，《河北师范大学学报（哲学社会科学版）》2018年第1期。

范常喜：《清华简〈越公其事〉与〈国语〉外交辞令对读札记一则》，《中国史研究》2018年第1期。

高瑞杰：《对读〈子产〉篇与〈大戴礼记〉：兼论先秦儒家思想的两条路径》，《殷都学刊》2018年第1期。

黄德宽：《释新出战国楚简中的"湛"字》，《中山大学学报（社会科学版）》2018年第1期。

刘云、袁莹：《释清华简〈越公其事〉之"忧"字》，《汉字汉语研究》2018年第1期。

罗运环：《清华简〈系年〉楚齐关系解读》，《管子学刊》2018年第1期。

石小力：《据清华简考证侯马盟书的"赵尼"——兼说侯马盟书的时代》，《中山大学学报（社会科学版）》2018年第1期。

熊贤品：《论清华简七〈越公其事〉吴越争霸故事》，《东吴学术》2018年第1期。

张利军：《清华简〈周公之琴舞〉与周公摄政》，《中国史研究》2018年第1期。

祝秀权：《清华简〈周公之琴舞〉释读管见》，《文学与文化》2018年第1期。

陈鸿超：《试论〈左传〉与清华简〈系年〉的文献关系》，邬文玲主编：《简帛研究二〇一七·秋冬卷》，桂林：广西师范大学出版社，2018年1月。

孙合肥：《清华简"夏"字补说》，邬文玲主编：《简帛研究二〇一七·秋冬卷》，桂林：广西师范大学出版社，2018年1月。

曹峰：《从"食烹之和"道"和民"：清华简〈汤处于汤丘〉"和"思想研究》，《中国文化》2018年第2期。

陈民镇：《清华简伊尹诸篇与商汤居地及伐桀路线考》，《广西师范大学学报（哲学社会科学版）》2018年第2期。

陈颖飞：《清华简〈系年〉末章所记晋郑楚大战再识》，《邯郸学院学报》2018年第2期。

杜航：《〈清华简（一～四）〉研究述评》，《成都理工大学学报（社会科学版）》2018年第2期。

段雅丽、王化平：《清华简〈子犯子余〉与〈孟子〉"民心""天命"思想比较》，《宜宾学院学报》2018年第2期。

冯小红：《从清华简〈系年〉看侯马盟书的年代》，《邯郸学院学报》2018年第2期。

何家兴：《从清华简〈子仪〉谈春秋秦乐》，《中国文学研究》2018年第2期。

雷鹄宇：《从清华简〈赵简子〉论春秋贵族家族中的"师保傅母"》，《邯郸学院学报》2018年第2期。

李明山、张显成：《〈清华简·厚父〉"拜稽首"符号讨论》，《唐山师范学院学报》2018年第2期。

刘成群：《清华简〈越公其事〉与黄老之学的缘起》，《华中国学》2018年第2期。

罗小华：《清华简〈良臣〉中的"女和"》，《考古与文物》2018 年第 2 期。

马文增：《清华简〈系年〉首章新研——兼及"国人暴动"、"共和行政"问题》，《殷都学刊》2018 年第 2 期。

王沛：《子产铸刑书新考：以清华简〈子产〉为中心的研究》，《政法论坛》2018 年第 2 期。

谢耀亭：《清华简〈赵简子〉拾零：兼论其文献学价值》，《邯郸学院学报》2018 年第 2 期。

杨蒙生：《赵氏人物史迹考辨二题——以清华简为中心》，《邯郸学院学报》2018 年第 2 期。

张海：《清华简〈系年〉四则春秋战国史事考》，《邯郸学院学报》2018 年第 2 期。

张少筠：《从清华简看克商之前周人的天命诉求——兼释何尊"廷告"》，《广西师范大学学报（哲学社会科学版）》2018 年第 2 期。

高中华、姚小鸥：《清华简〈芮良夫毖〉缺文试补》，《文献》2018 年第 3 期。

葛珊珊：《清华简〈系年〉所见女性形象》，《文史杂志》2018 年第 3 期。

贾连翔：《清华简〈郑武夫人规孺子〉篇的再编联与复原》，《文献》2018 年第 3 期。

刘光：《清华简〈系年〉"南潹之行"考析》，《史学集刊》2018 年第 3 期。

石小力：《清华简〈越公其事〉与〈国语〉合证》，《文献》2018 年第 3 期。

魏栋：《清华简〈楚居〉阙文试补》，《文献》2018 年第 3 期。

翁倩：《清华简〈越公其事〉篇研读札记》，《四川职业技术学院学报》2018 年第 3 期。

徐新强：《从目录学角度看清华简"篇名"现象》，《齐鲁学刊》2018 年第 3 期。

杨蒙生：《清华简〈筮法〉篇"焉"字补说：兼谈平山中山王器铭中的一个相关字》，《安徽大学学报（哲学社会科学版）》2018 年第 3 期。

郑邦宏：《试论今本〈逸周书·祭公〉底本的地域来源：以出土简帛字形为据》，《文献》2018 年第 3 期。

祝秀权、曹颖：《清华简〈周公之琴舞〉研究综述》，《中国韵文学刊》2018 年第 3 期。

郭梨华：《〈汤处于汤丘〉〈汤在啻门〉中的黄老思想初探》，复旦大学出土文献与古文字研究中心、耶鲁-新加坡国立大学学院陈振传基金汉学研究委员会编：《出土文献与中国古典学》，上海：中西书局，2018 年 3 月。

程浩：《从"逃死"到"扞艰"：新史料所见两周之际的郑国》，《历史教学问题》2018 年第 4 期。

龚希平：《〈保训〉"中"论——兼与廖名春及曹峰二先生商榷》，《衡水学院学报》2018 年第 4 期。

李炳海：《清华简〈赤鹄〉的越文化属性》，《吉林大学社会科学学报》2018 年第 4 期。

刘光胜：《清华简〈傅说之命〉与傅圣生平事迹新探》，《古代文明》2018 年第 4 期。

刘国忠：《杜勇教授〈清华简与古史探赜〉读后》，《中国史研究动态》2018 年第 4 期。

宁镇疆、龚伟：《由清华简〈子仪〉说到秦文化之"文"》，《中州学刊》2018 年第 4 期。

沈培：《清华简〈郑武夫人规孺子〉校读五则》，《汉字汉语研究》2018 年第 4 期。

向净卿：《清华简〈殷高宗问于三寿〉"揆中"与荀子"礼仪之中"：对儒家"中道"传统的再省思》，《邯郸学院学报》2018 年第 4 期。

熊贤品：《战国时期卫君世系考》，《中国史研究》2018 年第 4 期。

张杰、张艳丽：《论清华简〈管仲〉篇的儒学化倾向》，《阜阳师范学院学报（社会科学版）》2018 年第 4 期。

吴雪飞：《说清华简中的"堵敖"》，清华大学出土文献研究与保护中心编、李学勤主编：《出土文献》第十二辑，上海：中西书局，2018 年 4 月。

蒋琼杰：《〈系年〉简 56"貉"字的文字学解释》，清华大学出土文献研究与保护中心编、李学勤主编：《出土文献》第十二辑，上海：中西书局，2018 年 4 月。

罗小华：《试论清华简中的几个人名——兼论"卞"字的产生》，清华大学出土文献研究与保护中心编、李学勤主编：《出土文献》第十二辑，上海：中西书局，2018 年 4 月。

亚当·施沃慈（Adam Schwartz）：《从象数角度解释〈筮法〉"死生"篇的一些内容》，清华大学出土文献研究与保护中心编、李学勤主编：《出土文献》第十二辑，上海：中西书局，2018 年 4 月。

张富海：《释清华简〈汤在啻门〉的"褊急"》，清华大学出土文献研究与保护中心编、李学勤主编：《出土文献》第十二辑，上海：中西书局，2018 年 4 月。

刘洪涛：《读〈清华大学藏战国竹简〉第五册散札》，清华大学出土文献研究与保护中心编、李学勤主编：《出土文献》第十二辑，上海：中西书局，2018 年 4 月。

许可：《试论清华简第五辑中的"彝"字及"夷吾"氏的由来》，清华大学出土文献研究与保护中心编、李学勤主编：《出土文献》第十二辑，上海：中西书局，2018 年 4 月。

罗运环、丁妮：《清华简〈子仪〉篇发微》，清华大学出土文献研究与保护中心编、李学勤主编：《出土文献》第十二辑，上海：中西书局，2018 年 4 月。

范常喜：《清华六〈郑文公问太伯〉札记三则》，清华大学出土文献研究与保护中心编、李学勤主编：《出土文献》第十二辑，上海：中西书局，2018 年 4 月。

胡敕瑞：《〈清华大学藏战国竹简（柒）·越公其事〉札记》，清华大学出土文献研究与保护中心编、李学勤主编：《出土文献》第十二辑，上海：中西书局，2018

年4月。

段凯：《读清华简第七册札记二则》，清华大学出土文献研究与保护中心编、李学勤主编：《出土文献》第十二辑，上海：中西书局，2018年4月。

吴祺：《清华简〈管仲〉〈越公其事〉校释三则》，清华大学出土文献研究与保护中心编、李学勤主编：《出土文献》第十二辑，上海：中西书局，2018年4月。

吴纪宁：《清华简〈子犯子余〉篇"庶子"解》，刘玉堂主编：《楚学论丛》第七辑，武汉：湖北人民出版社，2018年4月。

申超：《清华简〈郑武夫人规孺子〉与郑国政治传统考释》，刘玉堂主编：《楚学论丛》第七辑，武汉：湖北人民出版社，2018年4月。

程浩：《清华简〈摄命〉的性质与结构》，《清华大学学报（哲学社会科学版）》2018年第5期。

贾连翔：《"摄命"即〈书序〉"冏命""囧命"说》，《清华大学学报（哲学社会科学版）》2018年第5期。

李学勤：《谈清华简〈摄命〉篇体例》，《清华大学学报（哲学社会科学版）》2018年第5期。

禄书果：《从清华简〈诗〉类文献看先秦楚地〈诗〉教特征》，《武汉大学学报（哲学社会科学版）》2018年第5期。

路懿菡：《清华简〈系年〉与周宣王"不籍千亩"原因蠡测》，《辽宁师范大学学报（社会科学版）》2018年第5期。

石小力：《清华简〈虞夏殷周之治〉与上古礼乐制度》，《清华大学学报（哲学社会科学版）》2018年第5期。

吴祺、白于蓝：《清华陆〈管仲〉校释三则》，武汉大学简帛研究中心主编：《简帛》（第十六辑），上海：上海古籍出版社，2018年5月。

曹锦炎、岳晓峰：《说〈越公其事〉的"舊"——兼说九店楚简"舊"字》，武汉大学简帛研究中心主编：《简帛》（第十六辑），上海：上海古籍出版社，2018年5月。

陈晨：《上博、清华藏简文字释读札记》，武汉大学简帛研究中心主编：《简帛》（第十六辑），上海：上海古籍出版社，2018年5月。

孙飞燕：《论清华简〈赤鸠之集汤之屋〉的性质》，武汉大学简帛研究中心主编：《简帛》（第十六辑），上海：上海古籍出版社，2018年5月。

吴祺：《战国竹书训诂札记四则》，华东师范大学语言文字工作委员会编：《中国文字研究》第二十七辑，上海：上海书店出版社，2018年5月。

谢炳军：《清华简〈周公之琴舞〉与两周"礼乐文章"：兼论之关系》，中国历史文献研究会编：《历史文献研究》第四十辑，上海：华东师范大学出版社，2018年5月。

曹方向：《清华简〈管仲〉帝辛事迹探讨》，复旦大学出土文献与古文字研究中心编：《出土文献与古文字研究》第七辑，上海：上海古籍出版社，2018年5月。

韩高年：《清华简〈楚居〉所见"求女"发微——兼及〈汉广〉〈蒹葭〉二诗的主题》，中国诗经学会、河北师范大学合编：《诗经研究丛刊》第二十九辑，北京：学苑出版社，2018年5月。

陈颖飞：《论清华简〈邦家处位〉的几个问题》，《清华大学学报（哲学社会科学版）》2018年第6期。

程薇：《清华简〈天下之道〉初探》，《清华大学学报（哲学社会科学版）》2018年第6期。

李均明：《清华简〈邦家之政〉的为政观》，《清华大学学报（哲学社会科学版）》2018年第6期。

宁镇疆：《由清华简〈芮良夫毖〉之"五相"论西周亦"尚贤"及"尚贤"古义》，《学术月刊》2018年第6期。

孙飞燕：《清华简〈周公之琴舞〉补释》，《考古与文物》2018年第6期。

魏栋：《清华简〈治邦之道〉篇补释》，《清华大学学报（哲学社会科学版）》2018年第6期。

翁倩：《读清华简（七）札记二则》，《广东第二师范学院学报》2018年第6期。

翁倩：《清华简〈越公其事〉双音词初探》，《广东开放大学学报》2018年第6期。

杨蒙生：《利用清华简等出土文献校正〈左传〉一例兼及相关问题》，《清华大学学报（哲学社会科学版）》2018年第6期。

付强：《清华简字词考释两则》，华学诚主编：《文献语言学》第六辑，北京：中华书局，2018年7月。

魏栋：《清华简〈系年〉"楚文王以启于汉阳"》，陈致主编：《饶宗颐国学院院刊》第五期，香港：中华书局（香港）有限公司，2018年8月。

苏建洲：《清华六〈子产〉拾遗》，陈致主编：《饶宗颐国学院院刊》第五期，香港：中华书局（香港）有限公司，2018年8月。

Dirk Meyer："Patterning Meaning": A Thick Deion of the Tsinghua Manu "Tāng zài Chì/Dì mén"(Tāng was at the Chì/Dì Gate) and What It Tells Us about Thought Production in Early China，陈致主编：《饶宗颐国学院院刊》第五期，香港：中华书局（香港）有限公司，2018年8月。

孙飞燕：《清华简〈周公之琴舞〉补释》，《考古与文物》2018年第6期。

陈伟：《清华简〈子犯子馀〉校读》，中国古文字研究会、吉林大学中国古文字研究中心编：《古文字研究》第三十二辑，北京：中华书局，2018年8月。

冯胜君、郭侃：《清华七释读札记二则》，中国古文字研究会、吉林大学中国古文字研究中心编：《古文字研究》第三十二辑，北京：中华书局，2018年8月。

陈美兰：《清华简〈子仪〉札记》，中国古文字研究会、吉林大学中国古文字研究中心编：《古文字研究》第三十二辑，北京：中华书局，2018年8月。

范常喜：《清华简〈系年〉"鹡鹆玉笰"小考》，中国古文字研究会、吉林大学中国古文字研究中心编：《古文字研究》第三十二辑，北京：中华书局，2018年8月。

侯乃峰：《清华简七〈赵简子〉篇从黾之字试释》，中国古文字研究会、吉林大学中国古文字研究中心编：《古文字研究》第三十二辑，北京：中华书局，2018年8月。

李刚：《清华简〈系年〉与〈荀子〉"安"字用法研究》，中国古文字研究会、吉林大学中国古文字研究中心编：《古文字研究》第三十二辑，北京：中华书局，2018年8月。

刘娇：《清华简〈赤鸠之集汤之屋〉"是始为埤"与"桀作瓦屋"传说》，中国古文字研究会、吉林大学中国古文字研究中心编：《古文字研究》第三十二辑，北京：中华书局，2018年8月。

孟蓬生：《清华简〈厚父〉"者鲁"试释》，中国古文字研究会、吉林大学中国古文字研究中心编：《古文字研究》第三十二辑，北京：中华书局，2018年8月。

苏建洲：《谈清华简七〈越公其事〉简3的几个字》，中国古文字研究会、吉林大学中国古文字研究中心编：《古文字研究》第三十二辑，北京：中华书局，2018年8月。

吴毅强：《清华简〈厚父〉补论》，中国古文字研究会、吉林大学中国古文字研究中心编：《古文字研究》第三十二辑，北京：中华书局，2018年8月。

肖晓晖：《清华简七〈越公其事〉"豕斗、閲冒"解》，中国古文字研究会、吉林大学中国古文字研究中心编：《古文字研究》第三十二辑，北京：中华书局，2018年8月。

张富海：《清华简零识四则》，中国古文字研究会、吉林大学中国古文字研究中心编：《古文字研究》第三十二辑，北京：中华书局，2018年8月。

朱晓雪：《〈楚居〉残简补论》，中国古文字研究会、吉林大学中国古文字研究中心编：《古文字研究》第三十二辑，北京：中华书局，2018年8月。

李学勤：《清华简〈摄命〉篇"粦"字质疑》，《文物》2018年第9期。

刘国忠：《清华简〈治邦之道〉初探》，《文物》2018年第9期。

禄书果：《清华简〈书〉类文献文本组合的三种形态》，《中州学刊》2018年第9期。

马楠：《清华简〈摄命〉初读》，《文物》2018年第9期。、

田成方：《汉淮地区唐国铜器及其历史地理考论：由清华简〈系年〉所载阳（唐）国谈起》，出土文献与中国古代文明研究协同创新中心中国人民大学分中心编：《出土文献的世界：第六届出土文献青年学者论坛论文集》，上海：中西书局，2018年9月。

张崇礼：《清华简〈郑武夫人规孺子〉考释》，张兵主编：《中国简牍学刊》第二辑，济南：齐鲁书社，2018年9月。

何家兴：《清华简〈越公其事〉"徧"字补说》，张兵主编：《中国简牍学刊》第二辑，济南：齐鲁书社，2018年9月。

罗小华：《清华简〈越公其事〉简3"挟弳秉橐"臆说——兼论从"龺"诸字》，张兵主编：《中国简牍学刊》第二辑，济南：齐鲁书社，2018年9月。

章水根：《清华简〈越公其事〉札记五则》，张兵主编：《中国简牍学刊》第二辑，济南：齐鲁书社，2018年9月。

白星飞：《据清华简补释金文人名两则》，张兵主编：《中国简牍学刊》第二辑，济南：齐鲁书社，2018年9月。

李雪飞、李建：《〈保训〉与西周初期的史鉴思想》，《河南社会科学》2018年第10期。

陈剑：《试为西周金文和清华简〈摄命〉所谓"粦"字进一解》，清华大学出土文献研究与保护中心编、李学勤主编：《出土文献》第十三辑，上海：中西书局，2018年10月。

夏含夷：《说杍：清华简〈程寤〉篇与最早的中国梦》，清华大学出土文献研究与保护中心编、李学勤主编：《出土文献》第十三辑，上海：中西书局，2018年10月。

吴祺：《释"䢅"、"盬"》，清华大学出土文献研究与保护中心编、李学勤主编：《出土文献》第十三辑，上海：中西书局，2018年10月。

宁镇疆：《早期"官人"之术的文献源流与清华简〈芮良夫毖〉相关文句的释读问题》，清华大学出土文献研究与保护中心编、李学勤主编：《出土文献》第十三辑，上海：中西书局，2018年10月。

李锐：《清华简〈管仲〉初探》，清华大学出土文献研究与保护中心、李学勤主编：《出土文献》第十三辑，上海：中西书局，2018年10月。

谢明文：《清华简说字零札（二则）》，清华大学出土文献研究与保护中心编、李学勤主编：《出土文献》第十三辑，上海：中西书局，2018年10月。

袁金平、孙莉莉：《清华简〈越公其事〉合文"更墨"新释》，清华大学出土文献研究与保护中心编、李学勤主编：《出土文献》第十三辑，上海：中西书局，2018年10月。

王凯博：《清华简〈越公其事〉补释三则》，清华大学出土文献研究与保护中心编、李学勤主编：《出土文献》第十三辑，上海：中西书局，2018年10月。

沈建华：《初读清华简〈心是谓中〉》，清华大学出土文献研究与保护中心编、李学勤主编：《出土文献》第十三辑，上海：中西书局，2018年10月。

贾连翔：《战国竹书整理的一点反思——从〈天下之道〉〈八气五味五祀五行之属〉〈虞夏商周之治〉三篇的编联谈起》，清华大学出土文献研究与保护中心编、李学勤主编：《出土文献》第十三辑，上海：中西书局，2018年10月。

梁涛：《清华简〈厚父〉与中国古代"民主"说》，《哲学研究》2018年第11期。

顾史考：《清华简〈周公之琴舞〉及〈周颂〉之形成试探》，《上博等楚简战国逸书纵横览》，上海：中西书局，2018年11月。

顾史考：《清华竹简五〈汤在啻门〉劄记》，《上博等楚简战国逸书纵横览》，上海：中西书局，2018年11月。

刘钊：《清华简研究成果的一次集中展示：写在"清华简〈系年〉与古史新探研究丛书"出版之际》，《书馨集续编：出土文献与古文字论丛》，上海：中西书局，2018年11月。

晏昌贵：《〈楚居〉逸简》，武汉大学简帛研究中心主编：《简帛》（第十七辑），上海：上海古籍出版社，2018年11月。

高中正：《"趾不正则心卓""付孙"解——清华简六词语札记两则》，武汉大学简帛研究中心主编：《简帛》（第十七辑），上海：上海古籍出版社，2018年11月。

李力：《从法制史角度解读清华简（六）〈子产篇〉》，武汉大学简帛研究中心主编：《简帛》（第十七辑），上海：上海古籍出版社，2018年11月。

高荣鸿：《〈清华伍·命训〉字词考释》，西南大学出土文献综合研究中心、西南大学汉语言文献研究所主编：《出土文献综合研究集刊》第七辑，成都：巴蜀书社，2018年11月。

贾旭东：《读清华简札记三则》，华东师范大学语言文字工作委员会编：《中国文字研究》第二十八辑，上海：上海书店出版社，2018年11月。

兰碧仙；叶玉英：《据清华简再谈"行李"之"李"字》，华东师范大学语言文字工作委员会编：《中国文字研究》第二十八辑，上海：上海书店出版社，2018年11月。

冯胜君：《清华简〈命训〉释读掇琐（四则）》，中国文化遗产研究院编：《出土文献研究》第十七辑，上海：中西书局，2018年12月。

李松儒：《清华柒〈越公其事〉中的一词多形现象》，中国文化遗产研究院编：《出土文献研究》第十七辑，上海：中西书局，2018年12月。

马楠：《清华简〈邦家处位〉所见乡贡制度》，中国文化遗产研究院编：《出土文献研究》第十七辑，上海：中西书局，2018年12月。

张连航：《再论清华简〈命训〉篇中的疠字》，陈伟武主编：《古文字论坛：陈炜湛教授八十庆寿专号》第三辑，上海：中西书局，2018年12月。

翁明鹏：《清华简〈郑武夫人规孺子〉字词小札》，陈伟武主编：《古文字论坛：陈炜湛教授八十庆寿专号》第三辑，上海：中西书局，2018年12月。

刘伟浠：《读清华简札记二则》，陈伟武主编：《古文字论坛：陈炜湛教授八十庆寿专号》第三辑，上海：中西书局，2018年12月。

何家兴、苏娜：《清华简〈子仪〉赋歌研究》，赵敏俐主编：《中国诗歌研究》第十七辑，北京：社会科学出版社，2018年12月。

代生：《由清华简〈系年〉再论两周之际〈诗经〉有关篇章的创作年代》，张福贵主编：《华夏文化论坛》第二十辑，长春：吉林大学出版社，2018年12月。

陈咸松：《刍议清华简〈说命〉之笔法和体势特征》，《大众文艺》2018 年第 15 期。

翁倩：《浅析清华简〈系年〉的叙事立场》，《新西部》2018 年第 30 期。

## 2019

段雅丽：《清华简〈系年〉作者立场问题探讨》，《四川职业技术学院学报》2019 年第 1 期。

付强：《据清华简训释金文三则》，《考古与文物》2019 年第 1 期。

黄爱梅：《清华简〈系年〉中的吴楚关系及其书写特征》，《史林》2019 年第 1 期。

梁涛：《清华简〈厚父〉与中国古代"民主"说》，《哲学研究》2019 年第 1 期。

刘光胜：《德刑分途：春秋时期破解礼崩乐坏困局的不同路径——以清华简〈子产〉为中心的考察》，《孔子研究》2019 年第 1 期。

刘光胜：《清华简〈厚父〉时代归属新论》，《学术交流》2019 年第 1 期。

刘玉堂、曾浪：《楚先君名号与楚公族姓氏》，《民族研究》2019 年第 1 期。

马文增：《清华简〈殷高宗问于三寿（上）〉新研》，《殷都学刊》2019 年第 1 期。

裘晓晨：《〈清华大学藏战国竹简（陆）〉字词研究综述》，《辽东学院学报（社会科学版）》2019 年第 1 期。

石小力：《清华简〈尹诰〉"悤"字新释》，《考古与文物》2019 年第 1 期。

唐萍、张显成：《清华简〈说命（上）〉"向"字解》，《贵州工程应用技术学院学报》2019 年第 1 期。

王竟一：《清华简〈越公其事〉校读札记》，《四川职业技术学院学报》2019 年第 1 期。

王文意：《释清华简〈尹至〉"汝告我夏隐率若㝬（诗）"之"㝬（诗）"》，《连云港职业技术学院学报》2019 年第 1 期。

吴红松：《出土楚简文献所见树木及其文化意义：以〈上博简〉和〈清华简〉为例》，《池州学院学报》2019 年第 1 期。

谢科峰：《清华简〈金縢〉研究三题》，《湖南人文科技学院学报》2019 年第 1 期。

许兆昌、姜军：《试论〈春秋〉历史叙事的成就：兼论清华简〈系年〉的史料来源问题》，《史学月刊》2019 年第 1 期。

杨家刚：《重构道统，回归中道：清华简〈保训〉中道传承双重维度与统合孟荀》，《邯郸学院学报》2019 年第 1 期。

姚小鸥、高中华：《〈芮良夫毖·小序〉与〈毛诗序〉的书写体例问题》，《中州学刊》2019 年第 1 期。

张岱松：《清华简〈保训〉篇"中"字研究综述》，《唐山学院学报》2019 年第 1 期。

张峰：《清华七〈子犯子余〉所载纣之事与古书对读二则》，《古籍整理研究学刊》2019 年第 1 期。

张国安：《〈诗经·唐风·蟋蟀〉来源及其〈序〉说新证：〈蟋蟀〉清华简本与

今本比较研究》，《福建论坛（人文社会科学版）》2019年第1期。

赵平安：《补"屚"：兼说相关诸字》，《汉字汉语研究》2019年第1期。

邬可晶：《〈清华（柒）·子犯子余〉子犯答秦穆公问有关简文补说》，邬文玲、戴卫红主编：《简帛研究二〇一八·秋冬卷》，桂林：广西师范大学出版社，2019年1月。

刘丽：《〈保训〉性质、体裁与年代探析》，邬文玲、戴卫红主编：《简帛研究二〇一八·秋冬卷》，桂林：广西师范大学出版社，2019年1月。

曹定云：《清华简〈说命上〉"二戊豕"解：兼论〈说命〉的真实性与传抄时代》，《中原文化研究》2019年第2期。

贾学鸿：《清华简的文章体式与传世古文〈尚书〉的真实性》，《江汉论坛》2019年第2期。

李麒、刘文静、孙丽蓉：《清华简〈楚居〉季连形象研究综述》，《科教文汇》2019年第2期。

刘光胜：《"康丘之封"与西周封建方式的转进：以清华简〈系年〉为中心的考察》，《史学月刊》2019年第2期。

马文增：《两周间史事新研：以清华简〈系年〉第二章为依据》，《管子学刊》2019年第2期。

马银琴：《〈周公之琴舞〉与〈周颂·敬之〉的关系：兼论周代仪式乐歌的制作方式》，《清华大学学报（哲学社会科学版）》2019年第2期。

宁镇疆：《清华简〈摄命〉"亡承朕鄉"句解：兼说师询簋相关文句的断读及理解问题》，《中华文化论坛》2019年第2期。

尉侯凯：《郑氾地考》，《管子学刊》2019年第2期。

杨蒙生：《三晋伐齐所见魏氏将领及相关问题考辨二题：以清华简〈系年〉为中心》，《石家庄学院学报》2019年第2期。

张瀚墨：《新出文本与历史真实：王位继承语境下清华简〈保训〉篇解读及相关问题讨论》，《浙江大学学报（人文社会科学版）》2019年第2期。

曹峰：《清华简〈心是谓中〉的心论与命论》，《中国哲学史》2019年第3期。

陈民镇：《清华简〈心是谓中〉首章心论的内涵与性质》，《中国哲学史》2019年第3期。

程浩：《牢鼠不能同穴：基于新出土文献的郑国昭厉之乱再考察》，《史林》2019年第3期。

董恩林、王飞：《清华简〈保训〉篇意旨发微》，《东方论坛》2019年第3期。

韩高年：《子产生平、辞令及思想新探：以清华简〈子产〉〈良臣〉等为中心》，《中原文化研究》2019年第3期。

孔德超：《清华简〈越公其事〉文学性探析》，《重庆三峡学院学报》2019年第3期。

李均明:《清华简〈邦家之政〉所反映的儒墨交融》,《中国哲学史》2019 年第 3 期。

刘洪涛:《清华简"斲"与甲骨文"𠂤"合证》,《语言研究》2019 年第 3 期。

刘亚男:《身体与政治:清华简〈管仲〉研究》,《管子学刊》2019 年第 3 期。

马文增:《论清华简与"古文〈尚书〉真伪"之关系》,《人文天下》2019 年第 3 期。

王淑芳:《清华简(陆)〈子仪〉篇与崤之战后秦晋楚关系演变》,《甘肃社会科学》2019 年第 3 期。

张海波:《〈逸周书〉"三训"成书年代考辨》,《史志学刊》2019 年第 3 期。

张淑一:《〈左传〉与〈清华简〉"申公子仪""鄏功钟仪"事迹辨疑》,《东岳论坛》2019 年第 3 期。

骆珍伊:《谈〈清华陆·郑武夫人规孺子〉的"付"字》,《中国文字》编辑委员会:《中国文字》新四十四期,台北:艺文印书馆,2019 年 3 月。

李美辰:《清华简新见用字现象举隅》,《中国文字》编辑委员会:《中国文字》新四十四期,台北:艺文印书馆,2019 年 3 月。

江秋珍:《清华简七〈越公其事〉简 3 "銊鎗"一词考释》,《中国文字》编辑委员会:《中国文字》新四十五期,台北:艺文印书馆,2019 年 3 月。

杨鹏桦:《读清华简(陆)札记五则》,《中国文字》编辑委员会:《中国文字》新四十五期,台北:艺文印书馆,2019 年 3 月。

李炳海:《试论〈周公之琴舞〉中九絉的内涵及价值》,郭英德主编:《斯文》第四辑,北京:社会科学文献出版社,2019 年 3 月。

贾学鸿:《清华简〈尚书〉类文献的文章体式及其价值》,郭英德主编:《斯文》第四辑,北京:社会科学文献出版社,2019 年 3 月。

柯马丁、顾一心、姚竹铭:《早期中国诗歌与文本研究诸问题:从〈蟋蟀〉谈起》,《文学评论》2019 年第 4 期。

李笑莹:《清华简〈尹诰〉篇性质析论》,《文教资料》2019 年第 4 期。

刘成群:《清华简〈越公其事〉与句践时代的经济制度》,《社会科学》2019 年第 4 期。

史大丰、王宁:《清华简八〈摄命〉"通罘寡罪"及相关问题》,《济南大学学报(社会科学版)》2019 年第 4 期。

张兵:《通变、动态视角下的清华简〈管仲〉文本考察》,《济南大学学报(社会科学版)》2019 年第 4 期。

王晖:《清华简〈厚父〉属性及时代背景新认识——从"之匿王乃渴失其命"的断句释读说起》,《史学集刊》2019 年第 4 期。

赵平安:《说字小记(八则)》,清华大学出土文献研究与保护中心编、李学勤主编:《出土文献》第十四辑,上海:中西书局,2019 年 4 月。

苏建洲:《〈清华五·封许之命〉简 6 "匿"字考》,清华大学出土文献研究与保护中心编、李学勤主编：《出土文献》第十四辑，上海：中西书局，2019 年 4 月。

胡敕瑞：《读〈清华大学藏战国竹简（捌）〉札记》，清华大学出土文献研究与保护中心编、李学勤主编：《出土文献》第十四辑，上海：中西书局，2019 年 4 月。

单育辰：《〈清华大学藏战国竹简（捌）〉释文订补》，清华大学出土文献研究与保护中心编、李学勤主编：《出土文献》第十四辑，上海：中西书局，2019 年 4 月。

王进锋：《清华简〈越公其事〉与春秋时期越国的县制》，《历史地理》编辑委员会编：《历史地理》第三十八辑，上海：复旦大学出版社，2019 年 4 月。

孟蓬生：《〈清华七·越公其事〉字义拾沈》，西南大学出土文献综合研究中心、西南大学汉语言文献研究所主编：《出土文献综合研究集刊》第八辑，成都：巴蜀书社，2019 年 4 月。

侯乃峰：《清华简（叁）〈祝辞〉释文校正五则》，西南大学出土文献综合研究中心、西南大学汉语言文献研究所主编：《出土文献综合研究集刊》第八辑，成都：巴蜀书社，2019 年 4 月。

王福利：《清华简〈周公之琴舞〉新解》，《中州学刊》2019 年第 5 期。

王志翔：《清华简〈子仪〉等篇于赋诗外交考略》，《云梦学刊》2019 年第 5 期。

冯胜君：《清华简〈金縢〉及〈诗·豳风·鸱鸮〉所见周初史事再议》，武汉大学简帛研究中心主编：《简帛》（第十八辑），上海：上海古籍出版社，2019 年 5 月。

邬士华、黄杰：《清华简〈摄命〉26～28 号简的断句与释读》，武汉大学简帛研究中心主编：《简帛》（第十八辑），上海：上海古籍出版社，2019 年 5 月。

马文增：《清华简〈虞夏商周之治〉六题》，《北京社会科学》2019 年第 6 期。

张岱松：《"清华简"〈汤在啻门〉中的仁政思想》，《才智》2019 年第 6 期。

朱君杰：《从清华简〈心是谓中〉看战国儒家心性观的演变——兼论战国诸子思想的杂糅与交融》，《广西社会科学》2019 年第 6 期。

陈伟：《清华简〈邦家处位〉零释》，《中国文字》编辑委员会：《中国文字》二〇一九年夏季号，台北：万卷楼图书，2019 年 6 月。

徐在国：《谈清华四〈别卦〉中的"临"》，《中国文字》编辑委员会：《中国文字》二〇一九年夏季号，台北：万卷楼图书，2019 年 6 月。

赵思木：《〈楚居〉"涅"字补考》，华东师范大学语言文字工作委员会编：《中国文字研究》第二十九辑，上海：上海书店出版社，2019 年 6 月。

蔡靖泉：《〈楚居〉所记楚县公事迹的献疑考实》，《江汉论坛》2019 年第 8 期。

袁青：《伊尹与早期黄老之学》，《中州学刊》2019 年第 8 期。

季旭昇：《〈清华柒·越公其事〉第四章"不称贷"、"无好"句考释》，陈致主编：《饶宗颐国学院院刊》第六期，香港：中华书局（香港）有限公司，2019 年 8 月。

顾史考：《清华简柒〈赵简子〉初探》，陈致主编：《饶宗颐国学院院刊》第六期，香港：中华书局（香港）有限公司，2019 年 8 月。

王佳慧：《浅析清华简〈金縢〉传世本与出土本之比较》，《新西部》2019 年第

24 期。

**学位论文**

严明:《清华简〈保训〉研究》,北京大学硕士学位论文,2011 年。
郭志华:《〈楚居〉与楚史相关问题探讨》,华中师范大学硕士学位论文,2012 年。
郝贝钦:《清华简〈耆夜〉整理与研究》,天津师范大学硕士学位论文,2012 年
扈晓冰:《清华简〈金縢〉篇研究》,天津师范大学硕士学位论文,2012 年。
李洪霞:《〈清华大学藏战国竹简(一)〉词类研究》,河北大学硕士学位论文,2012 年。
李丽红:《清华简〈金縢〉〈祭公之顾命〉异文研究》,河北大学硕士学位论文,2012 年。
亓琳:《清华简〈保训〉研究综述》,吉林大学硕士学位论文,2012 年。
高飞:《清华简〈祭公〉篇研究》,天津师范大学硕士学位论文,2013 年。
刘硕敏:《清华简副词研究》,扬州大学硕士学位论文,2013 年。
赵珊珊:《清华简〈尹至〉〈尹诰〉相关历史问题研究》,天津师范大学硕士学位论文,2013 年。
陈民镇:《清华简〈系年〉研究》,烟台大学硕士学位论文,2013 年。
胡凯:《传世商书与清华简商书虚词研究:兼及商书的成书年代》,烟台大学硕士学位论文,2013 年。
路懿菡:《清华简与西周若干问题研究》,西北大学博士学位论文,2013 年。
牛鹏涛:《清华简〈楚居〉与楚国都城研究》,清华大学博士学位论文,2013 年。
肖攀:《清华简〈系年〉文字研究》,吉林大学博士学位论文,2013 年。
蒋萍:《〈清华大学藏战国竹简(壹)〉名词研究》,扬州大学硕士学位论文,2014 年。
孔华:《清华简〈耆夜〉的制作与史事》,天津师范大学硕士学位论文,2014 年。
李充:《清华简〈系年〉所见春秋战事述略》,吉林大学硕士学位论文,2014 年。
李旭颖:《〈系年〉与〈左传〉所载史事比较研究》,河北师范大学硕士学位论文,2014 年。
刘建明:《清华简〈系年〉研究》,安徽大学硕士学位论文,2014 年。
强晨:《清华简与西周开国史研究》,河北师范大学硕士学位论文,2014 年。
乔壮壮:《〈清华简(壹)〉动词配价及其句式结构》,扬州大学硕士学位论文,2014 年。
王薇:《清华简〈周公之琴舞〉研究》,天津师范大学硕士学位论文,2014 年。
王玉兔:《〈清华大学藏战国竹简(壹)〉句法研究》,扬州大学硕士学位论文,2014 年。
张启珍:《清华简〈系年〉与晋、楚邦交策略研究》,烟台大学硕士学位论文,

2014 年。

陈鹏宇：《清华简中诗的套语分析及相关问题》，清华大学博士学位论文，2014 年。

程薇：《清华简〈傅说之命〉暨相关研究》，清华大学博士学位论文，2014 年。

黄甜甜：《清华简"诗"文献综合研究》，清华大学博士学位论文，2014 年。

贾连翔：《出土数字卦材料整理与研究》，清华大学博士学位论文，2014 年。

申超：《清华简与商周若干史事考释》，西北大学博士学位论文，2014 年。

曹振岳：《清华简〈筮法〉研究》，曲阜师范大学硕士学位论文，2015 年。

李晓梅：《上博简与清华简诗赋文献校注》，西南大学硕士学位论文，2015 年。

刘潇川：《清华简〈周公之琴舞〉研究》，济南大学硕士学位论文，2015 年。

孙永凤：《清华简〈周公之琴舞〉集释》，吉林大学硕士学位论文，2015 年。

张晶颖：《〈清华简〉新见文字现象整理与研究》，华东师范大学硕士学位论文，2015 年。

程浩：《"书"类文献先秦流传考：以清华藏战国竹简为中心》，清华大学博士学位论文，2015 年。

刘光胜：《清华简〈系年〉与〈竹书纪年〉比较研究》，清华大学博士后出站报告，2015 年。

罗小华：《清华简（壹—叁）所见人物名号相关问题研究》，清华大学博士后出站报告，2015 年。

张德良：《清华简与两周之际史事专题研究》，清华大学博士后出站报告，2015 年。

丁慧萍：《〈清华大学藏战国竹简（陆）〉字形特点研究》，安徽大学硕士学位论文，2017 年。

弓如月：《清华简伍〈厚父〉集释》，首都师范大学硕士学位论文，2017 年。

蒋琼杰：《新蔡简、上博简、清华简地名资料集释》吉林大学硕士学位论文，2017 年。

李苗：《〈金縢〉新训及大义研究》，曲阜师范大学硕士学位论文，2017 年。

吴博文：《〈清华大学藏战国竹简（伍）·厚父〉文本集释与相关问题研究》，复旦大学硕士学位论文，2017 年。

赵市委：《清华简（壹—肆）通假字反映的声调问题和韵部问题》，北京大学硕士学位论文，2017 年。

周红：《清华简与先秦〈诗〉类文献研究》，上海师范大学硕士学位论文，2017 年。

朱德威：《〈芮良夫毖〉集释》，吉林大学硕士学位论文，2017 年。

陈鸿超：《〈左传〉文献学研究：基于出土文献的新思考》，清华大学博士学位论文，2017 年。

魏栋：《出土文献与若干楚国史地问题探论》，清华大学博士学位论文，2017 年。

杨蒙生：《三晋伐齐及相关史迹研究》，清华大学博士学位论文，2017 年。

陈可红：《〈清华大学藏战国竹简（陆）〉字用研究》，安徽大学硕士学位论文，2018年。

丁新宇：《清华简〈管仲〉研究》，上海师范大学硕士学位论文，2018年。

杜航：《清华简（一～四）复音词研究》，辽宁师范大学硕士学位论文，2018年。

杜杨：《清华简中的文本叙事研究》，华东师范大学硕士学位论文，2018年。

郭洗凡：《清华简〈越公其事〉集释》，安徽大学硕士学位论文，2018年。

何家欢：《清华简（柒）〈越公其事〉集释》，河北大学硕士学位论文，2018年。

侯瑞华：《清华简〈郑武夫人规孺子〉集释与相关问题研究》，浙江大学硕士学位论文，2018年。

胡乃波：《清华简〈郑文公问太伯〉（甲本）集释》，河北大学硕士学位论文，2018年。

刘山：《清华简〈系年〉与〈左传〉比较研究》，上海师范大学硕士学位论文，2018年。

罗云君：《清华简〈越公其事〉研究》，东北师范大学硕士学位论文，2018年。

宋俊文：《清华简〈越公其事〉与〈国语〉叙事比较研究》，吉林大学硕士学位论文，2018年。

王嘉玮：《清华简〈管仲〉集释与研究》，济南大学硕士学位论文，2018年。

王维：《清华简研究三题》，东北师范大学硕士学位论文，2018年。

吴德贞：《清华简〈越公其事〉集释》，武汉大学硕士学位论文，2018年。

吴思雯：《〈清华大学藏战国竹简（六）〉疑难字词汇释》，首都师范大学硕士学位论文，2018年。

解冠华：《清华简"书"类文献之政治思想探论》，西南大学硕士学位论文，2018年。

袁证：《清华简〈越公其事〉等三篇集释及若干问题研究》，武汉大学硕士学位论文，2018年。

张璟琳：《清华简人称代词初探》，首都师范大学硕士学位论文，2018年。

周佳琳：《清华简〈傅说之命〉研究》，济南大学硕士学位论文，2018年。

朱忠恒：《〈清华大学藏战国竹简（陆）〉集释》，武汉大学硕士学位论文，2018年。

刘光：《出土文献与吴越史专题研究》，清华大学博士学位论文，2018年。

王永昌：《清华简文字与晋系文字对比研究》，吉林大学博士学位论文，2018年。

董广达：《清华简〈越公其事〉集注及相关问题初探》，河北师范大学硕士学位论文，2019年。

杜建婷：《清华大学藏战国竹简（七）文字集释》，中山大学硕士学位论文，2019年。

段思靖：《清华简〈越公其事〉集释》，吉林大学硕士学位论文，2019年。

段雅丽：《清华简〈系年〉文献学问题研究及其史学思想探微》，西南大学硕士学位论文，2019年。

李雨璐：《清华简〈子产〉篇整理与研究》，东北师范大学硕士学位论文，2019年。

刘娇：《〈清华大学藏战国竹简〉（一～七）偏旁整理研究》，华东师范大学硕士学位论文，2019年。

马继：《清华大学藏战国竹简（1—8）文字编》，华东师范大学硕士学位论文，2019年。

毛玉静：《〈清华大学藏战国竹简（柒）〉字用研究》，安徽大学硕士学位论文，2019年。

沈雨馨：《〈清华大学藏战国竹简（七）〉集释》，首都师范大学硕士学位论文，2019年。

滕胜霖：《〈清华大学藏战国竹简（柒）〉集释及相关问题研究》，西南大学硕士学位论文，2019年。

王妍：《清华简〈越公其事〉研究》，烟台大学硕士学位论文，2019年。

翁倩：《清华简〈越公其事〉与传世先秦两汉典籍中的勾践形象比较研究》，西南大学硕士学位论文，2019年。

徐开亚：《清华简的叙事学研究》，闽南师范大学硕士学位论文，2019年。

杨家刚：《出土"书"类文献思想研究》，中国人民大学博士学位论文，2019年。

于梁梁：《清华简所见晋国史事研究》，华东师范大学硕士学位论文，2019年。

原雅玲：《清华简〈晋文公入于晋〉整理研究》，东北师范大学硕士学位论文，2019年。

张朝然：《清华简〈越公其事〉集释及相关问题初探》，河北师范大学硕士学位论文，2019年。

张利莹：《清华简（壹～柒）否定词研究》，北京外国语大学硕士学位论文，2019年。

# 清华简保护、整理、研究工作大事记

2008年7月15日，竹简入藏清华。

2008年7月19日，抢救性保护工作开始，工作人员对竹简进行逐枚清洗、杀菌，这一工作一直持续到10月初。

2008年8月，清华大学讨论通过了成立清华大学出土文献研究与保护中心的决定。中心为校级科研机构，是一个将出土文献的研究与保护工作合二为一的机构，中心由清华大学历史系、图书馆、化学系等单位共建，著名历史学家李学勤教授担任中心主任。

2008年10月7日，时任国家文物局局长单霁翔同志参观清华简。

2008年10月14日，清华大学召开"清华大学所藏竹简鉴定会"。来自北京大学、复旦大学、吉林大学、武汉大学、中山大学、香港中文大学和国家文物局、中国文化遗产研究院、上海博物馆、荆州博物馆的11位专家对于清华简进行了仔细的考察，认为这是一批战国楚简，内容以书籍为主，其中有对探索中国历史和传统文化极为重要的"经、史"类书。专家们对于清华简的学术价值做了高度评价，认为："这批战国竹简是十分珍贵的历史文物，涉及中国传统文化的核心内容，是前所罕见的重大发现，必将受到国内外学者重视，对历史学、考古学、古文字学、文献学等许多学科将会产生广泛深远的影响。"

2008年10月22日，江泽民同志参观清华简。

2008年10月22日，清华大学召开新闻发布会，公布了入藏竹简的消息，此后有关清华简的各种新闻大量见于媒体报道。

2008年11月7日，美国达特茅斯学院（Dartmouth College）著名汉学家艾兰（Sarah Allan）教授参观清华简。这是中心首次接待海外汉学家参观清华简。

2008年11月9—14日，清华大学派出一个7人的调研小组，赴武汉、荆州、长沙、上海等地考察各文博单位和高校在简牍的照相、保护、保管、安防、消防等方面的经验。

2008年12月，李均明、赵桂芳、沈建华三位先生受聘为清华大学出土文献研究与保护中心的研究员。

2008年12月1日，《光明日报》发表了李学勤教授《初识清华简》一文，介绍了清华简的相关情况及学术意义。

2008年12月16—17日，由国家文物局主办，清华大学、中国文物保护技术协会、出土木漆器保护国家文物局重点科研基地协办的"出土饱水竹木漆器及简牍保护学术研讨会"在清华大学召开。与会学者对于饱水竹木漆器及简牍保护的经验和技术进行了交流，一些专门从事竹简保护的专家还对清华简的进一步保护和整理工作提出了中肯的建议。

2008年12月，受清华大学委托，北京大学加速器质谱实验室、第四纪年代测定实验室对清华简无字残片样品做了AMS碳-14年代测定，所得的数据为公元前305±30年，即相当战国中期偏晚，这与鉴定组专家对于清华简的时代判定完全一致。

2008年12月下旬至2009年1月中旬，清华大学出土文献研究与保护中心与清华大学美术学院摄影实验室合作，完成了对清华简的拍照工作。

2009年3月，杨振宁教授、李学勤教授和吴良镛教授共同致信时任国务院总理温家宝同志，向温总理汇报了清华简的重大学术价值。

2009年3月，赵平安教授正式调入清华大学，参加清华简的整理研究工作。

2009年3—6月，出土文献研究与保护中心根据竹简照片对清华简做了全面的试读。

2009年4月2日，时任国务委员刘延东同志视察清华简的保护、整理和研究工作，对于清华简的有关工作予以了高度评价。

2009年4月10—11日，李学勤先生赴石家庄参加中国史学会第八次大会，并在会上介绍了清华简的相关情况。

2009年4月13日，李学勤教授的《周文王遗言》、赵平安教授的《〈保训〉的性质和结构》二文在《光明日报》"国学版"发表，这两篇文章介绍了清华简《保训》篇的大致情况。《光明日报》还专门开辟"解读清华简"专栏，学术界就清华简《保训》展开热烈讨论。

2009年4月25日，清华大学出土文献研究与保护中心举行成立仪式。

2009年5月3日，时任国务院总理温家宝同志、时任国务委员刘延东同志及教育部、科技部等国家部委领导一起考察指导清华简的保护、整理、研究工作。

2009年6月，《文物》第6期公布了清华简《保训》的图版和初步释文，并发表了李学勤教授《论清华简〈保训〉的几个问题》一文。

2009年6月15日，清华大学出土文献研究与保护中心召开"清华简《保训》座谈会"。

2009年6月17日，《教育部人文社会科学研究项目成果摘报》第1期以"清华简整理研究初见突破性成果"为题，介绍了清华大学出土文献研究与保护中心在清华简整理研究工作中的重要发现，该文被《教育部简报》第138期采用，时任国务委员刘延东同志看到有关材料后，分别在7月25日、8月26日两次做了重要批示。

2009年6月，本月起出土文献研究与保护中心开始对清华简做初步的分篇及缀合工作。

2009年7月27日，李学勤先生赴香山参加国家汉办组织的"五经翻译与研究"国际学术委员会第一次工作会议，并在会上作了"简介清华简"的发言。

2009年8月3日，《光明日报》"国学"版发表李学勤教授的《清华简〈耆夜〉》一文。

2009年9月1日，日本学者浅野裕一教授一行6人参观清华简，并与中心科研人员座谈。

2009年9月，《中国史研究》第三期刊登了清华大学出土文献研究与保护中心学者的一组文章，其中有李学勤教授的《清华简〈保训〉释读补正》等。另外，《清华大学学报》（哲社版）也设立"清华简研究"专栏，本期发表李学勤教授《清华简整理工作的第一年》等文。

2009年9月—2010年1月，吉林大学李守奎教授来出土文献研究中心做访问学者，参加清华简的整理研究工作。

2009年9月7日，日本学者谷中信一教授一行12人参观清华简，并与中心科研人员进行学术交流。

2009年9月9日，由中央电视台"探索·发现"栏目制作的清华简专题片正式播出。

2009年10月30日，英国剑桥大学著名汉学家鲁惟一博士（Michael Loewe）参观清华简，由李学勤先生讲解。

2009年11月16日，中心申报的教育部哲学社会科学重大攻关项目"新出简帛与古史再建"举行答辩，专家组成员为王宁、裘锡圭、林沄、吴振武、胡平生、陈伟、陈松长诸位先生。李学勤先生参加答辩，回答了专家们的有关提问。

2009年12月15日，韩国庆北大学尹在硕教授、成均馆大学金庆浩教授参观清华简，并与中心科研人员座谈。

2009年12月，清华大学出土文献研究与保护中心投标的教育部哲学社会科学重大攻关项目"出土简帛与古史再建"经过专家的评审，正式得以立项。

2010年1月23日，李学勤先生到国家图书馆给省部级领导干部做历史文化讲座，演讲的题目是"清华简与先秦历史文化"。

2010年1月31日，中国文字博物馆召开第一次学术委员会会议，讨论文字博物馆的各项章程。李学勤先生被聘为学术委员会主任，赵平安教授为副主任。

2010年2月1日，安徽大学黄德宽教授和徐在国教授参观清华简。

2010年3月15日，赵平安教授被任命为中心副主任，刘国忠教授为主任助理。

2010年3月20日，美国达特茅斯学院举办"清华简《保训》研讨会"，刘国忠教授应邀参加，并在会上介绍了清华简的相关情况。来自中、美、英、德、匈牙利、加拿大等国的专家学者围绕清华简《保训》的释读及思想等内容展开了热烈的讨论。

2010年8月，李守奎教授正式调入清华大学，参加清华简整理研究工作。

2010年8月，清华大学出土文献研究与保护中心的学术集刊《出土文献》第一辑由上海文艺集团旗下的中西书局出版。

2010年8月31日，清华简第一辑整理报告《清华大学藏战国竹简》（一）的定稿交上海文艺集团旗下的中西书局编辑出版。

2010年9月27日，清华大学李学勤教授作题为"王国维先生在清华"的讲座，这是中心举办的"王国维学术讲座"的第一讲。讲座由中心副主任赵平安教授主持。

2010年9月29日，应中心邀请，英国著名汉学家鲁惟一（Michael Loewe）博士来中心与中心老师、学生进行学术交流。

2010年10月22—23日，中国古文字研究会第十八次国际学术研讨会在北京香山饭店召开。会议由中国古文字研究会主办，中华书局承办，古文字学界140多位专家学者参加了会议，期间相关学者来中心参观清华简。李学勤教授、赵平安教授、李守奎教授参加了会议。

2010年10月24日，应中心邀请，复旦大学裘锡圭教授来我校做讲座，讲座题目为"老子与尼采"，系"王国维学术讲座"第二讲。讲座由中心主任李学勤教授主持。

2010年11月18日，应中心邀请，美国达特茅斯学院亚洲与中东语言系副教授、《古代中国》编委邢文先生在中心作题为"简帛释字的透明原则"的报告。讲座由中心主任李学勤教授主持。

2010年12月8日，应中心邀请，美国达特茅斯学院亚洲与中东语言系副教授、《古代中国》编委邢文先生在中心作题为"河图、洛书与文王传'中'"的报告。讲座由中心副主任赵平安教授主持。

2010年12月10日，应芝加哥大学夏含夷教授（Edward L. Shaughnessy）邀请，中心主任李学勤教授赴芝加哥大学北京中心做了题为"清华简与《尚书》、《逸周书》"的讲座。讲座由芝加哥大学夏含夷（Edward L. Shaughnessy）教授主持。

2010年12月13日，应中心邀请，芝加哥大学夏含夷教授来我校讲座，讲座题目为"兴与象：简论占卜和诗歌的关系及其对《诗经》和《周易》的形成之影响"，系"王国维学术讲座"第三讲。讲座由中心主任李学勤教授主持。

2010年12月15日，时任中国科协党组书记陈希同志在清华简第一辑成果报告会上对清华简研究工作提出建设性意见。

2010年12月16日，应中心邀请，美国达特茅斯学院艾兰（Sarah Allan）教授来我校讲座，讲座题目为"书的意义"（What was a shu? The origin and significance of a literary form），系"王国维学术讲座"第四讲。讲座由中心主任李学勤教授主持。

2010年12月20日，应中心邀请，伦敦大学亚非学院中国遗产国际学术主任汪涛先生来我校讲座，讲座题目为"文本与古文献研究"。讲座由中心主任李学勤教授主持。

2011年1月5日，《清华大学藏战国竹简（壹）》成果发布暨出版座谈会召开。中心主任李学勤教授介绍了该成果的主要内容和学术价值。复旦大学出土文献与古文字研究中心裘锡圭教授、中国文字学会会长黄德宽教授、上海文艺集团董事长张晓敏先生、中西书局常务副总经理秦志华先生以及清华大学谢维和副校长分别发表讲话。该书荣获全国古籍整理出版一等奖及全国文化遗产十佳图书奖等多个奖项。

2011年3月3日，国家社科基金重大招标项目"清华简〈系年〉与古史新探"（批准号：10zd&091）开题论证会在清华大学近春园第一会议室顺利举行。会议邀请了吉林大学文学院林沄教授、河北师范大学沈长云教授、北京大学李家浩教授、首都师范大学黄天树教授、北京师范大学罗新慧教授等五位在古文字和历史考古方面的专家。课题组成员刘乐贤、赵平安、李均明、刘国忠、王泽文、苏辉、孙飞燕、陈颖飞、刘风华、马楠、程薇等参加了会议。会议听取了首席专家李守奎教授的开题报告。专家对本课题进行了充分论证，提出了许多积极的建议。

2011年3月4日，应中心邀请，吉林大学林沄教授来我校举办讲座，讲座题目为"谈谈汉字历史中的几个问题"，系"王国维学术讲座"第五讲。讲座由中心主任李学勤教授主持。

2011年3月24日—4月3日，赵平安教授受邀赴美参加达特茅斯学院主办的新出战国竹简研讨会，会上讲读清华简《尹至》《尹诰》。

2011年3月31日—4月1日，美国亚洲研究协会（AAS）2011年年会在夏威夷举行，赵平安教授作了《"三楚先"何以不包括季连》的专题报告。

2011年4月，教育部正式批准在清华大学建立"出土文献与中国古代文明研究中心"人文社会科学重点研究基地。

2011年4月11日，时任国务院副总理曾培炎同志视察清华简研究工作。

2011年4月20日，时任中共中央总书记、国家主席、中央军委主席胡锦涛同志参观清华简研究成果。

2011年5月24日，清华大学出土文献与中国古代文明研究中心与长沙市文物考古研究所、中国文化遗产研究院、湖南大学等单位正式签约，合作整理近期出土的数万枚东汉时期简牍。

2011年6月6—7日，由中国社会科学院历史研究所主办，中国社会科学院简帛研究中心、历史所秦汉魏晋南北朝研究室承办的"中国社会科学院中国古代史论坛：出土简帛与地方社会"会议在北京举行。40余位来自中国、日本、韩国的学者参加会议，学者们就出土简帛与地方社会、安徽天长纪庄汉墓木牍、新出简牍的整理与研究、多学科视野下简帛学的传承与创新等四个专题进行了热烈的讨论。中心李学勤教授、赵平安教授、李均明研究员参与会议。

2011年6月28—29日，《清华大学藏战国竹简（壹）》国际学术研讨会在北京达园宾馆举行。来自历史学、古文字学、古文献学等领域的七十余位国内外学者与会。

2011年9月17日，应中心邀请，美国芝加哥大学夏德安（Donald Harper）教授来我校讲座，讲座题目为"20世纪70年代加州大学伯克利学校的汉学——一部个人的历史"，系"王国维学术讲座"第六讲。讲座由中心主任李学勤教授主持。

2011年10月28日，应中心邀请，美国芝加哥大学夏含夷（Edward L. Shaughnessy）教授来我校做讲座，讲座题目为"陈梦家先生在芝加哥"。讲座由中心主任李学勤教授主持。

2011年11月，清华大学出土文献与保护中心主编《出土文献》第二辑由中西书局出版。

2011年12月19日，《清华大学藏战国竹简（贰）》新闻发布暨学术座谈会召开。中心主任李学勤教授介绍了该成果的主要内容和学术价值。北京师范大学王宁教授、中国社会科学院历史研究所宋镇豪研究员、北京大学朱凤瀚教授发表讲话。

2011年12月，清华简第二册整理报告《清华大学藏战国竹简（贰）》出版。

2012年1月1日—2012年12月31日，美国达特茅斯学院邢文教授在清华大学出土文献研究与保护中心做高级访问学者，为期一年。

2012年3月5日，应中心邀请，中国人民大学国学院教授、中国秦汉史研究会会长王子今教授来我校讲座，讲座题目为"秦汉社会的海洋意识"，系"王国维学术讲座"第七讲。讲座由中心主任李学勤教授主持。

2012年3月26日，应中心邀请，首都师范大学黄天树教授来我校讲座，讲座题目为"殷墟甲骨文形声字比重的再统计"，系"王国维学术讲座"第八讲。讲座由中心主任李学勤教授主持。

2012年4月12日，历史学家、台湾"中央研究院"院士邢义田先生到访清华大学，作题为"简帛，图像与历史研究——太一生水篇"的学术演讲并参观清华简。我校历史系侯旭东教授主持了讲座。

2012年4月18日，应中心邀请，台湾"中央研究院"历史语言研究所李宗焜先生来我校讲座，讲座题目为"甲骨文字的摹写与分合"，系"王国维学术讲座"第九讲。讲座由中心主任李学勤教授主持。

2012年4月21—23日，李学勤教授、赵平安教授和博士生马楠赴湖南长沙参加"国际《尚书》学首届年会暨国际《尚书》学第二届学术研讨会"。李学勤教授做大会主题报告。

2012年5月6日，由清华大学出土文献研究与保护中心召集，十家单位参加的"新形势下的出土文献学科与发展座谈会"在我校召开。参与者有北京大学朱凤瀚教授、中国人民大学孙家洲教授、复旦大学刘钊教授、首都师范大学黄天树教授、武汉大学陈伟教授、中山大学陈伟武教授、湖南大学陈松长教授、安徽大学徐在国教授、吉林大学吴良宝教授、中国文化遗产研究院刘绍刚研究员、中国社会科学院历史研究所邬文玲研究员等诸多学者。与会人员就协同创新中心的建立等问题交换了意见，达成多项共识，正式启动协同创新中心的培育组建工作。

2012年6月20日，习近平同志视察指导清华简研究工作。

2012年9月，由清华大学和复旦大学牵头，北京大学、中国人民大学、吉林大学、中山大学、首都师范大学、湖南大学、安徽大学和中国文化遗产研究院、中国社会科学院历史研究所等11家协同单位签订了"2011计划出土文献与中国古代文明协同创新中心组建框架协议"，正式组建协同创新中心。

2012年9月25日，美国达特茅斯学院文理学院院长迈克尔·马斯坦多诺（Michael Mastanduno）教授访问清华大学并参观清华简。谢维和副校长会见了迈克尔·马斯坦多诺一行，双方就2013年9月清华大学与达特茅斯学院两校在美国联合举办清华简国际学术研讨会的具体事宜及今后两校的进一步合作进行了沟通。

2012年10月26日，中华人民共和国国家知识产权局发文认定中心的专利。专利名称：基于数字图像处理的出土简帛字形图像的提取方法。专利号：201210414370.0。

2012年11月5日，应清华大学出土文献研究与保护中心邀请，复旦大学刘钊教授来我校讲座，讲座题目为"谈新公布的牛距骨刻辞"，系"王国维学术讲座"第十讲。讲座由中心副主任赵平安教授主持。

2012年11月19—21日，李学勤教授于19日接受香港浸会大学荣誉文学博士学位，并于21日在该校作题为"清华简与古代文明"的演讲。

2012年11月底，2011协同创新中心牵头单位清华大学召集主要单位负责人召开了"核心工作组会议"，就体制创新、机制创新与人才培养等方面的问题进行了磋商与交流。

2013年1月4日，清华简第三辑整理报告《清华大学藏战国竹简（叁）》的成果发布会在清华大学主楼接待厅隆重召开。教育部相关领导及70多位专家学者参加了本次成果发布会。

2013年1月5日，由教育部审批通过的"出土文献与中国古代文明研究协同创新中心"揭牌仪式在清华大学主楼327会议室隆重举行。清华大学以及其他十家协同创新单位的有关领导和主要负责人共同出席了仪式。

2013年4月7日，协同创新中心举行工作会议。

2013年4月18日，在清华大学召开了"出土文献与中国古代文明研究协同创新中心工作会议"，会议着重讨论了《出土文献与中国古代文明研究拔尖人才培养计划》，并决议尽快实施。

2013年6月16—18日，"出土文献与中国古代文明国际学术研讨会"在北京西郊宾馆召开。

2013年8月2日，出土文献与中国古代文明研究协同创新中心在安徽大学召开了核心工作组会议，讨论本年度教育部认定申报方案文稿的若干问题。

2013年8月27—30日，由清华大学和中国常驻联合国代表团联合主办的"写在竹简上的中国经典——清华简与中国古代文明"专题展览在纽约联合国总部大楼举行。

2013年8月30日—9月1日，"达慕思—清华'清华简'国际学术研讨会——第四届新出简帛国际学术研讨会"在美国新罕布什尔州达特茅斯学院(Dartmouth College)召开。

2013年9月14日，清华大学出土文献研究与保护中心在清华大学召开了"出土文献与中国古代文明研究协同创新中心2013秋季工作会议"，各单位联络人对前期申报工作进行了认真讨论与梳理。

2013年10月13日，清华大学出土文献研究与保护中心在清华大学召开了"出土文献与中国古代文明研究协同创新中心管委会工作会议"，管理委员会成员、各平台主任参加会议，对协同创新中心认定工作做了部署。

2013年10月17—22日，出土文献与中国古代文明研究协同创新中心秋季第二次工作会召开。

2013年11月1—3日，"清华简与《诗经》研究"国际会议在香港浸会大学召开。本次会议由清华大学出土文献研究与保护中心和香港浸会大学饶宗颐国学院联合举办。

2013年12月9日，国务院正式公布第四批《国家珍贵古籍名录》，清华大学藏战国竹简《尹至》《尹诰》《程寤》《保训》《耆夜》《金縢》《皇门》《祭公》《楚居》《系年》等篇入选。

2014年1月7日，清华简第四辑整理报告《清华大学藏战国竹简（肆）》成果发布会在清华大学主楼接待厅召开。

2014年3月10日，"清华简《算表》学术研讨会"在清华大学召开。本次会议由清华大学出土文献研究与保护中心和中国科学院自然科学史研究所共同主办，清华大学科学技术史暨古文献研究所协办。来自国内、美国和日本部分高校与中科院的40余位专家学者参加了会议。

2014年12月4日，由中心与烟台大学中国学术研究所共同主办的"《清华大学藏战国竹简》与儒家经典专题国际学术研讨会"在山东烟台召开。

2015年1月5日，2011协同创新中心召开管委会会议，讨论具体的运行管理事宜。

2015年4月9日，《清华大学藏战国竹简（伍）》成果发布会在清华大学主楼接待厅召开。

2015年4月10日，"简帛文字与书法国际研讨会"在清华大学召开。

2015年5月8日，时任中共中央宣传部部长刘奇葆同志视察指导清华简整理研究工作。

2015年6月1日，"汉字进校园——清华大学展"举行开展仪式，谢维和副校长、李学勤先生和河南省文物局局长等领导讲话，中心科研人员参观了这一展览。

2015年6月16日，赵平安、刘国忠、马楠三位老师参加了出土文献专业的自主招生面试，这是出土文献专业首次招收本科生。

2015年7月20日，由李学勤先生主编，沈建华、贾连翔编著，上海中西书局出版的《清华大学藏战国竹简（壹—叁）文字编》获2014年度全国古籍优秀图书奖一等奖。

2015年9月7日，日本大阪大学汤浅邦弘教授带领日本学术代表团来访交流，并参观清华简。

2015年10月15日，教育部公示了第七届高等学校科学研究优秀成果奖（人文社会科学）获奖成果名单，李学勤先生主编的《清华大学藏战国竹简》获著作奖一等奖（历史学）。

2015年10月30—31日，由清华大学出土文献研究与保护中心主办的"清华简《系年》与古史新探"学术研讨会暨"清华简《系年》与古史新探研究丛书"发布会在清华大学近春园召开。

2015年11月24日，甘肃简牍博物馆张德芳先生到清华大学出土文献研究与保护中心演讲，介绍悬泉置简的学术价值。

2015年12月3日，美国芝加哥大学夏含夷教授来清华大学出土文献研究与保护中心演讲，介绍西方学术界一百多年来的简帛研究。

2015年12月17日，中国人民大学举行"吴玉章人文社会科学终身成就奖"颁奖典礼，李学勤先生与著名经济学家卫兴华先生荣获终身成就奖。

2016年4月15日，国务院总理李克强同志视察指导清华简整理研究工作。

2016年4月16日，《清华大学藏战国竹简（陆）》成果发布会在清华大学主楼召开。

2016年4月29日，庆祝"五一"国际劳动节暨全国五一劳动奖表彰大会在北京人民大会堂举行，清华大学出土文献研究与保护中心荣获"全国工人先锋号"荣誉称号。

2016年5月10—12日，德国埃尔兰根-纽伦堡大学举办"人性、道德与命运：《清华大学藏战国竹简》中的《汤处于汤丘》、《汤在啻门》与《殷高宗问于三寿》三篇国际学术研讨会"，赵平安、李均明、李守奎、沈建华、刘国忠等先生参会。

2016年5月23日，日本山梨县立大学名和敏光教授来清华大学演讲，刘国忠教授主持。

2016年6月11日，香港浸会大学20余名师生到中心访问交流，了解清华简的情况。

2016年9月10日，清华大学艺术博物馆隆重开馆，其中"竹简上的经典——清华简文献展"的展厅也正式展出。

2016年10月21日，中国古文字研究会第21届年会在北京裕龙国际酒店隆重召开，来自美国、日本、法国、港台地区及中国大陆古文字与出土文献领域的专家学者共170余人出席了会议。此次会议由中国古文字研究会及清华大学出土文献研究与保护中心主办，中国社会科学院甲骨学殷商史研究中心、首都师范大学甲骨文研究中心协办。

2016年10月24日，美国达特茅斯学院艾兰教授在清华大学讲演，内容是积石峡的洪水与大禹治水问题。

2016年11月，中心申报的国家社科基金重大项目"清华简与儒家经典的形成发展研究"获得正式立项。

2017年1月20日，第三届"会林文化奖"颁奖典礼在北京师范大学举行，李学勤先生荣获该奖项。

2017年4月23日，清华大学举行了清华简《算表》吉尼斯认证大会和《清华大学藏战国竹简》（柒）的成果发布会。

2017年6月12日，普林斯顿大学的柯马丁教授到中心演讲。

2017年10月26—28日，中心与香港浸会大学、澳门大学合作，举办"清华简国际研讨会"，分别在香港和澳门两地召开。

2017年11月2日，前几年存放在荆州文保中心进行脱水的漆笥已经完成脱水保护，今从荆州运回清华大学出土文献研究与保护中心。

2017年11月3日，上午举行了漆笥验收会；下午荆州文保中心主任方北松研究员作了"简牍保护介绍"的演讲。

2018年1月17日，学校在中心会议室举行黄德宽教授入职欢迎会，宣布了黄德宽教授加入出土文献研究与保护中心并担任中心常务副主任的工作安排。

2018年1月18日，清华大学举办首届年度科研创新交流会，李学勤先生主持完成的"清华简整理取得春秋史研究新突破"研究成果获评"清华大学2017年亮点成果"。

2018年1月21日，李学勤先生入选清华大学首批文科资深教授，该称号是清华大学在哲学社会科学领域设立的最高学术荣誉称号。

2018年4月24日，经清华大学校务会讨论通过，决定将"出土文献研究与保护中心"实体化，学校希望中心以建设世界一流文科研究中心为目标，充分发挥清华大学多学科优势，带动和促进出土文献与语言学、历史学、文学、哲学、艺术学等学科的交叉融合，为我国出土文献研究与人才培养做出新的更大的贡献。

2018年5月23日，清华大学王国维学术讲座第二十五讲开讲，本期主讲嘉宾为吉林大学古籍研究所所长冯胜君教授，讲座题目为"清华简《尚书》类文献研究二题"。

2018年7月14—15日，由清华大学出土文献研究与保护中心主办的先秦两汉讹字学术研讨会在清华大学近春园宾馆举行。

2018年8月25—26日，由清华大学出土文献研究与保护中心和历史系共同主办的"第一届出土文献与古代文明青年学者研讨会"在清华大学文北楼召开。

2018年8月29日，法国著名汉学家、法兰西学院通讯院士、法国高等社会科学研究院终身教授汪德迈（Léon Vandermeersch）先生一行8人访问清华大学出土文献研究与保护中心。

2018年9月2日，由中国文字学会主办，清华大学出土文献研究与保护中心、中文系承办的"首届两岸文字学会交流研讨会"在北京文津国际酒店召开。来自海峡两岸和澳门的32位文字学专家学者，就加强两岸语言文字交流，共同推进两岸文字学会合作机制，以便协同合作、形成共识并最终实现两岸书同文字进行了深度研讨。中心黄德宽教授、赵平安教授、李守奎教授等出席会议。

2018年9月30日，清华大学出土文献研究与保护中心与四川省文物考古研究院签订战略合作协议，双方在文物考古、出土资料整理、人才培养、学术交流等各方面开展多领域和深层次的合作。

2018年10月，由黄德宽教授、程薇博士撰写的《清华简中新整理出一批治国理政的失传文献》，被教育部采纳并在《教育部简报（高校智库专刊）》2018年第25期刊发，刊发后呈送中央有关部门决策参考，受到党和国家领导人的高度重视。

2018年10月16日，清华大学王国维学术讲座第二十六讲在王国维先生当年授课的清华学堂举行。美国芝加哥大学夏含夷（Edward L. Shaughnessy）教授应邀作题为"说杍：清华简《程寤》篇梦占新释"的讲座。此次讲座由黄德宽教授主持。

2018年11月17日，纪念清华简入藏暨清华大学出土文献研究与保护中心成立十周年国际学术研讨会在清华大学举行，《清华大学藏战国竹简（捌）》成果同期发布。来自全国部分高校、考古文博单位和美国、日本的120余位专家学者参加了研讨会。

2018年11月20日，科技部科技评估中心受教育部委托，对"出土文献与中国古代文明研究协同创新中心"进行现场考察。清华大学出土文献研究与保护中心作为牵头单位，在协同单位的积极配合下，接待了专家现场考察，协同中心的建设工作受到专家组一致好评。

2018年12月12日，"迈向一流"清华大学庆祝改革开放40周年展在校史馆举行，清华大学出土文献研究与保护中心编著的《清华大学藏战国竹简（壹—捌）》、《出土文献》等成果集中亮相展出。

2018年12月17日，清华大学王国维学术讲座第二十七讲举行。香港恒生大学中文系主任张光裕教授应邀作题为"《观堂集林·说俎》新证"的讲座。此次讲座由李守奎教授主持。

2018年12月21日，清华大学2018年全校科研创新交流会在主楼接待厅举行，中心常务副主任黄德宽教授出席并介绍了中心十年来的建设发展历程和成就以及2018年围绕清华简研究取得的新成果。

2018年12月29日，第五届郭沫若中国历史学奖评奖办公室对外公示了第五届郭沫若中国历史学奖评选结果，中心李学勤先生主编的《清华大学藏战国竹简（壹—柒）》获唯一一等奖。

2019年2月22日，清华大学出土文献研究与保护中心在图书馆老馆会议室举行了黄天树教授入职欢迎会。

2019年2月24日，清华大学文科资深教授、出土文献研究与保护中心主任李学勤先生因病于北京协和医院去世。

2019年3月22日，由中心李守奎教授担任首席专家的2018年度国家社科基金重大项目"楚文字综合整理与楚文字学的构建"（批准号18ZDA304）在清华大学举行开题报告会。

2019年4月10日，王国维学术讲座第二十八讲在清华学堂举行。北京大学哲学系人文讲席教授陈鼓应先生应邀主讲"从清华战国竹简《心是谓中》看战国黄老思潮关联性"。此次讲座由黄德宽教授主持。

2019年4月15日，美国芝加哥大学夏含夷（Edward L. Shaughnessy）教授应邀在清华大学出土文献研究与保护中心会议室作题为"清华简《摄命》篇源流考"的讲座。此次讲座由黄德宽教授主持。

2019年5月15日，李学勤出土文献研究基金捐赠仪式在工字厅举行。该基金由紫光集团捐赠建立，用于资助出土文献学科的学术研究与人才培养等工作。

2019年6月6日，中国文字博物馆馆长聘任证书颁发仪式隆重举行，中心常务副主任黄德宽教授受聘兼任中国文字博物馆馆长。

2019年7月9日，国家新闻出版署发文，正式同意创办《出土文献》期刊，该刊为季刊，刊号是CN～2179/K，由清华大学与中西书局主办。

2019年7月29日—8月9日，由出土文献与中国古代文明研究协同创新中心、清华大学出土文献研究与保护中心主办的"出土文献的新发现"2019年本科生暑期研习班在清华大学成功举行，来自清华大学、北京大学、复旦大学、武汉大学、香港中文大学等院校的47位学员顺利结业。

2019年8月23日，中国古代史研究学者、东京大学东洋文化研究所教授平势隆郎来中心交流访问。

2019年9月2日，日本冈山大学土口史记率领本科生、博士生等来中心交流访问。

2019年9月27日，吉林大学林沄教授主讲王国维学术讲座第二十九讲，讲座题目是"殷墟甲骨刻辞的分类和断代问题"。

2019年11月，《清华大学藏战国竹简》（玖）正式出版。

# 初版后记

自从清华简在2008年7月入藏以来，我有幸追随李学勤先生，参加对清华简的抢救性保护、照相、整理和研究工作。这也是我第一次有机会与竹简实物天天朝夕相处，大大增强了我对竹简的感性认识和对竹简整理研究工作的深刻体会。每天的工作虽然异常繁忙、劳累，但心里却十分充实、兴奋。我们都很清楚，我们现在所做的这些工作，是注定要载入史册的；而清华简的学术价值，更将会为我们的后人所长久铭记和深入探讨。因此，我们今天的这些努力和付出，和清华简所会产生的巨大影响相比，就显得那么微不足道，而又那样地物有所值了。

按照李学勤先生的要求，我从2008年7月15日清华简入藏后，就开始每天检查竹简的保存状况，撰写工作日志，不知不觉中已经写了厚厚的一册。闲暇时自己随意翻翻，那些难忘的日子又一一浮现在眼前。今年年初，记不清具体是哪一天了，我突然想，何不把自己积累的这些材料整理一下，写成一个较为通俗的文稿，让更多的人了解清华简，了解我国"书于竹帛"的历史，了解清华简的学术意义呢？我把这一想法告诉了李学勤先生，得到了他的积极肯定和大力支持。于是，在工作之余，我就开始搜集资料，投入到这本小书的写作之中，经过断断续续几个月的修改写作，总算把这部小书完成了。

我知道这是一本不太成熟的小书，由于清华简的整理工作才刚刚开始，清华简中的众多篇目还来不及整理与研究，我只好根据目前已有的研究情况，在这里走马观花地大致介绍了一下有关的情形。篇中的一些观点是综合了李学勤先生等众多学者的意见，也有一些是我自己的初步想法，其中肯定还有许多需要改进的地方，恳请读者予以赐教。

这篇书稿的完成，是和许多人的关心、帮助和支持分不开的。

感谢我的博士导师李学勤教授与葛兆光教授多年来对我的关心与指导。在李先生的支持和鼓励下，我才得以投入到清华简的相关工作之中。我写的有关清华简的一些小文都曾请李学勤先生审阅，得到他的肯定，我才敢斗胆拿出投稿；葛兆光教授虽然远在上海，但是一直对我的学习和研究工作十分关心；我的硕士导师晁福林教授也一直对我鼓励有加。三位先生的研究思路和对我的耳提面命更是让我终身受益无穷。

感谢清华大学出土文献研究与保护中心的各位同事。中心的赵平安、李均明、廖名春、彭林、李守奎、赵桂芳、沈建华等诸位先生都给予了我众多的帮助，他们的渊博学识和细心讲解帮我解决了许多工作上的困难；感谢在中心做博士后研究的刘风华、陈颖飞、袁金平、孙飞燕以及马楠、贾连翔等同学，我从他们那里也学到了许多东西；同时，也感谢在中心一直负责安保工作的张满良先生。两年多来，中心的各位同仁相互帮助，相互配合，气氛融洽，大家就像生活在一个和谐的大家庭中，令人倍感亲切。

感谢清华大学谢维和副校长等校领导的关心；感谢文科建设处苏竣、彭方雁、仲伟民、段江飞等诸位先生的指导；特别是苏竣教授还亲自帮助审校初稿，补充了许多珍贵的第一手材料；感谢图书馆、化学系、生物系、保卫处、新闻中心等各单位老师对我工作的支持，感谢历史系各位同仁平时对我的帮助。

感谢美国达特茅斯学院艾兰教授的邀请，使我有机会在今年3月底赴美国，与西方汉学家们就清华简的相关问题进行对话与交流。

感谢刘乐贤、邢文、江林昌、王泽文等诸位师兄弟多年来对我的无私照顾，同门各位师兄弟的相互体贴和支持使我倍觉温暖。

感谢发表我那些小文的学术刊物和编辑。由于他们的支持，我这些不够成熟的小文才得以拿出来向学术界的同行请教。

最后还要感谢高等教育出版社王玉衡女士为本书所做的大量工作，没有她的关心和督促，本书不可能在这么短的时间内完成，也不可能这么迅速地与读者见面。

清华简的整理研究工作才刚刚开始，本书的介绍也只能是初步的，随着工作的不断深入，相信还会有更多的精彩内容让世人惊喜连连。

期待着各位读者朋友的指教。

刘国忠

2010 年 10 月 19 日于清华园

# 增补版后记

《走近清华简》一书，原由高等教育出版社于2011年出版，后来又得以重印。华东师范大学的王进锋先生曾撰有书评，发表在《中国史研究动态》2011年第6期上。本书出版后，很多师友都给我提出了很好的意见和建议，在此深表感谢。

由于本书作于2011年年初，所涉及的清华简资料仅限于第一辑整理报告，时光荏苒，清华简的整理成果不断推出，再过一个多月，清华简第九辑整理报告也即将问世。我的这部小书早就应该根据清华简的陆续公布做进一步的补充完善，但苦于工作忙碌，一直未能进行。

今年6月，清华大学出版社的高翔飞女士来访，希望由清华大学出版社出版该书的增补版。承其厚意，我利用暑假的时间把历年来有关清华简的几篇小文加以改写，补充到本书之中。至于书中原来为清华简第一辑所做的9篇简注，拟结合后来所出版的清华简各辑篇目另外出一部简注读本，这里就不再收入。

篇末所附的《清华简所见论著目录》，系由博士生王逸清增补而成；而《清华简保护、整理、研究工作大事记》则经出土文献中心程浩副教授和办公室的温小宁老师搜集补充了历年的材料。书稿完成后，马力博士和王永昌博士又协助通读了书稿，拾遗补阙，纠正疏漏之处，贡献良多。这几位青年学者为此付出了大量的时间和精力，使本书的相关内容得以完备，尤令我铭感于心。

今年2月24日，我敬爱的导师李学勤先生不幸辞世。每次思及先生的音容笑貌，都为之泫然。先生生命中的最后十年，全部献给了他所钟爱的清华简事业，即便是在病榻之上，他每天念念不忘的仍然是清华简的整理研究工作。本书初版刚写成时，我拿去请先生校阅，先生即欣然为本书做了一篇序；如今增补版即将推出，却再也不能向先生请教了。想到这里，又不禁悲不自胜。谨以这本不成熟的小书敬献给先生，寄托我的哀思。

最后，还要向多年来为我提供过各种帮助的所有先生致以衷心的感谢；同时也要感谢清华大学出版社的各位先生，特别是责任编辑为本书出版所付出的种种努力。

期待读者给予更多的批评与指导。

刘国忠

2019 年 9 月 5 日于清华园